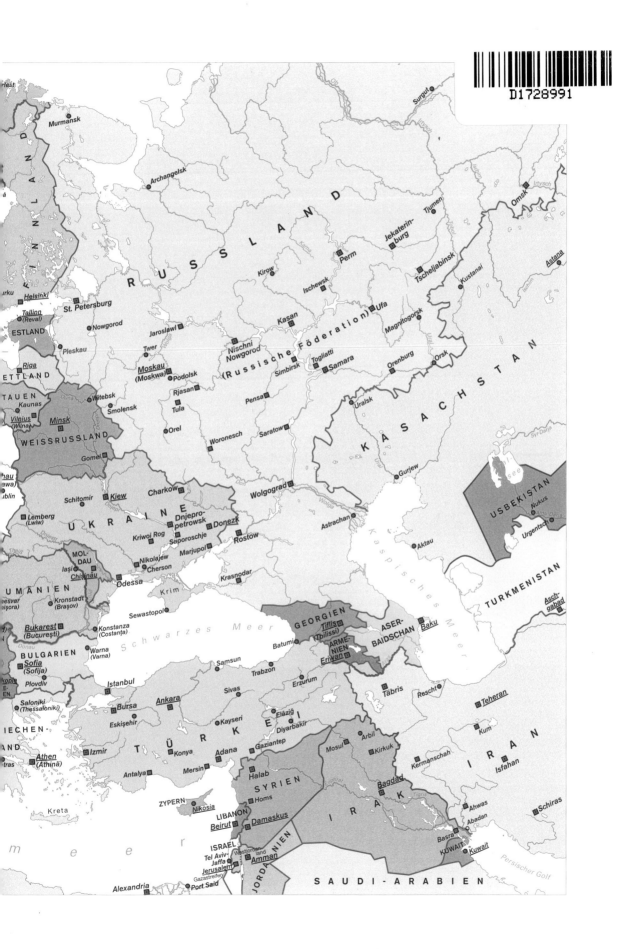

Geschichte mit
Gemeinschaftskunde

Berufsfachschule
Baden-Württemberg

Entdecken *und* Verstehen

Herausgegeben von
Dr. Thomas Berger-v. d. Heide,
Prof. Dr. Hans-Gert Oomen

Herausgegeben von
Prof. Dr. Hans-Gert Oomen

Bearbeitet von
Dr. Thomas Berger-v. d. Heide
Petra Bowien
Heidrun v. d. Heide
Ilse Lerch-Hennig
Ulrich Mittelstädt
Karl-Heinz Müller
Dr. Harald Neifeind
Prof. Dr. Hans-Gert Oomen
Martina Quill
Hans Otto Regenhardt
Dr. Cornelius Schley
Manfred Thiedemann

Redaktion: Dr. Uwe Andrae, Bernhard Lutz
Umschlaggestaltung: Klein & Halm Grafikdesign, Berlin
Layoutkonzept: Simone Siegel, Mike Mielitz
Technische Umsetzung: Verlagsbüro Bauer & Lutz GbR, Regensburg

Das Umschlagbild zeigt das Stadthaus (fertiggestellt 1993)
und das Münster (Baubeginn 1377) in Ulm.

www.cornelsen.de

Die Internetadressen und -dateien, die in diesem Lehrwerk angegeben sind,
wurden vor Drucklegung geprüft. Der Verlag übernimmt keine Gewähr
für die Aktualität und den Inhalt dieser Adressen und Dateien oder solcher,
die mit ihnen verlinkt sind.

1. Auflage, 1. Druck 2008

Alle Drucke dieser Auflage sind inhaltlich unverändert
und können im Unterricht nebeneinander verwendet werden.

Druck: CS-Druck CornelsenStürtz, Berlin

ISBN 978-3-06-064491-9

Inhalt gedruckt auf säurefreiem Papier aus nachhaltiger Forstwirtschaft.

legungen, Diskussionen und zur Findung eines eigenen Standpunkts.

Die Berichte von Zeitgenossen sind als Originalquellen gekennzeichnet durch ein „Q" und einen Farbstreifen. Texte von Geschichtsforschern haben ein „M" und ebenfalls einen Farbstreifen.

Außerdem enthält dieser Band zahlreiche Seiten mit „handlungsorientierten Themen". Hier finden Sie viele Hinweise, wie Sie sich z. B. selbstständig Informationen beschaffen können oder wie Sie eigene Vorstellungen in Schule und Gemeinde umsetzen können. Wann immer es möglich ist, sollten Sie – sei es gemeinsam mit der Klasse oder auch aufgrund eigener Initiative – die außerschulischen Angebote nutzen, um sich von dem politischen Leben in Ihrer Gemeinde oder in Ihrem Bundesland ein eigenes Bild zu machen.

Liebe Schülerinnen und Schüler!

In diesem Buch können Sie etwas über die Geschichte der Menschheit von der Antike bis heute erfahren. Sie werden erkennen, wie die Menschen früher gelebt haben, welche Wünsche und Sorgen sie hatten, worunter sie gelitten, worüber sie sich gefreut haben. Deutlich wird, wie sich die Menschen im Laufe der Zeit nach und nach immer mehr Rechte und Freiheiten erkämpfen konnten. Die Rechte und Freiheiten, die wir heute wie selbstverständlich genießen, haben sich unsere Vorfahren mühsam erstritten. Sie werden erkennen, wie wichtig es ist, dass wir alle uns immer wieder für die Bewahrung dieser Rechte und Freiheiten einsetzen. Sie können darüber hinaus erkunden, wie das Zusammenleben vieler Menschen, sei es in Europa, in der Bundesrepublik Deutschland oder in unserem Bundesland Baden-Württemberg geregelt ist.

Sicherlich kommt Ihnen manches schon sehr bekannt vor. Es geht auch nicht darum, dass Sie den Inhalt dieses Buches mehr oder weniger auswendig lernen, vielmehr bieten Ihnen die Texte, Bilder und Berichte von Zeitgenossen Anhaltspunkte für eigene Überlegungen, Diskussionen und zur Findung eines eigenen Standpunkts.

Und jetzt – viel Erfolg beim Arbeiten, Lernen und Erkunden!

Inhaltsverzeichnis

Inhaltsverzeichnis

Inhaltsverzeichnis

Inhaltsverzeichnis

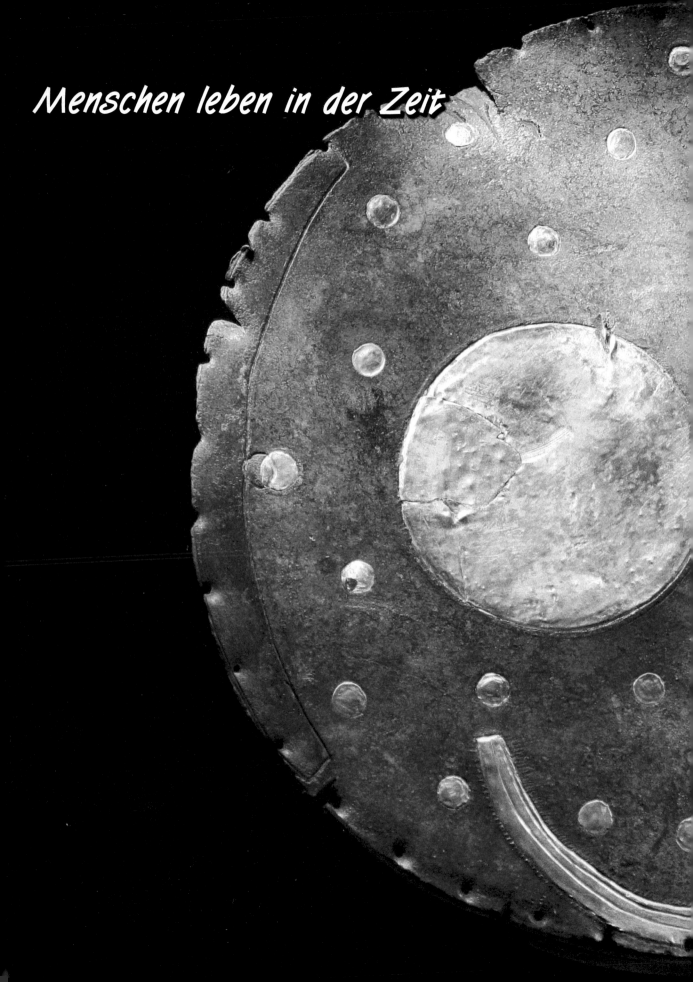

Menschen leben in der Zeit

Das Alter unserer Erde ist vielen von uns nicht bewusst – ungefähr fünf Milliarden Jahre gibt es sie schon. Dagegen erscheint die Existenz des Menschen seit zwei Millionen Jahren recht kurz – und doch zeugen die unterschiedlichsten Funde wie Faustkeile, Schmuck, Schriftstücke und Bauten von einer bewegten Vergangenheit. Um diese Vergangenheit besser untersuchen zu können, teilen die Wissenschaftler die Geschichte in Epochen ein. Schon sehr früh war der Mensch bemüht, sein Leben in Zeiteinheiten zu strukturieren, die Himmelsscheibe von Nebra ist nur ein Beispiel. Sie diente der Zeitbestimmung, was für die Aussaat und Ernte wichtig war. Von diesen Epochen und anderen Zeiteinteilungen berichtet dieses kurze Einführungskapitel.

Zeitrechnung

Chronologie:
Lehre von der Zeitrechnung, der Altersbestimmung von Gegenständen und vom Kalenderwesen.

Kalender:

Der christliche Kalender: *Unsere Jahreszählung wurde eingeführt von dem Abt Dionysius Exiguus (etwa 470–540 n. Chr.). Er berechnete das Geburtsjahr Jesu. Seit etwa 1000 Jahren ist seitdem in Europa und anderen christlichen Ländern die Zählung „vor" oder „nach Christi Geburt" üblich. – Nach dem Jahr 1 v. Chr. kommt nicht das Jahr „0", sondern das Jahr 1 n. Chr.*

Der islamische Kalender: *In islamischen Ländern beginnt die Zeitrechnung mit dem Tag, an dem der Prophet Mohammed von Mekka nach Medina floh. Nach der christlichen Zeitrechnung geschah dies am 16. Juli 622 n. Chr.*

Der jüdische Kalender: *Er beginnt mit der Entstehung der Welt, die nach alten Vorstellungen im Jahr 3760 v. Chr. entstanden sein soll. Man zählt zu dieser Zahl die christliche Zeitrechnung seit Christi Geburt hinzu. Das Jahr 2008 n. Chr. z. B. ist also nach jüdischer Zeitrechnung das Jahr 5768.*

Die Lebensuhr

Menschen gibt es nicht nur seit einigen 100 oder 1000 Jahren. Menschen gibt es seit mindestens 2 000 000 Jahren. Noch viel älter ist die Erde, ungefähr 5 Milliarden Jahre ist sie alt. Unter diesen Zahlen kann man sich wenig vorstellen. Etwas leichter fällt uns dies, wenn wir diese Zeit in den 12 Stunden eines Zifferblattes darstellen:

Um 0 Uhr entstand die Erde – vor 5 Milliarden Jahren.

3 Uhr 30:   Im Wasser regt sich das erste Leben – eine einzige Zelle, kleiner als ein Stecknadelkopf.

10 Uhr 34:   Im Wasser entstehen die ersten Algen.

11 Uhr: Jetzt gibt es Korallen und Tintenfische.

11 Uhr 15:   Große Wälder sind herangewachsen. Sie versinken später im Sumpf und werden zu Kohle.

11 Uhr 30:   Die ersten Säugetiere treten auf. Es ist dies die Zeit der mächtigen Saurier sowie des Urvogels.

11 Uhr 53:   Jetzt tauchen die ersten Menschenaffen auf.

Es war 11 Uhr, 59 Minuten und 50 Sekunden – 10 Sekunden vor 12 Uhr: Da lebten die ersten Menschen: Allein von diesen 10 Sekunden auf der großen Lebensuhr will dieses Buch berichten.

1 *Die Lebensuhr ist eine Idee, Zeit darzustellen. Überlegen Sie sich weitere Möglichkeiten.*

Von der Steinzeit zum Computerzeitalter

Von dem Leben der Menschen in diesen 10 Sekunden auf der großen Lebensuhr erfahren wir etwas in den Ausstellungen der Landesmuseen und der vielen Heimatmuseen. Im Landesmuseum werden alle Funde aufbewahrt, die für die Geschichte des eigenen Bundeslandes von Bedeutung sind. Häufig handelt es sich dabei um Werkzeuge, Töpfe, Schmuck, Bilder, Trachten, technische Erfindungen usw. Darunter stehen dann Hinweise wie beispielsweise „Faustkeil aus der Altsteinzeit", „Dolch der Bronzezeit", „Erfindung im Industriezeitalter".

Aber nicht nur im Museum stoßen wir auf Zeugnisse der Vergangenheit. In vielen Städten und Dörfern gibt es alte Häuser, Kirchen, Stadtmauern, Fabrikgebäude, aber auch hochmoderne Bauten aus Stahl, Glas und Beton.

Am meisten erfahren wir jedoch über die Vergangenheit durch das, was die Menschen aufgeschrieben haben. Die Schrift wurde aber erst vor ca. 5000 Jahren erfunden.

2 *Erstellen Sie eine Liste, welche Museen Sie schon gesehen haben.*

3 *Stellen Sie für Ihre Klasse Ausflugstipps zu Museen in Ihrer näheren Umgebung zusammen.*

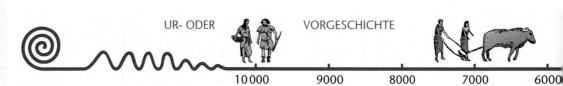

Zeitrechnung

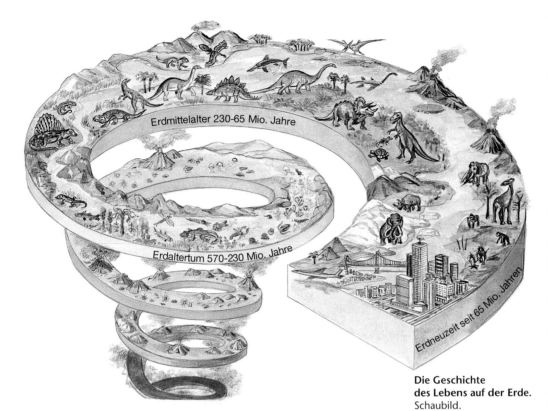

Die Geschichte
des Lebens auf der Erde.
Schaubild.

Erdmittelalter 230-65 Mio. Jahre

Erdaltertum 570-230 Mio. Jahre

Erdneuzeit seit 65 Mio. Jahren

Das Alter eines
Baumes: *Jahresringe.*

Riesenammonit.
Er hat ein Alter von
zirka 80 Millionen
Jahren.

Unsere Zeitrechnung

Um erkennen zu können, welche Entwicklung die Menschheitsgeschichte genommen hat, müssen wir alles in die richtige Reihenfolge bringen, was wir über die Vergangenheit wissen. Wir brauchen also eine Zeitleiste.

Sie wissen, dass die Zeit in gleiche Abschnitte eingeteilt wird. Einige Möglichkeiten gibt die Natur vor: die Dauer eines Jahres, eines Mondwechsels, eines Tages. Den Tag kann man rechnerisch unterteilen: in Stunden, Minuten, Sekunden. Es gibt aber auch größere Einheiten: Jahrzehnte, Jahrhunderte und Jahrtausende.

In der Zeitleiste unten lassen sich nur die großen Zeiteinheiten darstellen. Es stehen dort 2 Zentimeter für 1000 Jahre. Damit können wir aber nur 12000 Jahre verdeutlichen. Die über 2000000 Jahre der Menschheitsentwicklung finden Sie durch ein Knäuel veranschaulicht. Wir hätten ansonsten für die Zeitleiste nach unserem Maßstab eine Länge von 1500 Zentimeter = 15 Meter nehmen müssen. Die Jahre von Christi Geburt* an zählen wir mit der Benennung „n. Chr." = nach Christus. Das sind die Zahlen, die auf der Leiste vom Geburtsjahr aus rechts stehen. Die Jahre vor der Geburt von Jesus Christus stehen links und werden mit der Benennung „v. Chr." = vor Christus gezählt. In diese Leiste können Sie jetzt die Zeitpunkte einordnen, die Sie aus der Geschichte kennen.

**Geburt von
Jesus Christus*:**
Der Abt Dionysius
Exiguus legte im
6. Jahrhundert
n. Chr. mithilfe von
alten Texten das Geburtsjahr Jesu fest.
Heute wissen wir,
dass er sich dabei
um sieben Jahre
verrechnet hat. Der
„Stern von Bethlehem" erschien
bereits 7 v. Chr. am
Himmel.

FRÜHGESCHICHTE   GESCHICHTE   vor   nach

| 000 | 4000 | 3000 | 2000 | 1000 | Christi Geburt | 1000 | 2000 |

Menschen leben in der Zeit

1 **Fachgerechte Freilegung eines Grabes aus der Vorgeschichte.** Foto, 1997.

2 **Gladiatoren im Kampf.** Detail eines Fußbodenmosaiks einer Villa bei Tusculum (Italien), 3. Jh. n. Chr.

Jahreszahlen und Epochen in der Geschichte

Wer sich mit der Geschichte beschäftigt, muss das, was „früher" war, genau ordnen. Die wichtigsten Ordnungshilfen sind Jahreszahlen* und Epochen*.

Auf der Grundlage des christlichen Zählsystems haben die Forscher die Geschichte in vier große Epochen eingeteilt:

– Ur-/Vor- und Frühgeschichte: Diese Zeit umfasst die Millionen Jahre bis zum Auftauchen der ersten schriftlichen Zeugnisse – z. B. in Ägypten um 3000 v. Chr. Die Geschichtsforschung stützt sich hier vor allem auf Bodenfunde wie Grabanlagen, Siedlungen, Brunnen und Höhlen.
– Altertum/Antike: behandelt den Zeitraum von etwa 3000 v. Chr. bis 500 n. Chr.
– Mittelalter: Dies ist die Bezeichnung für die Zeit von etwa 500 n. Chr. bis 1500 n. Chr.
– Neuzeit: Diese Epoche schließt ans Mittelalter an und beschreibt die Zeit ab 1500.

Jahr*:
Zeitdauer, die die Erde für einen Umlauf um die Sonne benötigt.

Epoche*:
Zeitalter, ein bedeutender Abschnitt in der Geschichte.

3 **Kohleabbau mit dem Schrämlader im Ruhrgebiet.** Foto, 1977.

1 *Beschreiben Sie die Abbildungen 1–3 und ordnen Sie diese den verschiedenen Zeitaltern im Zeitstrahl unten zu.*
2 *Suchen Sie in Ihrem Wohnort nach historischen Überresten (z. B. Gebäude, Stadtmauer, Inschriften, Denkmäler). Stellen Sie mithilfe einer Ortsbeschreibung (Stadtführer o. Ä.) deren Alter fest. Ordnen Sie die Zeugnisse den Zeitaltern zu (siehe linke Randspalte und Zeitstrahl unten).*

5000   4000   3000   200

Ur-/Vor-
geschichte   Frühgeschichte   Alte

Menschen leben in der Zeit

4 Zeitmessung um 2500 v. Chr. in Stonehenge ...

5 ... und heute.

Die Kunst des Kalendermachens

Die ersten Aufzeichnungen, nach denen die Zeit in Tage oder Monate eingeteilt wird, sind schon vor etwa 30 000 Jahren entstanden. Sicher ist, dass die alten Ägypter und Babylonier ihre Kalender auf astronomische Beobachtungen zurückführten. Eine Art Kalender waren vermutlich auch die Steinkreise von Stonehenge in Südengland. Die Steine des zum Teil noch erhaltenen äußeren Kreises bildeten 29,5 Öffnungen, die den 29,5 Tagen zwischen zwei Vollmonden entsprechen.

Die Idee, einen Kalender nach dem Lauf der Gestirne Sonne und Mond aufzustellen, hatten also schon mehrere Völker. Allerdings ergab sich für alle das gleiche Problem: Ein astronomisches Jahr dauert genau 365,2422 Tage. Da man in der Praxis aber immer nur mit vollen 365 Tagen rechnen kann, rutschte das Neujahr im Kalender immer weiter nach vorne.

Unser Kalender geht auf Julius Caesar zurück. Er führte 46 v. Chr. den römischen Kalender mit 366 Tagen in jedem 4. Jahr ein. Folglich hatte das „julianische" Jahr 365,25 Tage, war also etwas zu lang. Auf diese Weise hatte sich im 16. Jahrhundert der Frühlingsanfang um 10 Tage vom 21. auf den 11. März verschoben. Um diese Ungenauigkeit zu beseitigen, reformierte Papst Gregor XIII. 1582 den Kalender. Nach dem gregorianischen Kalender* wird eine weitere Reform erst in etwa 2000 Jahren notwendig sein.

Neben dem gregorianischen Kalender werden in manchen Teilen der Erde auch noch andere Kalender benutzt. So wird z. B. in Ostasien der chinesische Kalender zur Berechnung von Festtagen verwendet. Er kombiniert Sonnen- und Mondzyklus und berücksichtigt bestimmte astronomische Ereignisse (z. B. Sonnen- oder Mondfinsternis).

Gregorianischer Kalender*:
Erst im 20. Jahrhundert hatten alle Länder diese Kalenderzählung übernommen. Viele Staaten hatten sie lange aus Glaubensgründen abgelehnt.

Mondkalender:
Ein Mondjahr dauert 354 Tage, 8 Stunden, 48 Minuten; ein Sonnenjahr 365 Tage, 5 Stunden, 48 Minuten.

1000 · Christi Geburt · 500 · 1000 · 1500 · 2000 · HEUTE

/Antike · Mittelalter · Neuzeit · Zukunft

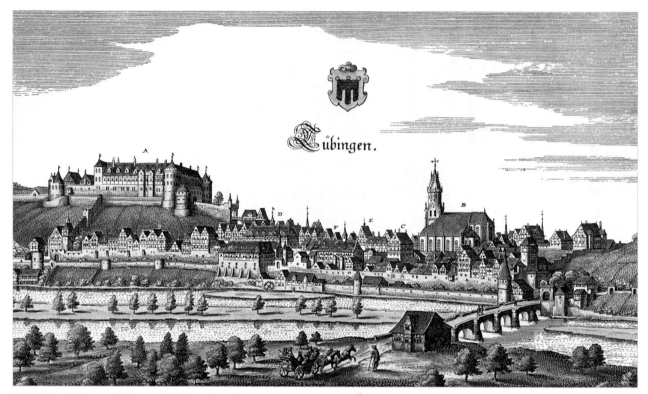

1 **Stadtansicht von Tübingen 1650.** Kupferstich von Matthäus Merian d. Ä. (1593–1650); spätere Kolorierung.

Orte ändern ihr Gesicht

1 *Beschreiben Sie die Abbildung 1. Erläutern Sie, welchen Eindruck sie auf Sie macht.*

2 *Vergleichen Sie die Abbildungen 2 und 3 und stellen Sie die wichtigsten Unterschiede in einer Liste zusammen.*

3 *Stellen Sie Vermutungen über die Gründe für die Veränderungen an.*

4 *Überlegen Sie, zu welcher Zeit Sie lieber dort gewohnt hätten. Begründen Sie Ihre Meinung.*

Die Dörfer und die Städte in Baden-Württemberg haben im Verlauf ihrer Geschichte immer wieder ihr Gesicht verändert: Häuser wurden gebaut und wieder abgerissen, Märkte geschaffen und wieder aufgegeben, alte Grenzen wurden verändert, Straßen neu angelegt oder verbreitert. In jüngster Zeit entstanden in vielen Ortschaften Gewerbeparks oder Fußgängerzonen, neue Kaufhäuser oder Einkaufszentren, die das Ortsbild verändert haben. Trotz dieser Neuerungen haben viele Orte Altes bewahrt, und wer mit offenen Augen durch seinen Heimatort geht, wird auf zahlreiche Spuren der Vergangenheit stoßen: Burgen oder Schlösser, Fachwerk- oder Backsteinbauten, Stadtmauern, Denkmäler oder Grabsteine. Viele Orte verfügen zudem über ein Heimat- oder Stadtmuseum, über Archive, Büchereien oder Fremdenverkehrsvereine, die weitere Zeugnisse und Informationen zur Ortsgeschichte bereithalten: historische Funde, Zeichnungen, Karten, Fotosammlungen, Ortschroniken oder auch Prospekte zur Ortsgeschichte.

5 *Tragen Sie zusammen, was Sie über die Geschichte Ihres Heimatortes wissen. Notieren Sie auch, woher Ihre Informationen stammen.*

6 *Besorgen Sie sich Informationsbroschüren und Bücher über die Geschichte Ihres Ortes. Stellen Sie in der Klasse einen Ausstellungstisch auf, wo Sie alle Materialien sammeln und zeigen können, die mit der Geschichte Ihres Ortes zu tun haben.*

2/3 **Tübingen an der neuen Neckarbrücke.** Fotos, 1910 und 2008.

- Sammeln Sie ältere Abbildungen von Straßen und Plätzen (Ansichtskarten, Heimatbücher). Verdeutlichen Sie an Beispielen, wie sich die Nutzung der Häuser, von Gebäuden, Straßen oder Plätzen verändert hat. Geeignete Beispiele könnten sein: der Marktplatz, die Einkaufsstraße, Ihre Wohnstraße.
- Sammeln Sie Broschüren der Stadtverwaltung und Zeitungsartikel über Bauvorhaben in Ihrem Ort.
- Dokumentieren Sie Ihre Ergebnisse auf einer Wandzeitung zum Thema „Unser Heimatort verändert sich".

B Spielend durch die Heimatgeschichte
- Entwerfen Sie ein Quiz, bei dem Ihre Mitschülerinnen und Mitschüler historische Sehenswürdigkeiten in Ihrem Heimatort aufsuchen und erkunden.

C Gebäude erzählen ihre Geschichte
- Fotografieren Sie alte Häuser, Höfe, Fabriken, Kirchen, Denkmäler, Brücken. Notieren Sie die Namen. Zeichnen Sie Einzelheiten von alten Gebäuden ab: Inschriften, Türen, Gitter, Maschinen usw. Erkundigen Sie sich nach dem Entstehungsjahr und erforschen Sie ihre Geschichte.
- Gestalten Sie mit Ihrem Material Plakate und organisieren Sie in Ihrer Schule eine Ausstellung.

Projektvorschläge zum Thema „Die Geschichte unseres Ortes"

A Unser Ort früher und heute
- Vergleichen Sie Pläne Ihres Ortes aus verschiedenen Zeiten. Suchen Sie nach Gründen für die Veränderungen und stellen Sie das Wachstum Ihres Ortes in einer Karte dar.

15

Antike Wurzeln: Griechenland

776 v. Chr.

750–550 v. Chr.

seit 700 v. Chr.

ERSTE
OLYMPISCHE SPIELE

GRIECHEN
GRÜNDEN KOLONIEN

BLÜTE DER GRIE-
CHISCHEN BAUKUNST

Weiß leuchten die Säulen auf der Akropolis in Athen im Sonnenlicht. Es sind die Überreste von Gebäuden, die schon vor über 2000 Jahren Eindruck auf jeden Besucher der Stadt machen sollten. Das ist bis heute so geblieben. Tausende von Touristen bewundern Tag für Tag die Zeugnisse griechischer Baukunst.

Auch bei uns finden wir viele Bauten aus späterer Zeit, die die Säulenbauten der griechischen Tempel nachahmen: Theater, Kirchen und viele Regierungsgebäude. Auch die Namen vieler Unterrichtsfächer sind griechischen Ursprungs, wie z. B. Biologie (Lehre vom Leben), Geographie (Erdbeschreibung) oder Physik (Naturlehre). Das Wort „Pause" – abgeleitet von einem griechischen Verb – bedeutet so viel wie „aufhören". Die bedeutendsten sportlichen Wettkämpfe, die Olympischen Spiele, haben die Griechen als Erste durchgeführt. Woher die Griechen kamen, warum sie heute noch in vielen Bereichen als Vorbilder gelten, davon berichten die folgenden Seiten.

594 v. Chr.

450 v. Chr.

BEGINN DER DEMOKRATIE IN ATHEN

BLÜTEZEIT ATHENS UNTER PERIKLES

Ein Land von Stadtstaaten

2000–1000 v. Chr.:
Aus dem Norden wanderten Volksstämme in das heutige Griechenland ein. Sie gründeten Siedlungen und bildeten Stadtstaaten (Poleis).

Internettipps:
Unter www.zdf.de (Thema: Geschichte & Archäologie) finden sich zahlreiche interessante Informationen zum alten Griechenland.

www.griechenland.de

1 Das antike Griechenland.

Polis*
(griech. = Burg, Stadt; Mehrzahl: Poleis). Bezeichnung für die im alten Griechenland selbstständigen Stadtstaaten, z. B. Athen, Sparta, Korinth.
Die Einwohner einer Polis verstanden sich als Gemeinschaft. Sie waren stolz auf ihre politische Selbstständigkeit und achteten darauf, wirtschaftlich unabhängig zu bleiben.

Viele Staaten – ein Volk der Hellenen

Im Verlauf des 2. Jahrtausends v. Chr. drangen von Norden her kriegerische Volksstämme in das heutige Griechenland ein. Von einem kleinen Stamm übernahmen sie ihren gemeinsamen Namen: „Hellenen". Dieser Name unterschied sie von der besiegten Urbevölkerung und von Fremden. Die Bezeichnung „Griechen" taucht erst viel später auf.

Die Stämme kamen in ein Land, das wenig Siedlungsraum bot. Das Mittelmeer gliedert das Land in zahllose Inseln und Halbinseln. Hohe Gebirgszüge umschließen kleine, nur begrenzt fruchtbare Ebenen. Jedes Tal bildete damals eine abgeschlossene Welt für sich. Die Wege waren so schmal, dass Eselskarren nur mit Mühe aneinander vorbeikamen. Eine Reise zum nächsten Ort jenseits der Berge war sehr beschwerlich. Am bequemsten war es noch, einzelne Strecken per Schiff zurückzulegen.

So zersplitterten die eingewanderten Stämme in viele kleine, voneinander getrennte Gemeinschaften. Wo es möglich war, errichtete man auf einer Anhöhe eine Burg. Von hier aus herrschten Fürsten, die sich auch als Könige bezeichneten, über die Bevölkerung des Tals oder der Insel. Unterhalb der Burg entstanden städtische Siedlungen, in denen Großgrundbesitzer, Händler und Handwerker wohnten. Die Bauern lebten auf dem Land, das die Siedlungen umgab.

So entstand in Griechenland kein großes Reich mit einer Hauptstadt. Vielmehr bildete jede Stadt einen eigenen Staat für sich mit einer eigenen Regierung. Die Griechen nannten eine solche Siedlung Polis*.

Ein Land von Stadtstaaten

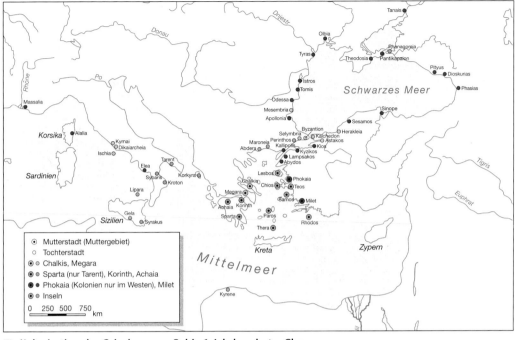

2 Kolonisation der Griechen vom 8. bis 6. Jahrhundert v. Chr.

*Seit dem 7. Jahrhundert v. Chr. gab es in Griechenland **Münzen**. Das abgebildete Geldstück stammt aus Sizilien von der Kolonie Leontinoi (griech.: leon = Löwe). Es zeigt einen Löwenkopf mit vier Gerstenkörnern.*

Die Polis als Heimat

In einer Polis lebten selten mehr als ein paar tausend Menschen. Dennoch nennen wir sie heute Stadtstaaten. Für die Bürger war der Stadtstaat das eigentliche Vaterland. Für seine Unabhängigkeit und Freiheit kämpften sie – auch gegen den jeweiligen Nachbar-Stadtstaat. Wenn damals ein Bewohner Griechenlands gefragt wurde, woher er komme, dann antwortete er nicht: „Ich bin ein Hellene", sondern: „Ich bin ein Athener". Ein anderer hätte gesagt: „Ich bin ein Spartaner" oder „Ich bin ein Korinther" usw.

1 *Beschreiben Sie die griechische Landschaft mithilfe der Karte 1.*

2 *Erklären Sie mithilfe der Karte 1 und des Textes, wie die Landschaft das politische Leben der Griechen beeinflusste.*

In der Heimat wird es zu eng

Einige Stadtstaaten litten schon bald unter Überbevölkerung und Hungersnöten Deshalb wanderten zwischen 750 und 550 v. Chr. zahlreiche Griechen aus und gründeten neue Stadtstaaten (Kolonien*) rund um das Mittel-

meer und das Schwarze Meer. Viele Kolonien wuchsen schnell heran und übertrafen schon bald nach ihrer Gründung die Mutterstädte an Reichtum und Macht. Das Gefühl der Zusammengehörigkeit mit dem Mutterland blieb aber bei allen Auswanderern bestehen: Man sprach die gleiche Sprache, verehrte die gleichen Götter und nahm an den Olympischen Spielen und anderen Wettkämpfen in Griechenland teil.

3 *Erklären Sie die Begriffe „Polis" und „Kolonie" mit eigenen Worten.*

4 *Erstellen Sie anhand der Karte 2 und von Atlanten eine Liste der heutigen Länder, in denen es griechische Kolonien gab.*

5 *Erklären Sie den Ausspruch eines griechischen Gelehrten: „Wir sitzen um unser Meer wie die Frösche um einen Teich."*

6 *Befragen Sie Ihre ausländischen Mitschülerinnen und Mitschüler: Warum haben sich ihre Eltern entschlossen, für einige Jahre oder sogar für immer ihr Heimatland zu verlassen? Welche Probleme gab es für sie, als sie nach Deutschland kamen?*

Kolonien, Kolonisation*: (abgeleitet aus dem lateinischen Wort „colonus" = Bebauer, Ansiedler). Seit 750 v. Chr. wanderten viele Griechen aus. Sie besiedelten die Küsten des Mittelmeeres und des Schwarzen Meeres und gründeten dort neue Städte (Kolonien).

Athene

Aphrodite

Ares

Olymp*:
(griech. = Olympos). Der Olymp ist ein Gebirge in Griechenland an der Grenze Thessaliens und Makedoniens. Es ist bis zu 2911 m hoch. Nach der Vorstellung der alten Griechen lebten auf den Gipfeln des Olymps die griechischen Götter.

* Ausführliche Nachweise zu allen Quellen finden Sie im Anhang auf den Seiten 342 und 343.

Exkursionstipp:
– Badisches Landesmuseum Karlsruhe
– Württembergisches Landesmuseum Stuttgart

1 Zeus. Vasenmalerei. **2 Poseidon.** Vasenmalerei. **3 Hera.** Vasenmalerei.

Die Götter – eine große Familie

Überall in Griechenland gab es prächtige Tempel und heilige Stätten, an denen man die Göttinnen und Götter verehrte. Dem Glauben der Griechen nach lebten die Götter auf dem hohen, meist von Wolken umgebenen Gipfel des Olymp*. Hier wohnten sie als große Familie zusammen, ganz wie die Menschen, nur mit mehr Luxus, mächtiger und unsterblich.

Vom Zusammenleben der Götter berichtet eine griechische Sage*:

Q1 … Zeus wollte wieder einmal seine Kinder und Geschwister beim Göttermahl vereint sehen. Daher ließ er Hermes, den Götterboten, zu sich kommen und befahl ihm: Ziehe deine Flügelschuhe an und rufe mir deine Brüder und Schwestern herbei. Ich will mit Hera, meiner Frau, ein Göttermahl geben.

Hermes flog zuerst zu Hephaistos, dem Gott des Feuers. Der schmiedete großartige Waffen. Seine Frau war die schöne Aphrodite. Sie warf noch einen Blick in ihren Spiegel und machte sich dann auf den Weg zum Olymp. Ihr hinkender Mann konnte mit ihr nicht Schritt halten.

Athene, die Lieblingstochter des Zeus, traf Hermes in jener Stadt an, deren Einwohner sie zur Schutzgöttin erwählt hatten. Sie nahm Lanze und Schild und eilte zu ihrem Vater.

Zuletzt fand Hermes den Gott des Kriegs, Ares. Wie er ihn antraf – mit Schild und Lanze –, so brachte ihn Hermes zu seinen Geschwistern auf den Olymp.

Auch die Brüder des Zeus waren gekommen: Poseidon, der Gott des Meeres, und Hades, der Gott der Unterwelt. Er verließ seinen Richterstuhl, um der Einladung zu folgen. Kerberos, den mehrköpfigen Hund, ließ er als Wächter der Unterwelt zurück.

Am Kopf des Tisches hatten neben Zeus und Hera die beiden Brüder Poseidon und Hades Platz genommen. Bei Nektar und Ambrosia unterhielten sich die Götter und teilten Zeus ihre Sorgen und Nöte mit. …

1 *Zeigen Sie den Olymp auf der Karte auf Seite 18.*
2 *Beschreiben Sie mithilfe der Abbildungen 1–3 und von Q1 die griechischen Götter.*
3 *Die Götter handelten und fühlten, so die Vorstellung der Griechen, ähnlich wie die Menschen. Suchen Sie für diese Behauptung Beweise in der Sage.*

Olympische Göttinnen und Götter

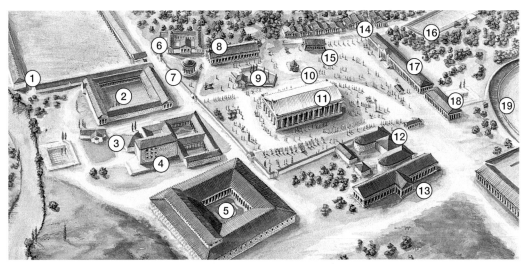

4 Die Anlage von Olympia im 5. Jahrhundert v. Chr. Rekonstruktionszeichnung.
① Gymnasion, ② Ringerschule, ③ Amtssitz der olympischen Priester, ④ Werkstatt des Bildhauers Phidias, ⑤ Gästehaus, ⑥ Amtssitz hoher Verwaltungsbeamter, ⑦ Grab des Königs Philipp, ⑧ Heratempel, ⑨ Grab des Königs Phelops, ⑩ Zeusaltar, ⑪ Zeustempel, ⑫ Buleuterion (hier wurde der olympische Eid abgelegt), ⑬ Südstoa, ⑭ Schatzhäuser, ⑮ Tempel der Kybele, ⑯ Stadion, ⑰ Echohalle, ⑱ Ostbäder, ⑲ Pferderennbahn.

Tempel und Orakelstätten

Die Griechen brachten Opfer und Gaben dar, damit die Götter sie vor Krankheiten bewahrten oder ihnen gute Ernten bescherten. Vor den Tempeln stand der Altar. Auf ihn legte man seine Opfergaben nieder, wie beispielsweise die Erstlingsfrüchte der Felder oder Tiere, die man zu Ehren der Gottheit geschlachtet hatte. Im Innern der Tempel befand sich das Standbild des Gottes oder der Göttin, die man verehrte. Heilige Orte waren auch die Orakelstätten*. Hier konnte man den Rat und die Vorhersagung der Götter einholen. Aus Schriften wissen wir, welche Fragen die Menschen stellten, etwa: Soll ich Fischer werden? Soll ich das Geschäft abschließen? Soll ich heiraten? Griechische Städte schickten bei Rechtsstreitigkeiten oder vor Kriegserklärungen ihre Boten zu den Orakelstätten. Ein Priester oder eine Priesterin waren das Sprachrohr der Götter. Gegen eine Gebühr erteilten sie die Weissagungen der Götter.

4 *Menschen haben sich schon immer um ihre Zukunft Sorgen gemacht und sich „Orakeln" zugewandt. Nennen Sie Beispiele dafür, die aus unserer Zeit stammen.*

Religiöse Feiern und Wettkämpfe

Bei allen großen religiösen Feiern fanden sportliche Wettkämpfe statt. In Olympia wurden alle vier Jahre sportliche Wettkämpfe zu Ehren des Göttervaters Zeus abgehalten. An den Wettkämpfen nahmen Sportler aus allen griechischen Stadtstaaten teil. Den Sinn der Spiele erklärte um 380 v. Chr. der athenische Gelehrte Isokrates in einer Festansprache:

Q2 … Wir versammeln uns alle an einem Ort, nachdem wir alle Feindseligkeiten eingestellt haben. Während des Festes bringen wir gemeinsam unsere Opfer dar, verrichten gemeinsam Gebete und werden uns dabei unseres gemeinsamen Ursprungs bewusst. Alte Freundschaften werden erneuert, neue Freundschaften werden geschlossen. So lernen wir uns gegenseitig besser zu verstehen. …

5 *Geben Sie in eigenen Worten wieder, welche Bedeutung die Olympischen Spiele nach Meinung des athenischen Bürgers hatten.*

Orakelstätten*:
Hier befragten die alten Griechen ihre Götter. Gegen eine Gebühr erteilten Priester – im Auftrag der Götter – Vorhersagen über die Zukunft.
Delphi (siehe Karte S. 18) gehörte zu den berühmtesten Orakelstätten in Griechenland. Seine Weissagungen ließen mehrere Deutungen zu.
Orakel nannte man die Weissagungsstätte und die Weissagung selbst.

Frauenwettkämpfe in Olympia:
Für Frauen gab es in Olympia und Sparta einen gesonderten Wettkampf, der alle vier Jahre zu Ehren der Göttin Hera stattfand. Es war ein Lauf für Mädchen und Frauen, der in drei Altersklassen ausgetragen wurde. Nach der Vorschrift liefen sie mit offenen Haaren und einem hemdartigen Gewand, das bis zu den Knien reichte. Die Siegerinnen erhielten auch einen Kranz vom Ölbaum.

Läuferinnen bei den Frauenwettspielen. Vasenmalerei, 5. Jahrhundert v. Chr.

Demokratie in Athen

Demokratie*:
Die alten Griechen unterschieden drei Staatsformen:
- *die Demokratie, die Herrschaft des Volkes,*
- *die Aristokratie, die Herrschaft „der Besten" (des Adels),*
- *die Monarchie, die Herrschaft des Königs.*

Die Demokratie ist in Athen entstanden. In der Volksversammlung wurden alle politischen Entscheidungen per Mehrheitsbeschluss getroffen.

Perikles, *griechischer Feldherr und Politiker (ca. 490 – 429 v. Chr.). Marmorbüste.*

Scherbe mit dem Namen eines Politikers. Um die Herrschaft eines Einzelnen zu verhindern, konnten die Männer der Volksversammlung einmal im Jahr den Namen eines unliebsamen Politikers auf eine Scherbe ritzen **(Scherbengericht).** *Der Meistgenannte musste für 10 Jahre die Stadt verlassen.*

1 Gebiet des Stadtstaates Athen.

Stadtstaat Athen

In Athen hatte die Herrschaft seit dem 7. Jahrhundert v. Chr. in den Händen von Adligen gelegen, die das Königtum abgeschafft hatten. Nach langwierigen Auseinandersetzungen zwischen dem Adel und den übrigen Bevölkerungsgruppen entwickelte sich im 5. Jahrhundert v. Chr. eine Regierungsform, die die Athener selbst als Demokratie* bezeichneten.

Der berühmteste Politiker Athens im 5. Jahrhundert v. Chr. war Perikles, den die Bürger von 443 bis 429 v. Chr. ununterbrochen in das höchste Staatsamt wählten. Seiner Ansicht nach sollten alle Bürger die gleichen politischen Rechte besitzen, da sich alle ohne Un-

terschied in der Vergangenheit immer wieder für die Verteidigung der Stadt eingesetzt hatten.

Nach dem schriftlichen Bericht des griechischen Geschichtsschreibers Plutarch soll Perikles 429 v. Chr. folgende Rede gehalten haben:

Q1 … Wir leben in einer Staatsform, die die Einrichtungen anderer nicht nachahmt; eher sind wir für andere ein Vorbild, als dass wir andere uns zum Muster nähmen.

Mit Namen wird sie, weil wir uns nicht auf eine Minderheit, sondern auf die Mehrheit im Volke stützen, Volksherrschaft (= Demokratie) genannt. Und es genießen alle Bürger für ihre

Demokratie in Athen

Angelegenheiten vor den Gesetzen gleiches Recht. …

Jeder, der etwas für den Staat zu leisten vermag, kann bei uns ein politisches Amt erhalten.

Das ganze Volk trifft in der Volksversammlung die Entscheidungen und sucht hier, ein rechtes Urteil über die Dinge zu gewinnen. … Unsere Stadt ist für jedermann offen. Ausweisungen von Fremden gibt es bei uns nicht. … Wir lieben Wissen und Bildung. Reichtum ist bei uns zum Gebrauch in der rechten Weise, aber nicht zum Angeben da. Armut ist keine Schande, aber sich nicht zu bemühen, ihr zu entfliehen, gilt als Schande. …

Volksversammlung

Mindestens 40-mal im Jahr wurden die Bürger Athens zur Volksversammlung* geladen. Auf der Volksversammlung wurden alle Gesetze beschlossen, die Beamten gewählt und über Krieg und Frieden entschieden.

Häufig dauerten diese Versammlungen von Sonnenaufgang bis zum Abend. Teilnehmen konnte jeder athenische Mann, dessen Eltern auch Athener waren. In Wirklichkeit war vielen Bürgern ein Besuch der Volksversammlung jedoch kaum möglich.

Ein heutiger Wissenschaftler schreibt•:

M1 … Der im Süden Attikas* wohnende Bauer konnte nicht beliebig oft seine Hacke fallen lassen und den langen Weg in die Stadt antreten, und der Gemüsehändler, der seinen Stand auch nur für einen Tag schloss, riskierte, dass seine Kunden am nächsten Tag anderswohin gingen. …

Für gewöhnlich besuchten die Volksversammlung die Bauern der näheren Umgebung, die stadtansässige Bevölkerung (darunter viele Alte und Arbeitslose) und aus entfernteren Gegenden alle die, denen der Gegenstand der Beratung am Herzen lag; so ist z. B. verständlich, dass eine Debatte über den weiteren Ausbau der Flotte die in Piräus wohnenden Bürger in Scharen in die Stadt strömen ließ. …

1 *Stellen Sie fest, wie viele Menschen in Athen politische Rechte besaßen und wie viele davon ausgeschlossen waren (Schaubild 2).*

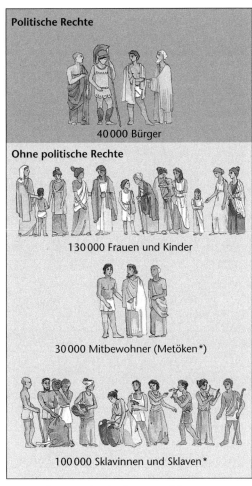

Politische Rechte

40 000 Bürger

Ohne politische Rechte

130 000 Frauen und Kinder

30 000 Mitbewohner (Metöken*)

100 000 Sklavinnen und Sklaven*

2 Bevölkerung des Stadtstaates Athen um 430 v. Chr. Schaubild.

2 *Diskutieren Sie die Behauptung des Perikles, die athenische Staatsform sei demokratisch.*

3 *Stellen Sie die folgende Situation in einem Rollenspiel dar: Zwei Bauern in Sunion (Karte 1) unterhalten sich zur Zeit der Frühjahrsaussaat darüber, ob sie zur Volksversammlung gehen sollen. Entschieden werden soll über den Bau neuer Tempel.*

4 *Informieren Sie sich mithilfe eines Lexikons oder des Internets über den auf der Tonscherbe (linke Randspalte) genannten athenischen Politiker Themistokles und berichten Sie Ihrer Klasse.*

5 *Erkundigen Sie sich in Ihrer Gemeinde über die Größe des Gemeindegebietes. Vergleichen Sie diese mit der des athenischen Stadtstaates.*

Volksversammlung*:
Versammlung der männlichen Bürger in Athen. Sie entschied über Krieg und Frieden, beschloss Gesetze und wählte Beamte. Die Frauen und Kinder durften an der Volksversammlung nicht teilnehmen, ebenso wenig die Mitbewohner und Sklaven sowie deren Frauen und Kinder.

Attika*:
Name der Halbinsel, auf der Athen liegt. Sie ist ein Hügelland mit kahlen Gebirgen und fruchtbaren Ebenen. Das Gebiet gehörte im antiken Griechenland zum Stadtstaat Athen.

• *Ausführliche Nachweise zu allen Materialien finden Sie im Anhang auf den Seiten 342 und 343.*

Metöken*:
(griech. = Mitbewohner). Sie lebten in Athen und waren vor allem in Handwerk und Handel tätig. Sie waren keine Sklaven, durften aber nicht an der Volksversammlung teilnehmen und auch kein Land besitzen.

Sklaven*:
Nach griechischem Recht waren Sklaven eine „Sache", über die ihr Besitzer frei verfügen konnte. Sie wurden als Kriegsgefangene in das Land gebracht und konnten verkauft werden (Sklavenmarkt). Ihre Kinder erwartete dasselbe Schicksal.

Kunst und Wissenschaft

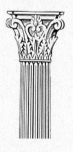

1 Der Tempel zu Ehren der Göttin Athene auf der Akropolis in Athen. Erbaut 447–432 v. Chr.

Die Baukunst

Athen war nicht nur politischer Mittelpunkt Griechenlands, sondern auch Vorbild auf allen Gebieten der Kunst. Unter Perikles wurden riesige Geldsummen ausgegeben, um die Akropolis in einen der schönsten Tempelbezirke zu verwandeln. Die Akropolis sollte zu einer prunkvollen Stätte der Göttin Athene werden, um die Macht und den Glanz Athens für alle sichtbar werden zu lassen. Neben den Tempeln zählen die Theater zu den bedeutendsten Bauten der Athener. Bis zu 10 000 Zuschauer konnten sich hier ein Drama (Schauspiel) ansehen und – durch die durchdachte Bauweise – auch anhören. In den Theatern der ganzen Welt werden heute noch die griechischen Komödien (Lustspiele) und Tragödien (Trauerspiele) aufgeführt.

Die Bauwerke der Griechen gelten bis in unsere Zeit als vorbildlich wegen ihrer Schönheit und ihrer harmonischen Form. Noch im 19. und 20. Jahrhundert wurden zahlreiche Gebäude, deren Würde und Erhabenheit besonders betont werden sollten, in diesem Baustil errichtet.

1 Vergleichen Sie die Abbildung 1 mit den Abbildungen 2 und 3 auf der nächsten Seite. Nennen Sie Gemeinsamkeiten und Unterschiede.

2 Suchen Sie mithilfe Ihrer Lehrerin oder Ihres Lehrers in einem Kunstführer nach weiteren Beispielen für derartige Baukunst in der Nähe Ihres Wohnortes. Wenn möglich, machen Sie Fotografien davon. Erstellen Sie anhand dieser Bilder eine Wandzeitung für Ihr Klassenzimmer.

Wissenschaft

Nicht nur in der Baukunst, auch in zahlreichen Wissenschaften gelten die Griechen als Lehrmeister. So hieß es im griechischen Volksglauben lange Zeit: Wenn Zeus seinen gewaltigen Schild schüttelt, bewegen sich die Wolken, bildet sich ein Gewitter, löst er den Donner aus; als furchtbare Waffe schleudert er den Blitz.

Seit dem 6. Jahrhundert v. Chr. aber gaben sich die griechischen Gelehrten mit derartigen Erklärungen nicht mehr zufrieden. Sie begannen systematisch zu forschen. Weil sich diese Forscher vor allem für die Natur und die Naturgesetze interessierten, bezeichnet man sie als Naturphilosophen. Ein heutiger Schriftsteller schrieb dazu:

M1 … Für kleine Kinder ist die Welt – und alles, was es darauf gibt – etwas Neues, etwas, das Erstaunen hervorruft. Die Erwachsenen sehen das nicht so. Die meisten Erwachsenen erleben die Welt als etwas ganz Normales. Und genau da bilden die Philosophen eine ehrenwerte Ausnahme: Für einen Philosophen oder eine Philosophin ist die Welt noch immer rätselhaft und geheimnisvoll. … Einer der alten griechischen Philosophen glaubte,

Kunst und Wissenschaft

2 **Das Kurhaus von Baden-Baden.** Erbaut 1821–1824.

3 **Das Brandenburger Tor in Berlin.** Erbaut 1789.

dass die Philosophie dadurch entstanden ist, dass die Menschen sich wunderten. Sie stellten philosophische Fragen. …

Warum, so fragten die Menschen damals, wird es Tag und Nacht? Warum sieht man von einem Schiff, das am Horizont auftaucht, zuerst den Mast? Warum gibt es Sonnen- und Mondfinsternisse?
Für jede Naturerscheinung suchte man jetzt die natürliche Ursache. Die Griechen haben auf diese Weise die Grundlagen für das wissenschaftliche Denken gelegt.

Forschung in der Medizin

Der Arzt Hippokrates (um 460–370 v. Chr.) von der Insel Kos übertrug das wissenschaftliche Denken auch auf die Medizin. Im Altertum wurden Krankheiten auf den Einfluss von Gottheiten zurückgeführt. Deshalb versuchte man, sie mit Opfern an die Götter zu heilen.
Hippokrates hatte dazu eine andere Einstellung. Er beobachtete seine Kranken sehr genau und schrieb sorgfältig alles auf, was ihm wichtig erschien. So wurde es Hippo-

krates im Lauf der Zeit möglich, die Zeichen einer Krankheit genau zu deuten und Methoden und Mittel zur Heilung herauszufinden.
Noch heute gilt für jeden Arzt der Eid des Hippokrates:
M2 … Ich werde die Heilkunst nach bestem Wissen und Können zum Wohl des Kranken anwenden. Ich werde auch niemandem eine Arznei geben, die den Tod herbeiführt, auch nicht, wenn ich darum gebeten werde. … Was ich in meiner Praxis sehe oder höre …, darüber werde ich schweigen in der Überzeugung, dass man solche Dinge streng geheim halten muss. …

3 *Erklären Sie, warum am Anfang der Wissenschaft das „Sich-Wundern" steht.*
4 *Die Begriffe in der Randspalte stammen aus dem Griechischen. Erklären Sie diese Begriffe mithilfe eines Lexikons.*
5 *Die Begriffe zeigen, auf welchen Gebieten die Griechen Vorbild waren für spätere Völker. Zählen Sie einige dieser Gebiete auf.*
6 *Begründen Sie, warum das sogenannte Arztgeheimnis wichtig ist.*

Folgende Begriffe stammen aus dem Griechischen:
Physik
Astronomie
Geographie
Historie
Biologie
Architektur
Thermometer
Apotheke
Orgel
Musik
Horizont
Atom
Organ
Demokratie
Drama
Theorie

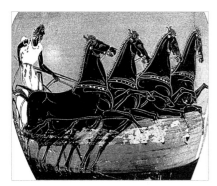

1 Wagenrennen. Der Wagenlenker gehörte zu den wenigen Athleten, die bekleidet waren. Vasenmalerei, 5. Jh. v. Chr.

2 Weitsprung aus dem Stand. Zwischen 1,5 und 4,5 kg schwere Gewichte verstärkten den Vorwärtsschwung. Vasenmalerei, 4. Jh. v. Chr.

Olympische Spiele – wir informieren uns über deren Geschichte
Dieses Kapitel hat Ihnen über das Leben in Griechenland vor fast 2500 Jahren berichtet. Dabei wurden auch kurz die sportlichen Wettkämpfe in Olympia erwähnt (S. 21). Vielleicht möchten Sie aber mehr über dieses bedeutendste Sportereignis des Altertums wissen und suchen nach Möglichkeiten, sich zu informieren.

Sie können verschiedene Arbeitsgruppen bilden:
– Eine Gruppe könnte mithilfe eines Lexikons oder des Internets den Ursprung und die kulturelle

Bedeutung der Olympischen Spiele der Antike untersuchen und einige Fragen klären, z. B.: Warum verbanden die Griechen ein Sportereignis mit einem Götterkult? An welchen anderen Orten im alten Griechenland fanden ebenfalls Spiele statt und welchen Göttern waren sie geweiht?
– Eine zweite Gruppe erkundigt sich über die Organisation, den Ablauf und das Reglement der Spiele.
– Eine weitere Gruppe sammelt Informationen darüber, in welchen Sportarten Wettbewerbe veranstaltet wurden und wer als Sieger vom Platz ging.
– Die vierte Gruppe schließlich könnte sich über die Olympischen Spiele der Neuzeit erkundigen.
Gemeinsam kann abschließend eine Tabelle angefertigt werden, in der die Olympischen Spiele von „damals" und „heute" gegenübergestellt werden. So können Sie einen Vergleich anstellen und einige Fragen beantworten, z. B.: Worin unterscheiden sich die neuzeitlichen Spiele von den Olympischen Spielen der Antike? Was hat sich im Lauf der Jahrhunderte erhalten und ist mehr oder weniger gleich geblieben? Was hat sich grundlegend verändert?

Olympische Spiele	
damals	heute
...	...
...	...
...	...
...	...
...	...

3 Olympische Spiele Athen 2004. Die brasilianischen Segler Grael und Ferreira erringen Gold in der Starboot-Klasse.

4 Olympische Winterspiele Turin 2006. Die deutsche Biathletin Kati Wilhelm gewinnt das 10-km-Jagdrennen.

Ergänzend können Sie auch auf aktuelle Probleme im Zusammenhang mit den Olympischen Spielen eingehen, wie z. B. Sport als Propagandawerkzeug bzw. Machtmittel (Berlin 1936, Moskau 1980 und Peking 2008) oder Doping im Leistungssport.
Auch die Rolle der Olympischen Spiele in den Medien sollten Sie kritisch hinterfragen. Stehen die Athletinnen und Athleten und ihre sportlichen Leistungen noch im Vordergrund oder sind die Olympischen Spiele nicht längst zu einer großen Werbeveranstaltung (Atlanta 1996) geworden?

Zusammenfassung

Viele Staaten – ein Griechenland

Im antiken Griechenland gab es kein großes Reich mit einer einzigen Hauptstadt, sondern zahllose kleine, selbstständige Stadtstaaten. Sie verfügten jeweils nur über eine verhältnismäßig kleine Anbaufläche, sodass nur eine begrenzte Anzahl von Menschen ausreichend ernährt werden konnte. Überbevölkerung war daher lange Zeit ein großes Problem.

Eine Lösung sahen viele griechische Stadtstaaten in der Auswanderung und Gründung neuer Siedlungen (Kolonien), vor allem in der Zeit zwischen dem 8. und 6. Jahrhundert v. Chr. Seitdem gibt es griechische Städte am Ufer des Schwarzen Meeres und am Mittelmeer.

Obwohl sie räumlich so weit getrennt voneinander lebten, blieb das Zusammengehörigkeitsgefühl aller Griechen untereinander bestehen. Man sprach die gleiche Sprache, verehrte die gleichen Götter und traf sich bei den Spielen, von denen die berühmtesten jene von Olympia wurden. Diese Spiele, die alle vier Jahre stattfanden, waren zugleich religiöses Fest und sportlicher Wettkampf.

Die Blütezeit Athens

Einer der bedeutendsten Stadtstaaten in Griechenland war Athen. Berühmt wurde es vor allem durch seine Bauten, die Perikles errichten ließ. Mittelpunkt der Stadt war die Akropolis, auf der der Tempel der Schutzgöttin Athene stand.

Als vorbildlich rühmte Perikles, auch die Staatsform der Athener, die als Demokratie (= Volksherrschaft) bezeichnet wurde.

Mehrmals im Jahr trat die Volksversammlung zusammen. Alle athenischen Bürger hatten das Recht, daran teilzunehmen; als Bürger galten allerdings nur die athenischen Männer. In der Volksversammlung konnten sie über alle politischen Angelegenheiten abstimmen. Sie konnten Gesetze beschließen, Beamte wählen und über Krieg und Frieden entscheiden. Frauen, Sklaven oder Metöken blieben von den Volksversammlungen ausgeschlossen. Sie hatten keine politischen Rechte.

776 v. Chr.

Die ersten Olympischen Spiele in Griechenland

750–550 v. Chr.

Gründung griechischer Kolonien am Mittelmeer und am Schwarzen Meer

seit 6. Jh. v. Chr.

Blüte der griechischen Baukunst im Mittelmeerraum

490–449 v. Chr.

Glanzzeit Athens

Namen und Begriffe

- ✓ Stadtstaat (Polis)
- ✓ Kolonien
- ✓ Zeus
- ✓ Götter
- ✓ Olymp
- ✓ Olympische Spiele
- ✓ Athen
- ✓ Volksversammlung
- ✓ Demokratie
- ✓ Sklaven

Was wissen Sie noch?

1 Warum kann man die Städte im antiken Griechenland als Stadtstaaten bezeichnen?

2 Seit dem 8. Jahrhundert gründeten die Griechen rund um das Mittelmeer Kolonien. Welche Gründe gab es hierfür? Lesen Sie dazu auch die Meinungen in den Sprechblasen von Abbildung 2.

3 Erklären Sie, was man unter „Orakel" versteht.

4 Perikles nannte Athen eine Demokratie. Was hat er damit gemeint? – Sehen Sie sich dazu auch die Abbildung 1 an.

5 Nennen Sie Bereiche, in denen das kulturelle Erbe Griechenlands heute noch sichtbar ist.

1 Athenische Volksversammlung. Rekonstruktionszeichnung.

Tipps zum Weiterlesen

Peter Ackroyd: *Geschichte der Welt – Das alte Griechenland*. Dorling Kindersley Verlag, Starnberg 2006

Roland und Francoise Etienne: *Griechenland – Die Wiederentdeckung der Antike*. Ravensburger Buchverlag, Ravensburg 1995

H. A. Scholtes: *Rettet Odysseus! Ferienerlebnisse und Abenteuer Heranwachsender auf einer griechischen Insel.* Asug Verlag, Mühlhausen 2006

1 Schreiben Sie den folgenden Lückentext in Ihr Heft ab und ergänzen Sie dabei die fehlenden Begriffe.

Leben im antiken Griechenland

In Griechenland gab es alle ✏ Jahre sportliche Wettkämpfe. Sie fanden in ✏ statt zu Ehren des Göttervaters ✏. Teilnehmen durften ausschließlich griechische ✏. Sie kamen entweder direkt aus Griechenland oder aus einer der ✏. Seit dem 8. Jahrhundert v. Chr. nämlich hatten die Griechen Städte rund um das ✏ gegründet. Obwohl die Griechen also räumlich weit getrennt voneinander wohnten, behielten sie dennoch das Gefühl der ✏, denn man sprach die ✏ und verehrte die ✏. In der Frühzeit herrschten in allen Stadtstaaten Könige oder Adlige. In Athen aber konnten die Bürger seit dem 6. Jahrhundert immer mehr in der Politik mitbestimmen. Regelmäßig traf man sich in den ✏, um Beschlüsse zu fassen. Der Politiker Perikles nannte im 5. Jahrhundert v. Chr. Athen eine ✏, da alle Bürger die gleichen Rechte besaßen. Ausgeschlossen von der politischen Mitbestimmung blieben die ✏, ✏ und ✏.

✏ = Demokratie – Frauen und Kinder – gleiche Sprache – gleichen Götter – Kolonien – Metöken – Männer – Mittelmeer – Olympia – Sklaven – vier – Volksversammlungen – Zeus – Zusammengehörigkeit

> Ich hatte Ärger wegen meiner politischen Ansichten, hier will ich ganz neu anfangen.

> Meine Familie wäre fast verhungert. Auf den steinigen kleinen Äckern wächst einfach nicht genug, und mehr Land konnte ich mir zu Hause nicht leisten.

> Als Handwerker kann ich hier bestimmt gut verdienen.

> Ich bin unverheiratet und daher in unserer Heimat durch das Los zum Auswandern bestimmt worden.

> Ich bin Geschäftsmann. Ob Mutterland oder Kolonien, alle müssen mit Waren versorgt werden

2 Griechische Siedler unterhalten sich auf dem Marktplatz von Tauromenion (= Taormina) auf Sizilien.

Antike Wurzeln: Rom

753 v. Chr.

510 v. Chr.

um 200 v. Chr.

GRÜNDUNG ROMS
(SAGE)

ROM WIRD REPUBLIK

ROM BEHERRSCHT
DAS MITTELMEER

„Das Leben auf dem Forum Romanum um 300 n. Chr." heißt dieses Gemälde aus dem 19. Jahrhundert. Foren waren offene Plätze, die in Rom für Märkte und öffentliche Versammlungen genutzt wurden. Hier fanden auch die Triumphzüge statt, mit denen die römischen Feldherren ihre Siege über fremde Völker feierten. Tatsächlich beherrschte Rom über viele Jahrhunderte das größte und mächtigste Reich, das Europa je gekannt hat. Dabei hatte die Weltmacht Rom ganz klein angefangen – als eine Siedlung von Bauern und Hirten, die sich um 1000 v. Chr. am Fluss Tiber niederließen …

Rom

27 v. Chr.

1~7 n. Chr.

385 n. Chr.

AUGUSTUS WIRD
ERSTER KAISER

GRÖSSTE AUSDEH-
NUNG DES REICHES

CHRISTENTUM WIRD
STAATSRELIGION

Rom – vom Dorf zur Hauptstadt

Die bronzene Wölfin stammt aus dem 5. Jahrhundert v. Chr. Sie ist das **Wahrzeichen der Stadt Rom** und erinnerte die Römer an die Gründungssage ihrer Stadt. In einer Nacherzählung heißt es: … Der Kriegsgott Mars lenkte jedoch den Trog in eine Felsenhöhle. Dann schickte er eine Wölfin … . Sie säugte die Kleinen. Nach einigen Tagen fand ein Hirte die Knaben und nahm sie mit nach Hause. Als sie herangewachsen waren, beschlossen Romulus und Remus, an der Stelle, an der sie einst gefunden worden waren, eine Stadt zu gründen. … So zog Romulus mit einem Pflug eine Furche, die den Verlauf der künftigen Stadtmauern kennzeichnen sollte. „Das soll eine Mauer sein?", rief Remus höhnisch und sprang über die Furche. Da wurde Romulus zornig. Er stieß seinem Bruder die Lanze in die Brust und rief aus: „ So soll es jedem ergehen, der diese Mauern zu übersteigen wagt."

Republik *:
(von dem lateinischen Wort „res publica" = die öffentliche Sache). Begriff für eine Staatsform, in der das Volk oder ein Teil des Volkes die Macht ausübt.

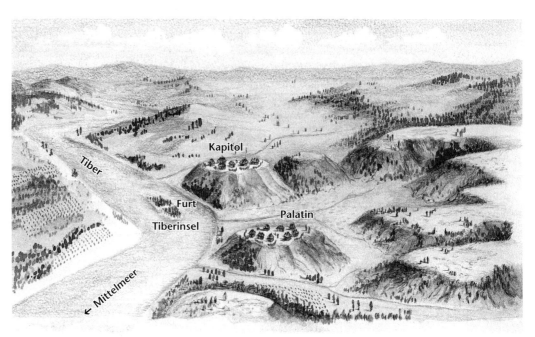

1 Rom und Umgebung um 900 v. Chr. Rekonstruktionszeichnung.

Rom – die Stadt des Romulus?

Als in Athen zur Zeit des Perikles prächtige Tempel und andere Bauten errichtet wurden (vgl. S. 24), war Rom eine kleine und unbedeutende Stadt.

Die älteste Siedlung aus der Zeit um 1000 v. Chr. lag auf dem Palatin, einem kleinen Hügel in der Nähe des Tiber. Hier lebten Hirten und Bauern, die Schafe, Rinder und Pferde besaßen. In der Nähe verlief ein alter Handelsweg. Auf ihm brachten Händler vor allem das kostbare Salz von der Mündung des Tiber ins Hinterland. Allmählich entwickelte sich die Siedlung zu einem bevorzugten Handelsplatz, geschützt durch Wall und Graben.

Die Etrusker, die das Gebiet nördlich des Tiber beherrschten, überfielen diesen Handelsplatz und bauten ihn zu einer Stadt aus. Dies soll – der Sage nach – im Jahre 753 v. Chr. geschehen sein. Nach dem etruskischen Geschlecht der Ruma erhielt sie den Namen „Rom".

Noch heute feiern die Römer am 21. April den Geburtstag ihrer Stadt.

1 *Erklären Sie mithilfe von Abbildung 1 und des Textes, welche Vorteile die Siedlung Händlern und Bauern bot.*

Die etruskischen Könige

Der erste König hieß angeblich Romulus. Nach ihm sollen noch weitere sechs Könige über Rom geherrscht haben. Manche waren klug und umsichtig. Sie sorgten sich um den Ausbau der Stadt: Ein prächtiger Marktplatz (das Forum) wurde angelegt, Straßen gepflastert und ein gemauerter Kanal fertig gestellt, der alle Abwässer in den Tiber leitete.

Es gab aber auch Könige, die vor allem darauf bedacht waren, ihren eigenen Reichtum zu vergrößern. Zu ihnen gehörte Tarquinius. Die Römer hassten ihn, weil er sie mit immer neuen Abgaben belastete. Um 500 v. Chr. wurde er von der aufgebrachten Bevölkerung verjagt. „Nie wieder einen König", so schworen sich die Römer. Künftig sollte die Politik eine Angelegenheit aller Bürger sein. Rom wurde eine Republik*. „Res publica" – eine öffentliche Sache, eine Angelegenheit des Volkes –, so nannten die Römer jetzt selber ihren Staat.

2 *Erklären Sie, worauf das Wort Republik in „Bundesrepublik Deutschland" hinweist.*

Rom – von der Hauptstadt zum Weltreich

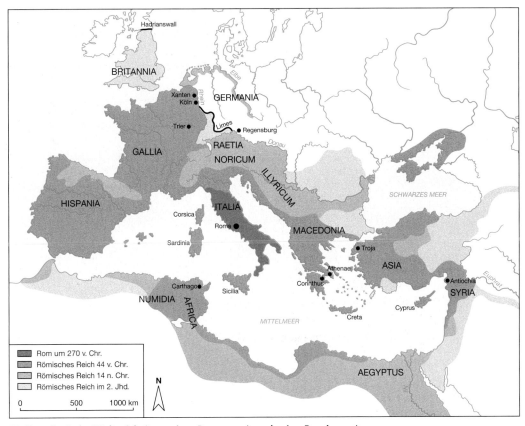

2 Das römische Weltreich (Imperium Romanum) und seine Provinzen*.

Legende:
- Rom um 270 v. Chr.
- Römisches Reich 44 v. Chr.
- Römisches Reich 14 n. Chr.
- Römisches Reich im 2. Jhd.

0   500   1000 km

N

Provinzen*:
Alle Besitzungen des römischen Staates außerhalb der Halbinsel Italien hießen Provinzen.

Eroberungen ohne Ende

Um 500 v. Chr. war die römische Republik noch ein kleiner Bauernstaat, dessen Fläche nicht viel größer war als das heutige Stuttgart. 500 Jahre später beherrschten die Römer den Großteil der damals bekannten Welt. Rom herrschte über Italien, Griechenland, Länder jenseits der Alpen sowie in Kleinasien und Afrika.

Der Aufstieg Roms zur Weltmacht war nur möglich, weil die römische Armee allen ihren Gegnern überlegen war. Jeder römische Bürger, der seine Ausrüstung selber bezahlen konnte, musste Militärdienst leisten. Er dauerte über 20 Jahre. Dadurch besaß Rom die am besten ausgebildeten und ausgerüsteten Truppen. Vernachlässigte ein Soldat seine Dienstpflichten, wurde er unbarmherzig bestraft, häufig sogar mit dem Tod.

3 *Fertigen Sie anhand der Karte eine Tabelle an: In die linke Spalte tragen Sie die römischen Provinznamen ein und in die rechte Spalte die heutigen Bezeichnungen. Informieren Sie sich mithilfe von Lexikon oder Internet über den Zeitraum der Eroberung und tragen Sie ihn in die mittlere Spalte ein.*

Provinz	Eroberung	heutiger Staat
...	...	...
...	...	...
...	...	...
...	...	...

4 *Welche dieser Staaten gehören heute zur Europäischen Union (vgl. S. 316)?*
5 *Vergleichen Sie die Rolle Roms als Weltmacht mit der Weltmachtstellung der USA bzw. der Sowjetunion nach dem Zweiten Weltkrieg (siehe S. 278 ff.). Stellen Sie Gemeinsamkeiten und Unterschiede fest.*

Rekonstruktion: Ein „römischer Offizier" mit Beinschienen und Offiziersmantel.

Caesar setzt sich durch

Münze Caesars,
*45 v. Chr. Umschrift:
„Caesar, Diktator auf
Dauer". Das Diadem
ist Zeichen für einen
König.*

> Treffpunkt hier,
> ja?

Ich zermalme
euch! Ich reibe
euch auf! Ich

tapferste von
allen ist!
Cäsar! Kein

1 Ein kleiner, wohl bekannter Gallier, verabredet ein Treffen mit Caesar. Comiczeichnung.

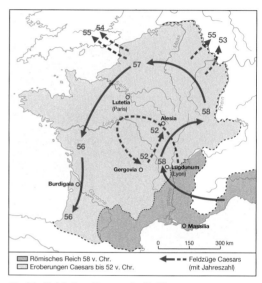

▨ Römisches Reich 58 v. Chr.
▧ Eroberungen Caesars bis 52 v. Chr.
◀--- Feldzüge Caesars
(mit Jahreszahl)

2 Die Feldzüge Caesars in Gallien.

Römische Münze,
*geprägt unter Julius
Caesar. Die lateini-
sche Inschrift VENI,
VIDI, VICI heißt über-
setzt: Ich kam, ich
sah, ich siegte.*

Römische Münzen:
*Mit dem Aufstieg
Roms zur Weltmacht
wurden Münzen
als Zahlungsmittel
für das römische
Wirtschaftsleben im-
mer wichtiger. Ihr
Wert wurde vom
Staat festgelegt. Er
ergab sich durch das
verwendete Metall
und das jeweilige
Gewicht. So galt:
1 **Aureus** (Gold) =
25 **Denare** (Silber) =
100 **Sesterzen**
(Bronze) =
400 **Asse** (Kupfer).*

Gaius Julius Caesar

Im 1. Jahrhundert v. Chr. kam es in Rom zwischen verschiedenen Heerführern zu erbitterten Kämpfen um die Macht.

Ein besonders erfolgreicher Heerführer war Gaius Julius Caesar (100–44 v. Chr.). Er besiegte die Helvetier im Gebiet der heutigen Schweiz. Zwischen 58 und 52 v. Chr. eroberten die von ihm geführten Truppen ganz Gallien, also das heutige Frankreich.

Der griechische Geschichtsschreiber Plutarch (um 46–120 n. Chr.) schreibt:

Q1 … Keiner von all seinen Vorgängern erreichte ihn in der Zahl von Schlachten und in der Größe der Verluste, die er den Feinden beibrachte. Denn der Krieg, den er in Gallien führte, dauerte nicht ganz zehn Jahre und in dieser Zeit nahm er über 800 Städte im Sturm, bezwang 300 Völkerschaften und kämpfte gegen drei Millionen. Eine Million tötete er im Kampf und eine andere nahm er gefangen.

Bei seinen Leuten war Caesar so beliebt, dass sie für seinen Ruhm mit unwiderstehlichem Mut in die größten Gefahren gingen. Solchen Mut weckte Caesar besonders dadurch, dass er reichlich Geschenke und Belohnungen austeilte. Er wollte damit beweisen, dass er die im Krieg erworbenen Reichtümer nicht für sich selbst sammelte, sondern sie als gemeinsamen Lohn für tapfere Taten an verdiente Soldaten verteilte. …

Als strahlender Sieger kehrte Caesar im Jahr 49 v. Chr. nach Rom zurück.

1 *Sehen Sie sich die Abbildung 1 und die Karte an. Berichten Sie, was Sie über die Eroberungen Galliens durch Caesar aus Comics, Jugend- oder Sachbüchern wissen.*

Caesar als Alleinherrscher

Eine der ersten Maßnahmen Caesars bestand darin, die Versorgung seiner Soldaten sicherzustellen. Sie wurden in verschiedenen Gebieten des Römischen Reiches angesiedelt und erhielten Land zur Bearbeitung. Anderen gab er Arbeit durch ein großzügiges Bauprogramm in der Hauptstadt.

Vom Volk wurde Caesar sehr verehrt. Bei Festzügen wurde seine elfenbeinerne Statue zusammen mit den göttlichen Standbildern mitgeführt. In einem Tempel stand sein Bild mit der Inschrift: Dem unbesiegten Gott. Manche Römer aber fürchteten auch, Caesar könne zu viel Macht bekommen und als Alleinherrscher allzu selbstherrlich über die Römer regieren.

Das Ende der römischen Republik

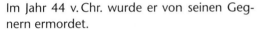

3 **Die Ermordung Caesars.** Das Bild zeigt, wie die Verschwörer Caesar umringen. Er lehnt – wie erwartet – die Bitte eines der Verschwörer ab. Daraufhin greifen sie zu Dolchen. Gemälde, 19. Jahrhundert.

Münze der Caesarmörder, 43 oder 42 v. Chr. Umschrift: „Iden des März" = 15. März

44 v. Chr.: Caesar wird Alleinherrscher auf Lebenszeit und am 15. März ermordet.

Im Jahr 44 v. Chr. wurde er von seinen Gegnern ermordet.

2 *Sehen Sie sich die Abbildung 3 an. Wie werden Caesar und seine Mörder dargestellt?*

Von Caesar zu Augustus

Nachfolger Caesars wurde nach jahrelangen Bürgerkriegen sein Neffe und Adoptivsohn Octavian. Er nannte sich „Augustus" (= der Erhabene) und regierte von 27 v. Chr. bis 14 n. Chr. Mit Kaiser Augustus begann für das Römische Reich eine Zeit des Friedens. Kriege gegen andere Völker fanden nur in weit entfernten Gegenden statt. Die Römer merkten davon kaum etwas.

Voller Stolz schreibt Augustus selbst:

Q2 ... Die Provinzen Gallien, Spanien und Germanien vom Meer bis zur Elbe habe ich befrieden lassen, ohne auch nur ein Volk unrechtmäßig zu bekriegen. ...

Der Anführer eines britannischen Stammes, der von den Römern angegriffen wurde, meinte hingegen:

Q3 ... Feindlicher als die Natur sind die Römer. Diese Räuber des Erdkreises durchstöbern jetzt die Meere, nachdem ihnen keine neuen Länder mehr zur Verfügung stehen. Stehlen, Töten, Rauben – das nennen sie mit einem falschen Wort „Herrschaft", und Frieden nennen sie es, wenn sie eine Wüste hinterlassen. ...

Schon der römische Dichter Vergil (70 bis 90 v. Chr.) ermahnte die Römer:

Q4 Du bist ein Römer, dies sei dein Beruf: Die Welt regiere, denn du bist ihr Herr,
Dem Frieden gib Gesittung und Gesetze,
Begnadige, die sich gehorsam fügen,
Und brich in Kriegen der Rebellen Trotz.

3 *In Q2–Q4 ist von „Frieden" oder „Befrieden" die Rede. Erklären Sie, was darunter jeweils verstanden wird.*

Rom – die Hauptstadt eines Weltreiches

Internettipp:
*www.roma-antiqua.
de
(ein virtueller Rund-
gang durch die
„Ewige Stadt")*

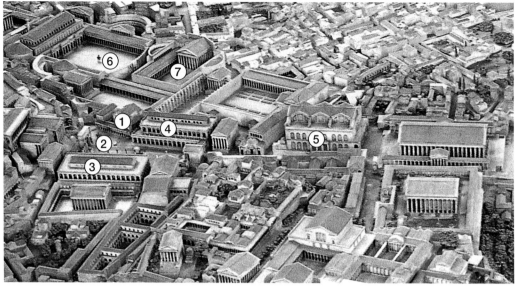

1 Modell des Forum* Romanum: ① Curia, Tagungsort des Senats; ② Rednertribüne; ③ Basilica Julia; ④ Basilica Aemilia, ein Handelsgebäude; ⑤ Maxentiusbasilika; ⑥ Traiansforum; ⑦ Augustusforum. Rekonstruktion. 20. Jahrhundert.

Forum*:
*Markt- und Ver-
sammlungsplatz in
einer römischen
Stadt.*

Römischer Baukran
*mit Laufrad und Fla-
schenzügen.*

Alltag in Rom

Strabo (63 v. Chr. – 20 n. Chr.), ein Grieche, der zur Zeit des Augustus lebte, schreibt nach einer Besichtigung Roms:

Q1 ... In Rom gibt es gepflasterte Straßen, Wasserleitungen und unterirdische Gräben, durch welche der Unrat aus der Stadt in den Tiber geleitet wird. Die Wasserleitungen führen so viel Wasser herbei, dass ganze Flüsse durch die Stadt und die unterirdischen Kanäle strömen und fast jedes Haus Wasserbehälter und reichlich sprudelnde Brunnen hat. Rom besitzt ferner zahlreiche herrliche Bauwerke. Viele davon stehen auf dem Marsfeld. Dieser Platz ist so groß, dass Wagenrennen und Pferdesport betrieben werden können, während sich gleichzeitig eine gewaltige Menge an Menschen im Ball- und Reifenspiel und im Ringen üben kann. Ferner gibt es viele Theater, breite Straßen, prächtige Tempel, herrliche Wohngebäude und Paläste.
Kommt man auf den alten Markt und sieht die prächtigen Bauten, die Tempel, Säulengänge und Wohngebäude, dann kann man leicht alles vergessen, was es sonst so gibt. So schön ist Rom. ...

Der römische Dichter und Satiriker Juvenal (60–140 n. Chr.) meint:

Q2 ... Bin ich in Eile, komme ich wegen der vielen Menschen kaum voran. Hinter mir drückt das Volk in Scharen nach. Der eine stößt mir den Arm in die Seite, ein anderer ein hartes Brett. Bald trifft mich ein Balken am Schädel, bald ein Ölfass. Kot bespritzt meine Waden, von allen Seiten bekomme ich Tritte von mächtigen Sohlen und bald tritt mir ein grober Soldat mit den Nägeln seiner Stiefel auf die Zehen. In jedem Landstädtchen könnte ich mir ein Häuschen kaufen zum gleichen Preis, den ich hier jedes Jahr als Miete für ein finsteres Loch zahlen muss. Nun, mein Freund, weißt du etwa, warum ich die Hauptstadt verlasse. ...

1 *Vergleichen Sie die beiden Aussagen miteinander. Warum findet der Grieche Rom so besonders schön, weshalb verlässt der Römer die Stadt?*

Brot und Spiele – Freizeitverhalten der Römer

2 Modell des Circus Maximus in Rom. Rekonstruktion.

3 Gladiatorenkampf, von einem Kampfrichter beobachtet. Fußbodenmosaik, um 240 n. Chr.

Der Kaiser versorgt die Untertanen

Zur Zeit des Kaisers Augustus lebten in Rom über eine Million Menschen. Unter ihnen gab es viele Arme und Arbeitslose. An über 200 000 römische Bürger ließ der Kaiser daher jeden Monat je 30 kg Weizen kostenlos verteilen, damit sie wenigstens genug zu essen hatten.

Die römischen Bürger forderten vom Kaiser aber nicht nur „Brot". Er sollte auch für Unterhaltung und Vergnügen in ihrer Freizeit sorgen. „Panem et circenses" (Brot und Spiele) – so lautete die Forderung an den Kaiser. Abwechslung und Unterhaltung suchten die Römer vor allem in den Thermen*. Das waren prächtig ausgestattete Freizeitzentren mit Dampf- und Wasserbädern, Kalt- und Warm-, Schwimm- und Wannenbädern. Thermen boten zahlreiche Dienstleistungen, wie Massagen, Maniküre und Schönheitspflege. Daneben gab es auch Sportplätze, Gymnastikhallen, Büchereien, Theater und Museen. Außerdem waren in den Säulenhallen zahlreiche kleine Ladengeschäfte eingerichtet, in denen man einkaufen konnte. Alles zusammen bildete ein großes Freizeitzentrum. Der Eintrittspreis war so niedrig, dass auch ärmere Leute diese Thermen besuchen konnten. In den größeren Thermen konnten sich bis zu 5000 Besucher gleichzeitig aufhalten.

Circus Maximus und Kolosseum

Beliebt bei den Römern war auch der Circus Maximus. Hier fanden die Pferde- und Wagenrennen statt. Gerne gingen die Römer auch in das Kolosseum*. Dies war ein Rundbau, fast 60 m hoch, mit 45 000 Sitzplätzen. In der Mitte war – wie im Zirkus – eine Arena. Fast immer war das Kolosseum, der größte „Unterhaltungspalast", überfüllt. Alle wollten den Tierkämpfen zusehen, die der Kaiser für die Massen veranstalten ließ. Bären ließ man gegen Büffel kämpfen, Büffel gegen Elefanten oder Elefanten gegen Rhinozerosse.

Oft wurde auch der Kampf Mensch gegen Tier durchgeführt. Als das Kolosseum 80 n. Chr. eingeweiht wurde, starben an einem Tag fast 5000 Tiere in der Arena. Grausamer war der Kampf der Gladiatoren untereinander. Dabei ging es um Leben und Tod. Die Gladiatoren wurden von einer fanatischen Menge angefeuert. Beendet war das Schauspiel erst dann, wenn ein Kämpfer tot am Boden lag.

2 *Beschreiben Sie die Situation auf Abbildung 3.*

3 *Nehmen Sie Stellung zu den Gladiatorenkämpfen. Wie denken Sie über diese „Unterhaltung"?*

4 *Überlegen Sie, warum der Kaiser Gladiatoren- und Theaterspiele veranstalten ließ.*

Sicherung des Römischen Reiches

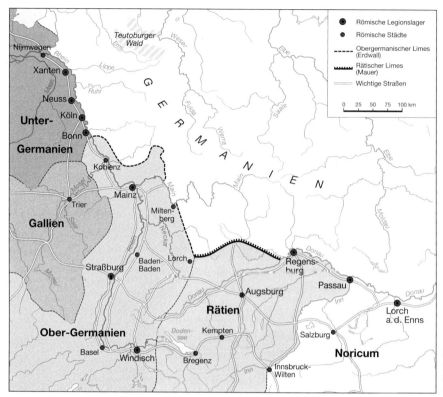

1 Der obergermanische und rätische Limes.

Natürliche Grenze*:
Grenze, die durch geografische Gegebenheiten wie Gebirge, Flüsse usw. gebildet wird.

Germanen*:
Sammelbegriff für die Stämme mit germanischen Sprachen, die seit dem 1. Jahrhundert v. Chr. in Norddeutschland, Dänemark und Südschweden lebten.

Germanien*:
(lateinisch = Germania). Das von den Germanen bewohnte Land war geteilt in zwei Gebiete: einen von den Römern besetzten Teil, nämlich Unter- und Obergermanien, und einen viel größeren Teil, das freie Germanien rechts des Rheins. Die Grenze zwischen dem besetzten und dem freien Germanien bildete der Limes.

Limes*:
(lateinisch = Grenzweg). Grenzbefestigung der Römer mit Wällen, Gräben, Wachttürmen und Kastellen.

Kastell*:
Befestigtes Truppenlager an der Grenze des Römischen Reiches.

Natürliche Grenzen

Das gesamte Römische Reich war in Verwaltungseinheiten, die Provinzen, eingeteilt (vgl. S. 33). An ihrer Spitze standen Statthalter, die die hier eingesetzten Truppen befehligten. Zugleich sorgten sie dafür, dass die unterworfenen Völker die römischen Gesetze befolgten und Steuern und Abgaben an Rom bezahlten. Kaiser Augustus strebte an, das ganze Römische Reich durch natürliche Grenzen* zu sichern. Bis zu seinem Tod hatte er dieses Ziel erreicht: Das Römische Reich wurde vom Atlantischen Ozean im Westen, von den Wüsten in Nordafrika und im Nahen Osten sowie von den Flüssen Euphrat, Donau und Rhein begrenzt.

Gescheitert aber war Augustus mit seinem Plan, die germanischen* Gebiete rechts des Rheins bis zur Elbe zu erobern. Rhein und Donau blieben daher die Reichsgrenzen. Unter seinen Nachfolgern kamen nur noch wenige Eroberungen hinzu. Sie beschränkten sich meistens darauf, die Grenzen zu halten und noch sicherer zu machen. Überall dort, wo nicht Berge oder Flüsse eine natürliche Grenze bildeten, wurden Erdwälle aufgeschüttet, Türme, Palisaden oder Mauern errichtet. Diese Grenzbefestigung wurde Limes* genannt. Die römischen Soldaten, die den Limes zu überwachen hatten, waren in großen Lagern, den Kastellen*, untergebracht.

1 Erklären Sie mit eigenen Worten, warum die Römer den Limes bauten.

2 Beschreiben Sie mithilfe der Karte den Verlauf des Limes in Germanien und Rätien.

Der Limes

Der römische Schriftsteller Frontinus schrieb im 1. Jahrhundert n. Chr.:

Q1 ... Weil die Germanen treu ihrer Gewohnheit aus ihren Wäldern und dunklen Verstecken heraus die Unsrigen überraschend anzugreifen pflegten und nach jedem Angriff eine sichere Rückzugsmöglichkeit in die Tiefe

Alarm am Limes

Limes-Bauphasen:

2 **Obergermanischer Limes mit Palisade, Graben und Wall.** Rekonstruktionszeichnung.

1. Phase: Aus einer Waldschneise entstand zur Sicherung des eroberten Gebietes um 90 n. Chr. ein Postenweg mit hölzernen Wachttürmen.

3 **Rätischer Mauer-Limes.** Rekonstruktionszeichnung.

2. Phase: Kaiser Hadrian (117–138 n. Chr.) ließ die Limes-Linie mit einer durchgehenden Palisade vor dem Postenweg schließen.

der Wälder besaßen, ließ der Kaiser Domitian einen Limes über 120 Meilen anlegen (1 Meile = 1478 Meter). …

Nur einhundert Jahre später erstreckte sich der Limes vom Rhein bis zur Donau, 548 km lang und bewacht von römischen Soldaten in über 60 Kastellen und von 900 Wachttürmen. In Obergermanien bestand der Limes aus einem Palisadenzaun, hinter dem sich Wall und Graben befanden. In Rätien baute man anstelle der Palisaden im 2. Jahrhundert n. Chr. eine zwei bis drei Meter hohe Mauer. Die Wachttürme aus Stein waren weiß verputzt mit rot eingefärbten Quaderlinien.

Der Limes bildete so weithin sichtbar die römische Reichsgrenze. Nur an bestimmten Übergangsstellen durften Kaufleute und Reisende die Grenze überqueren. Reichtum und Wohlstand in den römischen Siedlungen hinter dem Limes verlockten Germanen immer wieder zu kleineren Raub- und Plünderungs-

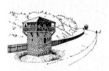

3. Phase: Kaiser Antoninus Pius (138–161 n. Chr.) begradigte den Limes zur leichteren Verteidigung, ließ die Holzbauten durch Stein ersetzen und neue Kastelle errichten.

zügen. Entdeckte der römische Posten auf einem Wachtturm Germanen, die sich heimlich der Grenze näherten, gab er sofort ein Signal an die benachbarten Wachttürme weiter, nachts z. B. mit einer Fackel, tagsüber mit einer roten Flagge oder – vor allem bei schlechtem Wetter – mit dem Horn. Von Turm zu Turm wurde das Alarmsignal weitergegeben bis zum nächsten Kastell.

3 *Beschreiben Sie mithilfe der Abbildungen 2 und 3 den Aufbau der Verteidigungsanlagen am Limes. Nennen Sie Gemeinsamkeiten und Unterschiede.*

4 *Wenn Sie noch mehr über den Limes wissen wollen, dann schauen Sie im Internet nach unter www.limesstrasse.de.*

5 *Suchen Sie in der näheren Umgebung Ihres Schulortes nach römischen Überresten. Planen und führen Sie mithilfe der Arbeitsschritte auf den Seiten 42 und 43 eine Exkursion (Ausflug mit wissenschaftlichem Anspruch) durch.*

4. Phase: Um 180 n. Chr. Der obergermanische Limes wurde mit Wall und Graben, der rätische Limes mit einer 3 m hohen und 166 km langen Mauer verstärkt. Später sprach man von der „Teufelsmauer".

Römisches Leben in den Provinzen

1 Römer und Germanen am Limes. Rekonstruktionsmodell im Limesmuseum Aalen.

Trinkglas. Köln, um 300 n. Chr.

Moselschiff.
Von einem Grabmal
bei Neumagen.

Römer in Südwestdeutschland

1 *Beschreiben Sie die Abbildung 1. Entwerfen Sie ein Gespräch, das sich zwischen den römischen Soldaten und den Händlern ergeben haben könnte.*

Am Limes entwickelte sich ein reger Grenzverkehr (vgl. Abbildung 1). Römische Kaufleute zogen weit nach Germanien hinein, um z. B. Schmuck, Gläser oder Geschirr zu verkaufen. Germanische Händler brachten den römischen Soldaten Felle, Vieh oder Honig. Dabei lernten sie auch die römische Lebensweise kennen.
Zur Versorgung der Soldaten und der Bevölkerung bauten die Römer alleine auf dem Gebiet des heutigen Baden-Württemberg etwa 2000 Gutshöfe (Abbildung 3). Fast jeder Gutshof verfügte über eine Warmluftheizung, die das Bad und die Wohnräume während der kalten Wintermonate erwärmte. Steinhäuser, Straßenbau oder auch Wasserleitungen waren den unterworfenen Völkern ebenso fremd wie zahlreiche Früchte, die die Römer anbauten. Sie übernahmen daher die römischen Begriffe, die wir in veränderten Formen noch heute gebrauchen.

Ein Beispiel für die Übernahme römischer Begriffe durch unterworfene Völker:
M1 … Auf einer strata, bedeckt mit plastrum, nähert sich ein germanischer Händler auf seinem carrus dem römischen Gutshof. Seine Ware hat er sorgfältig verpackt in cista, saccus und corbis. Umgeben war der Gutshof von einer murus. Durch die geöffnete porta gelangte er in den Innenhof. Jetzt stand er vor der villa, gedeckt mit roten tegula. In der villa gab es eine camera und ein geheiztes Zimmer mit einem langen discus. An der Wand hing ein speculum. Jedes Zimmer hatte ein großes fenestra. Im cellarium befand sich die riesige pressa, mit deren Hilfe vinum und mustum hergestellt wurden. Unterm Dach war noch ein spicarium.
Für seine Waren, Felle und Bernstein erhielt der germanische Händler Obst und Gemüse wie prunum, persicum und radix; außerdem oleum, vinum und den guten caseus. Einige Waren ließ er sich auch in römischer moneta bezahlen. …

Römisches Leben in den Provinzen

2 **Lateinische Wörter in der deutschen Sprache.** Schaubild.

2 Sehen Sie sich die Abbildung 2 genau an. Setzen Sie anstelle der lateinischen Wörter die entsprechenden deutschen Wörter ein.
3 Fertigen Sie zuhause eine Tabelle in Ihrem Heft an. Tragen Sie in die linke Spalte die lateinischen Begriffe ein, in die rechte Spalte die Übersetzung in Englisch, Französisch oder Spanisch.

Lateinische Begriffe	Übersetzung
...	...
...	...
...	...
...	...
...	...

Lehnwörter:
Aus einer fremden Sprache, z. B. aus dem Lateinischen, übernommenes (entlehntes) Wort, das sich in Aussprache und Schreibweise der übernehmenden Sprache angepasst hat.

Romanisierung:
Häufig übernahmen die besiegten Völker die römische Lebensweise, indem sie sich z. B. kleideten, ernährten oder wohnten wie die Römer. Dies bezeichnet man heute als Romanisierung.

3 **Ein römischer Gutshof (= villa rustica).** Rekonstruktion im Limesmuseum Aalen.

Reiter in rekonstruierten Paraderüstungen des 1.–3. Jh. n. Chr.

In diesem Kapitel haben Sie einiges über das Zusammenleben von Römern und Germanen erfahren. Wenn Sie mehr dazu wissen wollen, können Sie einen Schauplatz der

schuhe zu sehen. Modelle, Kurzhörspiele, Filme und interaktive Computeranimationen warten auf interessierte Besucher. Neben Sonderausstellungen finden alle zwei Jahre „Römertage" mit Gruppen aus ganz Europa statt.

Geschichte aufsuchen, an dem Sie den Spuren der Römer folgen. Wenn Ihre Exkursion mehr als ein Ausflug sein soll, müssen Sie sie gut vorbereiten, planmäßig durchführen und sorgfältig nachbereiten. Es geht nicht nur darum, vorher feststehende Fragen zu beantworten. Eine Exkursion soll ein interessantes Erlebnis werden, das auch Überraschungen bereithält.

Das Limesmuseum in Aalen

Das Aalener Limesmuseum liegt auf dem Gelände eines römischen Reiterkastells. Die Ala II Flavia, eine 1000 Mann starke Reitertruppe, überwachte den Limes und kontrollierte auch das ganze Vorfeld der Grenze.
Heute sind im Limesmuseum archäologische Originalfunde wie z. B. Waffen, Helme und Leder-

Wir planen und führen eine Exkursion durch

1. Schritt:
Informationen beschaffen

Zuerst beschaffen Sie sich Informationen über das Museum mithilfe von Prospekten und anderen Materialien.
Bitten Sie per Brief, E-Mail oder telefonisch um Informationsmaterial:
Limesmuseum Aalen
St.-Johann-Str. 5
73430 Aalen
Telefon: (0 73 61) 52 82 87-0
Fax: (0 73 61) 52 82 87-10
E-Mail: limesmuseum.aalen@t-online.de
www.museen-aalen.de

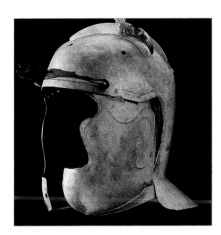

2. Schritt:
Organisatorisches klären

Einigen Sie sich auf einen Termin und erkundigen Sie sich nach Verkehrsmitteln, Fahrzeiten und Fahrpreisen.
Suchen Sie die für Ihre Klasse günstigste Möglichkeit aus.

3. Schritt:
Material aufbereiten

Die Vorbereitungen können beginnen, wenn das Informationsmaterial vom Museum eingetroffen ist:
– Sichten Sie das Material, erarbeiten Sie Fragen, legen Sie Schwerpunkte fest, die Sie interessieren.
– Bilden Sie arbeitsteilige Gruppen. Stellen Sie zu folgenden Schwerpunkten Informationstexte zusammen: Gründung, Alltag, Religion, Berufe, Freizeit, Schule …
– Entwerfen Sie zu den Informationstexten Arbeitsaufträge.

4. Schritt:
Überblick verschaffen

– Im Museum verschaffen Sie sich gemeinsam mithilfe des Lageplans einen ersten Überblick.

– Beim Rundgang informieren die einzelnen Gruppen anhand ihrer Informationstexte als Experten ihre Mitschülerinnen und Mitschüler.

5. Schritt:
Selbstständig erforschen

– Jede Arbeitsgruppe kann nun selbstständig ihr Thema vertiefen. Teilen Sie die Aufgaben innerhalb der Gruppe auf und suchen Sie nach den Ihrem Schwerpunkt entsprechenden Ausstellungsobjekten.
– Halten Sie alle Ergebnisse stichwortartig fest, fotografieren Sie, machen Sie Videos (um Erlaubnis fragen!) und fertigen Sie Zeichnungen und Skizzen an.

6. Schritt:
Arbeitsergebnisse vorstellen

Die Ergebnisse sollten dokumentiert und vorgestellt werden. Aus folgenden Anregungen können Sie auswählen:
– eine Wandzeitung erstellen,
– einen Bericht für die Schülerzeitung schreiben,
– einen Prospekt herstellen,

– eine Kassette für eine Hörstation in der Schule besprechen,
– den Lageplan des Museums vergrößern, Symbole und Ihre Wege durchs Museum einzeichnen und einkleben.
Außerdem sollten Sie überlegen, ob Ihre Vorbereitung in Ordnung war und was Sie bei einer nächsten Exkursion besser machen können.

Tipp: In Baden-Württemberg gibt es viele Museen, die sich mit der Geschichte der Römer beschäftigen. Unter *http://www.webmuseum.de* erfahren Sie, wo das nächst gelegene Museum in Ihrer Umgebung ist.

Christentum im Römischen Reich

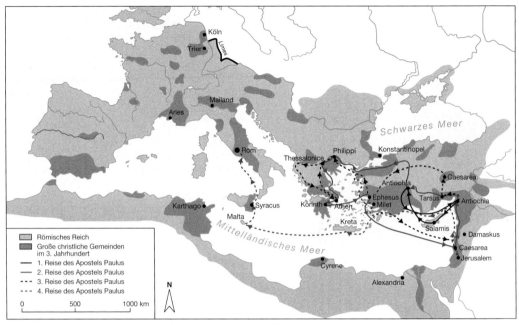

1 Ausbreitung des Christentums im 3. Jahrhundert n. Chr.

Map legend:
- Römisches Reich
- Große christliche Gemeinden im 3. Jahrhundert
- 1. Reise des Apostels Paulus
- 2. Reise des Apostels Paulus
- 3. Reise des Apostels Paulus
- 4. Reise des Apostels Paulus

0   500   1000 km

N

Die Anfänge des Christentums

Es wird angenommen, dass zur Zeit des Kaisers Augustus um 7 v. Chr. (vgl. S. 11) Jesus in Palästina geboren wurde. Im Neuen Testament (Matthäus 28, 16–20) wird davon berichtet, dass Jesus den Aposteln* den Auftrag gab, in der ganzen Welt das Evangelium* zu verkünden. Vor allem der Apostel Paulus unternahm mehrere große Reisen, um den neuen Glauben zu verkünden. Schon bald gab es auch in Rom eine kleine christliche Gemeinde.

Eindringlich ermahnte Paulus die Christen:

Q1 … Liebt einander in brüderlicher Liebe und habt Achtung voreinander. Seid gastfreundlich. Segnet eure Verfolger, segnet sie, verflucht sie nicht! … Vergeltet niemand Böses mit Bösem. Soweit es euch möglich ist, haltet mit allen Menschen Frieden! …

Das waren für die Römer ungewohnte Worte. Kämpfen, erobern, herrschen – so hießen ihre eigentlichen Ziele. Paulus aber forderte von ihnen die Nächsten- und Feindesliebe. Brüderlich sollten sie miteinander umgehen, seien sie arm oder reich. Viele Römer wurden

Christen, als sie sahen, wie die Christen selbst nach dieser Lehre lebten.

1 *Beschreiben Sie mithilfe der Karte die Reisen des Apostels Paulus. Welche heutigen Länder hat er besucht?*

Die Ausbreitung des Christentums

Überall entstanden kleine christliche Gemeinschaften. Besonders die ärmeren Schichten fühlten sich vom christlichen Glauben angezogen.

Der römische Philosoph Justin, ein Christ, berichtete im 2. Jahrhundert n. Chr.:

Q2 … An dem Tag, den man Sonntag nennt, findet eine Versammlung aller statt, die in Städten oder auf dem Land wohnen. Dabei werden die Evangelien oder die Schriften vorgelesen. Hat der Vorleser aufgehört, so gibt der Vorsteher in einer Ansprache eine Ermahnung und Aufforderung zur Nachahmung all dieses Guten. Darauf erheben wir uns alle zusammen und beten.

Und wenn wir mit dem Gebet zu Ende sind, werden Brot, Wein und Wasser herbeigeholt, der Vorsteher spricht Gebete und Danksagungen mit aller Kraft und das Volk stimmt

Die Christen werden verfolgt

ein und sagt Amen. Darauf erhält jeder seinen Teil von den geweihten Gaben. Wer aber die Mittel und den guten Willen hat, gibt nach seinem Ermessen, was er will (Sammlung für die Waisen und Witwen, Gefangenen, Fremdlinge und Arme). …

2 *Begründen Sie anhand von Q2, warum sich besonders die ärmeren Schichten für den christlichen Glauben begeisterten.*

Sklaven als Brüder?

Aus der gleichen Zeit stammt eine Beobachtung des Philosophen Aristides:
Q3 … Die Sklaven und Sklavinnen und deren Kinder bereden sie, aus Liebe Christen zu werden. Und sind sie es geworden, so nennen sie dieselben ohne Unterschied Brüder …

3 *Eine Sklavin, die zum ersten Mal an einer Feier der christlichen Gemeinde teilnahm, berichtet davon ihrem Mann oder ihren Freundinnen. Wovon war sie vielleicht besonders beeindruckt?*

Eine Minderheit wird verfolgt

Die Christen waren im Römischen Reich zunächst nur eine Minderheit. Sie gingen ihren Berufen nach, zahlten pünktlich ihre Steuern und beteten auf ihren Zusammenkünften für das Wohl des Kaisers. Abgelehnt aber wurde von ihnen die Verehrung der Kaiser als Götter. Das führte bald zu allerlei Verdächtigungen: War nicht derjenige, der die göttliche Verehrung der Kaiser ablehnte, ein Gegner des Römischen Reiches? Warum trafen sich die Christen so oft? Wurden hier vielleicht heimlich Verbrechen vorbereitet? Es dauerte nicht lange, da galten die Christen als Staatsfeinde und Kriminelle, die man streng verfolgen musste. Die erste große Verfolgung der Christen fand unter Kaiser Nero im Jahr 64 n. Chr. statt. Dabei wurden wahrscheinlich auch die Apostel Petrus und Paulus getötet. Immer wieder kam es in den folgenden Jahrhunderten zu Christenverfolgungen.

2 Hinrichtung eines Christen, der zum Tod durch Raubtiere verurteilt wurde. Schale, 4. Jahrhundert.

Tertullian (etwa 150–225), ein Christ und Rechtsanwalt in Karthago, schrieb im Jahr 197 n. Chr. an den römischen Statthalter:
Q4 … Unsere Gegner schreien laut nach dem Blut Unschuldiger, wobei sie freilich ihren Hass mit dem sinnlosen Vorwand begründen, dass nach ihrer Überzeugung an jeder Katastrophe des Staates … die Christen die Schuld trügen. Wenn der Tiber die Mauern überflutet, wenn der Nil die Felder nicht überflutet, wenn der Himmel sich nicht rührt, wenn die Erde sich bewegt, wenn eine Hungersnot, eine Seuche wütet, gleich schreit man: „Die Christen vor die Löwen" …

4 *Überlegen Sie, warum man gerade die Christen für alle Katastrophen verantwortlich machte.*
5 *Sprechen Sie über Vorurteile, die heutzutage gegenüber bestimmten Bevölkerungsgruppen gehegt werden.*

Unter Kaiser Konstantin endete 312 n. Chr. die Christenverfolgung. Das Christentum stand gleichberechtigt neben anderen Religionen. Am Ende des 4. Jahrhunderts n. Chr. erklärte Kaiser Theodosius das Christentum zur alleinigen Staatsreligion im Römischen Reich.

*Der **Fisch** war ein Geheimzeichen für die Zugehörigkeit zur christlichen Glaubensgemeinschaft. Hinter dem griechischen Wort für Fisch („ICHTYS") verbargen sich die Anfangsbuchstaben eines Glaubensbekenntnisses:*
I CH TH Y S

ΙΧΘΥΣ

lesous Christos Theou Yios Soter = Jesus Christus, Gottes Sohn, Retter.

Das Römische Reich in der Krise

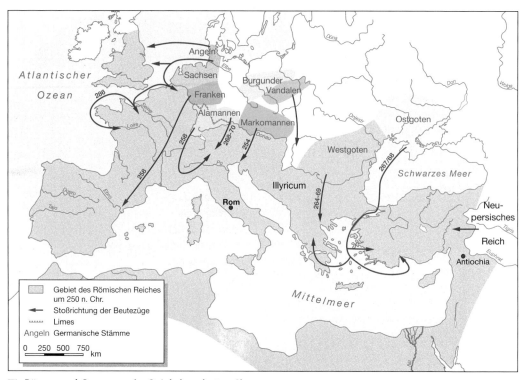

1 Römer und Germanen im 3. Jahrhundert n. Chr.

*Solche **Fußangeln**,
Krähenfüße genannt,
streuten die Römer
vor ihren Lagern aus.*

*Internettipp:
www.markaurel.de*

Germanen überschreiten Rhein und Donau

Der griechischsprachige Geschichtsschreiber und römische Beamte Herodian (ca. 178 bis 250 n. Chr.) berichtet von einem Hilferuf römischer Beamter in Illyricum an Kaiser Severus Alexander (222–235 n. Chr.). Severus befand sich zum Schutz der römischen Grenze in Antiochia:

Q1 … Die Germanen überschreiten Rhein und Donau, verheeren das römische Gebiet und greifen die an den Stromufern stationierten Truppen wie auch Städte und Dörfer mit einer großen Streitmacht an. Die Völker Illyricums, deren Gebiet an Italien grenzt, sind daher in nicht geringer Gefahr. Darum ist deine persönliche Anwesenheit erforderlich mitsamt dem Heer unter deinem Befehl. …

1 *Beschreiben Sie mithilfe der Karte die Vorstöße germanischer Stämme. Beachten Sie auch die Jahreszahlen.*

In Rom regiert ein germanischer Heerführer

Seit dem 3. Jahrhundert n. Chr. verließen in Nordeuropa germanische Stämme ihre Heimat, um nach Süden zu ziehen. Gründe hierfür gab es genug: Überbevölkerung, Verschlechterung des Klimas, Missernten und Hungersnöte. Es konnte nur eine Frage der Zeit sein, bis das Römische Reich unter dem Ansturm der germanischen Stämme zusammenbrechen würde.

Um die Grenzen besser schützen zu können, teilte Kaiser Theodosius I. im Jahr 395 n. Chr. das Reich in ein Weströmisches und ein Oströmisches Reich auf, doch auch diese Maßnahme konnte den Niedergang nicht aufhalten. Im Jahr 476 n. Chr. setzte Odoaker, ein germanischer Heerführer, den letzten Kaiser Roms ab. Das war das Ende des Weströmischen Reiches. Auf seinem Boden gründeten germanische Stämme eigene Reiche, von denen eines zu besonderer Größe aufstieg: das Reich der Franken.

Zusammenfassung

Die Gründung Roms

Eine römische Sage berichtet von der Gründung Roms im Jahr 753 v. Chr. durch Romulus, nachdem er seinen Bruder Remus erschlagen hatte. Tatsächlich wurde Rom aber um 500 v. Chr. gegründet. Zu dieser Zeit vertrieben die Römer den letzten etruskischen König. Ihren Staat nannten sie jetzt „Republik".

Rom – Hauptstadt eines Weltreiches

Um 500 v. Chr. war Rom noch ein kleiner Bauernstaat. Etwa 250 Jahre später beherrschte es fast ganz Italien. Durch weitere Eroberungen entstand in den nächsten Jahrhunderten das römische Weltreich. Aus den eroberten Gebieten brachten die römischen Soldaten große Reichtümer und Sklaven nach Rom. Der Reichtum des Römischen Reiches zeigte sich in den zahlreichen prächtigen Tempeln, den großzügigen öffentlichen Bauten, aber auch in den herrlichen Wohngebäuden und Palästen von Privatleuten.

Theaterspiele, Wettrennen und Gladiatorenkämpfe gab es zur Unterhaltung der Massen, die dadurch von ihrer Armut abgelenkt wurden. Ein erbarmungswürdiges Leben führten oft die Sklaven, die nicht als Menschen, sondern wie eine Sache behandelt wurden.

Das Leben am Limes

Überall dort, wo nicht Berge oder Flüsse einen natürlichen Schutz bildeten, wurden die Grenzen des Römischen Reiches durch den Limes gesichert. Am Limes im heutigen Baden-Württemberg standen zahlreiche Wachttürme. Ihre Wachmannschaften hatten die Aufgabe, bei Gefahr die Truppen zu alarmieren.

In den eroberten Provinzen, also auch auf dem Gebiet des heutigen Baden-Württemberg, setzte sich die römische Lebensweise durch. Viele Lehnwörter weisen darauf hin, dass römische Kenntnisse und Fertigkeiten von der einheimischen Bevölkerung übernommen wurden.

Seit dem 4. Jahrhundert wurden die römischen Reichsgrenzen von germanischen Stämmen immer wieder überrannt. Im Jahr 476 n. Chr. wurde der letzte weströmische Kaiser von einem germanischen Heerführer abgesetzt.

753 v. Chr.

Nach der Sage Gründung Roms durch Romulus und Remus

um 200 v. Chr.

Rom stärkste Landmacht im Mittelmeerraum

27 v. Chr.–14 n. Chr.

Herrschaft des Kaisers Augustus. Beginn der römischen Kaiserzeit

1.–3. Jh. n. Chr.

Errichtung und Ausbau eines Grenzwalls (Limes) zum Schutz vor den Germanen

Namen und Begriffe

✓ Republik
✓ Provinzen
✓ Caesar
✓ Augustus
✓ Forum
✓ Kolosseum
✓ Thermen
✓ Limes / Kastell
✓ Apostel / Evangelium
✓ Christenverfolgung
✓ Oströmisches Reich

1 Formulieren Sie zu jedem Namen bzw. Begriff ein bis zwei erläuternde Sätze.

Was wissen Sie noch?

1 Begründen Sie, warum die römische Armee anderen überlegen war.

2 Tragen Sie alle Informationen, die Sie in diesem Kapitel über den Mann oben auf dieser Seite finden, in einem Steckbrief zusammen (siehe S. 34).

3 Wie verbrachten die Römer ihre Freizeit? Berichten Sie.

4 Welche heutigen europäischen Länder gehörten zum Römischen Reich? Zählen Sie mindestens acht auf.

5 Erstellen Sie einen kurzen Abriss der Christenverfolgung.

Tipps zum Weiterlesen

Judith Mathes-Hofmann: Gaius Nobelmann und Gaius Jedermann. Leben und Alltag im alten Rom. Beltz & Gelberg, 2. Aufl., Weinheim / Basel. 1990

Theodor Kissel: Das Forum Romanum: Leben im Herzen Roms. Artemis & Winkler, Düsseldorf 2004

Stefan Rebenich: Die 101 wichtigsten Fragen. Die Antike. Verlag C. H. Beck, München 2006

Andreas Thiel: Wege am Limes. Konrad Theiss Verlag, Stuttgart 2005

Sergio Rinaldi Tufi: Alltagsleben in Pompeji. Parthas Verlag, Berlin 2006

2 Vergleichen Sie die Freizeitgestaltung der Römer mit der Freizeitindustrie heute. Stellen Sie Gemeinsamkeiten fest?

3 Richtig oder falsch?

a) Rom liegt am Fluss Seine.

b) Wegen Überbevölkerung und Klimaverschlechterung verlegten germanische Stämme ihre Heimat.

c) England war die nördlichste römische Provinz.

d) Ein berühmter Ausspruch Caesars lautete: Ich kam, ich sah, ich verlor.

e) Unter Kaiser Augustus endeten die Christenverfolgungen.

f) Kaiser Theodosius teilte das Römische Reich 395 n. Chr. in ein Oströmisches und ein Weströmisches Reich auf.

4 Was bedeutet „Limes"? Wo verlief der Limes? Warum wurde er gebaut?

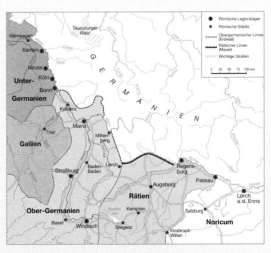

6 „Res publica" – die öffentliche Sache. Auch Deutschland ist eine Republik. Erläutern Sie, wie die Bürger heute ihren Staat mitgestalten können (siehe auch Kapitel „Politische Mitwirkung auf regionaler Ebene", S. 240–255).

5 Erklären Sie mithilfe der Karte den Unterschied zwischen einer natürlichen und einer befestigten Grenze.

Das Mittelalter

400

768–814

800–1000

MÖNCHSTUM BEGINNT
SICH AUSZUBREITEN

HERRSCHAFT
KARLS DES GROSSEN

BAUERN WERDEN
VON GRUNDHERREN
ABHÄNGIG

Fuhrleute bugsieren einen mit Bauholz schwer beladenen Wagen durch ein enges Stadttor; ein Händler zieht mit seinen mit Waren bepackten Mauleseln aus der Stadt; reiche Bürger der Stadt unternehmen hoch zu Pferd einen Ausritt, und Adlige jagen in den Wäldern vor den Mauern der Stadt. Entstanden ist dieses Bild in einer Zeit, die wir Mittelalter nennen. Noch im 15. Jahrhundert lebten 80 Prozent der Menschen auf dem Land. Zahlreiche Siedlungen entwickelten sich seit dem 11. Jahrhundert zu Städten.

Beschäftigen wollen wir uns aber zunächst mit einer Zeit, als Karl, der König der Franken, der schon zu Lebzeiten „der Große" genannt wurde, über ein Reich herrschte, aus dem später Deutschland und Frankreich hervorgehen sollten.

1000–1600

1096–1099

1150–1450

ZEIT DER RITTER

ERSTER KREUZZUG

ZAHLREICHE STÄDTE WERDEN GEGRÜNDET

Das Reich der Franken in Europa

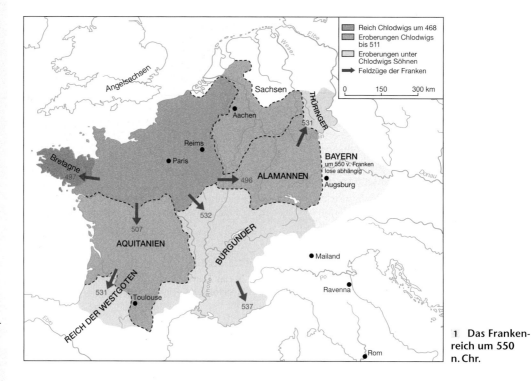

1 Das Frankenreich um 550 n. Chr.

482–511:
Aufstieg des Frankenreiches unter Chlodwig (aus dem Geschlecht der Merowinger).

Merowinger:
Name einer fränkischen Adelsfamilie, abgeleitet von „Merowech", der einer Sage nach ihr Vorfahre war.

Um 496 n. Chr.:
Übertritt Chlodwigs zum Christentum. Sieg über die Alamannen.

Bonifatius*:
Geboren 672 oder 673 im Königreich Wessex; 722 zum Bischof geweiht; vom Papst mit der Missionierung der Germanen beauftragt („Apostel der Deutschen"); 734 zum Erzbischof ernannt; gründete zahlreiche Klöster und Bistümer; starb 754 als Märtyrer in der Friesenmission.

Chlodwig – König der Franken

Die Franken, die im 5. Jahrhundert gegen die römischen Truppen in Gallien kämpften, gehörten verschiedenen kleinen Stämmen an. Einer dieser kleinen Stämme wurde von dem Fürsten Chlodwig angeführt. Im Jahr 482 n. Chr. machte sich dieser zum König über alle Franken, indem er die Fürsten der anderen Teilstämme durch Mord oder Verrat beseitigte. Nur vier Jahre später vertrieb er den letzten römischen Stadthalter aus Gallien. Chlodwig erkannte schnell, dass er sein großes Reich nur mit Unterstützung der gallischen Bischöfe und Äbte regieren konnte. Diese Geistlichen waren schon unter den Römern tüchtige Verwaltungsbeamte gewesen. Chlodwig trat deshalb mit seinem Volk zum Christentum über. Die „Bekehrung" Chlodwigs erfolgte, als seinen Truppen im Kampf gegen die Alamannen eine Niederlage drohte.
Gregor von Tours (540–594), Bischof und Geschichtsschreiber, berichtete:

Q1 … Als Chlodwig dies sah, sprach er: „Jesus Christus! Gewährst Du mir jetzt den Sieg über meine Feinde, so will ich an Dich glauben und mich taufen lassen. Denn ich habe meine Götter angerufen, doch sie helfen mir nicht; sie sind wohl ohnmächtig. Nun rufe ich Dich an. An Dich will ich glauben, wenn ich nur der Hand meiner Feinde entkomme."
Als er so gebetet hatte, wandten die Alamannen sich und begannen zu fliehen …

1 *Erklären Sie, welche Vorteile sich Chlodwig von seinem Übertritt zum Christentum versprach.*
2 *Vergleichen Sie die Karte 1 mit einer Westeuropakarte in Ihrem Atlas. Stellen Sie fest, welche Gebiete der fränkische König Chlodwig eroberte.*

Bonifatius fällt die Donareiche

Chlodwig und seine Nachfolger förderten die weitere Ausbreitung des Christentums. Unterstützt wurden sie von Mönchen aus Irland und Schottland, die ab dem 7. Jahrhundert den germanischen Stämmen die christliche Botschaft verkündeten. Der bedeutendste unter ihnen war Winfried, der später vom Papst den Namen Bonifatius* (= „der es gut macht") erhielt. Im Jahr 722 wurde Bonifatius vom Papst zum Bischof geweiht und erhielt den

Die Franken werden Christen

2 **Bonifatius tauft einen Germanen, der von einem Helfer in das Taufbecken eingetaucht wird (linke Bildhälfte). Die rechte Bildhälfte zeigt, wie Bonifatius den Märtyrertod erleidet.** Buchmalerei aus dem Kloster Fulda, um 875.

Christus mit Lanze (germanisches Symbol des Königtums). Grabstein aus dem 7. Jahrhundert.

Auftrag, die germanischen Stämme zum Christentum zu bekehren. Bonifatius ging daraufhin nach Thüringen und Hessen.

In einem Bericht des Mönchs Willibald aus dem Jahr 768 heißt es:

Q2 ... Viele Hessen erhielten damals die Taufe. Andere aber opferten immer noch heimlich oder offen an Bäumen und Quellen, betrieben Weissagung, Zauberei und Beschwörung. Da beschloss Bonifatius, eine Eiche von seltener Größe, die den alten heidnischen Namen Donareiche führte, im Beisein seiner Mönche zu fällen. Als diese Absicht bekannt wurde, versammelte sich eine große Menge Heiden, die den Feind ihrer Götter heftig verfluchte. Kaum aber hatte Bonifatius den Baum ein paarmal mit der Axt getroffen, da wurde die ungeheure Masse des Baumes durch göttliche Winde erschüttert. Die Enden der Äste brachen und die Eiche stürzte krachend zu Boden. Die Heiden aber, die kurz zuvor noch geflucht hatten, fingen an, den Herrn zu preisen und an ihn zu glauben. ...

Bonifatius erleidet den Märtyrertod

Im Jahr 734 wurde Bonifatius vom Papst zum Erzbischof ernannt. Er gründete viele neue Bistümer* und setzte Bischöfe ein. Er sorgte für eine gründliche Ausbildung der fränkischen Priester und Mönche.

Im Alter von 80 Jahren brach Bonifatius noch einmal mit einer kleinen Anzahl von Begleitern zur Mission nach Friesland auf. Hier wurde er von friesischen Kriegern am 5. Juni 754 erschlagen. In einem Bericht über das Leben des Bonifatius heißt es, dass er sich gegen die Angriffe der Friesen mit einem Buch vergebens geschützt haben soll (siehe Abbildung 2). Beigesetzt wurde Bonifatius in Fulda. Seine Nachfolger setzten das von ihm begonnene Werk fort und gründeten weitere Bistümer, z. B. Verden (782), Osnabrück (783) und Hildesheim (822).

3 *Erkundigen Sie sich, wo und warum die christlichen Kirchen heute missionieren.*

Bistum:*
Verwaltungsbezirk der katholischen Kirche, der von einem Bischof geleitet wird.

Radbot, Herzog der Friesen, verweigerte die christliche Taufe mit folgenden Worten:
„Lieber will ich elend bei meinen Vorfahren in der Hölle schmoren als herrlich ohne sie im Himmelreich."

Karl der Große und das Frankenreich

Karolinger*:
Bezeichnet ein fränkisches Herrschergeschlecht. Bis zur Mitte des 8. Jahrhunderts konnten sie ihre Macht ausbauen und verdrängten schließlich die Merowinger vom Königsthron.

768–814:
Alleinherrschaft Karls des Großen; Ausdehnung des Frankenreiches über alle germanischen Stämme.

772–804:
Sachsenkriege. Die Sachsen werden gewaltsam dem Frankenreich eingegliedert und christianisiert.

804:
Zwangsumsiedlung von Sachsen aus dem südlichen Holstein in das Frankenreich.

Internettipp:
*www.ibl.uni-bremen.de/lehre/lui/user/ag20/
(Karl der Große – eine Lernseite für Schüler)*

Karl der Große unterwirft die Sachsen

Im Jahr 768 übernahm der Karolinger* Karl die Herrschaft im Frankenreich. Unter seiner Führung erreichte es seine größte Ausdehnung (siehe S. 56, Karte 1). Den längsten und erbittertsten Widerstand gegen die Franken leisteten die Sachsen. Sie waren der letzte freie Stamm der Germanen und noch nicht zum Christentum übergetreten. Unter Führung ihres Herzogs Widukind kämpften sie über dreißig Jahre einen verzweifelten Kampf. Sobald Karl und sein Heer das Land der Sachsen verlassen hatten, erhoben sich diese wieder gegen die Franken. Karl griff grausam durch. Die Anführer des Widerstands ließ er bei Verden hinrichten. Es sollen über 4000 Männer gewesen sein. Widukind selbst konnte fliehen. Um den Widerstand endgültig zu brechen, wurden die Sachsen gezwungen, das Christentum anzunehmen.

Strenge Gesetze

In einer Anordnung aus dem Jahr 782 bestimmte Karl:

Q1 … 3. Wer mit Gewalt in eine Kirche eindringt und dort raubt oder stiehlt oder die Kirche in Brand steckt, wird mit dem Tode bestraft.
4. Wer die vierzigtägige Fastenzeit vor Ostern nicht einhält und in dieser Zeit Fleisch isst, wird mit dem Tode bestraft.
5. Wer einen Bischof oder Priester tötet, wird mit dem Tode bestraft. …
7. Wer den Leichnam eines Verstorbenen nach heidnischer Sitte verbrennt, wird mit dem Tode bestraft.
8. Wer noch ungetauft ist und es unterlässt, zur Taufe zu kommen, weil er Heide bleiben möchte, wird mit dem Tode bestraft.
17. Jeder Sachse soll den zehnten Teil seines Besitzes den Kirchen und den Priestern geben. …
34. Wir verbieten allen Sachsen, öffentliche Versammlungen abzuhalten, außer wenn unsere Boten eine Versammlung einberufen. …

1 **Sächsische Wallanlage (Motte) aus dem 8. Jahrhundert.** Rekonstruktionszeichnung.

1 *Beschreiben Sie mithilfe der Karte 1 auf Seite 56, auf welchem Gebiet die Sachsen in jener Zeit lebten. Vergleichen Sie das Gebiet mit der Lage des heutigen Bundeslandes Sachsen.*
2 *Spielen Sie folgende Szene: Ein Franke und ein Sachse unterhalten sich über die Anordnung Karls des Großen (Q1).*

Sachsen wird Teil des Frankenreiches

Gegen diese harten Maßnahmen wehrten sich die Sachsen auch weiterhin. Erst 785 gab Widukind den Kampf auf. Zusammen mit weiteren Stammesgenossen ließ er sich taufen. Andere sächsische Adlige aber führten den Kampf fort. Im Jahr 804 wurde endgültig Frieden geschlossen. Damit war das Gebiet der Sachsen ein Teil des Frankenreiches geworden.

König und Fürsten: das Lehnswesen

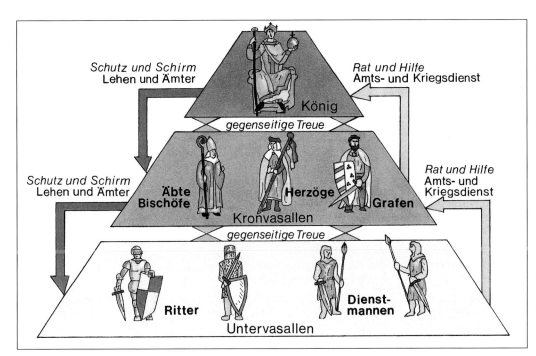

2 Lehnsherr und Lehnsmann. Schaubild.

Geistliche und weltliche Herrschaft*

Für die Verwaltung seines Reiches brauchte Karl der Große die Unterstützung der Fürsten: der geistlichen Fürsten (Bischöfe und Äbte) und der weltlichen Fürsten (Herzöge und Grafen). Sie sollten die Durchführung seiner Anordnungen überwachen. Wenn er in den Krieg zog, mussten sie ihm schwer bewaffnete Krieger zur Verfügung stellen. Als Gegenleistung erhielten sie vom König Land mit Dörfern und Bauern auf Lebenszeit geliehen; diese Güter nennt man deshalb auch Lehen*. Wer sein Lehen vom König erhielt, war sein Kronvasall*.

Auch die Kronvasallen konnten ihrerseits die Güter an Untervasallen weiterverleihen. Sie folgten dem Beispiel des Königs und gaben zum Beispiel Teile des ihnen verliehenen Landes an die Ritter. Die Ritter leisteten dafür Kriegsdienst im fränkischen Heer.

Die Übergabe des Lehens

Wenn ein Lehen vergeben wurde, geschah dies in feierlicher Form: Der Vasall kniete nieder, legte seine Hände zwischen die Hände seines Herrn und schwor ihm Treue. Er versprach seinem Herrn Rat und Hilfe, wenn er

dies forderte. Seine Hauptaufgabe bestand dabei in der Verpflichtung zum Kriegsdienst. Der Lehnsherr versprach dem Vasallen Treue und Schutz.

Ein Lehen musste nicht allein aus Landgütern bestehen. Als Lehen wurden vom König auch Kirchenämter (an Abt, Äbtissin oder Bischof) und hohe Verwaltungsämter vergeben, wie etwa das Grafenamt.

Starb ein Vasall, so sollte das Lehen an den Lehnsherrn zurückfallen. Der Lehnsherr konnte dann frei entscheiden, ob und wem er das Lehen wieder ausgeben wollte. Der Vasall wollte das Lehen jedoch oft wie sein Eigentum an seine Kinder vererben. Nach und nach setzten viele Adlige durch, dass sie die vom König erhaltenen Lehen in ihren Familien weitervererben konnten. Das Lehnswesen gab es jahrhundertelang.

3 *Erklären Sie mithilfe des Schaubildes (Abbildung 2) die Verpflichtungen des Königs und der Vasallen.*

4 *Spielen Sie eine Szene, in der ein Vasall den König überzeugen will, dass das Lehen nach seinem Tod an seinen Sohn fallen soll.*

Geistliche Herrschaft:
Bischöfe und Äbte übernehmen für den König Verwaltungsaufgaben in großen Gebieten, die sie als Lehen erhalten.

Lehen:
(= Geliehenes). Im Mittelalter das Nutzungsrecht an einer Sache (Grundbesitz, Rechte, Ämter); es wird vom Eigentümer (Lehnsherr) an einen Lehnsmann übertragen. Der Lehnsmann verspricht dem Lehnsherrn dafür die Treue und bestimmte Leistungen.

Ein Fürst belehnt seinen Untervasallen.
Buchmalerei, 14. Jahrhundert.

Vasall:
(mittellateinisch vas[s]allus = Knecht). Bezeichnung für einen Lehnsmann, der von einem Lehnsherrn abhängig ist. Es wird noch unterschieden zwischen Kron- und Untervasallen.

Karl – der „Vater Europas"?

Karl der Große, auf einer Briefmarke in lateinischer Sprache.

Karl der Große, auf einer Briefmarke in französischer Sprache.

Kaiser*:
Herrschertitel für einen „König über Könige". Das Wort leitet sich vom Ehrentitel „Caesar" der römischen Kaiser der Antike ab. – Aus der zweiten Silbe des Wortes ist auch der gleichbedeutende Herrschertitel der russischen Zaren abgeleitet.

Oströmisches Reich*:
Es entwickelte sich aus dem östlichen Teil des Römischen Reiches. Während das Weströmische Reich im Jahr 476 unterging, bestand das Oströmische Reich, auch Byzantinisches Reich genannt, bis ins Jahr 1453.

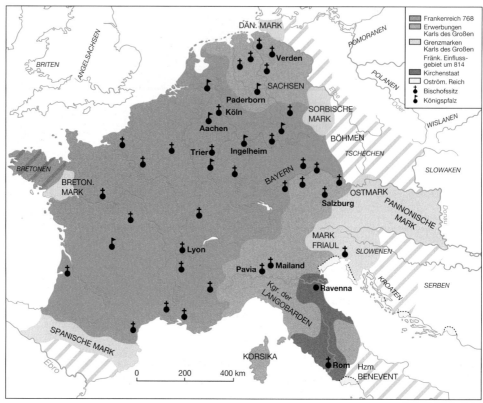

1 Das Reich Karls des Großen.

Vom Frankenkönig zum Nachfolger der römischen Kaiser

Am Ende des 8. Jahrhunderts war Karl der mächtigste Herrscher in Europa. Sein Reich umfasste weite Teile des ehemaligen Weströmischen Reiches. Dem Kaiser* des Oströmischen Reiches* fühlte er sich ebenbürtig. In dem Gedicht eines unbekannten Verfassers um 800 hieß es:

Q1 … Der König [Karl] übertrifft alle Könige auf der ganzen Welt an Würde und Weihe … König Karl, das Haupt der Welt, die Liebe und Zierde des Volkes, die bewundernswerte Spitze Europas, der beste Vater, der Held, der Augustus, aber auch mächtig in der Stadt [Aachen], die als zweites Rom zu neuer Blüte gewaltig emporwächst. …

1 *Beschreiben Sie mit eigenen Worten die Machtstellung Karls, wie sie vom Verfasser der Quelle 1 gesehen wird.*

Im Jahr 800 n. Chr. wurde König Karl von Papst Leo III. in Rom zum Kaiser gekrönt. Im Fränkischen Reich verstand man die Kaiserkrönung so, dass Karl jetzt für alle sichtbar die Nachfolge der römischen Kaiser angetreten habe. Karl war es gelungen, nach den Unruhen der Völkerwanderung ein Reich zu schaffen, in dem unterschiedliche Völker und Stämme lebten. Gemeinsam war allen Untertanen der christliche Glaube, der ihr tägliches Leben bestimmen sollte. In der Nachfolge der römischen Kaiser förderte er Bildung und Wissenschaft. Das Frankenreich wurde zum Fundament für die weitere Geschichte ganz West- und Mitteleuropas. So gilt Karl heute als „Vater Europas". Nicht übersehen kann man aber auch die Schattenseiten seiner Herrschaft wie etwa die grausamen Kriege gegen die Sachsen.

2 *Erläutern Sie, warum Karl der Große heute als „Vater Europas" bezeichnet wird.*

Vom Frankenreich zum Deutschen Reich

2 Frankenkönig Karl, umgeben von seinen Beratern. Mittelalterliche Buchmalerei, 11. Jahrhundert.

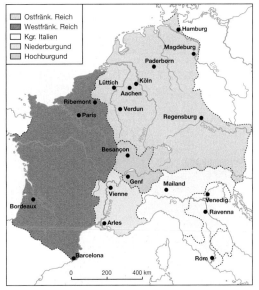

Legende:
- Ostfränk. Reich
- Westfränk. Reich
- Kgr. Italien
- Niederburgund
- Hochburgund

Hamburg, Magdeburg, Paderborn, Lüttich, Köln, Aachen, Ribemont, Verdun, Regensburg, Paris, Besançon, Genf, Mailand, Vienne, Venedig, Bordeaux, Ravenna, Arles, Barcelona, Rom

0   200   400 km

3 In der zweiten Hälfte des 9. Jahrhunderts zerfällt das Frankenreich.

Das karolingische Reich wird geteilt

Im Jahr 814 starb Karl der Große. Nachfolger wurde sein Sohn Ludwig der Fromme, der das Reich mühsam zusammenhalten konnte. Als er im Jahr 840 starb, stritten sich seine Söhne um das Erbe. Dabei verbündeten sich Karl der Kahle und Ludwig der Deutsche gegen ihren Bruder Lothar. Nithard, ein Enkel Karls des Großen, berichtete über diesen Bruderstreit:

Q2 ... Es trafen sich also am 14. Februar [843] Ludwig und Karl in der Stadt, die früher Argentaria und jetzt Straßburg heißt, und schworen einen Eid. Ludwig aber sprach romanisch, Karl deutsch: ... Von diesem Tag an will ich mich zukünftig sowohl bei Hilfeleistungen wie auch in jeder anderen Sache so verhalten, wie man sich von Rechts wegen gegenüber seinem Bruder verhalten soll. ... Und mit Lothar will ich keine Abmachung eingehen. ...

Auch in den folgenden Jahrzehnten kam es immer wieder zu schweren Kämpfen; mehrmals wurde das karolingische Reich neu aufgeteilt. Burgund und Italien im Süden wurden selbstständige Königreiche.
Im Norden kam es zur Bildung eines west- und eines ostfränkischen Reiches. In beiden Reichen bildete sich ein Zusammengehörigkeitsgefühl der dort lebenden Menschen heraus. So entstanden allmählich die beiden Länder Frankreich und Deutschland.

3 *Mithilfe der Karte 3 und eines Atlas können Sie feststellen, welche europäischen Staaten durch ihre Zugehörigkeit zum Frankenreich einen Teil ihrer Geschichte gemeinsam haben.*

Das Reich der Deutschen entsteht

Der letzte Karolinger im Ostreich starb im Jahr 911. Die Königswürde ging 919 an Heinrich I., den mächtigen Herzog in Sachsen. Während seiner Regierungszeit wird das Ostreich zum ersten Mal als „Reich der Deutschen" bezeichnet. Das Wort „deutsch" kommt vom Althochdeutschen „diutisc", was so viel bedeutet wie „volksmäßig, dem Volk gehörig". Als „diutisc" bezeichnete man auch die germanische Sprache, die im Ostreich gesprochen wurde. Allmählich wurde daraus der Name für die Menschen, die diese Sprache sprachen, die „Deutschen". Nachfolger Heinrichs I. wurde sein Sohn Otto I., der im Jahr 962 vom Papst zum Kaiser gekrönt wurde. Seit seiner Zeit bis 1806 wurde die Kaiserwürde immer nur an deutsche Könige verliehen.

814 n. Chr.:
Tod Karls des Großen, Beisetzung im Dom zu Aachen. Unter seinen Nachfolgern wird das Reich mehrmals neu aufgeteilt.

919 n. Chr.:
Der Sachsenherzog Heinrich wird zum ostfränkischen König gewählt.

Stände und Lebensformen

1 Christus (über dem Regenbogen) spricht zu dem Stand rechts von ihm: Du bete demütig! Zum Stand links: Du schütze! Und zum Stand unter ihm: Und du arbeite! Holzschnitt von Johannes Lichtenberger, 1488, spätere Kolorierung.

2 Städtische „Stände-Pyramide". Süddeutsche Miniatur *, 14. Jahrhundert.

*Miniatur *:*
(lat. minor = klein).
Kleinformatige Malerei auf Holz, Metall, Seide, Porzellan und Elfenbein.

Sind die Stände gottgewollt?

Heute sind vor dem Gesetz alle Menschen gleich. Im Mittelalter aber gab es große Unterschiede zwischen den Menschen, die verschiedenen Ständen angehörten. Zu welchem Stand man gehörte, entschied sich meist schon bei der Geburt: Bauern stammten von Bauern, Adlige von Adligen, Unfreie von Unfreien und Freie von Freien ab. Unfrei waren viele Bauern, frei die Adligen und die Geistlichen.

1 *Beschreiben Sie die Personen, die auf Abbildung 1 dargestellt sind, möglichst genau. Wie sind sie angeordnet und welche Aufgaben haben sie? Beachten Sie dabei auch die Inschriften und die Größenordnungen.*

„Kleider machen Leute"

Nicht nur zwischen den Ständen, sondern auch innerhalb eines Standes gab es große Unterschiede. Vor allem in den Städten wurde großer Wert darauf gelegt, dass die verschiedenen Rangstufen in der Bevölkerung deutlich sichtbar waren. In vielen Städten gab es daher verbindliche Kleiderordnungen, die genau festlegten, welche Kleidung z. B. die reichen Bürger oder Handwerker tragen durften. Ein reicher Kaufmann beispielsweise konnte eine vornehmere Kleidung tragen als ein Handwerker.

Besonders gekennzeichnet wurden auch soziale Randgruppen, z. B. die jüdischen Mitbürger, und Außenseiter, etwa die Henker. Sie mussten an ihrer Kleidung deutlich erkennbar sein. Wer dagegen verstieß, wurde hart bestraft.

2 *Welche Personen fallen Ihnen auf Abbildung 2 besonders auf? Versuchen Sie mithilfe des Textes die Anordnung der Personen zu erklären.*

3 *Gibt es auch bei uns eine „Kleiderordnung"? – Nennen Sie Kleidungsstücke, an denen man die Zugehörigkeit zu einer Gruppe erkennen kann.*

Von der Freiheit in die Abhängigkeit

3 **Mittelalterliches Dorf.** Rekonstruktionszeichnung.

Die Bauern verlieren ihre Freiheit

Im Mittelalter lebten die meisten Menschen von der Landwirtschaft: am Anfang fast alle, am Ende des Mittelalters – um 1500 – immer noch über 80 Prozent. So groß ist der Anteil der Landbevölkerung heute beispielsweise in Pakistan oder in der Türkei.

Zur Zeit Karls des Großen (um 800) besaßen in großen Teilen des Frankenreiches noch viele Bauern eigenes Land. Sie konnten es bearbeiten und von den Erträgen leben. 200 Jahre später gehörte das Land zumeist nicht mehr den Bauern, sondern adligen Herren.

Für diese Herren mussten die Bauern jetzt arbeiten. Sie durften nicht einmal mehr ihren Hof verlassen, um z. B. in ein anderes Dorf zu ziehen. Denn wie das Land, so gehörten auch sie selbst ihrem Herrn. Aus einstmals freien Bauern waren Unfreie geworden.

Der französische Bischof Adalbero von Laon schrieb im Jahr 1016 über sie:

Q1 ... Wer könnte die Sorgen zählen, von denen die unfreien Bauern während ihrer langen Wege und ihrer harten Arbeit bedrückt werden? Geld, Kleidung, Nahrung: Die unfreien Bauern liefern alles an jedermann. Kein Adliger könnte ohne ihre Abgaben bestehen.

Der Herr, der vorgibt, seine Bauern zu ernähren, wird in Wahrheit von ihnen ernährt ...

Der Adlige Hugo von Trimberg meinte etwa 300 Jahre später:

Q2 ... Ich kam in ein Dorf geritten ... Da kam ein Bauer auf mich zu und sprach ...: „Liebster Herr, wie kommt es denn, dass es euch Herren viel besser geht als uns armen Bauern? Sind denn die einen unfrei, während die anderen frei sind?"

„Ja", sagte ich. Das machte ihn zornig und er sagte: „Wir sind doch alle von einer Mutter geboren?" ...

Da kam ein Rudel Bauern aus der Schenke ... Sie baten mich alle, ihnen zu erklären, warum der edel, jener unedel, der frei, jener unfrei sei ...

4 *Beschreiben Sie das Dorf auf der Abbildung 3 und vergleichen Sie es mit einem heutigen Dorf.*

5 *Stellen Sie Vermutungen darüber an, was Hugo von Trimberg den Bauern geantwortet haben könnte (Q2).*

Grundherrschaft *

Grundherrschaft*:
Herrschaft über das Land und die Menschen, die auf ihm wohnten. Bauern erhielten vom Grundherrn Land, Schutz in Notzeiten und die Befreiung von der Heeresfolge. Die Bauern mussten dafür Abgaben entrichten und Frondienste leisten.

1 **Abhängigkeitsverhältnis zwischen Bauer und Grundherr.** Schaubild.

Hörige*:
Bezeichnung für Bauern, die an das vom Grundherrn verliehene Land gebunden waren und bestimmte Abgaben und Dienste leisten mussten.

Leibeigener:
Spätmittelalterlicher Begriff für einen hörigen Bauern mit besonders vielen Dienst- und Abgabeverpflichtungen und besonders geringen eigenen Entscheidungsmöglichkeiten. So waren Leibeigene an den Boden gebunden und durften nicht wegziehen; bei Verschenkung oder Verkauf des Bodens wurden sie mit weggegeben.

Warum verloren die Bauern ihre Freiheit?

Es ist nicht überliefert, welche Antwort Hugo von Trimberg den Bauern gab auf ihre Frage, warum sie unfrei seien (siehe Q2, S. 59). Die Zeit, da es noch viele freie Bauern gegeben hatte, lag schon lange zurück. Das war die Zeit Karls des Großen gewesen. Unter seiner Herrschaft hatte jeder freie Bauer die Pflicht, zusammen mit seinem König in den Krieg zu ziehen (Heeresfolge).

Karl der Große führte viele Kriege. So waren die freien Bauern manchmal mehrere Jahre nicht zu Hause, wenn es eigentlich Zeit gewesen wäre für Aussaat oder Ernte. Zahlreiche Höfe verfielen, Hunger und Not kehrten ein. Um dem Kriegsdienst zu entgehen, übergaben freie Bauern ihren Grund und Boden einem Herrn, der dadurch ihr Grundherr wurde.

Grundherren und Hörige *

Grundherren konnten z. B. sein: Adlige, Grafen, aber auch Bischöfe oder Klöster. Der Grundherr übernahm für seine Bauern die Heeresfolge. Er schützte und unterstützte sie in Notzeiten. Diese Bauern brauchten also nicht mehr mit dem König in den Krieg zu ziehen. Sie konnten das ganze Jahr über den notwendigen Arbeiten im Hof und auf dem Feld nachgehen.

Als Gegenleistung mussten sie sich dazu verpflichten, jedes Jahr

– einen bestimmten Anteil an der Ernte, an Milch, Käse, Eiern und Vieh an den Grundherrn abzuliefern. Bei der Ernte handelte es sich ungefähr um den zehnten Teil. Diese Abgabe wird daher der Zehnt genannt.

– bestimmte Arbeiten für den Grundherrn zu verrichten, wie etwa Mithilfe auf den Wiesen oder Feldern, Zäune errichten, Wege anlegen oder Brücken bauen. Diese Arbeiten werden Frondienste (fron = Herr) genannt.

Aus freien Bauern wurden auf diese Weise unfreie; sie werden auch als Hörige bezeichnet.

1 *Erläutern Sie das Schaubild (Abbildung 1).*
2 *Schreiben Sie einen Dialog für folgende Szene: Zwei freie Bauern, die wieder in den Krieg ziehen sollen, unterhalten sich. Der eine Bauer möchte sich jetzt in die Abhängigkeit eines Grundherrn begeben, der andere möchte frei bleiben.*

Alltag einer Bauernfamilie

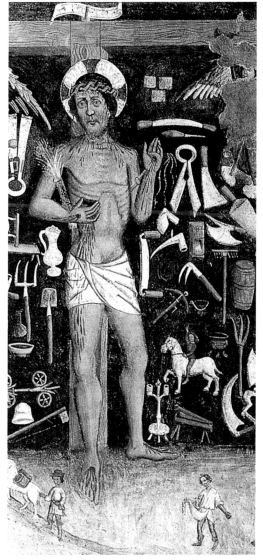

2 „Feiertagschristus". Die abgebildeten Werkzeuge und Tätigkeiten geben an, welche Arbeiten an Sonn- und Feiertagen verboten waren. Fresko von 1465.

Leben in einem Bauerndorf

Die Bauerndörfer im Mittelalter waren nicht sehr groß; mehr als 100 bis 200 Einwohner hatten nur wenige. In der Mitte des Dorfes stand die Kirche, aus Stein erbaut, in einiger Entfernung dazu standen die Bauernhäuser. Ein Zaun umgab das Dorf. Er sollte verhindern, dass das Vieh entlaufen konnte, und zugleich Schutz vor Überfällen bieten.

Die Menschen, die hier wohnten, mussten fast alles, was sie zum Leben brauchten, selbst herstellen. Sie
- bauten ihre Häuser oder Hütten selbst,
- spannen und webten,
- verarbeiteten Tierhäute und Felle zu Kleidungsstücken,
- stellten Arbeitsgeräte her,
- backten ihr Brot und verarbeiteten die Milch zu Butter und Käse.

Diese und viele andere Arbeiten erforderten den vollen Arbeitseinsatz aller Familienmitglieder. Die Arbeitszeit wurde durch die Jahreszeit bestimmt. Wenn es hell wurde, stand man auf, im Sommer zwischen 4 und 5 Uhr; die erste Hauptmahlzeit nahm man zwischen 9 und 10 Uhr ein, die zweite nachmittags zwischen 16 und 17 Uhr. Die Mahlzeiten bestanden aus Brot, Haferbrei oder gekochtem Gemüse. Zu trinken gab es Wasser oder Molke (Käsewasser). Sobald es dunkel wurde, ging man schlafen, denn eine Beleuchtung gab es kaum.

Die meisten Bauernhäuser bestanden aus einem einzigen Raum. Ein grob gezimmerter Tisch, ein paar Bänke an den Wänden, niedrige dreibeinige Hocker – das war fast die ganze Ausstattung. Betten gab es nicht. Man legte sich zum Schlafen auf einen Strohsack oder im Winter auf die große Ofenbank. Wenn dann am nächsten Morgen das Tageslicht durch kleine Luken fiel, die durch Weidengeflecht, Holzgitter oder Schweinsblasen nur notdürftig verschlossen waren, begann ein langer Arbeitstag für die ganze Familie.

Nur an Sonntagen und den zahlreichen Feiertagen waren die meisten Arbeiten streng verboten. Um die Bauern immer wieder daran zu erinnern, gab es in manchen Kirchen Bilder, die auf dieses Verbot hinwiesen.

3 *Erklären Sie mithilfe der Abbildung 2, welche Arbeiten an Sonn- und Feiertagen strikt verboten waren.*

4 *Überlegen Sie, warum die Verbote in den Kirchen als Bilder aufgestellt wurden.*

Bauernregeln:
Merksprüche, die wie Sprichwörter klingen. Sie beziehen sich meist auf die Vorhersage des Wetters und seiner Auswirkungen auf die Ernte. Beispiel: „Mairegen auf die Saaten, dann regnet es Dukaten" (das heißt, die Ernte wird reichlich ausfallen und dem Bauern viel Geld einbringen).

Albrecht, ein Bauernsohn, berichtet:
Wie meine Eltern und Geschwister gehöre ich dem Grundherrn. Wenn mein Vater nicht mehr arbeiten kann, übernehme ich den Hof. Mit meinem Vater arbeite ich bis in die Dunkelheit auf dem Feld. Spielen darf ich nur am Sonntag. Ich muss im Morgengrauen aufstehen und mit dem Vater zum Ernten gehen. Er bringt mir alles bei.

Fortschritte in der Landwirtschaft

*Die Sichel wurde seit dem 11. Jahrhundert durch die **Sense** ersetzt. Mit ihr konnten die Bauern rascher ernten und die Getreidehalme tief unten abschneiden. Übrig blieben nur kurze Stoppeln und der Halmschnitt brachte Winterfutter für die Stalltiere.*

Wind- oder Wassermühlen lösten die handgetriebenen Mühlen ab. Größere Mengen Getreide konnten jetzt in kürzerer Zeit gemahlen werden.

Neue Arbeitsgeräte und Techniken

Seit dem frühen Mittelalter löste der Räderpflug mit eiserner Pflugschar allmählich den Hakenpflug ab, der den Boden nur aufreißen konnte. Mit dem neuen Pflug konnte der Boden stärker aufgelockert werden und die im Boden befindlichen Nährstoffe gelangten leichter nach oben.

Für die Pferde wurde im 8. Jahrhundert eine ganz neue Art des Anschirrens entdeckt. Das Kummet, ein gepolsterter, versteifter Halsring, übertrug die Zuglast auf die Schulterblätter der Pferde und erhöhte so die Zugkraft auf das Vier- bis Fünffache. Zu einem verstärkten Einsatz von Pferden in der Landwirtschaft kam es erst im 12. Jahrhundert mit der Züchtung der schweren Landpferderasse.

Einfacher und ergiebiger wurde auch das Dreschen durch den Einsatz von Dreschflegeln. Der Dreschflegel, der das zuvor übliche Ausschlagen mit dem Stock oder das Ausstampfen oder Austreten durch Tiere oder Menschen überflüssig machte, war in Mitteleuropa bis zum vorigen Jahrhundert in Gebrauch. Erst dann wurde er von der Dreschmaschine abgelöst.

Die Dreifelderwirtschaft steigerte die Erträge. Der regelmäßige Wechsel von Bebauung mit Winter- bzw. Sommergetreide und Brache war ein großer Fortschritt. Im ausgehenden Mittelalter wurden auch die Brachflächen bebaut, z. B. mit Rüben.

1 *Übernehmen Sie die Tabelle in Ihr Heft: Tragen Sie in die linke Spalte ein, welche Neuerungen in der Landwirtschaft eingeführt wurden; in der rechten Spalte nennen Sie die dadurch erzielten Verbesserungen.*

Neuerungen	Verbesserungen
...	...
...	...

2 *Untersuchen Sie mithilfe der Abbildung 2, wie sich das Verhältnis zwischen Aussaat und Ernteertrag in der Zeit von 800 bis 1200 verändert hat. Was bedeutete das für die Menschen?*

	um 800	um 1200
Aussaat	100 kg	100 kg
Ertrag	z. B. 100 kg 50 kg	100 kg 100 kg 100 kg
Nach Abzug der Saatmenge für das neue Jahr bleiben für den Verbrauch:	50 kg	100 kg 100 kg

2 Verhältnis zwischen Aussaat und Ertrag bei der Getreideernte zwischen 800 und 1200.

Die schon im Altertum bekannte Wassermühle ist ein großer Fortschritt gegenüber der alten Handmühle. Doch die Mühle gehört nicht dem Müller, sondern dem Grundherrn, der sie bauen ließ und auf dessen Boden sie steht. Seit dem 12. Jahrhundert tauchen auch Windmühlen auf. Jeder Dorfbewohner muss sein Korn in der Mühle des Grundherrn mahlen lassen. Der Grundherr hat das Monopol für den Betrieb der Mühle und erhebt von den Bauern Gebühren für das Mahlen. Er lässt sogar die alten Handmühlen beschlagnahmen, damit niemand heimlich mahlen kann.

Heu ist im Mittelalter knapp und Sensen sind sehr teuer. Der Bauer behandelt sie sorgfältig und schärft sie mit dem Wetzstein. Wenn es in einem trockenen Sommer nicht genug Gras gibt, fehlt es an Winterfutter. Das Vieh muss dann im November geschlachtet werden. Es ist der „blutige Monat" auf dem Land.

Möglicherweise stehen der Landwirtschaft wiederum große Veränderungen bevor, hervorgerufen durch die globale Erwärmung. Für Baden-Württemberg bedeutet dies – so die Wissenschaftler – z. B. deutlich mehr Regen im Schwarzwald, aber weniger im Bodenseeraum. Sorgen bereiten aber vor allem die sogenannten Extremereignisse wie Hitzesommer oder Winterorkane.
Über die möglichen langfristigen Folgen können Sie sich z. B. bei Umweltschutzorganisationen informieren.

Die Urbarmacher benutzen beim Roden eine große Axt, die schwerer ist als das Beil. Die Äste werden mit der Hippe, einem sichelförmigen Messer, abgeschlagen, die Baumstümpfe mit Pferdegespannen ausgerissen. Das Unterholz wird abgebrannt.

Die Gemüsegärten retten die Bauern oft vor dem Verhungern. Es wird viel vitaminreicher Kohl angebaut. Man kennt drei Salatsorten, Karotten, Zwiebeln, Knoblauch und Petersilie, Schalotten, Kerbel und vor allem Erbsen, die mit Speck gekocht werden.

Wo findet man Informationen?

Bei aktuellen Themen wie dem Klimawandel passiert ständig Neues. Deshalb ist es wichtig, dass Sie z. B. in Zeitungen und Zeitschriften, in Büchern und Broschüren, im Fernsehen und im Internet nach aktuellen Informationen suchen. Achten Sie aber immer darauf, wie alt die Informationen sind, die Sie heranziehen. In Büchern z. B. erfahren Sie dies durch das Erscheinungsdatum des Buches.
Zur Informationsbeschaffung aus dem Internet siehe S. 71.

Die Welt der Ritter

1 **Page beim Tischdienst.** Buchmalerei.

Wappen:
Wappenzeichen auf den Schilden halfen den Rittern, sich zu orientieren, wenn sie mit geschlossenen Visieren kämpften. Heiratete ein Ritter, so wurden die Wappen beider Familien auf dem Schild abgebildet. Heirateten die Nachkommen, wurde das Wappen viergeteilt usw.

CD-ROM-Tipp:
Rittertum & Mittelalter. Streifzug durch eine faszinierende Zeit. CD-ROM. Theiss Verlag, Stuttgart 2000.

Der Ritterstand – ein neuer Stand

Reiterkrieger gab es schon seit den Karolingern. Ihre Ausrüstung war sehr teuer. Ein Reitpferd z. B. hatte den Wert von acht Ochsen; eine Panzerrüstung kostete so viel wie ein kleiner Bauernhof. Außerdem mussten die Reiterkrieger sich ständig im Kriegsdienst üben und jederzeit bereit sein, mit ihrem Lehnsherrn in den Krieg zu ziehen. Nur Adlige mit genügend hohem Einkommen waren dazu in der Lage.

Um für die vielen Kriege immer genügend Reiterkrieger zu haben, erhielten auch Nichtadlige ein Lehen. Sie wurden Verwalter auf Burgen oder waren sogar Heerführer. In ihrer Lebensweise glichen sie sich dem Adel an. Zusammen bildeten sie bald einen neuen Stand: den Ritterstand. Im Verlauf des 12. Jahrhunderts schloss sich der Ritterstand endgültig nach unten hin ab. Ritter konnte nur noch der werden, dessen Vater bereits Ritter war.

Ausbildung zum Ritter

Die Erziehung zum Ritter begann mit dem siebten Lebensjahr. Der Junge wurde an den Hof eines anderen Ritters gegeben. Dort lernte er als Page zunächst höfisches Benehmen, d. h. ein Betragen, wie es an einem Adels- oder Königshof üblich war, vor allem das Benehmen bei Tisch.

In einer Anweisung aus dem Jahr 1250 heißt es:

Q1 … Man schmatzt und rülpst auch nicht und schnäuzt nicht in das Tischtuch. Ein Edelmann isst nicht mit einem anderen zusammen vom gleichen Löffel … Es ist bäuerliche Sitte, mit angebissenem Brot wieder in die Schüssel einzutunken. Aus der Schüssel trinkt man nicht wie ein Schwein. Wird einem das Trinkgefäß gereicht, soll man sich den Mund abwischen und nicht in den Trunk blasen und nicht zu viel heraustrinken.

1 *Erklären Sie, warum man Regeln für Tischsitten festlegte.*

Um Schreiben und Lesen musste sich ein zukünftiger Ritter nicht kümmern. Jagd und Waffenhandwerk bestimmten die Ausbildung. Mit 14 Jahren erhielt der Page ein Schwert. Als Knappe trug er nun Speer und Schild des Lehrmeisters und bediente ihn beim Essen.

Mit 21 Jahren wurde der Knappe anlässlich einer Feier, der sogenannten Schwertleite, zum Ritter geschlagen. Die Nacht davor verbrachte er mit Gebeten in der Kapelle, bevor ihn andere Knappen in die Messe führten. Hier empfing er nach dem Rittergelübde sein Schwert, das der Priester gesegnet hatte.

2 *Vergleichen Sie das Leben eines Pagen mit dem eines heute 7-jährigen Jungen und das Leben eines Knappen mit dem eines heute 14-Jährigen.*

Der Knappe wird zum Ritter

2 Ritter zu Pferd. Buchmalerei, 14. Jahrhundert.

Rüstung eines Ritters

Kein Ritter trug ständig seine Rüstung. Dazu war sie zu schwer und unbequem. Eine Ketten- oder Maschenrüstung wog schon 20 kg. Nach Einführung der Armbrust mit ihrer höheren Durchschlagskraft führte man den Plattenpanzer aus Stahl ein. Er wog bis zu 50 kg. Zwei Knappen waren nötig, um den Ritter zu rüsten. Fiel er im Kampf vom Pferd, war er recht hilflos. Half ihm sein Knappe nicht rechtzeitig auf die Füße, konnte er leicht getötet werden. Über der Rüstung trug der Ritter noch einen ärmellosen Waffenrock, der die leicht rostende Rüstung vor Feuchtigkeit schützen sollte und bei starkem Sonnenschein das Aufheizen der Rüstung milderte.

Das Aufkommen der Fern- und Feuerwaffen im 16. Jahrhundert machte die Ritter bedeutungslos. Die Rüstung bot keinen Schutz mehr und sie wurde nur noch bei festlichen Anlässen getragen oder als Prunkstück auf Gemälden dargestellt.

3 *Beschreiben Sie mithilfe der Abbildungen auf dieser Seite die Ausrüstung eines Ritters.*

Ein Ritter legt sein **Kettenhemd** *ab. Darunter erscheint ein Hemd aus dickem Stoff, das den Druck des Eisengeflechts abpolstert. Buchmalerei, um 1300.*

3 Ritterrüstung (Harnisch). Ende 15. Jahrhundert.

Ritter *mit Topfhelm, Streitaxt und Schuppenpanzer.*

Ritter im Turnier

1 **Ein Ritterturnier***. Buchmalerei für den Herzog von Burgund, um 1470.

Auf dem Turnierplatz

Nach dem Ritterschlag durfte der junge Ritter erstmals als Kämpfer an einem Turnier teilnehmen. Als Berufskrieger musste er sich ständig in der Beherrschung seiner Waffen üben. Diesem Zweck dienten die Turniere. Sie waren aber zugleich prächtige und aufwändige Feste der ritterlich-höfischen Gesellschaft. Siege im Turnier galten als ebenso ehrenhaft wie Siege im Krieg. Der Turnierplatz war durch Schranken abgetrennt. Dahinter drängten sich die Zuschauer. Vornehme und edle Damen saßen auf einer Tribüne.

Beim Zweikampf kam es darauf an, dass der gepanzerte Ritter beim Aufeinandertreffen im schärfsten Galopp seinen Gegner mit der 3,70 m langen Stechlanze aus dem Sattel hob. Der Sieger erhielt aus der Hand einer Dame den Siegespreis. Der in den Sand gestoßene Gegner verlor oft Pferd und Rüstung an den Sieger. Manch armer Ritter erkämpfte sich dabei ein wertvolles Pferd und eine moderne Rüstung.

Nach den Einzelkämpfen begannen die Gruppenkämpfe. Scharen von Rittern stürmten aufeinander los.

In einer modernen Darstellung heißt es:

M1 … Man gab den Rossen die Sporen, zu kräftigem Stoß sprengten die Ritter aufeinander los. Mann und Ross sah man stürzen. Mächtig krachten die Speere, heftig stießen die Schilde aneinander, davon schwollen die Knie. Beulen und Wunden von den Speeren gab es genug, die Panzerringe bereiteten Schmerzen und manches Glied war verrenkt. Das Turnier war wirklich gut. Man verstach viele große Speere und wer durch sie zu Boden gefällt wurde, der litt viel Schmerz durch Tritte …

1 *Sehen Sie sich die Abbildung 1 an und nennen Sie verschiedene Personengruppen, die beim Turnier anwesend sind.*

2 *Vergleichen Sie die Ritterturniere des Mittelalters mit großen Sportveranstaltungen heute (Ausrüstung, Siegprämien, Rolle der Zuschauer usw.).*

Ritter im Turnier

2   Vom Abschied bis zur Heimkehr: Ritter im Turnier. Buchmalerei aus der Manessischen Liederhandschrift, 14. Jahrhundert.

Raubritter:
Als am Ende des Mittelalters die Ritter durch das Aufkommen der Feuerwaffen ihre militärische und politische Bedeutung verloren, sanken viele zu Raubrittern herab, die von Kaufleuten hohe Wegegebühren erpressten oder sie überfielen und ausplünderten.

Ritterliche Beulen und Wunden

Nicht immer ging es mit Beulen und Wunden ab. Aus Listen, die uns überliefert sind, wissen wir, dass zahlreiche Adlige bei Turnieren getötet wurden.

Für die einfachen Ritter, mithin die große Mehrheit der Turnierkämpfer, besitzen wir keine genauen Zahlen, da die Quellen nur über Hochgestellte berichten. Doch vereinzelte Angaben zeigen, wie hoch die Gesamtverluste bei einem Turnier sein konnten. So blieben im Jahr 1241 bei einem Turnier in Neuss bei Köln 60 Ritter tot auf dem Platz.

3   *Nennen Sie Gründe, warum Turniere für die Ritter wichtig waren.*

4   *Ein Knappe begleitet seinen Herrn zum ersten Mal zu einem Turnier. Nach Hause zurückgekehrt, berichtet er davon.*
Überlegen Sie mithilfe der Abbildungen auf dieser Doppelseite sowie des Textes, was der Knappe erzählt haben könnte.

5   *Versuchen Sie herauszufinden, was folgende Redensarten aus der Rittersprache heute bedeuten:*
– *fest im Sattel sitzen,*
– *Böses im Schilde führen,*
– *sich die Sporen verdienen,*
– *sich aufs hohe Ross setzen.*

Lesetipp:
Georges Duby, Die Ritter. dtv, München 2001. – Eine spannende Geschichte über das Leben der Ritter, von der Ausbildung bis hin zu den großen Turnieren.

Leben auf der Burg

① Zugangsstraße
② Burgtor
③ Zugbrücke
④ Pechnase
⑤ Torhaus
⑥ Fallgatter
⑦ Burghof
⑧ Bergfried*
⑨ Zinnenkranz

⑩ Ziehbrunnen
⑪ Stallungen
⑫ Zeughaus
⑬ Kapelle
⑭ Kemenate
⑮ Palas*

⑯ Wehrgang
⑰ Zwinger
⑱ Ringmauer
⑲ Schießscharte
⑳ Ringgraben
㉑ Ringwall

Palas *:
Hauptgebäude der Burg mit Wohnräumen und einem meist im ersten Geschoss gelegenen großen Saal.

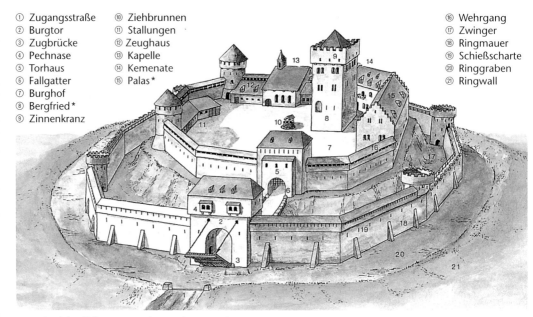

1 **Mittelalterliche Burg.** Rekonstruktionszeichnung.

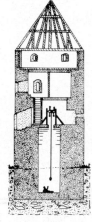

Schnitt durch einen Bergfried *.
Der Bergfried war der Hauptturm der Burg und bei Belagerungen der letzte Zufluchtsort. Sein Eingang war nur über eine Leiter erreichbar, die man einziehen konnte. Im unteren Teil des Bergfrieds befand sich oft ein Gefängnis, das Verlies.

Rundgang durch eine Burg

1 *Machen Sie anhand der Abbildung 1 einen Rundgang durch die Burg und versuchen Sie, die Burganlage zu erklären.*

Über sein Leben auf der Burg Steckelberg bei Fulda schrieb im Jahr 1518 der Reichsritter Ulrich von Hutten:

Q1 … Die Burg selbst, mag sie auf dem Berg oder im Tal liegen, ist nicht gebaut, um schön, sondern um fest zu sein. Sie ist von Wall und Graben umgeben und innen eng, da sie durch die Stallungen für Vieh und Herden versperrt wird. Daneben liegen die dunklen Kammern, angefüllt mit Pech, Schwefel und dem übrigen Zubehör der Waffen und Kriegswerkzeuge. Überall stinkt es, dazu kommen die Hunde mit ihrem Dreck, eine liebliche Angelegenheit, wie sich denken lässt, und ein feiner Duft.

Reiter kommen und gehen, unter ihnen sind Räuber, Diebe und Banditen. Denn fast für alle sind unsere Häuser offen, entweder weil wir nicht wissen, wer ein jeder ist, oder weil wir nicht weiter danach fragen.

Man hört das Blöken der Schafe, das Brüllen der Rinder, das Hundegebell, das Rufen der Arbeiter auf dem Feld, das Knarren und Rattern von Fuhrwerken und Karren. Ja wahrhaftig, auch das Heulen der Wölfe wird im Haus vernehmbar, da der Wald so nahe ist. Der ganze Tag, vom frühen Morgen an, bringt Sorge und Plage, beständige Unruhe und dauernden Betrieb. Die Äcker müssen gepflügt und gegraben werden; man muss eggen, säen, düngen, mähen und dreschen. Es kommt die Ernte und Weinlese. Wenn es dann einmal ein schlechtes Jahr gewesen ist, wie es bei jener Magerkeit häufig geschieht, so tritt furchtbare Not und Bedrängung ein. Bange Unruhe und tiefe Niedergeschlagenheit ergreifen alle …

2 *Vergleichen Sie das Leben auf einer Burg mit den Wohnverhältnissen von heute.*

3 *Listen Sie Städte in Baden-Württemberg auf, deren Ursprung – wie ihr Name zeigt – auf eine Burg zurückzuführen ist.*

4 *Überlegen Sie mithilfe der Abbildung 1, welche Möglichkeiten es gab, eine Burg einzunehmen.*

5 *Wenn Sie noch mehr über die Ritter wissen wollen, dann können Sie sich im Internet unter http://de.wikipedia.org/wiki/Ritter informieren.*

Frauenleben in der Ritterzeit

2 Frau beim Hanfschlagen. Buchmalerei, 14. Jahrhundert.

3 Schreiberin (rechts im Bild) **des Minnesängers * Reinmar von Sweter.** Buchmalerei, 14. Jahrhundert.

Minnesänger *:
Minne ist das mittelalterliche Wort für Liebe. Im Minnesang wurde die Liebe zur adligen Frau durch Troubadoure besungen. Die Künstler verbanden die Dichtung mit musikalischem Können.

Hildegard von Bingen (1098–1179) *:
Die heilige Hildegard wurde als zehntes Kind eines Adligen in einem Kloster erzogen, in dem sie auch als Nonne verblieb. Als Äbtissin gründete sie die Benediktinerinnenabteien Rupertsberg bei Bingen und Eibingen bei Rüdesheim. Sie verfasste neben theologischen auch zahlreiche naturwissenschaftliche und medizinische Schriften, die ihren Ruhm als Naturforscherin und Ärztin bis heute begründeten.

Lesetipp:
Charlotte Kerner, Alle Schönheit des Himmels. Die Lebensgeschichte der Hildegard von Bingen. Beltz & Gelberg, Weinheim 2003.

Die Erziehung der adligen Mädchen

Die Töchter der Ritter wurden durch eine besondere Erziehung auf ihr zukünftiges Leben als Ehefrau eines Ritters und Burgherrin vorbereitet. Viele waren für ein Leben im Kloster bestimmt, wie z. B. Hildegard von Bingen*.
Die Mädchen wurden auf der elterlichen Burg von ihrer Mutter in strenger Abgeschiedenheit erzogen. Sie lernten nützliche Handarbeiten wie Spinnen, Nähen und Sticken. Daneben erlernten adlige Mädchen Lesen und Schreiben und beherrschten sogar Fremdsprachen (Französisch). Auch der Gesang und das Spielen eines Musikinstruments gehörten zur Ausbildung, sodass sie in der Regel über mehr Bildung verfügten als die Jungen. Um ihre Chancen auf eine vorteilhafte Heirat mit einem vermögenden Adligen zu erhöhen, wurde ein Edelfräulein nicht selten mit 14 Jahren an einen auswärtigen Hof gebracht, wo sie sich im Gesellschaftsspiel (z. B. Schach), dem höfischen Benehmen und auch in der Dichtkunst vervollkommnen konnte. Etwa vom 16. Lebensjahr an wurde von ihr erwartet, dass sie alle gesellschaftlichen Pflichten selbst übernahm.

6 *Welche Voraussetzungen hatten die Ritterfrauen zu erfüllen, um die in den Abbildungen 2 und 3 gezeigten Tätigkeiten auszuüben.*

Die adlige Frau in der Gesellschaft

Diese umfassende höfische Erziehung und Ausbildung war auch Voraussetzung und Grundlage für die gesellschaftliche und rechtliche Stellung adliger Frauen. Zwar unterstanden sie der Vormundschaft des Mannes, entweder der des Vaters oder der des Ehemannes, und galten lange Zeit vor Gericht nicht als „eidesfähig". Als Herrin eines Hofes waren sie aber durchaus in der Lage zu befehlen und Entscheidungen zu treffen, die von den Untergebenen uneingeschränkt anerkannt wurden. Gab es in einer adligen Familie keine männlichen Nachkommen, konnte das adlige Mädchen Rechte und Pflichten wie ein Mann übernehmen: den Besitz verwalten, Gericht halten und im Kriegsfall Truppen aufstellen. Ihr Vorrecht auf Bildung verlieh ihr eine besondere Rolle in der ritterlichen Gesellschaft, sie wurde von Troubadouren besungen und prägte – bis hin zur Mode – das höfische Leben.

7 *Fassen Sie zusammen, welche Rolle die adlige Frau in der höfischen Gesellschaft spielte.*

1 **Wasserburg Schloss Glatt in Sulz, Kreis Rottweil.**

2 **Höhenburg Katzenstein auf der Ostalb.**

Wasserburgen und Höhenburgen

Im 12. Jahrhundert gab es im Heiligen Römischen Reich über 19 000 Burgen, davon sind bis heute etwa 6000 übrig geblieben. Im Mittelalter dienten alle Burgen denselben Zwecken:

– Ausbau der Herrschaft über ein Gebiet;
– Sicherung von Handelswegen an Straßen, Flüssen und Häfen;
– Verteidigung in Kriegszeiten,
– Wohnsitz des Burgherrn.

Die auf Bergkuppen errichteten Burgen heißen Höhenburgen. Hier war die Wasserversorgung sehr schwierig. Es mussten oft bis zu 100 m tiefe Brunnen gegraben werden, um an Wasser zu kommen. Manchmal gelang dies überhaupt nicht. Dann legte man eine Zisterne, ein Regenwassersammelbecken, an. Aus diesem Wasservorrat bezog man das abgestandene, faulige Trinkwasser, vor allem während einer Belagerung.

Im flachen Gelände Norddeutschlands entstanden überwiegend Wasserburgen, die in einen Fluss oder See gebaut oder von künstlichen Wassergräben umgeben waren.

Die Innenausstattung der Burgen war sehr spärlich. In einer heutigen Darstellung heißt es:

M1 … Nach Tischen, Stühlen suchen wir im Rittersaal vergeblich. Die Tische werden erst hereingetragen, wenn das Mahl schon bereitet ist. Dann bringen die Knechte Schragen, kreuzweis verschränkte Untergestelle, auf die sie eine Platte auflegen. … Es ist nicht allzu warm im Saal, denn durch die Fensteröffnung weht ein kühler Luftzug herein. Fensterglas gab es ja zumeist noch nicht; es galt als besonderer Luxus. Ärmere Burgherren waren deshalb auf Fensterläden angewiesen. In der kälteren Jahreszeit konnten sie nur wählen, ob sie frieren oder lieber bei geschlossenen Fensterläden und Fackeln sitzen wollten. Im Winter war der Aufenthalt im Saal wie auch in den übrigen Wohnräumen der Burg höchst unbequem. Ein einziger Kamin im Rittersaal konnte einen so großen Raum kaum beheizen. Der Burgherr und die vornehmen Gäste saßen im Winter unmittelbar am wärmenden Feuer. Wer noch nicht so hoch im Rang stand, saß schon etwas weiter weg und musste sich warm anziehen. …

1 *Vergleichen Sie beide Burganlagen miteinander und sammeln Sie Unterschiede und Gemeinsamkeiten.*
2 *Stellen Sie fest, welche landschaftlichen Bedingungen zur Verteidigung der Burgen genutzt wurden.*
3 *Vergleichen Sie die Einrichtung des Raumes, wie sie in M1 geschildert wird, mit einem heutigen Wohnzimmer. Welche Unterschiede stellen Sie fest?*
4 *Erkunden Sie, wo es im heutigen Baden-Württemberg noch gut erhaltene Burgen gibt. Zeichnen Sie diese auf einer Wandkarte ein.*
5 *Wählen Sie eine der Burgen in Ihrer näheren Umgebung aus und planen Sie eine Besichtigung. (Arbeitsschritte zu einer Exkursion finden Sie auf den Seiten 42 und 43.)*

3 Unter der Adresse *www.freie-ritterschaft-baden.de* können Sie einen historischen Verein kennen lernen, der mittelalterliche Veranstaltungen organisiert. Screenshot.

Das Internet als riesengroße Bücherei

Wenn Sie mehr über ein Thema erfahren wollen, so gibt es viele Möglichkeiten: Sie können Ihre Lehrerin oder Ihren Lehrer fragen, im Lexikon nachschlagen, passende Bücher aus der Bücherei ausleihen, ins Museum gehen oder im Internet nach Informationen suchen.

Aber Vorsicht!

Genau wie eine Bücherei hat auch das Internet viele Fallen. Es kann passieren, dass Sie von dem, was Sie eigentlich suchen, abgelenkt werden. Nehmen Sie sich also vor, immer beim Thema zu bleiben. So wie es gute und schlechte Bücher gibt, gibt es auch gute und schlechte

Internetseiten. Achten Sie also immer darauf, wer der Anbieter Ihrer Information ist.
Staatliche Organisationen (Universitäten, Museen) bieten Informationen, auf deren Richtigkeit Sie sich verlassen können. Bei privaten Anbietern müssen Sie die Information eventuell noch mit einer anderen Quelle (z. B. einem Lexikon) überprüfen.

Suchen, aber wie?

1. Schritt: Schlagwort finden

Wenn Sie z. B. wissen wollen, was die Menschen im Mittelalter gegessen haben, müssen Sie sich ein passendes Stichwort überlegen. Unter

dem Stichwort „Mittelalter" erhalten Sie sehr viele Hinweise, müssen aber endlos suchen, bis Sie eine passende Seite für Ihr Thema gefunden haben. Unter „Mittelaltermahlzeiten" finden Sie möglicherweise gar nichts.
Wie könnte ein gutes Stichwort lauten?

2. Schritt: Suchmaschine benutzen

Im Internet gibt es mehrere Anbieter von Suchmaschinen, bei denen Sie Ihr Stichwort nur eingeben müssen (Rechtschreibung überprüfen!), dann durchforstet die Suchmaschine für Sie alle Internetseiten. Sie erhalten eine Liste der passenden Internetseiten zu Ihrem Stichwort. Die bekanntesten Suchmaschinen sind: *www.google.de, http://de.yahoo.com, www.lycos.de*.
Sollten Sie aber mehrere hundert Einträge angezeigt bekommen, so ist Ihr Stichwort zu allgemein. Versuchen Sie ein neues, genaueres zu finden oder geben Sie eine kombinierte Suche ein, wobei Sie nach zwei Stichwörtern gleichzeitig suchen lassen.

3. Schritt: Aus dem Angebot auswählen

Jetzt haben Sie eine Reihe von Einträgen und normalerweise stehen noch ein paar Angaben dabei. So können Sie einen Teil der Adressen gleich aussortieren, weil es bei ihnen nicht genau um das geht, was Sie gesucht haben. Die übrigen Seiten können Sie jetzt aufrufen, indem Sie die Internetseite anklicken.

Von der Siedlung zur Stadt

1 Voraussetzungen für die Entstehung von Städten. Schaubild.

Städte entwickeln sich

Ein Wissenschaftler schrieb über die Entstehung von Städten im Mittelalter:

M1 … Die ältesten Städte auf deutschem Boden sind römischen Ursprungs. Dort, wo die Römer an Rhein und Donau ihre Kastelle und Niederlassungen angelegt hatten, wuchsen auch die ältesten stadtartigen Siedlungen. Soldaten und Kaufleute wohnten in diesen Niederlassungen.

In den Zeiten der Völkerwanderung wurden sie zerstört und geplündert. In der Zeit der fränkischen Könige aber, also im 8. und 9. Jahrhundert, ließen sich hier Grafen und die Bischöfe nieder. Sie fanden in Kriegszeiten Schutz hinter den starken alten römischen Mauern.

Solche sicheren Plätze waren auch den Kaufleuten sehr willkommen. Sie schlossen sich zusammen in Niederlassungen, nahe genug an der Burg des Grafen oder Bischofs, um sicheren Schutz zu haben …

Bevorzugt wurden von den Kaufleuten auch Niederlassungen an wichtigen Handelsstraßen, an Flussübergängen und Hafenbuchten, denn hier bestanden meist schon kleine Siedlungen.

Über die Entstehung der Stadt Brügge im heutigen Belgien heißt es in einem Bericht aus dem 9. Jahrhundert:

Q1 … Vor dem Burgtor, an der Brücke, sammelten sich allmählich Gewerbetreibende, um für die zu arbeiten, die in der Burg wohnten. Außer Kaufleuten, die alles Mögliche feilboten, gab es Schank- und Gastwirte. Sie machten es sich zur Aufgabe, diejenigen, die beim Grafen zu tun hatten, zu beköstigen und zu beherbergen. Mit der Zeit begannen die Zuzügler Häuser zu bauen und sich wohnlich einzurichten; dort fanden alle Aufnahme, die nicht in der Burg selbst wohnen konnten. Die Siedlung wuchs, sodass in kurzer Zeit ein großer Ort entstand …

So wie hier bei Brügge entstanden auch an vielen anderen Orten zunächst kleine Siedlungen, die sich allmählich zu Städten entwickelten.

1 *Erklären Sie mithilfe der Abbildung 1 und des Textes die Voraussetzungen für die Entstehung von Städten.*

2 *Suchen Sie Beispiele für Städte in Baden-Württemberg, bei denen sich der Grund für ihre Entstehung im Stadtnamen widerspiegelt.*

3 *Wie lässt sich die geringe Einwohnerzahl deutscher Städte (siehe Randspalte) erklären?*

Städteboom in ganz Europa

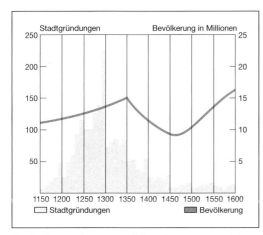

Stadtgründungen — Bevölkerung in Millionen

2 Stadtgründungen und Bevölkerungsentwicklung in Mitteleuropa 1150–1600.

Städte werden planmäßig gegründet

Jede Stadt hatte einen Grundherrn. Das war meistens ein Graf, Herzog oder Bischof, auf dessen Grund und Boden die Stadt stand. Als Stadtherr sorgte er für einen geordneten Handel in der Stadt und auf dem Markt, indem er Maße und Gewichte festsetzen und die Einhaltung aller Vorschriften überwachen ließ. Von den Kaufleuten und Händlern zog er Zölle und Marktgebühren ein. Viele Stadtherren gingen dazu über, planmäßig neue Städte zu gründen. Mit jeder neuen Stadt festigte der Landesherr seine Herrschaft. Gleichzeitig war die Stadt auch eine wichtige Einnahmequelle für ihn.

Aus der Gründungsurkunde für Freiburg (um 1200):

Q2 … Es sei den lebenden und zukünftigen Geschlechtern bekannt, dass ich, Konrad (Herzog von Zähringen), auf meinem eigenen Besitz Freiburg einen Markt eingerichtet habe im Jahre des Herrn 1120 … Jedem Kaufmann habe ich ein Grundstück zum Bau eines eigenen Hauses gegeben … Nun sei allen kund getan, welche Rechte ich aufgrund der Wünsche und Bitten dieser Kaufleute festgelegt habe:

1. Ich verspreche allen, die zu meinem Markt kommen, Frieden und Schutz.
2. Wenn einer meiner Bürger stirbt, soll seine Frau mit den Kindern alles besitzen, was er hinterlassen hat.
3. Allen Kaufleuten der Stadt erlasse ich den Zoll …
5. Wenn ein Streit unter den Bürgern entsteht, soll nicht von mir oder meinem Richter darüber entschieden werden, sondern nach Gewohnheit und Recht aller Kaufleute, wie sie besonders in Köln geübt werden …
11. Jeder, der in diese Stadt kommt, darf sich hier frei niederlassen, wenn er nicht der Leibeigene irgendeines Herrn ist … Wer aber über Jahr und Tag in der Stadt gewohnt hat, ohne dass irgendein Herr ihn als seinen Leibeigenen gefordert hat, der genießt von da an sicher die Freiheit …

Kölner Stadtsiegel aus dem 13. Jahrhundert.

4 *Wer ist der Stadtgründer und damit Stadtherr? Welche Bürger interessieren den Stadtherrn? Wie versucht er sie für die Ansiedlung in der Stadt zu gewinnen?*
5 *Erklären Sie den Ausspruch „Stadtluft macht frei".*
6 *Stellen Sie anhand der Abbildung 2 fest, wann besonders viele Städte gegründet wurden. Gibt es einen Zusammenhang zwischen der Bevölkerungsentwicklung und der Zahl der Städtegründungen?*

3 Der Münsterplatz von Freiburg im Breisgau mit Georgsbrunnen, Kornhaus und Portal des Münsters.

Internettipp:
Auf dieser Homepage finden Sie viele Informationen zu historischen Städten in Baden-Württemberg:
www.schule-bw.de/ unterricht/faecher uebergreifende_the men/landeskunde

Die Bewohner einer Stadt

1 Vor dem Stadtherrn, einem Bischof und seinen Beratern erscheinen ein Bürger, ein Bauer und ein Patrizier. Buchmalerei, um 1500.

2 Ein Patrizier mit seiner Familie. Gemälde von Jean Bourdichon (etwa 1457–1521).

Privilegien *: Sonderrechte, Vorrechte.

Stapelrecht *: Recht einer Stadt, einen durchreisenden Kaufmann, der Waren mit sich führt, zu zwingen, diese dort drei Tage lang anzubieten.

Kampf der Städte gegen ihre Stadtherren

Wie die Bauern auf dem Land einem Grundherrn unterstanden, so unterstanden anfangs auch die Stadtbewohner ihrem Stadtherrn. Im Laufe der Jahrhunderte wurden die Städte immer größer. Mit der Größe einer Stadt wuchs auch das Selbstbewusstsein ihrer Bürger. Vor allem die Kaufleute, die es zu beachtlichem Wohlstand gebracht hatten, wollten sich nicht länger von ihrem Stadtherrn bevormunden lassen. Voller Stolz nannten sie sich in vielen Städten selbst Patrizier, ebenbürtig den Adligen. Zu den Freiheiten, die die Patrizier anstrebten, gehörten neben einer eigenen Gerichtsbarkeit und Verwaltung vor allem Handelsprivilegien * wie Zollfreiheit, Messeprivilegien oder das Münz- und Stapelrecht *. In einigen Städten widersetzten sie sich immer häufiger den Anordnungen des Stadtherrn. Es kam zu langjährigen bewaffneten Auseinandersetzungen. In anderen Städten kauften die Bürger ihrem Stadtherrn ein Recht nach dem anderen ab.

In einer erfundenen Erzählung heißt es:

M1 … Stadtherr war Graf Bernhard. Von den reichen Kaufleuten seiner Stadt brauchte er immer wieder Geld: Er wollte für seine Tochter eine teure Aussteuer kaufen. Er nahm an einem prunkvollen Turnier teil. Er schuldete einem Mailänder Händler eine größere Summe. Er begleitete den König zur Kaiserkrönung nach Rom. – Die Kaufleute gaben ihm das Geld. Sie verlangten aber jedes Mal, dass der Graf ihnen bestimmte Rechte überließ.
Eines Tages hatten sie ihr Ziel erreicht. Im großen Rathaussaal legten die versammelten Bürger dem Grafen eine Urkunde vor. Darin stand: „Ich schwöre, den Bürgern der Stadt für immer und ewig alle Freiheiten zu lassen." Der Graf schwor und unterschrieb. …

1 *Entwerfen Sie einen Dialog: Der Graf bittet die Landsleute, ihm Geld zu leihen. Die Kaufleute beraten, was sie ihrem Stadtherrn antworten sollen.*

Die Bewohner einer Stadt

3 **Handwerkerfamilie.** Gemälde von Jean Bourdichon.

4 **Tagelöhner.** Gemälde von Jean Bourdichon.

Die Bevölkerung in den Städten ist nicht gleich

Am Ende des 12. Jahrhunderts hatten fast alle Stadtherren ihre Rechte an die Bürger abgetreten. Jetzt wurden die Städte von den mächtigen und angesehenen Kaufleuten, den Patriziern, regiert. Sie hatten es durch Fernhandel zu großem Wohlstand gebracht. Die Patrizier wählten aus ihren Reihen die Ratsherren und stellten auch den Bürgermeister. Der Rat setzte die Steuern fest, zog die Zölle ein und entschied, für welche Maßnahmen diese Gelder verwendet werden sollten. Ebenso setzte der Rat Löhne und Preise fest und die Zeiten für das Öffnen und Schließen der Stadttore. Er bestimmte sogar, wie lange Familienfeste und Hochzeitsfeiern dauern durften.

Die Patrizier lebten in der Stadt in ähnlichem Stil wie der Adel auf dem Land. Der Sohn einer Patrizierfamilie heiratete normalerweise nur die Tochter einer anderen Patrizierfamilie. Ihre prächtigen Häuser standen um den Marktplatz im Zentrum der Stadt.

In den anschließenden Straßenzügen wohnten Handwerker und Krämer, die Mitglieder eines Gewerbes häufig zusammen in der gleichen Straße. Sie bildeten die Mittelschicht. Unter ihnen gab es Wohlhabende, wie z.B. die Goldschmiede, und auch Ärmere, wie etwa die Leinweber.

Nicht zu den Bürgern zählten die Juden sowie die Angehörigen der Unterschicht. Dazu gehörten Mägde, Gesellen, Lehrlinge, Bettler, Krüppel, Arme, aber auch die „unehrlichen" Berufe wie z.B. Henker und Totengräber. Während die Gesellen, Lehrlinge und Mägde im Haushalt ihres Handwerksmeisters wohnten, lebten die übrigen Angehörigen der Unterschicht meist in abseits gelegenen schäbigen Hütten.

2 *Beschreiben Sie mithilfe der Abbildungen die Lebensbedingungen von Patriziern, Handwerkern und Tagelöhnern.*

Bettlerfamilie *auf dem Weg zur Stadt. Holzschnitt, 1510.*

Die Juden in den Städten

1 Mehrfach war die Würzburger Judengemeinde im Mittelalter schweren Bedrohungen ausgesetzt. Die Juden – zu erkennen an dem gelben Fleck auf der Kleidung – werden niedergeschlagen, ihre Häuser ausgeraubt. Zeitgenössische Darstellung.

Ein am Judenhut erkennbarer Arzt am Krankenbett des heiligen Basilius.

Ein jüdischer Geldverleiher.

Erst willkommen geheißen ...

Die meisten Einwohner der Städte waren Christen. Unter ihnen wohnten aber auch Angehörige anderer Glaubens: die Juden. Die Juden hatten eigene Häuser für Gebet und Gottesdienst: die Synagogen. Die Thora, die Heilige Schrift der Juden, ist auch Bestandteil des christlichen Alten Testaments. Viele Juden waren gebildeter als die meisten anderen Städter. Bei den christlichen Herrschern waren Juden oft hoch angesehen wegen ihrer bedeutenden Rolle im Fernhandel. Im 10. und 11. Jahrhundert, als das christliche Abendland und die muslimischen Staaten sich eher feindlich gegenüberstanden, knüpften jüdische Kaufleute aus dem Deutschen Reich über alle Grenzen hinweg Kontakte zu den jüdischen Gemeinden rund um das Mittelmeer und förderten dadurch den Handel.

Die Juden wirkten zunächst wie alle anderen Bewohner am Zusammenleben in der Stadt mit. Sie beteiligten sich an der Verteidigung der Städte, trieben Handel, kauften Häuser und kamen tagtäglich mit den Christen in Berührung: im Haus, auf der Straße, in der Werkstatt oder auf dem Markt.

Viele Christen waren Schuldner der Juden. Den Christen nämlich war es von der Kirche verboten, Geld gegen Zinsen auszuleihen. Wer zum Bau eines Hauses oder für andere Zwecke Geld brauchte, musste zu den Juden gehen, denn Banken gab es noch nicht. Die Juden waren auf diese Geldgeschäfte angewiesen, weil sie seit dem 12. Jahrhundert kein Handwerk ausüben durften. Die Zünfte weigerten sich nämlich, Juden aufzunehmen. Auch landwirtschaftlichen Grundbesitz oder Häuser durften Juden nicht erwerben.

Im Lauf der Zeit hatten immer mehr Christen Schulden bei den jüdischen Mitbürgern. Das machte die Juden verhasst.

Ein französischer Mönch schrieb über sie um 1135:

Q1 ... Unter allen Nationen verstreut, ohne König oder weltliche Fürsten, werden die Juden mit schweren Steuern bedrückt.

Das Leben der Juden ist ihren grimmigsten Feinden anvertraut. Selbst im Schlaf werden sie von Schreckensträumen nicht verlassen. Wenn sie zum nächstgelegenen Ort reisen wollen, müssen sie mit hohen Geldsummen den Schutz der christlichen Fürsten erkaufen, die in Wahrheit ihren Tod wünschen, um ihren Nachlass an sich zu reißen.

Äcker und Weinberge dürfen sie nicht besitzen. Also bleibt ihnen als Erwerb nur das Zinsgeschäft und dieses macht sie wieder bei den Christen verhasst ...

1 *Beschreiben Sie mithilfe des Textes und der Quelle 1 die Lage der Juden. Welchen Grund nennt der Mönch für die Judenfeindschaft?*

Leben in Gettos

Es gab zudem viele Städte, in denen die Juden gesondert in eigenen Stadtvierteln, den Get-

Die Juden in den Städten

2 **Die Judengasse in Frankfurt.** Gemälde von Anton Burger, 1883.

3 **Jüdischer Friedhof in Tübingen-Wankheim.**

Juden mit spitzen Hüten *gemäß der Anordnung des Laterankonzils (1215).*

tos *, leben mussten. Das Getto war von einer Mauer umgeben. Die Tore wurden von Stadtknechten bewacht und abends verschlossen. Auch wenn die jüdische Bevölkerung zunahm, wurden die Gettos nicht erweitert. So waren sie meist überbevölkert, verbaut, dunkel und schmutzig. Denn die christlichen Eigentümer der Gettohäuser waren nur an der Miete interessiert und ließen die Häuser verkommen. Damit die Juden sofort zu erkennen waren, mussten sie seit dem 12. Jahrhundert auch eine besondere Kleidung tragen: den Kaftan, einen weiten Mantel mit gelben Streifen, und dazu einen spitzen Hut.

Pest und Judenpogrome *
Die Feindseligkeit gegenüber der jüdischen Bevölkerung erreichte einen Höhepunkt, als in Europa 1348/49 die Pest ausbrach.
Ein Geistlicher aus Erfurt notierte 1349 in seiner Chronik:
Q2 … Am 21. März 1347 wurden die Juden in Erfurt entgegen dem Willen des Rates von der Bürgergemeinde erschlagen, hundert oder mehr. Die andern aber … haben sich, als sie sahen, dass sie den Händen der Christen

nicht entkommen konnten, aus einer Art Frömmigkeit in ihren eigenen Häusern selbst verbrannt … Mögen sie in der Hölle ruhn! Man sagt auch, sie hätten in Erfurt die Brunnen und die Gera vergiftet und auch die Heringe, sodass niemand in den Fasten davon essen wollte und keiner der reichen Bürger mit Wasser kochen ließ. Ob sie Recht haben, weiß ich nicht. Eher glaube ich, der Anfang ihres Unglücks war das unendlich viele Geld, das Barone und Ritter, Bürger und Bauern ihnen schuldeten …

Aus vielen europäischen Staaten im 14. und 15. Jahrhundert vertrieben, wanderten zahllose Juden nach Osten, um dort eine neue Heimat zu suchen.

2 *Ermitteln Sie anhand der Quelle 2, welche Haltung der Geistliche gegenüber den Juden einnimmt.*

3 *Nennen Sie mithilfe der Quelle 2 die wahren und die vorgeschobenen Gründe für die Judenverfolgung.*

4 *Informieren Sie sich, ob es in Ihrer Gemeinde Zeugnisse jüdischen Lebens gibt (siehe Abbildungen 2 und 3).*

Jude in der üblichen Judenkleidung *mit gelbem Ring auf der Schulter, 14. Jahrhundert.*

Getto *: *Vom übrigen Stadtgebiet streng abgegrenztes Wohnviertel der Juden.*

Pogrome *: *Gewalttätige Ausschreitungen gegen religiöse und nationale Minderheiten.*

Kaufleute, Handwerker und Zünfte

Tübinger Pfennig.
Münzen wurden in vielen wichtigen Städten geschlagen, denn sie waren für den Handel nötig. Das Münzrecht war eines der Rechte, das dem jeweiligen Stadtherrn zustand.

1 **Die Ehefrau führt für ihren Mann, der Geldwechsler ist, die Bücher.** Gemälde, 1538.

Die Fugger * zählten zu den reichsten Fernhandelskaufleuten Europas. Sie errichteten im 15. Jahrhundert in zahlreichen Städten Niederlassungen. Gut bewachte Schnelltransporte brachten die Waren in kürzester Zeit an jeden gewünschten Ort. Außerdem richteten die Fugger eine eigene Post ein. Außer mit Stoffen handelten sie mit Fellen, Schießpulver, Gewürzen, Zitrusfrüchten, Pelzen, Samt und Seide. Reich wurden die Fugger mit dem Verleihen von Geld. Aus zahlreichen Bankgeschäften mit Päpsten, Königen und Fürsten zogen sie großen Gewinn.

Kaufleute

In jeder Stadt gab es zahlreiche Kleinhändler, sogenannte Krämer, die die Waren des täglichen Bedarfs anboten. Auch die umliegenden Dörfer wurden von ihnen mitversorgt.

Hoch angesehen waren jene Kaufleute, die im Fernhandel tätig waren. Oft waren sie wochen- oder monatelang unterwegs, um ihre Waren in Frankreich oder Italien anzubieten. Wenn sie von dort nach Hause zurückkehrten, brachten sie kostbare Tuche mit, aber auch orientalische Gewürze, Weine vom Mittelmeer, Parfüm oder Südfrüchte.

Fremde Kaufleute kamen ebenfalls in die Städte, um ihre Waren anzubieten. Auf der städtischen Ratswaage mussten sie ihre Waren wiegen und kontrollieren lassen, Zölle und Schutzgelder entrichten. Außerdem waren sie gezwungen, einen Teil ihrer Ware in der Stadt zu verkaufen. Alle Kaufleute wollten für ihre Waren natürlich „gutes Geld". Da fast jede Stadt ihre eigene Währung hatte, wurde der Wert des Geldes berechnet nach der Menge an Silber oder Gold, das in jeder Münze enthalten war.

1 *Erklären Sie mithilfe von Abbildung 1, wie der Wert einer Münze festgestellt wurde.*

Gilden und Handelsniederlassungen

In den großen Fernhandelsstädten schlossen sich die Kaufleute in Gilden zusammen, um den Handel erfolgreich durchführen zu können. Die Gilden vertraten auch die Interessen ihrer Mitglieder vor dem Rat der Stadt. Als die Städte immer größer wurden und der Handel immer mehr zunahm, konnten die Fernhandelskaufleute nicht mehr selber ihre zahlreichen Warentransporte begleiten. Fuhrleute brachten jetzt die Waren, die vorher durch Boten bestellt und bezahlt worden waren. Mächtige Kaufmannsfamilien, wie etwa die Fugger in Augsburg *, errichteten in vielen Städten eigene Niederlassungen, sogenannte Handelskontore. So konnten vor Ort die besten Einkaufs- und Verkaufsmöglichkeiten erkundet werden. Wie reich man durch den Handel werden konnte, zeigt das Testament eines Kaufmanns aus Regensburg:

Q1 … Ich vermache meiner Frau Agnes 1600 Pfund Silber, meinen Töchtern Katrin und Anne je 200 Pfund, meinen vier Söhnen Hans, Matthäus, Wolfgang und Jörg mein Wohnhaus, meine zwei Badstuben, mein Brauhaus und meine übrigen Höfe und Häuseranteile in Stadt und Umgebung. …

Kaufleute, Handwerker und Zünfte

2 **Bäuerliches Ehepaar beim Schuster.** Holzschnitt, 16. Jahrhundert.

1300–1400:
Die reichen Kaufleute saßen im Rat der Stadt und regierten die Städte. Dagegen lehnten sich im 14. Jahrhundert in vielen Städten die Handwerker erfolgreich auf. Sie wollten ebenfalls ihren Einfluss auf die Stadtregierung, schließlich zahlten sie auch Steuern.

(Einem Pfund Silber entsprachen zirka 480 Pfennige. Es kosteten damals ein Huhn ungefähr 2–3 Pfennige, ein Pfund Butter 2 Pfennige und 100 kg Gerste etwa 44 Pfennige.)

Handwerker

Handwerker stellten in den Städten den größten Teil der Bevölkerung. In kleinen Städten gab es oft nur wenige Berufsgruppen für den Bedarf der näheren Umgebung. In großen Städten wie etwa Frankfurt arbeiteten über hundert verschiedene Berufsgruppen, oft für den Fernhandel. Doch auch kleine Städte konnten mit bestimmten Produkten Fernhandel treiben, wenn es in der Umgebung besondere Rohstoffe gab oder wenn die Handwerker spezielle Techniken beherrschten.

Die Frauen der Handwerker waren nicht nur für den Haushalt und die Kindererziehung zuständig, sie sorgten auch für den Verkauf der hergestellten Waren im Geschäft oder auf dem Markt.

2 *Beschreiben Sie die Tätigkeiten der Frauen auf Abbildung 1 und 2. – Was sagen diese Bilder über die Stellung der Frau aus?*

Aufgaben der Zünfte

Zur Verteidigung gemeinsamer Interessen schlossen sich die Handwerker seit dem 12. Jahrhundert zu sogenannten Zünften zusammen. Jedes Handwerk hatte seine eigene Zunft.

Jede Zunft
– erließ feste Regeln zur Ausbildung;
– setzte die Zahl der Lehrlinge und Gesellen für jeden Betrieb fest;
– überwachte die Qualität der Produkte und die Einhaltung der festgesetzten Preise;
– schrieb den Mitgliedern genau vor, wie viel Ware sie produzieren durften;
– schlichtete Streitigkeiten der Zunftmitglieder untereinander.

Die Vorschriften waren für alle verbindlich. „Schaumeister" überwachten die Zunftgenossen. Pfuschern, d. h. Handwerkern, die nicht Mitglied waren, „legten sie das Handwerk". Minderwertige Erzeugnisse wurden eingezogen und die Hersteller bestraft.

3 *Vergleichen Sie die mittelalterlichen Zünfte mit den heutigen Innungen.*

Die enge Verbundenheit der Zunftmitglieder zeigte sich auch im alltäglichen Leben. An den Stadt- und Kirchenfesten nahm man gemeinsam teil. Kranke und arme Mitglieder wurden unterstützt und gemeinsam sorgte man für Witwen und Waisen verstorbener Zunftgenossen. Auch an der Verteidigung der Stadt waren die Zünfte beteiligt. Jede Zunft hatte ein bestimmtes Stück der Stadtmauer zu verteidigen.

4 *Suchen Sie auf der Straßenkarte Ihrer Stadt Straßennamen, die an mittelalterliches Handwerk erinnern. Wo liegen diese Straßen?*

Zunftwappen

Müller

Fleischer

Maler

Schuster

Fernhandel und Städtebünde

1 Überschwemmte Landstraße. Gemälde von Jan Breughel dem Älteren, 1614.

Transportarten im Mittelalter:

Handelswege im Mittelalter

Die Bewohner der mittelalterlichen Städte mussten ständig mit frischen Lebensmitteln versorgt werden. Die Handwerker benötigten außerdem zahlreiche Rohstoffe. Viele Waren wurden von weither gebracht. Tag für Tag rollten die Planwagen der Fernhandelskaufleute durch die Stadttore. Sie brachten Getreide, Mehl, Fisch, Wein, Salz und Honig, aber auch Tuche, Pelze, Leder, Farbstoffe, Eisen, Zinn usw.

Der Warentransport über weite Strecken bereitete den Kaufleuten große Schwierigkeiten. Die „Fernverkehrsstraßen" waren meist in schlechtem Zustand; es handelte sich häufig um holprige, unbefestigte Wege, die bei Regen oder im Winter kaum passierbar waren. Die von mehreren Pferden gezogenen Lastkarren blieben nicht selten mit Achsenbruch liegen, stürzten um oder versanken im Morast.

Gefährlicher für die Kaufleute als diese natürlichen Hindernisse waren Wegelagerer und Raubritter. Ständig mussten sie damit rechnen, durch Raubüberfälle ihr Hab und Gut, wenn nicht sogar das Leben zu verlieren. Die Landesherren beauftragten oft regionale Adlige mit dem Schutz der Straßen, die dafür von den Marktstädten Schutzgelder einziehen durften, sich aber nicht selten selbst als Raubritter erwiesen. So schlossen sich schon im 12. Jahrhundert Kaufleute aus verschiedenen Städten zu Fahrtgenossenschaften zusammen, sogenannten Hansen (= Schar). In großen Geleitzügen, von Söldnern gegen Überfälle und Plünderungen geschützt, wurden die Waren jetzt zu ihren Bestimmungsorten gebracht. Im 13. Jahrhundert, als die Macht der Könige in Deutschland sehr geschwächt war, kleinere Herren überall neue Zollstellen errichteten und die Überfälle immer mehr zunahmen, kam es zur Bildung von verschiedenen Städtebünden, die jetzt den Schutz der Transporte übernahmen.

1 Schreiben Sie mithilfe von Text und Abbildung eine kleine Geschichte: „Bauern und Händler auf dem Weg zur Stadt."

Die Hanse

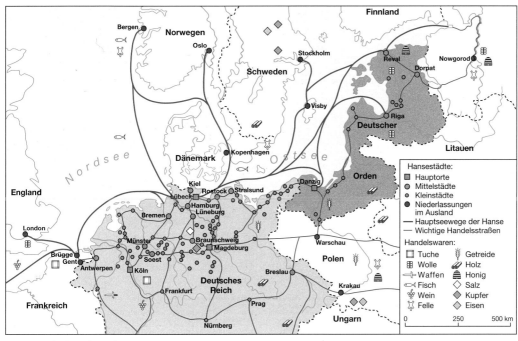

2 Wirtschaftsgebiet der Hanse um 1400.

Aufbau der Hanse

Einer dieser Städtebünde, der sich schließlich über den gesamten Nord- und Ostseeraum erstreckte, war die Hanse. Sie wurde nie richtig gegründet. Es gab keine Mitgliedslisten und kein gemeinsames Gesetz. Als Mitglieder wurden die Städte angesehen, die ihre Gesandten regelmäßig zu den Beratungen schickten. Der erste dieser „Hansetage" fand 1356 in Lübeck statt. Auf den Hansetagen wurde über das gemeinsame Vorgehen der Hansestädte beraten. Wer sich nicht an diese Beschlüsse hielt oder den anderen Städten schadete, konnte „verhanst", das heißt aus der Hanse ausgeschlossen werden. Zur Blütezeit der Hanse hatte sie ca. 180 Mitglieder. Da es häufig Probleme gab, die nur die Städte eines bestimmten Gebietes etwas angingen, traf man sich zwischen den großen Hansetagen in sogenannten „Viertelstagen". Hier wurde auch besprochen, wie man sich gegenüber der gesamten Hanse verhalten wollte. 1384 trafen sich die Vertreter der preußischen Hansestädte am Sonntag vor Weihnachten in Marienburg. Dort beriet man:

Q1 ... über den Hansetag, der am 5. März mit den gemeinen Städten in Lübeck abgehalten werden soll: Soll man dort mit Briefen oder durch Boten vertreten sein?
Es wird einstimmig beschlossen, Boten von hier aus zu dem Tage zu schicken wegen allerlei Dingen, die uns, die gemeinen Städte und Kaufleute, angehen. ...

Zum Viertel der wendischen Hanse gehörten die Städte der südwestlichen Ostseeküste und Pommerns. Diese Städte standen unter der Vorherrschaft Lübecks. Während sich die rheinisch-westfälischen Hansestädte unter der Leitung Kölns und die sächsischen unter der Braunschweigs trafen, war der Hauptort der preußisch-livländischen Hansestädte Danzig. Da Lübeck die wichtigste Hansestadt war und hier die meisten Hansetage stattfanden, wurde Lübeck auch die Königin der Hanse genannt.

2 Zeigen Sie die Hauptorte der Hanseviertel auf der Karte.

3 Erklären Sie, weshalb man in Marienburg erst darüber beraten hat, ob man Briefe oder Boten nach Lübeck schicken soll.

Hanseschiff um 1500.
Die Kogge war das Handels- und Kriegsschiff der Hanse. Sie war 23 m lang, 7 m breit und erheblich größer und schneller als die bis dahin gebräuchlichen Schiffe. Das Beladen einer Kogge – sie konnte bis zu 200 Tonnen Fracht aufnehmen – dauerte bis zu zwei Wochen.

Gotische Kirchen wachsen in den Himmel

Chartres

Notre-Dame, Paris

Reims

Canterbury

1 Das Ulmer Münster. Baubeginn 1377.

Die gotische Kirche –
Zeugnis städtischen Selbstbewusstseins

Auffallendstes Bauwerk vieler Städte war nicht das neu erbaute Rathaus, waren nicht die schönen Patrizierhäuser am Markt, sondern die Kirche. Die romanischen Kirchen, wie man sie seit dem 11. Jahrhundert gebaut hatte, waren zumeist von Klöstern, Bischöfen, dem Kaiser oder Fürsten errichtet worden. Das änderte sich im 13. Jahrhundert. Jetzt war es die Bürgerschaft der einzelnen Städte: Patrizier, Zünfte und die Armen – sie alle halfen durch Spenden und eigene Tätigkeit mit beim Bau des Gotteshauses. Jahrhundertelang dauerte es manchmal, bis eine Kirche fertig war. Die Kirchen, die jetzt zum Lobe Gottes gebaut wurden, sahen ganz anders aus als vorher. In einer erfundenen Geschichte heißt es dazu:

M1 … Es war an einem trüben Herbstabend des Jahres 1180, da zog durch das Gereonstor der Stadt Köln ein fremder Wanderbursche. Er erkundigte sich nach der Zunftherberge der Bauleute und bald saß er am Tisch und erzählte:

„Daheim im Schwäbischen habe ich das Steinmetzhandwerk gelernt und bin dann auf Wanderschaft gegangen. Zuerst bin ich über die Alpen gewandert bis in die Heilige Stadt Rom. Dort hörte ich davon, dass man in Frankreich auf eine neue Art baut, und das wollte ich sehen. … So wanderte ich zurück und zog rheinabwärts. Dann wandte ich mich nach Westen bis zur großen Stadt Paris. Da bauen sie gerade dem heiligen Denis eine Kirche, wie ich sie in noch keinem Land gesehen habe. Sie hat fast keine Wände, man meint, es gäbe nur Fenster. Diese reichen vom Boden bis zum Dach, sind lang und schmal und haben dort einen spitzen Abschluss. Die Glasmaler haben dort goldene Zeiten! Und im Kircheninnern steigen schlanke Säulen empor, dass man meint, man wäre in einem deutschen Wald mit hohen Tannen. Das Dach ist nicht flach, von den Säulen streben Rippen in die Höhe, die sich hoch oben zu einem Schlussstein vereinigen. Alles drängt in die Höhe, hinauf zu Gott, unserem Ziel."
Da meinte einer der Umsitzenden: „Wie kann man eine Kirche bauen ohne Wände, aber mit vielen Fenstern und einem Dach? Der nächste Sturm wird das ganze Bauwerk umblasen!" Der Fremde erklärte: „Daran haben die Baumeister wohl gedacht. Nicht mehr die Wände tragen das schwere Dach; das besorgen die vielen Säulen. Damit diese Säulen sich nicht nach außen biegen, bringt man außen schwere Stützpfeiler an." – Und schon zeigte er Zeichnungen von Gotteshäusern mit schlanken Säulen, hohen Fenstern und Bogenrippen an der Decke. …

Ganz allmählich setzte sich diese Art des Bauens auch in Deutschland durch. Die Italiener bezeichneten diesen Baustil als „gotisch", was so viel wie „barbarisch" oder „fremd" heißt. Bis zum Beginn des 16. Jahrhunderts wurden jetzt überall gotische Kirchen errichtet.

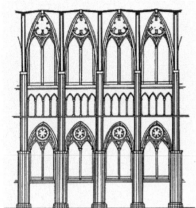

2 Fenster.

3 Spitzbogen.

4 Maßwerk.

Die Baumeister des Mittelalters bauten zunächst in einem Stil, den wir „romanisch" nennen. Später entwickelten sie die „gotische" Bauweise.

Bauwerke verstehen
Besucher eines Bauwerkes erfahren mehr, wenn sie mit den geeigneten Fragen gut vorbereitet an die Bau-

5 Innenansicht des Ulmer Münsters.

ten herangehen. Die folgenden Fragen können Ihnen z. B. helfen, eine Kirche in Ihrem Ort oder in Ihrer näheren Umgebung zu erkunden.

1. Schritt:
Erste Eindrücke beschreiben
Halten Sie erste Eindrücke als Bericht, Zeichnung oder Foto fest (Lage, Raumwirkung innen / außen; Fenster, Ausstattung [Altäre, Figuren, Mobiliar, Malereien usw.]).

2. Schritt:
Informationen sammeln
Informieren Sie sich über die Baugeschichte (Pfarrer, Bibliothek. Wann wurde der Bau begonnen? Nach welchen Vorbildern wurde gebaut? Wer zahlt[e] Bau und Unterhalt früher und heute? Gab es Kriegsschäden? usw.).

3. Schritt:
Den gesamten Bau und einzelne Teile erklären
– Erklären Sie Bauteile, Figuren und Symbole.
– Welche Bedeutung haben sie?
– Weshalb wurden sie hergestellt?

– Was wollten die Baumeister ausdrücken?

4. Schritt:
Eigene Meinung sagen
– Was gefällt Ihnen ganz besonders?
– Was beeindruckt Sie weniger?
– Was verstehen Sie nicht?

6 **Wasserspeier.** Durch Wasserspeier wurde das Regenwasser in weitem Bogen zur Erde geleitet, sodass es die Wände nicht berührte. Die Steinmetze gestalteten sie meist als Ungeheuer. Man glaubte nämlich, böse Geister durch Fratzen, die ihnen ähnlich sehen, vertreiben zu können.

1 Schauen Sie sich die Abbildungen 1 bis 6 an und erklären Sie die Bauteile, Formen und Fachbegriffe.
2 Begeben Sie sich auf Spurensuche in Ihrem Ort. Verwenden Sie bei der Erkundung von Bauwerken die Arbeitsschritte.

Die Kreuzzüge: Kriege im Namen Gottes

1 Kreuzfahrer erobern Jerusalem. Miniatur, um 1450.

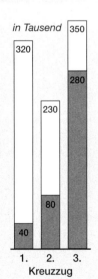

in Tausend

320		350
	230	280
40	80	
1.	2.	3.

Kreuzzug

Kreuzfahrer insgesamt

davon im Hl. Land angekommen

Der Papst ruft zum Kreuzzug auf

Jahrhundertelang hatten Christen und Muslime im Orient friedlich miteinander gelebt. Ungestört konnten Christen Pilgerreisen zu den heiligen Stätten wie Jerusalem oder Nazareth unternehmen.

Diese Situation änderte sich schlagartig im 11. Jahrhundert. Die Seldschuken, ein türkisches Reitervolk aus Mittelasien, eroberten Syrien, Palästina und Kleinasien. Da sie ihre Eroberungszüge immer weiter nach Westen ausdehnten, fühlten sich die Christen bedroht.

Papst Urban II. rief deshalb am 27. November 1095 auf einer Kirchenversammlung in Clermont in Frankreich alle Christen zum „Kampf gegen die Ungläubigen" auf. Nur ein Jahr später brachen mehrere Ritterheere zum ersten Kreuzzug in Richtung Osten auf. Die Gesamtzahl betrug etwa 320 000 Männer, Frauen und Kinder. Nach drei Jahren erreichten sie Jerusalem, das sie blutig eroberten.

Wilhelm von Tyrus, ein christlicher Geschichtsschreiber, berichtet 100 Jahre später:

Q1 … Sofort durchzogen die Ritter die Straßen und Plätze der Stadt. Alle Feinde, die sie finden konnten, streckten sie mit dem Schwert nieder. Bald lagen überall so viele Erschlagene, dass man nur noch über Leichen gehen konnte. Über zehntausend Feinde sollen in diesem Bezirk umgebracht worden sein. Es geschah sicherlich nach dem gerechten Urteil Gottes, dass die, welche das Heiligtum des Herrn mit ihren abergläubischen Gebräuchen entweiht hatten, es mit ihrem eigenen Blut reinigen mussten. Als endlich auf diese Weise die Ordnung der Stadt hergestellt war, legten sie die Waffen nieder, wuschen sich die Hände und zogen reine Kleider an. Dann gingen sie mit demütigen und zerknirschten Herzen an den heiligen Orten umher, an denen auch Christus gewesen war …

1 *Ein Kreuzfahrer und ein Bewohner Jerusalems berichten von der Eroberung der Stadt. Schreiben Sie dazu eine kurze Erzählung.*

Kreuzfahrer leben im Orient

2 Kreuzfahrerburg Kerak in Jordanien.

3 Kreuzfahrerstaaten vom 11. bis zum 13. Jahrhundert.

Die Kreuzfahrerstaaten

Die Kreuzfahrer gründeten im Heiligen Land eigene Staaten, die sie mit starken Burgen sicherten.

Unter ihrem Sultan Saladin konnten die Muslime aber die meisten Gebiete zurückerobern. Im Jahr 1187 gelang Saladin auch die Besetzung Jerusalems. Dabei sollen so viele Christen in Gefangenschaft geraten sein, dass der Preis für einen christlichen Sklaven nicht höher war als für ein Paar Sandalen. Allen Christen gab Saladin die Möglichkeit, sich freizukaufen. Wer kein Geld hatte, geriet in die Sklaverei. Witwen und Waisen der gefallenen Kreuzritter soll er unterstützt haben.

Der muslimische Geschichtsschreiber Imad ad-Din berichtete:

Q2 ... Manche Christen zahlten neben dem Lösegeld noch einen Tribut und blieben in Jerusalem in aller Ruhe ansässig. ... Tausende von Christen blieben in der Stadt und ihrer Umgebung und gingen friedlichen Beschäftigungen nach. ...

2 Vergleichen Sie das Vorgehen der Kreuzritter nach der Eroberung Jerusalems mit der Haltung des Sultans.

Die Ritterorden *

Zum Schutz gegen die Muslime und zur Pflege kranker oder Not leidender Pilger schlossen sich die Kreuzfahrer in verschiedenen Orden zusammen, den Templern, den Johannitern und den Deutschherren.

Als die Muslime immer weiter vordrangen, zogen sich diese Orden zurück. Die Johanniter gingen nach Malta und werden deshalb heute „Malteser" genannt; der Deutsche Ritterorden suchte sich ein neues Aufgabengebiet im späteren Ostpreußen (siehe Karte S. 81).

3 Informieren Sie sich, welche Aufgaben der Johanniterorden heute übernimmt.

Das Ende der Kreuzfahrerstaaten und die Vertreibung der Mauren

Im Jahr 1291 wurde die Hafenstadt Akkon, die letzte christliche Festung, von den Türken erobert. Damit war das Ende der christlichen Herrschaft im Heiligen Land gekommen. In den folgenden Jahrhunderten galt der Kampf der christlichen Heere den Muslimen auf der Iberischen Halbinsel. Der letzte Stützpunkt der Mauren, so hießen die Muslime in Spanien, war die Stadt Granada. Sie konnte erst im Jahr 1492 erobert werden.

Ritterorden *:
Orden sind Gemeinschaften von Männern oder Frauen, die sich feierlich verpflichten, ihr Leben in den Dienst Gottes zu stellen.
Bei den Ritterorden gehörte zum gottgeweihten Leben der Krieg gegen die Nichtchristen.

Muslime in Deutschland

Sie gehören heute in vielen Städten zum Straßenbild: die Restaurants und Dönerbuden, die Obst- und Gemüseläden, kleinen Kaufhäuser und Reisebüros von Menschen, die aus Nordafrika, dem Nahen Osten und vor allem aus der Türkei eingewandert sind.

Über drei Millionen Muslime leben heute in Deutschland – davon leben ca. 220 000 in Berlin –, die Mehrzahl von ihnen seit über zehn Jahren. Viele kamen in jungen Jahren. Ihre Kinder und Enkel kennen das Land ihrer (Groß-)Eltern kaum. Im Alltag spielen die muslimischen Mitbürgerinnen und Mitbürger inzwischen eine wichtige Rolle. Mit ihren deutschen Nachbarn leben sie Tür an Tür, man arbeitet und feiert zusammen, die Kinder gehen in die gleiche Schule. Dennoch sind sich Einwanderer und Einheimische in vielen Dingen fremd geblieben. Durch ausländerfeindliche Gewalttaten in den letzten Jahren haben sich die Beziehungen zwischen deutschen und ausländischen Mitbürgerinnen und Mitbürgern stark verändert. Einerseits haben sich die Rufe nach Abschottung und Ausgrenzung vermehrt. Andererseits bemüht man sich auf beiden Seiten, das Zusammenleben und die Verständigung zu verbessern.

Spurensuche

Als Zeitzeugen für Ihre Spurensuche können Sie Ihre muslimischen Mitschülerinnen und Mitschüler befragen und muslimische Organisationen ausfindig machen, die Sie beraten können. Den größten Anteil der Muslime in Baden-Württemberg stellen türkische Mitbürgerinnen und Mitbürger. Sie können also im Telefonbuch oder Internet nach tür-

1 Islamunterricht in einer Moschee in Berlin-Kreuzberg. Foto, 2005.

kischen Organisationen oder Vereinen suchen. Erkundigen Sie sich nun,
– ob es in Ihrem Stadtbezirk eine Moschee gibt,
– ob Sie diese mit Ihrer Klasse besichtigen dürfen und ob Sie dabei ein Fachmann führen könnte.
Im Gespräch mit einem fachkundigen Vertreter der muslimischen Gemeinde können Sie dann weitere Fragen klären, beispielsweise:
– Wer finanziert den Bau einer Moschee?
– Gehen am Freitag alle Muslime gemeinsam in die Moschee? Gibt es für Frauen und Männer, Mädchen und Jungen getrennte Gebetsräume?
– Wieso ist gerade der Freitag der besondere Gebetstag im Islam?
– Gibt es bei den neu erbauten Moscheen auch den Brauch, dass der Muezzin vom Minarett zum Gebet ruft?
– Wie reagieren deutsche Anwohner, wenn sie erfahren, dass in ihrem Wohnviertel eine Moschee gebaut werden soll?
Erkundigen Sie sich, ob es in Ihrem Stadtbezirk oder bei der nächsten Moschee einen Laden gibt und ob Sie dort einkaufen können. Vergleichen Sie diesen Laden mit den Lä-

den, in denen Sie sonst einkaufen. Manche Ihrer muslimischen Mitschülerinnen und Mitschüler gehen zusätzlich zum normalen Unterricht auch noch in eine Koranschule:
– Fragen Sie nach, was dort unterrichtet wird.
– Informieren Sie sich, ob dieser Unterricht Vorschrift für junge Muslime ist und wer über diesen Unterrichtsbesuch entscheidet.
– Vergleichen Sie den Koranunterricht mit dem Religionsunterricht in der Schule.
Für Christen ist der Sonntag der Gottesdiensttag. Er ist zugleich gesetzlicher Feiertag, an dem die meisten Menschen nicht arbeiten.
– Fragen Sie nach, ob muslimische Arbeitnehmer Probleme haben, am Freitag die Moschee zu besuchen.
– Fragen Sie auch danach, ob Muslime bei ihrer Arbeit oder in ihrem Stadtteil wegen ihres Glaubens Probleme bekommen haben.

1 *Bilden Sie Gruppen. Jede Gruppe wählt aus den oben genannten Fragen diejenigen aus, die sie genauer untersuchen will. Gehen Sie dann auf „Spurensuche" und sammeln Sie Informationen. Stellen Sie anschließend Ihre Ergebnisse in der Klasse vor.*

Zusammenfassung

Das Reich der Franken und die Germanenmission

Das Reich der Franken war die stärkste Macht unter den germanischen Reichen. Der fränkische König Chlodwig und seine Nachfolger förderten die Ausbreitung des Christentums. Unterstützt wurden sie dabei von Missionaren, der bedeutendste unter ihnen war Bonifatius.

Unter Karl dem Großen (768–814) erreichte das Frankenreich seine größte Ausdehnung. In einem über 30 Jahre dauernden Krieg unterwarf König Karl die Sachsen. Er zwang sie, den christlichen Glauben anzunehmen.

482–511

Gründung des Frankenreiches unter Chlodwig, der um 496 zum Christentum übertritt.

Leben im Mittealter

Das Leben der Menschen im Mittealter hing weitgehend davon ab, in welchen Stand sie hineingeboren wurden. Das tägliche Leben eines Ritters verlief anders als dasjenige eines Bauern oder Stadtbürgers. Äußeres Zeichen der hervorgehobenen Stellung der Ritter war die Burg, zugleich Herrschafts- und Wohnsitz.

In einfachsten Wohnverhältnissen hingegen lebten die Bauern, die zu Abgaben und Frondiensten verpflichtet waren. – Eine herausragende Rolle bei der Entwicklung der Landwirtschaft spielten neue Arbeitsgeräte und Techniken.

Immer mehr Menschen zogen vom Land in die Städte, die ihnen Sicherheit und vor allem Freiheit boten.

Den Rat der Stadt stellten seit dem 12. Jahrhundert die Patrizier. Seit dem 14. Jahrhundert erkämpften sich die Zünfte in vielen Städten ein Mitspracherecht.

Seit dem 10. Jahrhundert

Burgen dienen den Rittern als Wohn- und Herrschaftssitze.

Städte schließen sich zusammen

Ständigen Gefahren ausgesetzt waren die Fernhandelskaufleute: Seeräuber, Wegelagerer und Raubritter überfielen die Warentransporte. Daher schlossen sich die Kaufleute zu Genossenschaften zusammen. So entstand auch die Hanse, die schnell zu einer bedeutenden Wirtschaftsmacht wurde.

Seit 1100

Städte entstehen in ganz Europa.

Die Kreuzzüge

Im 11. Jahrhundert begannen die kriegerischen Auseinandersetzungen zwischen der arabischen Welt und den christlichen Staaten Europas. Ein Aufruf Papst Urbans II. im Jahr 1095 löste den ersten Kreuzzug aus, sechs weitere folgten. Das Ziel der Kreuzfahrer war die Eroberung Jerusalems, das unter muslimischer Herrschaft stand.

1099

Die Kreuzfahrer erobern Jerusalem.

Namen und Begriffe

- ✓ Chlodwig
- ✓ Karolinger
- ✓ Lehen
- ✓ Stände
- ✓ Grundherrschaft
- ✓ Dreifelderwirtschaft
- ✓ Gotik
- ✓ Patrizier
- ✓ Zunft / Gilde
- ✓ Hanse
- ✓ Kreuzzüge

Was wissen Sie noch?

1 Welche Bedeutung hatte Bonifatius für das Christentum im Fränkischen Reich?

2 Warum wird Karl der Große als „Vater Europas" bezeichnet?

3 In welche Stände wurde die mittelalterliche Bevölkerung eingeteilt?

4 Wie kam es, dass viele Bauern ihre Freiheit verloren?

5 Welche Fortschritte steigerten die Erträge in der Landwirtschaft?

6 Was musste ein Junge lernen, bevor er zum Ritter geschlagen wurde?

7 Welche Voraussetzungen waren für die Entstehung von Städten wichtig?

8 Auch die Bewohner einer mittelalterlichen Stadt wurden in Stände eingeteilt. Nennen Sie diese.

9 Welchem Zweck diente die Hanse?

10 Warum rief Papst Urban II. zum Kampf gegen die Ungläubigen auf?

Tipps zum Weiterlesen

Georges Duby: Die Ritter. dtv, München 2001

Dietlof Reiche: Der Bleisiegelfälscher. Beltz & Gelberg, Weinheim / Basel 2007

Tilmann Röhrig: Riemenschneider. Piper, München 2007

Wilhelm von Sternburg: Die Geschichte der Deutschen. Campus Verlag, Frankfurt / M. 2005

Arnulf Zitelmann: Die Geschichte der Christen. Campus Verlag, Frankfurt / M. 2004

1 Richtig oder falsch?

a) Die meisten Menschen lebten im Mittelalter in der Stadt.

b) Der Grundherr übernahm für die Bauern den Heeresdienst.

c) Bischöfe waren keine Grundherren.

d) Ein Page lernte höfisches Benehmen, nicht aber unbedingt Schreiben und Lesen.

e) Burgen standen meist im Tal in der Nähe eines Flusses.

f) Die Zünfte waren die Vereinigungen der Narren in der mittelalterlichen Stadt.

g) Die Zugehörigkeit zu einem mittelalterlichen Stand wurde durch Herkunft, Vermögen oder Beruf bestimmt.

2 Ordnen Sie die Berufe im Kasten den einzelnen Ständen in der Stadt zu:
Patrizier – Bürgertum – Unterschicht – „Unehrliche".

Dienstboten	Handwerker	Gaukler
Tagelöhner	Händler	Henker
Fernhandelskaufleute		Handelsgehilfen
Großgrundbesitzer		

3 Was wissen Sie über das Leben der Juden im Mittelalter? Stellen Sie Ihre Informationen in einem Cluster zusammen und übertragen Sie ihn in Ihr Heft.

Synagoge
Juden
Getto

4 Noch heute finden Sie in Ihrer Umgebung Spuren des Mittelalters. Schauen Sie sich z. B. das Straßenverzeichnis Ihres Heimatortes an. Welche Straßennamen könnten ihren Ursprung in mittelalterlichen Lebensverhältnissen haben? (Denken Sie dabei an Minderheiten in der Bevölkerung, an die Zünfte usw.)

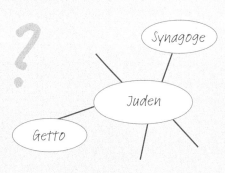

Judengasse

5 Viele Feste und Veranstaltungen erinnern an Brauchtümer aus früheren Zeiten. Finden Sie heraus, wo Ritterspiele oder mittelalterliche Märkte abgehalten werden.

Vom Mittelalter zur Neuzeit

1400

1450

1492

Um 1400 dachten die meisten Menschen in Europa, die Erde sei eine Scheibe, die auf dem Wasser schwimme. Doch nach und nach entwickelten die Menschen eine neue Vorstellung von der Welt, eben so, wie es auf diesem Holzschnitt aus dem 19. Jahrhundert dargestellt wird: Ein Mann wandert an den Rand der Erdscheibe, mit Wanderstock, Arm und Kopf durchstößt er das Himmelsgewölbe. Ehrfürchtig und neugierig blickt er auf das Geschehen dahinter …

Im 15. Jahrhundert entdeckten die Menschen in Wissenschaft, Wirtschaft, Religion, Technik, Kunst und Kultur so viel, dass wir heute von dem Beginn eines neuen Zeitalters sprechen.

Zur gleichen Zeit aber bedrohten Pest und Krieg das Leben der Menschen, die Mehrheit der Bevölkerung litt unter Armut und besaß keine Rechte. Viele Menschen protestierten gegen Missstände in der Kirche und die Forderung nach der Reformation (= Erneuerung) der alten Kirche war in aller Munde. Auch die Bauern verschafften sich Gehör; es kam zum Aufstand des gemeinen Mannes gegen Unrecht und Leibeigenschaft. Die alte Welt, so schien es, war an ihr Ende gekommen …

1483–1546

1517

1525

MARTIN LUTHER

BEGINN DER REFORMATION

BAUERNKRIEG

Der Beginn eines neuen Denkens

1 **Gemälde des italienischen Malers Raffael (1483–1520) aus dem Jahr 1510/11.** Es zeigt große griechische Wissenschaftler und Gelehrte, die vom 6. bis zum 2. Jahrhundert v. Chr. gelebt haben: ① Plato, ② Aristoteles, ③ Sokrates, ④ Pythagoras, ⑤ Euklid (mit dem Zirkel), ⑥ Ptolemäus.

Renaissance*:
(ital. rinascita = Wiedergeburt). Begriff für die Wiederentdeckung der Antike durch Gelehrte, Künstler und Architekten (1300–1600).

Skulptur*:
Plastisches Werk der Bildhauerkunst, z. B. Statue.

Antike*:
(lat. antiquus = alt). Bezeichnung für die alte, griechische und römische Geschichte von etwa 1000 v. bis 500 n. Chr.

Humanismus*:
Geistige Bewegung, die sich während der Renaissance von Italien aus in ganz Europa verbreitete. Die Humanisten waren überzeugt, dass die Menschen durch das Studium der antiken Vorbilder vollkommener würden.

Die „alten Griechen" sind wieder modern

Die griechischen Wissenschaftler fragten schon seit dem 6. Jahrhundert v. Chr. nach den Ursachen für alle Naturerscheinungen: Warum donnert es bei Gewitter? Warum wird es Tag und Nacht? Warum sieht man von einem Schiff am Horizont zuerst die Masten? Das Bild des Malers Raffael (siehe Abbildung 1), auf dem viele griechische Gelehrte und Wissenschaftler zu sehen sind, trägt deshalb die Inschrift: Erkenntnis der Ursachen. Nach den Ursachen begann man seit dem 15. Jahrhundert erneut zu fragen, wie z. B. Kopernikus (1473–1543), Galilei (1564–1642) und viele andere. Wenn man Antworten auf naturwissenschaftliche Fragen nicht in der Bibel fand, dann vielleicht bei den „alten Griechen". So suchte man in Bibliotheken und in den Klöstern nach alten Büchern und Handschriften aus der Antike*. Jeder neue Fund wurde abgeschrieben und anderen Gelehrten zugeschickt. Man sprach von einer Wiedergeburt der Antike.

1 *Erklären Sie mithilfe von Sachbüchern oder des Internets die Bedeutung der griechischen Gelehrten, die Sie auf der Abbildung 1 sehen.*

Renaissance* heißt Wiedergeburt

In dem Roman „Sofies Welt" fragt das Mädchen Sofie den Lehrer Alberto Knox:
M1 … „Hast du nicht gesagt, dass ‚Renaissance' Wiedergeburt bedeutet?" „Doch, und das, was wiedergeboren werden sollte, waren die Kunst und Kultur der Antike … Das Motto lautete: Zurück zu den Quellen! … Es wurde fast zum Volkssport, alte Skulpturen* und Handschriften aus der Antike auszugraben … Das führte zu einem erneuerten Studium der griechischen Kultur … Das Studium führte zur ‚klassischen Bildung', die den Menschen auf eine höhere Daseinsstufe heben sollte. ‚Pferde werden geboren', hieß es, ‚Menschen dagegen werden nicht geboren, sie werden gebildet.'" „Wir müssen also zum Menschen erzogen werden?" „Ja, das dachten sie damals." …

Man bezeichnet diese Menschen, die sich für eine umfassende Bildung einsetzten, als Humanisten* (von lat. humanus = menschenfreundlich, gebildet).

2 *Sprechen Sie in der Klasse darüber, welche Erziehungsziele Ihnen wichtig erscheinen.*

Künstler, Forscher und Erfinder

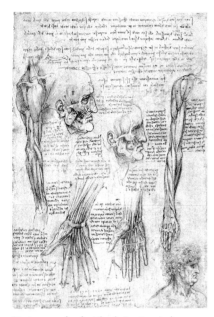

2 Leonardo da Vinci. Anatomische Studien, um 1515.

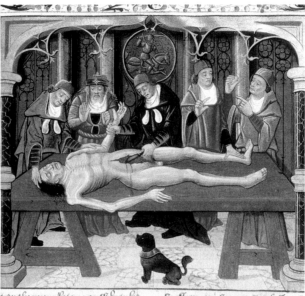

3 Ärzte öffnen einen menschlichen Leichnam. Französische Buchmalerei, 15. Jahrhundert.

Geteilter Schädel, um 1490. Zeichnung aus den Skizzenbüchern Leonardo da Vincis.

Leonardo da Vinci (1452–1519); Selbstbildnis, um 1512–1515.

Leonardo – ein Mensch der Renaissance

Als Renaissance-Menschen bezeichnet man jemanden, der sich für alle Bereiche des Lebens, der Kunst und der Wissenschaft interessiert. Das berühmteste Beispiel hierfür ist sicherlich Leonardo, der 1452 in dem Dorf Vinci bei Florenz geboren wurde.

Jahrelang beschäftigte er sich intensiv mit dem Flug von Vögeln, Fledermäusen und Insekten. Genaue Beobachtungen waren die Grundlage für Konstruktionen von Flugapparaten, aber auch von Waffen und U-Booten. Begeistert dachte sich Leonardo Maschinen aus, die zur damaligen Zeit unvorstellbar erschienen. So finden wir in seinen Notizbüchern Entwürfe für einen Fallschirm, für ein Auto mit Federantrieb oder auch für eine Schwimmweste. Leonardo war aber nicht nur Künstler, genialer Forscher und Erfinder. Ihn interessierte beinahe alles. Obwohl das Sezieren* menschlicher Körper durch die Kirche verboten war, nahm Leonardo über 30 Leichenöffnungen selbst vor, um sich ein genaues Bild vom menschlichen Körper und seinen Organen sowie den Krankheitsursachen zu machen.

Seine Vorgehensweise begründete Leonardo mit folgenden Worten:

Q1 … Mir aber scheint, es sei alles Wissen eitel und voller Irrtümer, das nicht von der Erfahrung, der Mutter aller Gewissheit, zur Welt gebracht wird.

Hüte dich vor den Lehren jener Spekulanten, deren Überlegungen nicht von der Erfahrung bestätigt sind … Wir müssen von der Erfahrung ausgehen und mit dieser das (Natur-) Gesetz erforschen …

3 *Leonardo wendet sich gegen die „Lehre der Spekulanten". Was meint er damit?*
4 *Nennen Sie Beispiele aus der Naturwissenschaft, in denen man durch genaue Beobachtung zur Erkenntnis eines Naturgesetzes kommt.*

Wie in der Mathematik und Physik, in der Medizin und Kunst, so wurde etwas Neues auch in der Architektur gewagt. Man begann z. B. in dieser Zeit den Petersdom in Rom zu bauen, 200 m lang und 130 m hoch. Eine neue Epoche schien angebrochen. Die vorhergehenden Jahrhunderte, die zwischen der Antike und der eigenen Zeit lagen, bezeichnete man jetzt als „Mittelalter", das man endlich überwunden hatte.

Sezieren*: Öffnen und Zergliedern des toten menschlichen Körpers zu Forschungszwecken.

Entdeckungsfahrten

Pinta

Nina

Santa Maria

Kartografie*:
Lehre und Technik, Karten herzustellen. Die ersten aussagekräftigen Karten stammen von den Griechen der Antike. Mit den Entdeckungsfahrten des 15. und 16. Jahrhunderts erlebte die Kartografie einen neuen Aufschwung.

1 Schnitt durch die Karavelle „Santa Maria"*. ① Admiralskajüte, ② Steuerruder, ③ Kompass, ④ Luke zum Schiffsladeraum, ⑤ Entwässerungspumpe, ⑥ Hebevorrichtung für Anker und Segel, ⑦ Waffen- und Munitionskammer, ⑧ Essensvorräte, ⑨ Wasservorrat, ⑩ Lagerraum / Weinfässer, ⑪ Abstellkammer für Segel, Lagerraum für Taue, ⑫ Steine als Ballast.

Auf dem Seeweg nach Indien?

1 *Sehen Sie sich die Zeichnung 1 an und erklären Sie, wozu die dort gezeigten Dinge auf die Seereise mitgenommen wurden.*

Christoph Kolumbus, geboren 1451 in Genua, fuhr seit seinem 14. Lebensjahr zur See. Auf diesen Fahrten lernte er die technischen Neuerungen und Erfindungen seiner Zeit kennen. Gleichzeitig informierte er sich über die neuesten Erkenntnisse der Sternenkunde, Kartografie* und Seefahrt. Beides machte ihn zu einem erfahrenen Seefahrer.

Mit Waren aus Indien und China hatten europäische Kaufleute lange Zeit regen Handel getrieben. Begehrt waren vor allem Seidenstoffe sowie Gewürze. Die wichtigsten Handelswege verliefen dabei von Europa über Konstantinopel nach Indien. Im Jahr 1453 eroberten die Türken Konstantinopel. Sie konnten nun die Preise bestimmen. Wenn die Waren auf dem Landweg zu teuer wurden, musste man es eben auf dem Seeweg versuchen. Im Auftrag ihres Königs suchten portugiesische Seeleute jahrzehntelang nach einem Weg um die Südspitze Afrikas. Jedes Mal drangen sie ein Stück weiter vor.

Kolumbus sah eine andere Möglichkeit. Er wollte Indien erreichen, indem er nicht, wie sonst üblich, in östliche Richtung segelte, sondern westwärts fuhr. Bestärkt in seinem Vorhaben wurde er von Paolo Toscanelli, einem berühmten Arzt und Astronomen aus Florenz. Toscanelli schrieb an Kolumbus:

Q1 … Ich habe Kenntnis genommen von deinem hochherzigen und großartigen Plan, auf dem Weg nach Westen, den dir meine Karte anzeigt, zu den Ländern des Ostens zu segeln. Besser hätte es sich mithilfe einer runden Kugel klarmachen lassen. Es freut mich, dass du mich richtig verstanden hast. Der genannte Weg ist nicht nur möglich, sondern wahr und sicher …

2 *Erläutern Sie Toscanellis Brief mithilfe eines Globus.*

Neun Jahre lang bemühte sich Kolumbus zunächst beim portugiesischen, dann beim spanischen König um Unterstützung. Im Jahr 1492 erhielt er vom spanischen König und der Königin drei Schiffe, von denen das größte, die „Santa Maria", 21 Meter lang und sechs Meter breit war.

Eine Fahrt bis an das Ende der Welt?

Vor seiner Abreise ernannte der spanische König Kolumbus zum Vizekönig sämtlicher Inseln und aller Länder, die er entdecken würde. Am 3. August 1492 verließ Kolumbus mit drei Schiffen den spanischen Hafen Palos de la Frontera.

Kolumbus will nach Indien und landet in Amerika

2 Landung des Kolumbus auf der Insel Guanahani. Kolorierter Kupferstich, 1594.

Christoph Kolumbus (1451–1506) aus Genua in Italien, wurde im Zuge seiner ersten Entdeckungsreise des Jahres 1492 zum spanischen Vizekönig der neu entdeckten Länder und zum Großadmiral ernannt. Bis 1504 unternahm er noch drei weitere Erkundungsreisen in die Karibik. Erst nach seinem Tod aber wurde erkannt, dass er nicht einen neuen Weg nach Indien, sondern einen neuen Kontinent entdeckt hatte.

In sein Bordtagebuch schrieb Kolumbus:
Q2 … Bevor ich die erste Zeile niederschreibe, weihe ich dieses Buch der allergnädigsten Jungfrau Maria. Sie möge meine Gebete erhören und mich das finden lassen, was ich suche: INDIEN …

Woche um Woche fuhren die Schiffe westwärts. Die Vorräte wurden langsam knapp, die Schiffsbesatzung unruhig. Weit und breit war kein Land zu sehen. War die Erde doch nur eine Scheibe, wie die Matrosen glaubten? „In ihren Augen" – so notiert Kolumbus in sein Tagebuch – „sehe ich nur Hass." Doch Kolumbus hielt unbeirrt an seinem Kurs fest. Endlich, am 12. Oktober 1492, wurde Land gesichtet. Im Namen des spanischen Königs ergriff Kolumbus von der Insel Besitz und nannte sie San Salvador, „Heiliger Erlöser". Die Bewohner nannten ihre Insel Guanahani.

Kolumbus schrieb über sie:
Q3 … Die Eingeborenen sind ohne Zweifel gutmütig und sanft. Da ich ihre Freundschaft gewinnen wollte, gab ich einigen von ihnen ein paar bunte Mützen und Halsketten aus Glasperlen und andere Dinge von geringem Wert, worüber sie sich ungemein freuten … Sie sind gewiss hervorragende Diener. Sie haben einen aufgeweckten Verstand, denn ich sehe, dass sie sehr schnell alles nachsagen können, was man ihnen vorspricht …

3 Beschreiben Sie die Abbildung 2. – Beachten Sie dabei, wann Kolumbus San Salvador entdeckte und wann das Bild gemalt wurde.
4 Schreiben Sie einen Bericht über die Ankunft des Kolumbus aus der Sicht eines Spaniers und eines Inselbewohners.
5 Erklären Sie den Satz: „Ein Irrtum verändert die Welt!"

1492:
Kolumbus entdeckt Amerika.

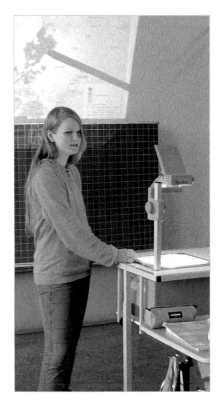

Um was geht es?

Im Unterricht haben Sie sicher schon oft erlebt, dass ein Referat vorgetragen wurde. Meistens wurde eine Arbeit vorgelesen. Dabei ist es oft schwierig, das mündlich Vorgetragene zu verstehen und zu behalten. Das Verstehen kann man den Zuhörern erleichtern, wenn eine Zusammenfassung oder eine Gliederung des Vortrages schriftlich vorliegt.

Eingestreute Bilder, Karten, Tabellen oder Grafiken unterstützen die Aussagen des Vortrags und machen ihn interessanter. Um das Referat für die Zuhörer lebendiger werden zu lassen, kommt es auch auf die Redeweise an. Monotones Vorlesen des Textes lässt die Zuhörer ermüden. Ein Vortrag in möglichst freier Rede, in den auch spontane Gedanken eingeflochten werden können, stößt auf mehr Interesse.

Auf den Seiten davor haben Sie schon einiges über Entdeckungen und Erfindungen der Neuzeit erfahren. Suchen Sie nach einem interessanten Thema für ein Referat aus diesem Bereich.

Im Schulbuch finden Sie dazu Texte, Bilder, Karten und Tabellen. Aber für ein Referat reichen sie noch nicht aus. Denken Sie daran, dass die meisten Schülerinnen und Schüler ungefähr 70 Prozent ihrer Informationen über die Augen und nur etwa 30 Prozent mittels der Ohren aufnehmen. Sie brauchen also für die Referate viel anschauliches Material. So können Sie vorgehen:

1. Schritt:
Das Material sammeln und ordnen

Suchen Sie in der Schul- und in der Stadtbibliothek unter bestimmten Stichwörtern nach Material. Achten Sie auf Bilder, Karten, Tabellen und Grafiken.

Notieren Sie die Fundstellen und schreiben Sie sich die Informationen auf. In vielen Bibliotheken stehen Kopiergeräte, dort können Sie Ihre Informationen kopieren. Selbstverständlich ist auch das Internet eine gute Informationsquelle. Auch hier müssen Sie sich die Fundstelle notieren und in Ihrem Quellenverzeichnis angeben.

2. Schritt:
Das Material gliedern

Die gesammelten Materialien müssen geordnet werden. Dafür bietet es sich an, die Texte, Bilder, Karten und Tabellen auf einem großen Tisch auszubreiten und darüber nachzudenken, welche Materialien zusammengehören. Legen Sie sie nach Unterthemen zusammen. Damit ergibt sich eine erste Ordnung. Diese müssen Sie dann so überarbeiten, dass eine Gliederung für den Vortrag entsteht. Dazu finden Sie Vorschläge auf der folgenden Seite.

3. Schritt:
Eigene Texte formulieren

Die gesammelten und geordneten Materialien müssen dann durch eigene Texte verbunden werden. Achten Sie beim Formulieren darauf, dass die Sätze nicht zu lang, sondern klar und verständlich sind. Kurze Sätze sind nicht nur besser zu verstehen, auch das Sprechen fällt dabei leichter.

4. Schritt:
Den Vortrag zusammenstellen

Stellen Sie Ihren Vortrag mit einer richtigen Gliederung zusammen, ordnen Sie die vorgesehenen Medien in der richtigen Reihenfolge und sorgen Sie dafür, dass Geräte, die Sie brauchen, auch zur Verfügung stehen.

5. Schritt:
Den Vortrag üben

Sehr wichtig ist es, vor dem eigentlichen Vortrag das Referat laut und in freier Rede zu üben. Sehen Sie den fertigen Text durch und markieren Sie die wichtigen Stellen. Schreiben Sie sich für den freien Vortrag Stichworte auf einen Merkzettel. Am besten ist es, mehrmals für sich das Referat laut vorzutragen. Wenn Sie jemanden haben, der Ihnen dabei zuhören kann, dann ist der Übungszweck noch größer. Laut, langsam und deutlich sprechen. Sprechen Sie viel langsamer, als Sie gerne sprechen möchten.

6. Schritt:
Den Vortrag präsentieren

Sorgen Sie vor dem Vortrag dafür, dass alle Materialien und Medien vorhanden und in der richtigen Ordnung sind. Vergessen Sie nicht, das Thema und die Planung deutlich vorzustellen.

Tragen Sie dann möglichst ruhig Ihr Referat vor. Halten Sie dabei immer Blickkontakt zu den Zuhörerinnen und Zuhörern und ermuntern Sie sie, auch nachzufragen, wenn etwas unklar war.

Planen Sie Ihr Referat so, dass nach dem Vortrag noch Zeit ist für Fragen oder zu einer Diskussion.

Gliederungsvorschlag 1

Hinführung zum Thema
Ordnen Sie die Informationen so, dass die Zuhörerinnen und Zuhörer gut folgen können. Geben Sie eine Inhaltsübersicht und benutzen Sie Zwischenüberschriften.

Hauptteil
Überlegen Sie, wie Sie bei den Zuhörerinnen und Zuhörern Interesse wecken können. Beginnen Sie mit einem überraschenden Ergebnis Ihrer Arbeit oder nennen Sie die wichtigste Leitfrage.

Ergebnisse
Fassen Sie die wichtigsten Ergebnisse zusammen. Geben Sie Ihre persönliche Beurteilung dazu ab.
Nennen Sie die Fragen, die aus Ihrer Sicht noch offen geblieben sind.

Gliederungsvorschlag 2

3.2 Die Ur-Einwohner

3.1 Der neue Kontinent

3. Die Entdeckungsfahrten

2.2 Motive für Entdeckungsreisen

2.1 Der Mensch

2. Christoph Kolumbus

1.2 Globus, Kompass u. Co.

1.1 Die bis dahin bekannte Welt

1. Die Seefahrt im 15. Jahrhundert

Ablasshandel: Geschäfte mit der Seele

1 Holzschnitt von Lucas Cranach zum Ablasshandel aus dem Jahr 1521. Der Text lautet: „Hier sitzt der Feind Christi, der Ablässe verkauft. Er befiehlt, seiner Stimme mehr zu gehorchen als der Stimme Gottes."

Buße*:
Das durch eigenes Verschulden gestörte Verhältnis zu Gott durch eine Strafe wiedergutmachen. In der Zeit des frühen Christentums war die auferlegte Buße oft sehr hart, z. B. mehrere Jahre lang bei Wasser und Brot fasten oder eine lange und anstrengende Wallfahrt auf sich nehmen.

Johann Tetzel (1465–1519). Kupferstich.

Martin Luther (1483–1546). Kupferstich.

Die Kirche handelt mit Ablassbriefen

Das neue Denken setzte sich im 15. Jahrhundert vor allem in der gebildeten Schicht durch. Für die meisten Menschen stellte die Wende zur Neuzeit aber eine unsichere Zeit dar, in der sie infolge von Kriegen, der Pest, Seuchen und Hungersnöten ständig mit dem Tod bedroht waren. An vielen Orten traten Wanderprediger auf und verkündeten das Ende der Welt. Sie forderten die Gläubigen zu Umkehr und Buße* auf. Trost und Hilfe erwarteten die Menschen in ihrer Not von der Kirche. Doch viele Geistliche vernachlässigten ihre Pflichten und führten ein ausschweifendes Leben. Es gab auch noch zahlreiche andere Ärgernisse für die Gläubigen. So hatte man im Jahr 1506 in Rom mit dem Bau der Peterskirche begonnen. Sie sollte an Größe und Reichtum alle anderen Gebäude übertreffen. Um diesen Bau bezahlen zu können, schrieb der Papst einen Ablass aus. Mit einem Ablass werden nach katholischer Lehre die Strafen für begangene Sünden nachgelassen. Was aber bedeutet das?

Ein Christ kann die Vergebung seiner Sünden erlangen, wenn er in der Beichte seine Sünden bekennt, aufrichtige Reue zeigt und bereit ist, Buße zu tun.

Seit dem 11. Jahrhundert setzte sich der Brauch durch, an die Stelle dieser Buße eine bestimmte Geldsumme zu bezahlen. Wer diese Geldbuße leistete, erhielt den Ablassbrief. Damit wurde ihm der Nachlass der Sünden bestätigt.

Johann Tetzel, ein Dominikanermönch, pries den Ablass mit den Worten:

Q1 … Du, Adliger, du, Kaufmann, du, Frau, du, Jungfrau, du, Braut, du, Jüngling, du, Greis! Wisse, dass ein jeder, der gebeichtet, bereut und Geld in den Kasten getan hat, eine volle Vergebung seiner Sünden haben wird. Habt ihr nicht die Stimmen eurer Verstorbenen gehört, die rufen: „Erbarmt euch, denn wir leiden unter harten Strafen und Foltern, von denen ihr uns gegen eine geringe Gabe loskaufen könnt." …

Bald hieß es im Volke nur noch: „Wenn das Geld im Kasten klingt, die Seele aus dem Fegefeuer springt."

1 *Sehen Sie sich die Abbildung 1 an und erklären Sie die Darstellung.*

Martin Luther – Mönch und Theologe

Nicht alle Geistlichen waren mit den Reden Tetzels einverstanden. Zu den Gegnern Tetzels gehörte auch der Mönch und Theologieprofessor Martin Luther. Luther war im Jahr 1505 in das Kloster der Augustinermönche in Erfurt eingetreten. Immer wieder stellte er sich hier die Frage: Wird Gott mir Sünder gnädig sein? Gott, so hatte Luther als Kind gelernt, ist ein strenger und zorniger Richter über alle Sünder. Vor diesem Richter-Gott hatte er Angst.

In der folgenden Erzählung berichtet Luther von dieser Angst:

Q2 … Einmal dachte ich voll Schrecken daran, dass ich heimlich über Bruder Albertus gelacht hatte … In meiner Zelle kniete ich daraufhin nieder und bat Gott wegen dieser Sünde um Vergebung. Häufig geißelte ich mich, bis ich blutete, um Gott zu zeigen, wie ernst ich es meinte …

Wittenberger Thesen: Luther greift die Kirche an

2 Luthers Thesen gegen den Missbrauch des Ablasshandels werden an der Schlosskirche in Wittenberg angeschlagen. Lithografie, 1835.

Luther verurteilt den Ablasshandel

Seit 1512 lebte Luther in Wittenberg, hier hatte er eine Bibelprofessur an der Universität übernommen. In einer heutigen Darstellung heißt es:

M1 … 1517 kamen etliche mit den gekauften Ablassbriefen zu Martin … und beichteten. Als sie dabei aber sagten, dass sie weder von Ehebruch, Wucher noch unrechtem Gut und dergleichen Sünde und Bosheit ablassen wollten, da sprach sie Martin Luther nicht frei von ihren Sünden … Da beriefen sie sich auf die Ablassbriefe. Diese wollte Luther nicht anerkennen. Er berief sich auf die Aussagen der Bibel: Wenn ihr eure Sünden nicht bereut und Buße tut, werdet ihr alle umkommen …

2 *Vergleichen Sie die Abbildungen in der Randspalte auf Seite 98. Erklären Sie, warum Tetzel den Geldkasten in der Hand hält, Luther die Bibel.*

Wittenberger Thesen

Am 31. Oktober 1517 veröffentlichte Luther in Wittenberg eine Schrift gegen den Missbrauch des Ablasses durch die Kirche:

Q3 … 21. Es irren die Ablassprediger, die da sagen, dass durch des Papstes Ablässe der Mensch von aller Sündenstrafe losgesprochen und erlöst werde.

27. Eine falsche Lehre predigt man, wenn man sagt: Sobald das Geld im Kasten klingt, die Seele aus dem Fegefeuer springt.

32. Wer glaubt, durch Ablassbriefe das ewige Heil erlangen zu können, wird auf ewig verdammt werden samt seinen Lehrmeistern.

36. Jeder Christ, der wahrhaft Reue empfindet, hat einen Anspruch auf vollkommenen Erlass der Schuld auch ohne Ablassbrief.

43. Man soll die Christen lehren, dass, wer den Armen gibt und dem Bedürftigen leiht, besser tut, als wer Ablassbriefe kauft. …

3 *Fassen Sie zusammen, was Luther verurteilt und was er fordert.*

Schlosskirche zu Wittenberg. Holzschnitt von Lucas Cranach, 1509.

Luther wollte mit seinen 95 Thesen keine neue Glaubenslehre aufstellen, sondern Missstände aufdecken. Erst in den folgenden Streitgesprächen mit anderen Theologen zeigte sich, dass Luther nicht nur den Ablasshandel verwarf. Als man ihn aufforderte, die Autorität des Papstes in Glaubensdingen bedingungslos anzuerkennen, sagte er: Papst und Konzilien haben schon mehrfach geirrt. Für den Gläubigen verpflichtend ist allein das Wort Christi in der Heiligen Schrift. Der Papst kann keine endgültigen Entscheidungen in Glaubensfragen treffen.

Vor dem Reichstag in Worms: Luther wird angeklagt

1 Martin Luther vor dem Reichstag in Worms. Der Text auf dem unteren Bildrand lautet: „Hier stehe ich, ich kann nicht anders, Gott helfe mir. Amen." Kolorierter Holzschnitt, 1557.

Der Papst verhängt den Kirchenbann

Luthers Aussagen verbreiteten sich innerhalb kürzester Zeit in ganz Deutschland. Das war möglich, weil in vielen Orten neue Druckereien entstanden, die Luthers Schriften immer wieder nachdruckten.

Gegen diese Schriften wandte sich Papst Leo X. In einem Schreiben forderte er Luther auf, innerhalb von 60 Tagen seine Lehre zu widerrufen. Andernfalls werde über ihn der Kirchenbann verhängt.

Luther meinte dazu:

Q1 … Was mich angeht, so sind die Würfel gefallen. Ich will nie und nimmer Versöhnung oder Gemeinschaft mit ihnen. Mögen sie meine Schriften verdammen und verbrennen, ich meinerseits werde das päpstliche Recht öffentlich verbrennen …

Am 10. Dezember 1520 versammelten sich vor der Stadtmauer in Wittenberg Studenten und Professoren, unter ihnen auch Luther, um einen brennenden Scheiterhaufen. Sie verbrannten Bücher über das katholische Kirchenrecht und das Schreiben, in dem der Papst Luther mit dem Bann gedroht hatte.

1521 wurde Luther vom Papst gebannt. Der Kaiser war nun verpflichtet, über Luther die Reichsacht* zu verhängen. Auf Bitten seines Kurfürsten, Friedrichs des Weisen von Sach-

sen, erhielt Luther jedoch die Möglichkeit, sich vor dem Reichstag in Worms zu verteidigen.

„Hier stehe ich, ich kann nicht anders"

Die Reise nach Worms wurde für Luther zum Triumphzug. Überall winkten und jubelten ihm die Menschen zu. Am 18. April 1521 stand Luther schließlich vor dem Kaiser. Vor fast einhundert Fürsten des Reiches und weiteren einhundert Zuhörern ließ der Kaiser Luther auffordern, seine Schriften sofort zu widerrufen. Dieser bat um Bedenkzeit. Einen Tag später hielt er vor dem Kaiser eine Rede, in der er sich zu seinen Lehren bekannte und den Widerruf verweigerte. Unmittelbar nach dem Reichstag sprach der Kaiser die Reichsacht über Luther aus (Wormser Edikt vom 8. Mai 1521). Zudem wurde es ihm verboten, seine Lehren weiterhin öffentlich zu vertreten und zu verbreiten. Das Edikt verbot die Lektüre von Luthers Schriften und ordnete ihre Verbrennung an. Luther selbst sollte an Rom ausgeliefert werden.

1 *Stellen Sie Vermutungen darüber an, woher Luther die Sicherheit nahm, in Worms nicht zu widerrufen.*

Reichsacht*:
Bei schweren Verbrechen konnten der König oder ein vom König beauftragter Richter den Täter ächten. Dieser war damit aus der Gemeinschaft ausgestoßen und vogelfrei. Jeder hatte das Recht, ihn zu töten. Der Geächtete verlor seinen Besitz und wer ihn aufnahm, verfiel selbst der Reichsacht.

Eine neue Lehre entsteht

2 **Bild vom sogenannten Reformationsaltar in Wittenberg.** Luther zeigt seiner Gemeinde die Grundlagen des neuen evangelischen Glaubens. Gemälde, 1547.

Luther als Junker Jörg. Gemälde von Lucas Cranach, 1521.

Entführung Luthers

Das kaiserliche Gebot hatte Luther freies Geleit für seine Rückkehr zugesichert. So gelangte er im Mai 1521 nach Möhra zu Verwandten. Dort wurde er auf Anweisung des sächsischen Kurfürsten Friedrich des Weisen zum Schein entführt und auf die Wartburg gebracht. Der Kurfürst wollte dadurch das Leben Luthers vor dem Papst und dem Kaiser schützen.

Junker Jörg übersetzt die Bibel

Luther lebte nun mehrere Monate unerkannt auf der Wartburg und wurde Junker Jörg genannt. Seinen Aufenthalt nutzte er, um einen Teil der Bibel, das Neue Testament, aus dem Altgriechischen ins Deutsche zu übersetzen. Die Bibelübersetzung und die von Luther neu gedichteten Kirchenlieder sollten den evangelischen* Glauben allgemein verständlich machen. Doch noch gab es keine einheitliche deutsche Sprache, sondern nur verschiedene Mundarten. Luther gelang es, seine Übersetzung in eine Sprache zu fassen, die alle verstanden. Mithilfe des Buchdrucks, den Johannes Gutenberg (1397–1468) um 1450 in Mainz erfunden hatte, wurde die Bibel zum meistgelesenen Buch in Deutschland.

Ausbreitung der Reformation

Das Wormser Edikt konnte die Reformation nicht aufhalten. Bücher, Flugblätter und Laienprediger verbreiteten Luthers Lehre. Überall dort, wo Luthers Anhänger den neuen Glauben predigten, waren Frauen unter den Zuhörern. Einige von ihnen traten sogar öffentlich für die neue Lehre ein, wieder andere bekundeten durch ihre Eheschließung mit Priestern und Mönchen ihre Verbundenheit mit der neuen Lehre. In den Heiratsurkunden wurden die Priester mit vollem Namen genannt, der Name der Frau fast nie oder nur ihr Vorname.

2 *Überlegen Sie, welche Schlüsse man im Hinblick auf die Stellung der Frauen ziehen kann, wenn in den Heiratsurkunden ihr Name gar nicht oder nur der Vorname erwähnt wird.*

Evangelische Landeskirchen entstehen

Die deutschen Fürsten, die den neuen Glauben angenommen hatten, übernahmen in ihrem Gebiet die von Nonnen und Mönchen verlassenen Klöster und deren Grundbesitz. Luther forderte die Landesherren auf, sich um die evangelischen Gemeinden in ihrem Gebiet zu kümmern. Seiner Ansicht nach sollte der Landesherr auch Landesbischof sein. Seit dieser Zeit gibt es evangelische Landeskirchen. Ziele der neuen Landeskirchen waren: die Neugestaltung des kirchlichen Gottesdienstes, die Versorgung der Pfarreien mit ausgebildeten Pfarrern, die Verbesserung des Schulwesens und eine Erneuerung der Armenversorgung.

3 *Schildern Sie, wie evangelische Landeskirchen entstanden und welche Ziele sie verfolgten.*

*Titelblatt des ersten Drucks der **Luther-Bibel**, 1534.*

evangelisch*:
Für Luthers Anhänger waren nicht der Papst und die Konzilien verpflichtend, sondern allein das Wort Christi in der Heiligen Schrift, dem Evangelium. Die Anhänger Luthers bezeichnete man daher als Evangelische.

Lesetipp:
Arnulf Zitelmann: „Widerrufen kann ich nicht". Die Lebensgeschichte des Martin Luther. Beltz & Gelberg, Weinheim 2004.

Von der Reformation zum Bauernkrieg

1   Bauern beim Frondienst in der Scheuer (Scheune) eines Gutsherrn. Kalenderbild für den Monat August von Hans Wertinger, um 1525.

Unruhe auf dem Land

Die Bauern fühlten sich durch den Erfolg der Reformation ermutigt, für bessere Lebensbedingungen zu kämpfen. Bereits 1520 hatte Luther eine Schrift veröffentlicht mit dem Titel „Von der Freiheit eines Christenmenschen". Der Christ, so hatte Luther geschrieben, ist im Glauben nur an das Wort Gottes gebunden, sonst aber ein freier Herr und niemandem untertan. Die unterdrückten Bauern bezogen diese religiöse Aussage auf ihr Leben. Nicht nur die Kirche musste reformiert werden, auch ihr Leben sollte von Zwang und Willkür befreit sein.

Die Lage der Bauern

Im Deutschen Reich lebten zur Zeit Luthers etwa 16 Mio. Menschen, mehr als 12 Mio. davon waren Bauern. Ihre Situation hatte sich im 15. und 16. Jahrhundert drastisch verschlechtert. In einem Bericht aus dem Jahr 1520 heißt es über die Lage der Bauern:

Q1 … Landleute heißen die, die das Land von Dorf zu Dorf und Hof zu Hof bewohnen und bebauen. Sie führen ein elendes und hartes Leben. Jeder von ihnen lebt demütig für sich, von anderen getrennt, mit seiner Familie und seinem Vieh. Ihre Wohnungen sind aus Lehm und Holz errichtete und mit Stroh bedeckte Hütten, die nur wenig über dem Erdboden hervorragen.

Hausbrot, Haferbrei, gekochtes Gemüse sind ihre Speisen; Wasser und geronnene Milch ihre Getränke, ein leinener Kittel, ein Paar Stiefel, ein farbiger Hut ihre Kleidung. Die Leute stecken alle Zeit in Arbeit, Unruhe und Dreck. In die benachbarten Städte schleppen sie zum Verkauf, was sie von ihren Feldern und ihrem Vieh gewinnen. Sie selbst kaufen sich dort, was sie eben brauchen … Den Herren müssen die Bauern oftmals im Jahr dienen: das Feld beackern, säen, ernten und die Frucht in die Scheuern bringen, Holz fällen, Häuser bauen, Gräben ausheben. Es gibt nichts, wovon die Herren nicht behaupten, dass das geknechtete und arme Volk es ihnen nicht schulde. Die Leute können auch nicht wagen, einen Befehl nicht auszuführen, da sie dann schwer bestraft werden …

1 *Beschreiben Sie Tätigkeiten und Haltung der Bauern und des Grundherrn auf Abbildung 1. Überlegen Sie, mit welchen Bedingungen die Bauern wohl besonders unzufrieden waren.*

Der Bauernkrieg

2 Aufrührerische Bauern umringen einen Ritter. Holzschnitt, 1532.

Der Sturm bricht los

Immer wieder war es im 15. Jahrhundert zu Bauernaufständen gekommen. Doch den Fürsten und Herren war es gelungen, die örtlich begrenzten Aufstände niederzuschlagen. Der offene Aufruhr der Bauern begann 1524 im Südwesten. Seit der Jahreswende 1525 dehnten sich die Aufstände über ganz Deutschland aus. In „12 Artikeln" hat der Memminger Kürschnergeselle Sebastian Lotzer die Klageschriften der Bauern zusammengefasst:

Q2 … 1 Zum Ersten ist unser demütig Bitte und Begehr, dass in Zukunft jede Gemeinde ihren Pfarrer selbst wählen und auch wieder absetzen kann …

3 Zum Dritten ist es bisher Brauch gewesen, uns als Leibeigene zu halten, was zum Erbarmen ist … Es ergibt sich aus der Hl. Schrift, dass wir frei sind, und wir wollen es sein. Nicht, dass wir völlig frei sein und keine Obrigkeit haben wollen; das lehrt uns Gott nicht …

6 Die Frondienste müssen verringert werden.

11 Witwen und Waisen darf der Grundherr nichts von ihrem Erbe nehmen.

12 Sollte eine unserer Forderungen der Hl. Schrift widersprechen, wollen wir sie sofort fallen lassen …

2 *Der dritte und der letzte Artikel in Q2 zeigen den Einfluss Luthers. Beweisen Sie diese Behauptung.*

Luther unterstützt die Herren

Da die adligen Herren nicht an Verhandlungen interessiert waren, griffen die Bauern zu den Waffen. In Schwaben, im Elsass, in Franken und Thüringen kam es zu blutigen Aufständen. Auf ihrer Seite, so glaubten die Bauern, stand Martin Luther mit seiner neuen Lehre. Im April 1525 äußerte sich Luther zu den „12 Artikeln":

Q3 … Die 12 Artikel handeln alle von weltlichen, zeitlichen Dingen. Ihr sagt, dass ihr nicht länger Unrecht leiden wollt. Das Evangelium handelt nicht von diesen weltlichen Dingen. Ihr Bauern habt gegen euch die Hl. Schrift und die Erfahrung, dass ein Aufruhr noch nie ein gutes Ende genommen hat. Denkt an das Wort der Bibel (Matth. 26, 52): Wer das Schwert nimmt, soll durch das Schwert umkommen …

3 *Arbeiten Sie aus Q3 heraus, wie Luther seine ablehnende Haltung gegenüber den Bauern begründet.*

Die Niederlage der Bauern

Der Kampf zwischen Bauern und Herren dauerte nur wenige Wochen. Trotz verzweifelter Gegenwehr wurden die Bauern vernichtend geschlagen. Etwa 70 000 Bauern kamen ums Leben. Aus Sorge vor neuen Aufständen ließen die Herren die Forderungen der Bauern untersuchen und die schlimmsten Missstände abstellen.

1525:
Der Kürschnergeselle Sebastian Lotzer fasst die wichtigsten Forderungen der Bauern in zwölf Artikeln zusammen.

Bauernkriegssäule, die Albrecht Dürer 1525 entwarf und mit der er die Niederlage der Bauern beklagte.

Martin Luther unter der Taube. Holzschnitt von Hans Baldung Grien, 1521.

3. Schritt:
Wie ist das Flugblatt gestaltet?

Flugblätter waren teils sehr einfache und schnell gefertigte Blätter, die nur der sofortigen Information dienten. Andere wurden künstlerisch gestaltet und ihr Inhalt war tiefgründiger, manchmal spöttisch, manchmal entlarvend.

– Wie wurden die Personen dargestellt?
– Welche Symbole (z. B. Lorbeerkranz) wurden verwendet?
– Wurden Tiere benutzt, um menschliche Eigenschaften, Schwächen oder Stärken auszudrücken?
– Wie sind die Größenverhältnisse?
– Was soll groß und mächtig und was klein und hilflos oder unbedeutend wirken?
– Was geschieht im Hintergrund?

4. Schritt:
Welche Wirkung soll das Flugblatt erzielen?

Mit dem Druck von Flugblättern wurden auch politische Ziele verfolgt. Gerade in der Zeit der Reformation sollte für die eigenen Interessen und Standpunkte geworben und der Gegner nach Möglichkeit bloßgestellt werden.

1 *Sehen Sie sich die Abbildung genau an. Beschreiben Sie zunächst, was Sie sehen, und versuchen Sie dann, das Flugblatt zu erklären.*
2 *Entwerfen Sie selbst ein Flugblatt über ein Ereignis aus unserer Zeit.*
3 *Vergleichen Sie das Flugblatt mit aktuellen Plakaten (siehe auch S. 198).*

Seit Beginn der Reformation wurden im Streit um den rechten Glauben zahllose Flugblätter eingesetzt. Manche kann man auch heute noch relativ gut verstehen, andere hingegen verwenden Hinweise oder auch Symbole, die wir erst entschlüsseln müssen.

Wie man dabei vorgehen kann, zeigen Ihnen die folgenden Arbeitsschritte.

1. Schritt:
Von wem stammt das Flugblatt?

Um ein Flugblatt zeitlich einordnen zu können, müssen wir herausfinden, wer es verfasst oder wer den Holzschnitt auf dem Flugblatt angefertigt hat. Falls der Verfasser nicht bekannt ist, versuchen wir zu klären, wessen Interessen der Verfasser / Künstler vertrat: War er z. B. Protestant oder Katholik, Bauer oder Adliger, Kaiser oder Landesfürst?

2. Schritt:
Was ist das Thema des Flugblatts?

Diese Frage lässt sich bei einigen Flugblättern leicht mithilfe der Überschrift beantworten. Bei anderen müssen wir erst genauer den Bildinhalt oder, wenn vorhanden, den Text studieren und herausfinden, wer oder was gemeint war.

– Sind bekannte Personen zu erkennen?
– Ist ein Ort oder ein Ereignis dargestellt?
– Was ist in dem genannten Jahr geschehen?

Zusammenfassung

Die Wende zur Neuzeit

Das 15. Jahrhundert war die Zeit, in der sich ein neues Denken durchsetzte. Bisher hatte man sich in naturwissenschaftlichen Fragen mit Antworten aus der Bibel zufriedengegeben. Doch jetzt wollte man alles selber nachprüfen. So wurde das 15. Jahrhundert zu einer Zeit zahlreicher Entdeckungen und Erfindungen.

Weil man sich auf Werte der Antike zurückbesann, heißt die Epoche, die den Übergang vom Mittelalter zur Neuzeit darstellt, Renaissance.

Entdeckungen und Erfindungen

Einer der größten Erfinder dieser Zeit war Leonardo da Vinci. Erfunden wurden auch der Buchdruck und für die Schifffahrt notwendige Instrumente, z. B. ein seetüchtiger Kompass. Dies waren die Voraussetzungen für die Entdeckung Amerikas durch Christoph Kolumbus im Jahr 1492.

Reformation

In den Jahrzehnten vor der Reformation war das Lebensgefühl der Menschen von Angst geprägt. In ihrer Not erwarteten sie Trost und Hilfe von der Kirche. Doch viele Geistliche kümmerten sich nicht um die Sorgen der Menschen. Ihr zügelloses Leben und der Handel mit Ablassbriefen erbosten viele Gläubige. Die Kritik Martin Luthers, zunächst vor allem am Ablasshandel, leitete die Reformation ein.

In 95 Thesen machte Luther auf weitere Missstände in der Kirche aufmerksam. Der Gebrauch der deutschen Sprache im Gottesdienst und Luthers Übersetzung der Bibel ins Deutsche bewirkten, dass sich viele Menschen der Lehre Luthers anschlossen.

Bauernaufstände

Luthers Schrift „Von der Freiheit eines Christenmenschen" weckte bei den Bauern, die unter der Leibeigenschaft und hohen Abgaben an die Grundherren litten, die Hoffnung auf bessere Lebensbedingungen. Ihre Klagen und Forderungen fassten sie in zwölf Artikeln zusammen. Sie beriefen sich dabei auf die Bibel.

In Süddeutschland wie auch in anderen Gebieten Deutschlands kam es zu blutigen Kämpfen zwischen bewaffneten Bauernhaufen und Söldnerheeren der Fürsten. Auch Luther, der zunächst Verständnis für die Forderungen der Bauern gezeigt hatte, verurteilte die Gewaltanwendung der Bauern. In wenigen Wochen wurden die Bauern vernichtend geschlagen.

Seit 1400

In Europa beginnt eine neue Art des Denkens.

1492

Kolumbus entdeckt Amerika.

1517

Luthers Wittenberger Thesen zur Kirchenreform lösen die Reformation aus.

1525

Bauernaufstände erschüttern Deutschland.

Namen und Begriffe

- ✓ Antike
- ✓ Renaissance
- ✓ Humanismus
- ✓ Entdeckungen
- ✓ Leonardo da Vinci
- ✓ Christoph Kolumbus
- ✓ Ablass
- ✓ Martin Luther
- ✓ Reformation
- ✓ Bauernkrieg

Was wissen Sie noch?

1 Führen Sie Beispiele dafür an, dass die Menschen der Renaissance anders lebten und dachten als die Menschen im Mittelalter.

2 Kolumbus nannte die Ureinwohner der Insel Guanahani „Indianer". Warum?

3 Welche Missstände gab es in der Kirche vor der Reformation?

4 Erklären Sie den Begriff „Reichsacht". Wer hat sie über wen verhängt?

5 Erläutern Sie, warum die Erfindung des Buchdrucks im Zusammenhang mit der Reformation von so großer Bedeutung war.

6 Nennen Sie wichtige Forderungen der Bauern im deutschen Bauernkrieg.

Tipps zum Weiterlesen

Frauke Gewecke: Christoph Kolumbus. Suhrkamp, Frankfurt/M. 2006

Gernot Giertz (Hg.): Vasco da Gama. Die Entdeckung des Seewegs nach Indien. Ein Augenzeugenbericht 1497–1499. Thienemann, Stuttgart 2002

Manfred Mai / Gabriele Hafermaas: Nichts als die Freiheit. Der deutsche Bauernkrieg. dtv junior, München 2004

Luca Novelli: Leonardo da Vinci, der Zeichner der Zukunft. Arena Verlag, Würzburg 2007

Hans Plischke: Vasco da Gama. Der Weg nach Ostindien. Lamuv Verlag, Göttingen 2001

Arnulf Zitelmann: „Widerrufen kann ich nicht!" Die Lebensgeschichte des Martin Luther. Beltz & Gelberg, Weinheim / Basel 2004

1 Lesen Sie den Text und fassen Sie ihn zusammen. Informieren Sie sich über die beschriebene Person und stellen Sie diese Ihrer Klasse vor.

Wer bin ich?

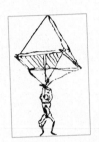

Ich wurde 1452 in dem Dorf Vinci bei Florenz geboren. Mein Vater war ein erfolgreicher Notar, meine Mutter ein Bauernmädchen. Ich wuchs bei der Familie meines Vaters auf, da meine Eltern nicht verheiratet waren.

Ich habe nur die Grundschule besucht und war kein ausgesprochen guter Schüler. Ich hatte aber eine große künstlerische Begabung und ging bei dem Maler und Bildhauer Verrocchio in die Lehre.

Später war ich nicht nur Maler, sondern auch Forscher, Wissenschaftler, Ingenieur, Schriftsteller und Philosoph. Meine Erfindungen waren Flugmaschinen, Schleusen, Kugellager und Festungsanlagen. Großes Interesse hatte ich aber auch am Sezieren von Leichen, alle Ergebnisse hielt ich in Skizzen fest.

Mein berühmtestes Bild ist eine lächelnde Frau – wissen Sie ihren Namen? Dann ist Ihnen mein Name sicher nicht unbekannt?

2 Tragen Sie Informationsmaterial über einzelne Karibikstaaten zusammen und erstellen Sie in Gruppen- oder Partnerarbeit ein Poster, das die Licht- und Schattenseiten dieser Staaten aufzeigt.

3 Beschreiben Sie die dargestellten Personen. Welche Unterschiede stellen Sie fest?

Der Kampf um Demokratie

1643–1715   1700   1776

KÖNIG LUDWIG XIV.   BEGINN
DER AUFKLÄRUNG   AMERIKANISCHE
UNABHÄNGIGKEITS-
ERKLÄRUNG

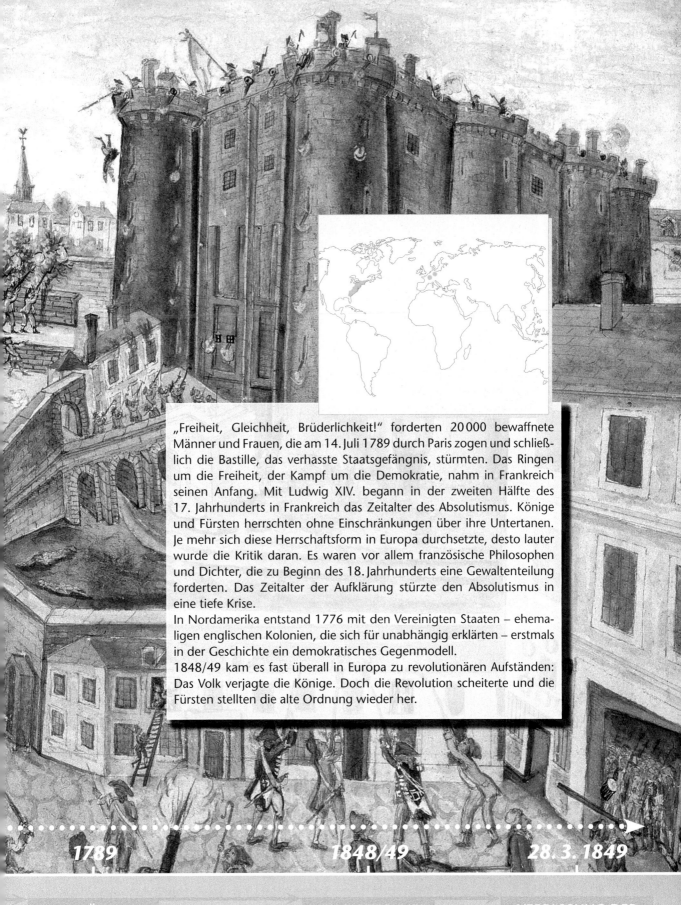

„Freiheit, Gleichheit, Brüderlichkeit!" forderten 20 000 bewaffnete Männer und Frauen, die am 14. Juli 1789 durch Paris zogen und schließlich die Bastille, das verhasste Staatsgefängnis, stürmten. Das Ringen um die Freiheit, der Kampf um die Demokratie, nahm in Frankreich seinen Anfang. Mit Ludwig XIV. begann in der zweiten Hälfte des 17. Jahrhunderts in Frankreich das Zeitalter des Absolutismus. Könige und Fürsten herrschten ohne Einschränkungen über ihre Untertanen. Je mehr sich diese Herrschaftsform in Europa durchsetzte, desto lauter wurde die Kritik daran. Es waren vor allem französische Philosophen und Dichter, die zu Beginn des 18. Jahrhunderts eine Gewaltenteilung forderten. Das Zeitalter der Aufklärung stürzte den Absolutismus in eine tiefe Krise.

In Nordamerika entstand 1776 mit den Vereinigten Staaten – ehemaligen englischen Kolonien, die sich für unabhängig erklärten – erstmals in der Geschichte ein demokratisches Gegenmodell.

1848/49 kam es fast überall in Europa zu revolutionären Aufständen: Das Volk verjagte die Könige. Doch die Revolution scheiterte und die Fürsten stellten die alte Ordnung wieder her.

1789

1848/49

28. 3. 1849

FRANZÖSISCHE
REVOLUTION

REVOLUTION IN
DEUTSCHLAND

VERFASSUNG DER
DEUTSCHEN NATIO-
NALVERSAMMLUNG

Ludwig XIV.: „Der Staat bin ich!"

1 König Ludwig XIV. von Frankreich. Gemälde des königlichen Hofmalers Hyacinthe Rigaud, 1701.

1643–1715:
Herrschaft des französischen Königs Ludwig XIV. Seine Nachfolger und die letzten absolutistischen Herrscher in Frankreich waren Ludwig XV. (1715 bis 1774) und Ludwig XVI. (1774 bis 1792).

Dreißigjähriger Krieg *:
Aus einem Konflikt im Deutschen Reich zwischen katholischen (Liga) und protestantischen Fürsten (Union) entwickelte sich ein Krieg zwischen den europäischen Mächten um die Vorherrschaft in Europa. Frankreich und Schweden unterstützten die Union, Spanien die Liga mit dem deutschen Kaiser. Der Krieg wurde 1648 mit dem Westfälischen Frieden beendet.

Ludwig XIV. übernimmt die Regierungsgeschäfte

Dreißig Jahre lang hatte in Deutschland der Krieg* getobt. Städte und Dörfer waren zerstört, Millionen Menschen umgekommen. Als endlich 1648 Frieden geschlossen wurde, teilte man Deutschland in mehr als 300 Fürstentümer auf. Die Macht des Kaisers war geschwächt. Während das Deutsche Reich politisch in Ohnmacht versank, wurde Frankreich immer mächtiger. Hier war 1643 im Alter von fünf Jahren Ludwig XIV. auf den Thron gekommen. Solange er noch ein Kind war, führte für ihn Kardinal Mazarin die Regierungsgeschäfte. Der Kardinal starb am 9. März 1661. Bereits am folgenden Morgen, um 7 Uhr früh, rief Ludwig XIV. den Staatsrat zusammen. Nichts, so erklärte er den Ministern, dürfe von jetzt an ohne seinen Willen geschehen. Er allein werde in Zukunft die Befehle erteilen. Sache der Minister und Beamten sei es, diese auszuführen.

Zehn Jahre später schrieb Ludwig XIV. über sich selbst:

Q1 … Ich entschloss mich, keinen „Ersten Minister" mehr in meinen Dienst zu nehmen. Denn nichts ist unwürdiger, als wenn man auf der einen Seite alle Funktionen, auf der anderen Seite nur den leeren Titel eines Königs bemerkt.
Ich wollte die oberste Leitung ganz allein in meiner Hand zusammenfassen … Ich bin über alles unterrichtet, höre auch meine ge-

Die Macht des absoluten Herrschers

2 **Ludwig XIV. lässt sich und seine Familie in den Gestalten antiker Götter malen.** Gemälde von Jean Nocret, um 1670.

ringsten Untertanen an, weiß jederzeit über Stärke und Ausbildungszustand meiner Truppen und über den Zustand meiner Festungen Bescheid. Ich gebe unverzüglich meine Befehle zu ihrer Versorgung, verhandle unmittelbar mit den fremden Gesandten, empfange und lese die Nachrichten und entwerfe teilweise selbst die Antworten, während ich für die übrigen meinen Sekretären das Wesentliche angebe. Ich regle Einnahmen und Ausgaben des Staates und lasse mir von denen, die ich mit wichtigen Ämtern betraue, persönlich Rechenschaft geben …

1 *Tragen Sie die verschiedenen Aufgabenbereiche zusammen, um die sich der König selbst kümmert.*
2 *An welcher Stelle wird in Q1 besonders deutlich, dass der König allein regiert?*

Ludwig XIV.: „Der Staat – das bin ich!"
Diese – allerdings nicht verbürgte – Aussage Ludwigs XIV. entsprach seiner Vorstellung von einer absoluten* Herrschaft, die er direkt von Gott erhalten habe.

Sein Hofprediger, Bischof Jacques Bossuet (1627–1704), schrieb dazu:
Q2 … Gott setzt die Könige als seine Minister ein und regiert durch sie die Völker. Sie handeln als seine Diener und Stellvertreter auf Erden … Der königliche Thron ist nicht der Thron eines Menschen, sondern der Thron Gottes selbst. Aus all dem geht hervor, dass die Person des Königs geheiligt ist … Der König muss über seine Befehle niemandem Rechenschaft geben … Nur Gott kann über seine Maßnahmen urteilen …

3 *Wiederholen Sie mit eigenen Worten, wer nach Bossuet die Könige einsetzt. Was ergibt sich daraus für die Herrschaft des Königs?*
4 *Überlegen Sie zunächst, inwiefern sich die Gedanken Bossuets über die Stellung des Königs in den Gemälden (Abbildungen 1 und 2) widerspiegeln. Beschreiben Sie anschließend die Bilder mithilfe der Arbeitsschritte auf Seite 113.*

Absolutismus *:
(lat. absolutus = losgelöst).
Bezeichnung für die Epoche vom 17. bis 18. Jahrhundert, in der Ludwig XIV. und seine Regierungsform in Europa als Vorbild galten. Der Monarch besaß die uneingeschränkte Herrschaftsgewalt. Er regierte losgelöst von den Gesetzen und forderte von allen Untertanen unbedingten Gehorsam.

Gottesgnadentum:
Als Herrscher „von Gottes Gnaden", als von Gott eingesetzte und nur ihm verantwortliche Herrscher rechtfertigen die Könige und Fürsten ihren absoluten Herrschaftsanspruch.

Allongeperücke

Spitzenkragen

Orden des Hl. Geistes

Mantel aus Hermelinpelz
(innen) und Brokat mit
goldenen Lilien (Wappen
des Königshauses)

Thron

Schwert Karls des Großen

Zepter

Spitzenwäsche

Krone

Seidenstrümpfe

Schuhe mit Absatz

1 Das Jahr 1701: In der Werkstatt des königlichen Hofmalers Hyacinthe Rigaud (1659–1743) wird ein Bild Ludwigs XIV. angefertigt. Das große Gemälde (1,94 m x 2,77 m) zeigt den 63-jährigen König, der seit 40 Jahren Frankreich regiert.

Vor der Erfindung von Radio, Film und Fernsehen waren Gemälde die wichtigste Möglichkeit von Herrschern, sich ihrem Volk zu präsentieren. Kein Detail eines Bildes war deshalb dem Zufall überlassen, die Maler mussten genau nach Anweisung arbeiten.

Um die Darstellung eines Bildes und insbesondere die Botschaft, die es vermitteln soll, zu verstehen, müssen Sie sich das Bild genau anschauen, analysieren und interpretieren. Folgende Vorgehensweise kann Ihnen dabei helfen:

▨ Zuerst sollten Sie das Herrschergemälde auf sich wirken lassen. Schauen Sie es in Ruhe an und schildern Sie dann den ersten Eindruck, den der König auf Sie macht.

▨ Sie wollen aber noch mehr über das Bild erfahren und es deshalb genauer untersuchen:

1. Schritt:
Wer ist dargestellt?
Den Namen und die Lebensdaten des Herrschers kennen Sie schon.

Sie können sich aber überlegen, warum der König das Gemälde erst so spät hat anfertigen lassen.

Der König ist ganz alleine auf dem Bild. Warum hat der Maler keine weiteren Personen in das Bild gesetzt?

2. Schritt:
Was ist dargestellt?
Erstellen Sie eine Liste mit den Ihrer Meinung nach wichtigsten Einzelheiten im Bild. Überlegen Sie, warum der Maler diese darstellte.

3. Schritt:
Wie ist der Herrscher dargestellt?
Betrachten Sie genau die Kleidung, die Haartracht, die Gestik und Mimik des Königs. Was sagen sie aus?

4. Schritt:
An wen richtet sich die Darstellung?
Überlegen Sie, wer sich dieses Bild angesehen hat. Wie sahen die Betrachter ihren Herrscher? Schaut er sie an? Wie schaut er sie an? Sehen sie selbst den König eher von unten oder von oben an?

▨ Sie können sich aber noch mehr auf das Bild einlassen und versuchen, kreativ mit ihm zu arbeiten, z. B. indem Sie den Bildaufbau nachzeichnen.

– Skizzieren Sie die Person des Königs.
– Fügen Sie Sprech- oder Denkblasen in das Bild ein. Überlegen Sie, welcher Ausspruch Ludwigs XIV. am besten zu dem Gemälde passen würde.
– Formulieren Sie einen Bildauftrag.
– Verfassen Sie einen Brief, in dem Ludwig XIV. seinen Hofmaler Rigaud beauftragt, ein Porträt von ihm zu malen. Erläutern Sie dem Maler Ihre Vorstellungen.
– Vergleichen Sie historische Bilder miteinander. In welchem Zusammenhang stehen das Historienbild und die Karikatur (Abbildung 2)? Beachten Sie dabei auch dessen Titel.

2 Demaskierung. Karikatur von William Thackeray, um 1830. Der Zeichner schrieb zu der Karikatur: „Man sieht sofort, dass die Majestät aus der Perücke gemacht ist, den hochhackigen Schuhen und dem Mantel … So stellen Barbiere und Flickschuster die Götter her, die wir anbeten."

Das Zeitalter der Aufklärung

1 Vortrag eines Gelehrten im Salon* der Madame Geoffrin in Paris. Gemälde von G. Lemmonier, um 1745.

Der Mensch: Bürger oder Untertan?

Der Hofprediger Ludwigs XIV. hatte 1682 geschrieben:

Q1 … Die Menschen werden allesamt als Untertanen geboren. Der Fürst blickt von einem höheren Standpunkt aus. Man darf darauf vertrauen, dass er weiter sieht als wir. Deshalb muss man ihm ohne Murren gehorchen. Derjenige, der dem Fürsten den Gehorsam verweigert, wird als Feind der menschlichen Gesellschaft zum Tode verurteilt …

War diese Auffassung wirklich richtig? Wurden alle Menschen als Untertanen geboren? Waren sie nur dazu da, um einem König zu dienen und zu gehorchen? Je mehr sich der Absolutismus in Frankreich und Europa durchsetzte, desto lauter wurde die Kritik an dieser Herrschaftsform. Es waren vor allem französische Dichter, Philosophen und Schriftsteller, die sich zu Beginn des 18. Jahrhunderts hiergegen zur Wehr setzten. Das Zeitalter der Aufklärung begann.

So schrieb der französische Philosoph Denis Diderot (1713–1784):

Q2 … Kein Mensch hat von der Natur das Recht erhalten, über andere zu herrschen. Die Freiheit ist ein Geschenk des Himmels und jedes Mitglied des Menschengeschlechtes hat das Recht, sie zu genießen, sobald es Vernunft besitzt …

„Alle Menschen", so betonten auch andere aufgeklärte Gelehrte, „sind von Natur aus frei und gleich." Es ist höchste Zeit, dass jeder Bürger, jeder Bauer seine alten Rechte zurückgewinnt.

1 *Vergleichen Sie die Äußerung des Hofpredigers (Q1) mit der Auffassung Diderots (Q2).*

Gewaltenteilung statt Alleinherrschaft

Die Freiheit des Menschen ist immer dann bedroht, wenn zu viel Macht in der Hand eines Einzelnen vereint ist.

Der Philosoph Charles de Montesquieu (1689–1755) schlug deshalb vor, die Macht im Staat aufzuteilen:

Q3 … In jedem Staat gibt es drei Arten von Gewalten: die gesetzgebende, die ausführende und die richterliche Gewalt.

Um den Missbrauch der Gewalt unmöglich zu machen, müssen die Dinge so geordnet sein, dass die eine Gewalt die andere im Zaum hält.

Wenn die gesetzgebende Gewalt mit der ausführenden in einer Person vereinigt ist, dann gibt es keine Freiheit. Man muss dann nämlich befürchten, dass ein Herrscher tyrannische Gesetze gibt, um sie als Tyrann auch auszuführen.

Es gibt keine Freiheit, wenn die richterliche Gewalt nicht von der gesetzgebenden und von der ausführenden Gewalt getrennt ist:

Das Zeitalter der Aufklärung

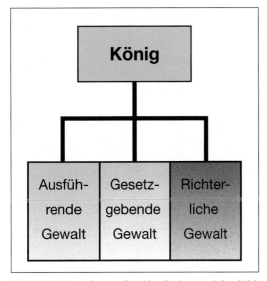

2 Die Staatsordnung des Absolutismus. Schaubild.

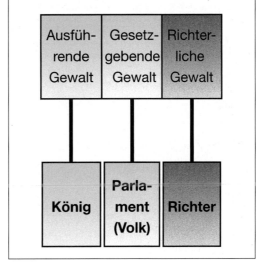

3 Die Staatsordnung nach Montesqieu. Schaubild.

Wenn die richterliche Gewalt mit der gesetzgebenden vereinigt wäre, so würde die Gewalt über Leben und Freiheit der Bürger willkürlich sein; denn der Richter wäre zugleich Gesetzgeber.

Wäre die richterliche Gewalt mit der ausführenden Gewalt verbunden, dann könnte der Richter die Macht eines Unterdrückers besitzen …

Die Gewaltenteilung nach Montesqieu ist seither fester Bestandteil moderner Demokratien.
2 Erklären Sie mithilfe von Q3 die Schaubilder 2 und 3. Arbeiten Sie heraus, worin das Neue gegenüber dem Absolutismus liegt.

Beweise statt Glauben
Die Aufklärer stellten die Macht des Königtums ebenso in Frage wie den Anspruch der Kirche, Entwicklungen im Bereich der Wissenschaft oder im Erziehungswesen bestimmen zu können. Nicht der Glaube und ungeprüfte Überzeugungen, sondern die Vernunft und der Beweis sollten die Grundlage aller Erkenntnisse sein.
Der deutsche Philosoph Immanuel Kant (1724–1804) beschrieb Aufklärung folgendermaßen:
Q4 … Aufklärung ist der Ausgang des Menschen aus seiner selbst verschuldeten Un-

mündigkeit. Selbst verschuldet ist diese Unmündigkeit, wenn die Ursache derselben nicht am Mangel des Verstandes, sondern am Mangel des Mutes liegt … Habe den Mut, dich deines Verstandes zu bedienen …

3 Wie kann man sich den „Mangel an Mut" der Menschen damals in Frankreich erklären?

Die neuen Ideen der Aufklärung fanden schnell Anklang. In Frankreich, vor allem in Paris, trafen sich wohlhabende Bürger und Bürgerinnen in Salons und hörten dort Vorträge von Gelehrten. Zugleich entstanden zahlreiche Akademien, an denen Wissenschaftler gemeinsam forschten und experimentierten. Um exakter messen und beobachten zu können, erfanden sie zahlreiche neue Instrumente, wie z.B. das Mikroskop. Die Ergebnisse der Forschung wurden in Enzyklopädien* zusammengefasst, um sie allen Menschen zugänglich zu machen. Die Aufklärer wollten die Menschen durch Bildung und Erziehung dazu anleiten, die Vernunft richtig zu gebrauchen. Sie waren außerdem der Überzeugung, dass jeder Mensch das Recht auf Bildung habe, und forderten daher die Einführung der Schulpflicht.
4 Beschreiben Sie Verhalten und Mimik der Personen auf der Abbildung 1.

Enzyklopädie*:
Ein Nachschlagewerk, das französische Gelehrte im 18. Jahrhundert herausgaben. Das gesammelte Wissen der Menschheit sollte hier umfassend dargestellt werden. Viele führende Wissenschaftler arbeiteten an der Enzyklopädie mit, die zu einem Standardwerk der Aufklärung wurde.

Amerika den Amerikanern!

1 Eine Abordnung unter der Führung von Thomas Jefferson überreicht dem Kongress die Unabhängigkeitserklärung. Am Tisch sitzend George Washington. Gemälde von John Trumbull, 1787–1795.

Flagge der 13 vereinigten Staaten von Nordamerika aus den Jahren 1775 (oben) und 1789 (unten).

4. Juli 1776: Unabhängigkeitserklärung der 13 nordamerikanischen Kolonien. Sie wurde von dem Rechtsanwalt Thomas Jefferson (1743–1826) verfasst. Er war zwischen 1801 und 1809 der dritte Präsident der USA.

Die Kolonien werden unabhängig

Zahlreiche Europäer, die während des Absolutismus religiös oder politisch unterdrückt wurden, verließen ihre Heimat, um sich in Nordamerika eine neue Existenz aufzubauen, darunter viele Siedler aus Großbritannien. Diese Kolonisten fühlten sich zwar als Untertanen des englischen Königs, sie verwalteten sich aber selbst, wurden immer selbstbewusster und trafen schließlich ihre eigenen Entscheidungen, unabhängig vom englischen Mutterland.

Von den 13 Kolonien befürworteten im Herbst 1775 nur noch fünf ein Zusammenbleiben mit England, die anderen wollten sich selbstständig machen. Radikale Flugblätter und Kriegsmeldungen beeinflussten die öffentliche Meinung dahingehend, dass immer mehr Menschen für eine gänzliche Trennung von England eintraten. Am 4. Juli 1776 erklärten die Vertreter der 13 nordamerikanischen Kolonien die Trennung von England.

In der Unabhängigkeitserklärung heißt es:

Q1 ... All men are created equal.

... Folgende Wahrheiten erachten wir als selbstverständlich: Alle Menschen sind gleich geschaffen. Sie sind von ihrem Schöpfer mit unveräußerlichen Rechten ausgestattet. Dazu gehören Leben, Freiheit und Streben nach Glück.

Zur Sicherung dieser Rechte sind unter den Menschen Regierungen eingesetzt, die ihre rechtmäßige Macht aus der Zustimmung der Regierten herleiten.

Wenn eine Regierungsform diese Zwecke gefährdet, ist es das Recht des Volkes, sie zu ändern oder abzuschaffen und eine neue Regierung einzusetzen ... Demnach verkünden wir, die im Allgemeinen Kongress der Vereinigten Staaten von Amerika versammelten Vertreter, feierlich: ... dass diese vereinigten Kolonien freie und unabhängige Staaten sind und von Rechts wegen sein müssen, dass sie losgelöst sind von aller Pflicht gegen die britische Krone, dass jede politische Verbindung zwischen ihnen und dem Staate Großbritannien ein für allemal aufgehoben ist ...

1 *Erstellen Sie eine Liste mit den in der Unabhängigkeitserklärung genannten grundlegenden Rechten. – Gelten diese Rechte in den USA heute noch? Vergleichen Sie sie mit dem Grundrechtskatalog im Grundgesetz der BRD.*

2 *Beschreiben Sie die Abbildung 1. Welchen Eindruck vermitteln die in der Bildlegende genannten Personen?*

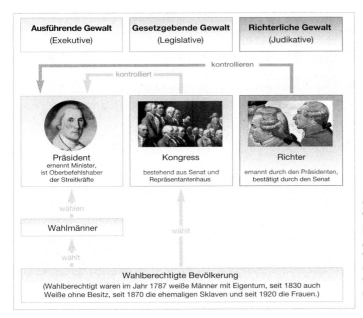

Ausführende Gewalt (Exekutive)	Gesetzgebende Gewalt (Legislative)	Richterliche Gewalt (Judikative)

kontrollieren

kontrolliert

Präsident
ernennt Minister,
ist Oberbefehlshaber
der Streitkräfte

Kongress
bestehend aus Senat und
Repräsentantenhaus

Richter
ernannt durch den Präsidenten,
bestätigt durch den Senat

wählen

wählt

Wahlmänner

wählt

Wahlberechtigte Bevölkerung
(Wahlberechtigt waren im Jahr 1787 weiße Männer mit Eigentum, seit 1830 auch
Weiße ohne Besitz, seit 1870 die ehemaligen Sklaven und seit 1920 die Frauen.)

1 Die Verfassung der Vereinigten Staaten von Amerika. Sie wurde am 4. März 1787 verabschiedet. Schaubild.

Grafiken und Strukturschemata helfen, komplizierten Sachverhalten auf die Spur zu kommen. Ein paar Tipps sollen Ihnen dabei helfen.

1. Schritt:
Was teilt die Grafik mit?
Eine Grafik steht meistens in engem Zusammenhang mit einem Text. Orientieren Sie sich, wovon dieser berichtet, um welches Thema es geht.

2. Schritt:
Welche Farben, Linien und Symbole werden verwendet?
Jedes Strukturschema versucht, durch einfache Zeichen komplizierte Zusammenhänge zu erklären. Die verwendeten Symbole sind zumeist in einer Legende erklärt.
– Verschaffen Sie sich einen Überblick über die Farben. Was bedeuten sie? Treten manche Farben mehrmals auf? Werden Farben gemischt (z. B. blau-grüne Schraffierung)? Soll damit etwas ausgesagt werden?

– Werden verschiedene Linien eingesetzt? Sind z. B. Kästchen verschiedenartig eingerahmt? Welchen Sinn hat dies?
– Welche Symbole treten auf (z. B. Krone für König, Kreuz für Kirche)? Was bedeuten sie?
– Gibt es gleiche Symbole in verschiedenen Größen / Farben?
– Gibt es Zeichen, die Sie nicht verstehen? Versuchen Sie, diese zu klären.

3. Schritt:
Welche Elemente werden zueinander in Beziehung gesetzt?
Sie müssen klären, wie die einzelnen Elemente des Schemas zusammenhängen.
– Hat es eine Bedeutung, was in der Grafik oben, unten, links oder rechts steht? Wenn ja, was wird dadurch ausgesagt?
– Zwischen welchen Elementen finden Sie Verbindungslinien, Pfeile oder andere Zeichen (z. B. Blitze)? Sind die Pfeile durch einen Text erklärt?

4. Schritt:
Welche Schlussfolgerungen sind möglich?
Welche zusätzlichen Erkenntnisse können Sie aus einer Grafik gewinnen?
– Gibt es ein „Zentrum" innerhalb des Schemas? Laufen z. B. besonders viele Pfeile in einem Punkt zusammen? Was bedeutet das?
– Auch da, wo es keine Pfeile und Verbindungslinien gibt, sind Informationen versteckt. Welche Elemente wirken ausgegrenzt? Welche Gründe gibt es dafür?
– Gibt es ähnliche Strukturschemata? Welche Gemeinsamkeiten, Unterschiede fallen auf?

Rechte für Frauen
Abigail Adams schrieb am 31. März 1776 an ihren Mann John, sie warte schon ganz ungeduldig auf die Ausrufung der Unabhängigkeit.
Weiter heißt es in diesem Brief:
Q1 … Ich wünsche mir, dass ihr in dem neuen Gesetzbuch … auch an die Frauen denkt. Seid ihnen gegenüber großzügiger und gefälliger, als eure Vorfahren es waren. Legt keine unbegrenzte Macht in die Hände der Ehemänner. Denkt daran, dass alle Männer Tyrannen wären, wenn sie nur könnten. Wenn den Frauen nicht besondere Aufmerksamkeit geschenkt wird, sind wir entschlossen, einen Aufstand anzuzetteln. Wir werden uns nicht gebunden fühlen an Gesetze, in denen wir keine Stimme oder Vertretung haben …

1 Untersuchen Sie mithilfe der einzelnen Schritte das Strukturschema (Abbildung 1).
2 Was würden Sie Abigail Adams (Q1) erwidern? – Entwerfen Sie einen Antwortbrief.

Menschenrechtsverletzungen heute

Menschenrechtsverletzungen

Aus dem Jahresbericht 2002 von amnesty international*

★ Staaten und Konfliktherde mit gravierenden Menschenrechtsverletzungen 2001

unter anderem in ...
Burkina Faso — Israel
Brasilien
Argentinien — Kamerun

unter anderem in ...
Mexiko — Algerien
Venezuela
Kolumbien — Indonesien

unter anderem in ...
Kaschmir — Nepal
Kolumbien — Sudan — Sri Lanka
Burundi — Indonesien

unter anderem in ...
USA — Irak — Afghanistan
China
Nigeria

unter anderem in ...
Kuba — Irak — Iran — China
Mexiko — Marokko — Myanmar (Birma)
Peru
Argentinien

unter anderem in ...
Ägypten — Irak — China
Simbabwe

unter anderem in ...
USA — Türkei — Irak — China
Mexiko
Venezuela — Brasilien
Peru

Quelle: ai/APA · 7844 · © Globus

1 Menschenrechtsverletzungen in der Welt. Schaubild, 2002.

In ihre Unabhängigkeitserklärung vom Mutterland England nahmen 13 nordamerikanische Staaten einen grundlegenden Katalog von Menschenrechten auf. Sie fanden Eingang in die Verfassung der USA. Die „Erklärung der Menschen- und Bürgerrechte" 1789 durch die französische Nationalversammlung (siehe S. 128) wirkte vorbildhaft auf die deutsche Nationalversmmlung. Sie stellte 1849 ihrem Verfassungsentwurf einen Grundrechtskatalog voran, der letztlich nur Idee blieb (siehe S. 136).

Im Jahr 1948 verabschiedete die Generalversammlung der Vereinten Nationen* die „Allgemeine Erklärung der Menschenrechte" und erklärte den 10. Dezember zum Gedenktag:

Q1 Art. 5 Niemand darf der Folter oder grausamer, unmenschlicher oder erniedrigender Behandlung oder Strafe unterworfen werden.

Art. 22 Jeder hat als Mitglied der Gesellschaft das Recht auf soziale Sicherheit.

Art. 23 Jeder hat das Recht auf Arbeit, auf freie Berufswahl, auf gerechte und befriedigende Arbeitsbedingungen sowie auf Schutz vor Arbeitslosigkeit.

Art. 24 Jeder hat das Recht auf Erholung und Freizeit und insbesondere auf eine vernünf

tige Begrenzung der Arbeitszeit und regelmäßigen bezahlten Urlaub.

Art. 25 Jeder hat das Recht auf einen Lebensstandard, der seine und seiner Familie Gesundheit und Wohl gewährleistet, einschließlich Nahrung, Kleidung, Wohnung, ärztliche Versorgung und notwendige soziale Leistungen, sowie das Recht auf Sicherheit im Falle von Arbeitslosigkeit, Krankheit, Invalidität oder Verwitwung, im Alter sowie bei anderweitigem Verlust seiner Unterhaltsmittel durch unverschuldete Umstände.

Die meisten Staaten der Erde haben sich seit 1948 der „Allgemeinen Erklärung der Menschenrechte" angeschlossen. Dennoch sind die politischen und bürgerlichen Freiheiten in vielen Staaten nicht ausreichend oder kaum gewährleistet. Ethnische Minderheiten*, politische Gegner, Flüchtlinge, Zwangsarbeiter, Frauen und Kinder – die Zahl der Menschen, die staatlicher, wirtschaftlicher oder persönlicher Willkür und Gewalt ausgesetzt sind, ist erschreckend hoch.

1 *Erstellen Sie mithilfe des Schaubilds (Abb. 1) einen kurzen Bericht über die Lage der Menschenrechte in den verschiedenen Erdteilen und stellen Sie ihn Ihrer Klasse vor.*

Menschenrechtsverletzungen heute

2 Kinder im Ernteeinsatz: Zuckerrohrernte in Guatemala. Foto, 2005.

3 Kinder als Soldaten: Von Rebellen im Kongo zum Kriegsdienst gezwungen. Foto, 2003.

Menschenrechtsopfer: Kinder

Mindestens 200 Millionen Kinder zwischen fünf und vierzehn Jahren müssen weltweit unter widrigsten Umständen arbeiten. Als Kindersoldaten, Prostituierte oder Sklaven werden sie in unmenschlicher Weise ausgebeutet. Als billige Arbeitskräfte schuften sie in Fabriken, Steinbrüchen, in der Landwirtschaft oder in privaten Haushalten. Die Armut ihrer Familien zwingt sie, für deren Lebensunterhalt aufzukommen. Jede Form von Bildung ist ihnen verwehrt.

Menschenrechtsopfer: Frauen

Obwohl sich die rechtliche Stellung der Frau in den letzten Jahren verbessert hat, sind Frauen in vielen Ländern der Erde immer noch Opfer von Menschenrechtsverletzungen. Jahr für Jahr erleiden Millionen von Mädchen und Frauen Genitalverstümmelungen oder werden zur Prostitution gezwungen. Mädchen und junge Frauen werden zwangsverheiratet, viele fallen sogenannten Ehrenmorden zum Opfer. Viele islamistische Länder lehnen eine Gleichberechtigung der Frauen ab.

2 *Recherchieren Sie im Internet, z. B. unter www.terres-des-femmes.de, und belegen Sie anhand von Beispielen, in welchen Ländern Gewalt an Frauen verübt wird. Bilden Sie Gruppen und stellen Sie Ihre Ergebnisse mithilfe einer Wandzeitung oder einer Power-Point-Präsentation vor.*

„Ich musste töten ..."
Ich nahm zwei Monate an einem Training mit Schießübungen ... teil. Es war hart. Einige meiner Freunde starben an Malaria oder Hunger bei langen Märschen und Höhlendurchquerungen. Nach dem Training kam es noch schlimmer. Wir kämpften gegen viele Milizen. Am schwierigsten war es, Menschen töten zu müssen. Ich habe immer noch Albträume von den Menschen, die durch mich starben. Aber ich musste sie töten, wenn ich nicht umgebracht werden wollte wie meine Freunde ... (Marcel war elf Jahre alt, als er im Kongo rekrutiert wurde).

Internettipp:
www.amnesty-frauen.de

4 Verschleierte Frauen protestieren in Pakistan gegen Menschenrechtsverletzungen der Sicherheitskräfte. Foto, 2007.

Die Krise des Absolutismus

1 Ein hoher Würdenträger huldigt dem französischen König Ludwig XVI. Gemälde von Gabriel François Doyen, etwa 1774.

Lebenshaltungs-kosten in Frankreich 1789

Es kosteten ein Vier-Pfund-Brot
14,5 Sous
0,5 Liter Wein
5,0 Sous
Miete täglich
3,0 Sous
250 g Fleisch
5,0 Sous

Die drei Stände

Seit Jahrhunderten war die Bevölkerung Frankreichs in Stände eingeteilt. Dem ersten Stand gehörten die höheren Geistlichen (Klerus) an. Der Adel (z. B. Freiherren, Grafen) bildete den zweiten Stand. Diesen 600 000 Menschen standen 24 Millionen Einwohner des dritten Standes gegenüber. Es konnten Professoren, Anwälte oder Ärzte, Handwerker oder Soldaten sein. Die Masse des dritten Standes lebte als Bauern oder Tagelöhner auf dem Land. Die Bauern waren Leibeigene eines Grundherrn. Sie hatten zahlreiche Dienste und Abgaben zu leisten. Wenn sie heiraten oder wegziehen wollten, mussten sie den Grundherrn um Erlaubnis fragen.

Der dritte Stand trägt die Lasten

Die Angehörigen des ersten und zweiten Standes genossen besondere Rechte (Privilegien). Sie waren weitgehend von der Zahlung der Steuern befreit. Sie wurden bei der Vergabe hoher Staatsämter in der Armee, in der Verwaltung oder der Kirche bevorzugt. Der dritte Stand hatte fast die gesamten Steuern zu be-

zahlen. Durch Missernten kam es zu Hungersnöten. 1789 verdiente ein Bauarbeiter 18 Sous pro Tag. Ein Vierpfundbrot kostete aber schon 14,5 Sous. Wie sollte man da noch seine Familie ernähren?

1 Beschreiben Sie die Personen auf Abbildung 1.

2 Welche Kritik wird in der Abbildung 2 deutlich?

3 Vergleichen Sie den Verdienst des Bauarbeiters und die damaligen Lebenshaltungskosten in Paris (siehe Randspalte). – Für welche notwendigen Ausgaben fehlte dem Bauarbeiter das Geld?

Der Adel – eine göttliche Einrichtung?

Einige Angehörige des dritten Standes waren zu Reichtum und Ansehen gekommen. Sie besaßen oft mehr Bildung als die Adligen und Geistlichen. Dennoch hatten sie keinerlei politischen Einfluss. So sprachen sich Rechtsanwälte, Ärzte, Kaufleute und Gutsbesitzer immer deutlicher gegen ein absolutistisches Herrschaftssystem aus, das den Staat in den Ruin führte. Überall debattierten* die Men-

debattieren*:
(franz.) erörtern, verhandeln.

Die Krise des Absolutismus

schen über Politik, über die Ideen der Aufklärung und die amerikanische Unabhängigkeitserklärung (siehe S. 116). In ihr hieß es: „Alle Menschen sind von Natur aus frei und gleich an Rechten geboren." Eine solche Freiheit gab es aber in Frankreich noch nicht.

Gegen die massive Kritik setzte sich der Adel mit einer Schrift zur Wehr:

Q1 … Die Garantie der persönlichen Steuerfreiheit und der Auszeichnungen, die der Adel zu allen Zeiten genossen hat, sind Eigenschaften, die den Adel besonders hervorheben; sie können nur dann angegriffen werden, wenn die Auflösung der allgemeinen Ordnung erstrebt wird. Diese Ordnung hat ihren Ursprung in göttlichen Institutionen: Die unendliche und unabänderliche Weisheit hat Macht und Gaben ungleichmäßig verteilt …

In einem zeitgenössischen Theaterstück sagt hingegen ein Diener zu seinem adligen Herrn:

Q2 … Weil Sie ein großer Herr sind, bilden Sie sich ein, auch ein großer Geist zu sein. Geburt, Reichtum, Stand und Rang machen Sie stolz. – Was taten Sie denn, mein Herr, um so viele Vorzüge zu verdienen? Sie gaben sich die Mühe, auf die Welt zu kommen; das war die einzige Arbeit Ihres ganzen Lebens …

4 *Stellen Sie fest, welche Vorteile der Adel für sich in Anspruch nimmt. – Wie begründet er seine bevorzugte Stellung?*
5 *Überlegen Sie, was ein Adliger auf die Vorwürfe des Dieners in Q2 geantwortet haben könnte.*

Verschwendung am Hof

Im Jahr 1774 wurde Ludwig XVI. König von Frankreich. Bedingt durch die Verschwendungssucht seiner Vorgänger übernahm er einen völlig verschuldeten Staat. Ganz Frankreich erhoffte sich von ihm eine Wende zum Guten: Würde der neue König die Staatsschulden tilgen und die Steuern senken? Würde er das ausschweifende Leben am Hof beenden? Doch die Hoffnungen wurden enttäuscht. Ludwig XVI. interessierte sich nicht für die Fachgespräche mit seinen Ministern. Lieber

2 **Der dritte Stand trägt die Lasten.** Auf dem Stein steht: die Kopfsteuer, das Steuerwesen und die Fronarbeit(en). Kolorierter Kupferstich, 1789.

hielt er sich in seiner Schlosserwerkstatt auf oder ging auf die Jagd. Wie seine Vorgänger gab er das Geld mit vollen Händen aus und der Adel tat es ihm nach.

Von der Finanz- zur Staatskrise

Im Jahr 1788 stand der französische König Ludwig XVI. vor einer katastrophalen Situation. Die Schuldenlast des Staates hatte sich in den letzten 15 Jahren verdreifacht und betrug nun fünf Milliarden Livres. Sein Versuch, neue Steuern beim Adel oder dem hohen Klerus einzutreiben, scheiterte am entschlossenen Widerstand dieser beiden Gruppen.

6 *Berechnen Sie mithilfe der Angaben im Text und in der Randspalte, wie viele Jahre der französische Staat zur Rückzahlung seiner Schulden benötigen würde, wenn er nur Einnahmen wie 1788 hätte, aber keine Ausgaben.*

Verteilung der Ausgaben

Militär 26 %

Hof 6 %

Schuldendienst 55 %

Sonstiges 13 %

Einnahmen
503 Mio. Livres

Ausgaben
629 Mio. Livres

Der Staatshaushalt im Jahr 1788.

Der Beginn der Revolution

1 Als die Einberufung der Generalstände für den Mai 1789 bekannt wird, versammeln sich in jeder Gemeinde die Einwohner, um – dem Brauch entsprechend – ihren Beschwerdebrief zu verfassen. Buchillustration.

Erster Stand:
300 Abgeordnete

↑
·

Zweiter Stand:
300 Abgeordnete

↑
•••

Dritter Stand:
600 Abgeordnete

↑

• = 120 000 Einwohner

Der König beruft die Generalstände* ein

Der dritte Stand weitgehend verarmt, das Land dem Bankrott nahe und keine Lösung der Finanzkrise in Sicht – das war die Situation Frankreichs zu Beginn des Jahres 1789.

In dieser verzweifelten Lage beschloss Ludwig XVI., die Vertreter aller drei Stände nach Versailles einzuberufen. Gemeinsam sollten sie über eine Lösung der Finanzkrise beraten, gemeinsam nach einer Lösung suchen. Am 5. Mai 1789 – so ließ er es im ganzen Land von den Kanzeln verkünden – treffen sich die Abgeordneten in Versailles. Im Februar und März fanden die Wahlen statt:
- Der erste Stand (120 000 Geistliche) wählte 300 Abgeordnete.
- Der zweite Stand (350 000 Adlige) wählte 300 Abgeordnete.
- Der dritte Stand (24,5 Mio. Franzosen) wählte 600 Abgeordnete. Wählen durfte nur, wer männlich war und Besitz hatte.

Schon Ende April trafen die ersten Abgeordneten in Versailles ein. Täglich brachten staubbedeckte Postkutschen Gruppen weiterer Abgeordneter aus dem ganzen Land herbei. In ihrem Gepäck führten die Vertreter des dritten Standes Beschwerdehefte mit, zusammengestellt von Bauern, Handwerkern, Landarbeitern und armen Landpfarrern. 60 000 Hefte waren es insgesamt. Alle enthielten immer wieder die gleichen Klagen, wie z. B.: Die Abgaben sind zu hoch, die Bauern werden von ihren Grundherren wie Sklaven behandelt, viele sind dem Verhungern nahe. Die Beschwerdebriefe sollten dem König gezeigt werden. Doch auch die Adligen hatten Briefe verfasst, in denen sie mehrheitlich erklärten, dass sie „der Abschaffung der von den Vorfahren ererbten Rechte niemals zustimmen" würden.

1 Berechnen Sie, wie viele Abgeordnete den ersten und zweiten Stand vertreten hätten, wenn für diese Stände das gleiche Zahlenverhältnis gegolten hätte wie für den dritten Stand.

2 Vertreter des ersten und des zweiten Standes unterhalten sich über die Beschwerdehefte des dritten Standes. – Führen Sie dieses Gespräch.

Von den Generalständen zur Nationalversammlung

2 20. Juni 1789: Der Schwur im Ballhaus. Gemälde von J. Louis David, um 1790.

Wer vertritt das Volk?

Alle Abgeordneten waren vollzählig versammelt, als am 5. Mai 1789 der König in einem Saal seines Schlosses die Sitzung der Generalstände eröffnete. Gespannt warteten vor allem die Vertreter des dritten Standes darauf, wie der König auf die Beschwerdehefte und die darin enthaltenen Forderungen reagieren würde. Doch der König sprach nicht von Reformen, er wünschte nur die Zustimmung zu neuen Steuern. Nach dem König sprach der Finanzminister noch drei Stunden über die Staatsschulden. Dann wurden die Abgeordneten entlassen. Sie sollten jetzt – jeder Stand für sich – über die Steuervorschläge des Königs beraten und abstimmen. Jeder Stand sollte eine Stimme haben.

Gegen diese Anordnung des Königs wehrten sich die Abgeordneten des dritten Standes. Sie verlangten eine gemeinsame Beratung aller Abgeordneten und eine Abstimmung nach Köpfen. Doch der König und fast alle Abgeordneten des ersten und zweiten Standes lehnten diese Forderungen ab.

Am 17. Juni 1789 erklärten schließlich die Abgeordneten des dritten Standes:

Q1 ... Wir sind die Vertreter von 24 Millionen Franzosen. Wir sind die einzigen und wahren Vertreter des ganzen französischen Volkes. Deshalb geben wir unserer Versammlung den Namen „Nationalversammlung"*. Wir werden Frankreich eine Verfassung geben, die allen Franzosen die gleichen Rechte garantiert ...

3 Begründen Sie, warum der dritte Stand das Recht für sich in Anspruch nahm, sich zur Nationalversammlung zu erklären.

Der Schwur im Ballhaus

Als der König aus Empörung über das Vorgehen des dritten Standes den Sitzungssaal sperren ließ, versammelten sich die Abgeordneten in einer nahe gelegenen Sporthalle, dem sogenannten Ballhaus. Hier schworen die Abgeordneten am 20. Juni 1789, sich nicht zu trennen, bis sie eine Verfassung für Frankreich verabschiedet hätten.

Als der König versuchte, die Nationalversammlung aufzulösen, riefen die Abgeordneten ihm zu: „Die versammelte Nation empfängt keine Befehle." Von der Entschlossenheit des dritten Standes beeindruckt, gab der König nach. Am 27. Juni 1789 forderte er die beiden anderen Stände auf, sich der Nationalversammlung anzuschließen. Damit war das Ende der Stände gekommen.

4 Das Gemälde „Schwur im Ballhaus" (Abbildung 2) war eines der ersten politischen Bilder, das nicht von der Kirche oder von Adligen in Auftrag gegeben worden war. Welche Wirkung hat das Bild auf Sie?

5. Mai 1789:
Der König eröffnet die Sitzung der Generalstände in Versailles.

17. Juni 1789:
Die Versammlung der Vertreter des dritten Standes erklärt sich zur Nationalversammlung.

27. Juni 1789:
Der König empfiehlt den Vertretern der beiden anderen Stände, sich der Nationalversammlung anzuschließen.

Nationalversammlung*:
Eine verfassunggebende Versammlung von Abgeordneten, die die ganze Nation vertritt.

Der dritte Stand erhebt sich

1 **Das Erwachen des dritten Standes.** Karikatur, 1789.

Eine blau-weiß-rote Kokarde*, das Abzeichen der Revolutionäre.

Der Sturm auf die Bastille

Die Pariser Bevölkerung verfolgte die Ereignisse in Versailles voller Ungeduld. In der Stadt herrschte seit Wochen Hunger. Die ersten Hungertoten hatte man schon begraben müssen. Es kam der Verdacht auf, Adlige würden Getreide hamstern, um den dritten Stand gefügig zu machen.

Alle Hoffnungen richteten sich daher auf die Abgeordneten der Nationalversammlung. Sie hatten gezeigt, dass sie sich für die Anliegen der Bevölkerung einsetzen wollten. Umso größer war dann aber die Wut der Bevölkerung, als sie erfuhr, dass der König Truppen um Paris zusammenzog, fast 20 000 Mann. Sie sollten, so hieß es, die Abgeordneten vertreiben. In ganz Paris ertönte daher der Schrei: „Zu den Waffen!" – Man brach die Läden der Waffenhändler auf. Alle Glocken läuteten Sturm. Stühle, Tische, Fässer, Pflastersteine wurden auf die Straße geworfen, um Barrikaden zu errichten.

14. Juli 1789:
Eine große Menschenmenge stürmt in Paris die Bastille.

Am 14. Juli 1789 versammelte sich die Menge vor der Bastille, dem verhassten Staatsgefängnis. Man forderte den Kommandanten zur Übergabe auf. Es kam zu einem Schusswechsel. Als die Belagerten das Tor öffneten, weil sie aufgeben wollten, ermordete die Menge einige Soldaten und den Kommandanten. Seinen Kopf spießte man auf eine Stange und trug ihn im Triumphzug durch die Stadt. Das Ereignis wurde als „Sturm auf die Bastille" zum Symbol der Revolution.

Ludwig XVI. zog die Truppen vollständig ab. Am 17. Juli kam er selbst nach Paris. Im Rathaus heftete er sich das Abzeichen der Revolutionäre an, die blau-weiß-rote Kokarde*. Blau und Rot waren die Farben der Stadt Paris, Weiß die Farbe des Königshauses. Dies sei – so versicherte der König – ein Zeichen für den ewigen Bund zwischen ihm und dem Volk.

1 *Lesen Sie nochmals nach, was der König bis jetzt gesagt oder angeordnet hat. – Beurteilen Sie dann seine Aussage von einem ewigen Bund zwischen ihm und dem Volk.*

2 *Stellen Sie sich vor, Sie wären damals Reporter gewesen. – Verfassen Sie einen kurzen Zeitungsbericht, in dem Sie auch die Stimmung in der Bevölkerung schildern.*

Die Revolution ergreift das Land

Die Nachricht von der Erstürmung der Bastille verbreitete sich wie ein Lauffeuer in ganz Frankreich. Sie löste vor allem bei den Bauern große Freude aus. Seit Monaten hatten sie auf die Beantwortung ihrer Beschwerdehefte gewartet. Nichts war geschehen. Die Erstürmung der Bastille war für sie das Zeichen, jetzt ebenfalls selbst zu handeln. Die Bauern verweigerten die weitere Zahlung von Abgaben und Steuern. Sie bewaffneten sich mit Sensen, Dreschflegeln, Mistgabeln und Jagdgewehren

Frauen zwingen den König nach Paris

2 5. Oktober 1789: Tausende von Frauen ziehen von Paris nach Versailles. Sie fordern vom König Brot und die Unterschrift unter die Beschlüsse der Nationalversammlung. Zeichnung eines Unbekannten.

Frauen und die Revolution:
Revolutionäre Aktionen bzw. Aufstände von Frauen entstanden häufig aus der direkten Betroffenheit heraus. Sie sorgten für die Ernährung der Familie und wollten die Versorgung mit Lebensmitteln erzwingen. Daneben gab es aber auch seit 1791 Frauenklubs mit ausschließlich weiblichen Mitgliedern: Sie besuchten das Parlament, organisierten Versammlungen und versuchten mit Veröffentlichungen politisch Einfluss zu nehmen. Doch schon 1793 wurden die Frauenklubs verboten.

und drangen gewaltsam in die Schlösser ihrer Grundherren ein. Um die Bauern zu beruhigen, beschloss die Nationalversammlung, sofort zu handeln.

In einer stürmischen Nachtsitzung vom 4. auf den 5. August 1789 wurde beschlossen:

Q1 ... 1. Die Leibeigenschaft wird abgeschafft.

2. Die Gerichtsbarkeit des Grundherrn wird beseitigt.

3. Die Sonderrechte für die Jagd, Taubenschläge und Gehege werden aufgehoben.

4. Der Zehnte und andere Rechte des Herrn können in Geld entrichtet oder durch Geldzahlungen abgelöst werden.

5. Mit Beginn des Jahres 1789 sind alle Bürger gleich steuerpflichtig ...

Nach diesen Beschlüssen beruhigte sich zunächst die Lage auf dem Land.

3 *Erklären Sie die Behauptung: Die Beschlüsse dieser Sitzung waren die Sterbeurkunde für die alte Gesellschaftsordnung.*

Der König: Freund oder Feind der Revolution?

Die Nationalversammlung forderte den König auf, ihre Beschlüsse zu unterschreiben. Ludwig XVI. weigerte sich mit der Bemerkung: „Nie werde ich einwilligen, meine Geistlichen und meinen Adel zu berauben." Gleichzeitig

ließ er erneut Truppen in der Nähe von Versailles zusammenziehen. Die Empörung hierüber war bei der Bevölkerung in Paris grenzenlos. Hinzu kamen Wut und Enttäuschung darüber, dass sich die Versorgung mit Brot noch immer nicht gebessert hatte.

Am Morgen des 5. Oktober 1789 versammelten sich zahlreiche Frauen vor dem Rathaus von Paris. Sie verlangten Brot, doch es gab keines. Spontan beschlossen sie, nach Versailles zu ziehen. Über 7000 Frauen waren es schließlich, die sich auf den Weg machten: Brot und Unterschrift des Königs – so lauteten ihre Forderungen. Am Abend erreichten sie Versailles, am folgenden Morgen drangen sie in das Schloss ein. Immer lauter wurden die Rufe: „Der König nach Paris!" Ludwig XVI. gab nach. Abends trafen die Massen mit dem König in Paris ein. Die Frauen riefen: „Wir bringen den Bäcker*, die Bäckerin und den kleinen Bäckerjungen." Dies war der letzte Tag des Königs im Schloss zu Versailles, dem Zentrum des französischen Absolutismus. Schließlich unterschrieb er die Beschlüsse der Nationalversammlung.

4 *Was könnten die Frauen mit dem Satz „Wir bringen den Bäcker!" gemeint haben?*

5 *Überlegen Sie, warum gerade so viele Frauen an dem Marsch nach Versailles beteiligt waren.*

4./5. August 1789:
Die Nationalversammlung beschließt die Abschaffung der Leibeigenschaft und die Aufhebung aller Privilegien.

Bäcker*:
Das Volk von Paris gab dem König den Spitznamen „der Bäcker", der Königin Marie Antoinette, einer Tochter Maria Theresias, den Spitznamen „die Bäckerin", weil diese auf den Hinweis, dass es in Paris kein Brot mehr zu essen gäbe, gesagt haben soll: „Dann sollen die Leute doch Kuchen essen."

1 „**So kann es nicht weitergehen.**" Zeitgenössischer Stich.

Die meisten Menschen im 18. Jahrhundert konnten weder lesen noch schreiben. Deshalb wurde die Kritik am Absolutismus nicht nur in Büchern geäußert, sondern auch in Zeichnungen zum Ausdruck gebracht. Solche Zeichnungen werden Karikaturen genannt. Es gab sie schon seit dem 16. Jahrhundert, aber jetzt kamen sie richtig in Mode. Karikaturen zeigen Personen, Ereignisse oder Zustände häufig in übertriebener, verzerrter Darstellung, die oft (aber nicht immer) komisch wirkt und den Betrachter zum Lachen bringt. Dabei geht es dem Zeichner darum, seine Meinung zu einer Sache darzustellen. Eine Karikatur beschreibt nicht nur, sondern urteilt. Um verstanden zu werden, bedienen sich Karikaturisten bestimmter Stilmittel. Dazu gehört häufig die Übertreibung, z. B. von körperlichen Eigenschaften bestimmter Personen (übergroße Ohren, lange Nasen usw.).

Oft werden historische Personen (z. B. Könige), Figuren aus Sagen oder Märchen (z. B. Hans im Glück) oder Tiere (z. B. Berliner Bär) als Symbolfiguren herangezogen, um etwas zu verdeutlichen.
Die folgenden Arbeitsschritte können Ihnen dabei helfen, eine Karikatur zu deuten.

1. Schritt:
Beobachten
Betrachten Sie die Karikatur so genau wie möglich und notieren Sie Ihren ersten Eindruck.

2. Schritt:
Beschreiben
Beschreiben Sie so genau wie möglich, was abgebildet ist (Personen, Tiere, Gegenstände) und wie es abgebildet ist (z. B. Mimik, Gestik). Welche Situation wird dargestellt? Wird eine Handlung deutlich? Welche Texte gehören zum Bild? Was sagen sie aus?

3. Schritt:
Deuten
Welche Bedeutung haben die abgebildeten Personen, Tiere oder Gegenstände? Welche Bedeutung hat die Handlung?

4. Schritt:
Einordnen
Auf welche Situation oder welches Ereignis beziehen sich die Aussagen der Karikatur?

5. Schritt:
Werten
Welche Position bezieht der Karikaturist zum Thema? Wie sehen Sie das Problem?
1 *Beschreiben und deuten Sie die Karikaturen auf dieser Doppelseite mithilfe der Arbeitsschritte.*

2 / 3 „**Hoffentlich ist bald Schluss.**" Kolorierte Radierungen, 1789.

4 / 5 „**Ich wusste doch, dass wir auch noch an die Reihe kommen.**" Kolorierte Radierungen, 1789.

„Freiheit, Gleichheit und Brüderlichkeit"

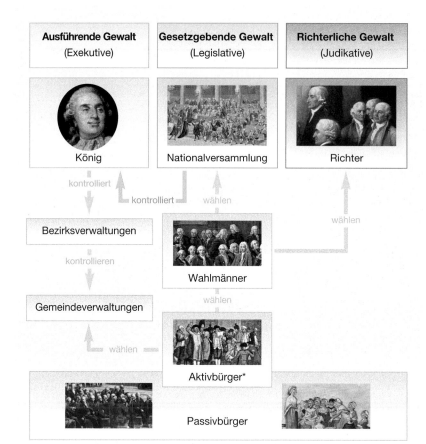

1 Der Staatsaufbau Frankreichs nach der Verfassung von 1791. Schaubild.

Aktivbürger*:
Nur Männer, die ein höheres Einkommen hatten und entsprechende Steuern zahlten, konnten wählen. Von ca. 25 Millionen Franzosen waren etwa vier Millionen Aktivbürger.

26. August 1789:
Erklärung der Menschen- und Bürgerrechte.

3. September 1791:
Die neue Verfassung wird verkündet. Mit der Annahme der Verfassung durch den König am 13. September wird Frankreich eine konstitutionelle Monarchie.

Konstitutionelle Monarchie*:
Bezeichnung für eine Herrschaftsform, bei der die Macht des absoluten Königs durch eine Verfassung (= Konstitution) eingeschränkt wird.

Freiheit – Gleichheit – Brüderlichkeit

Am 26. August 1789 verkündete die Nationalversammlung die Menschen- und Bürgerrechte.

Aus der Erklärung der Menschenrechte:

Q1 1. Die Menschen werden frei und gleich an Rechten geboren und bleiben es.

2. Diese Rechte sind: Freiheit, Eigentum, Sicherheit und Widerstand gegen Unterdrückung.

3. Der Ursprung jeder Herrschaft liegt beim Volk.

4. Die Freiheit besteht darin, alles tun zu können, was einem anderen nicht schadet.

6. Alle Bürger haben das Recht, an der Gestaltung der Gesetze persönlich oder durch ihre Vertreter mitzuwirken.

10. Niemand darf wegen seiner Ansichten oder Religion bestraft werden …

Beschränkung der königlichen Macht

Im Jahr 1791 wurde die neue Verfassung beschlossen. Der Titel für König Ludwig XVI. lautete jetzt: „Durch Gottes Gnade und die Verfassungsgesetze König der Franzosen". Damit löste die konstitutionelle, d. h. an die Verfassung gebundene, Monarchie* die absolute Monarchie ab. Zu den Wahlen zugelassen wurden alle sogenannten Aktivbürger, die über ein bestimmtes Mindesteinkommen verfügten. Etwa 21 Millionen Franzosen wurden so vom Wahlrecht ausgeschlossen.

1 In welchen Punkten stehen die Menschen- und Bürgerrechte im Gegensatz zur absolutistischen Herrschaft?

2 Beschreiben Sie anhand von Schema 1, was sich mit der Verfassung von 1791 gegenüber der Zeit des Absolutismus verändert hat. Sehen Sie sich dazu auch die Seite 115 an.

Napoleon beendet die Revolution

GLOIRE NATIONALE
NAPOLEON.

2 Zeitgenössische Darstellung Napoleons.

Die Revolution in Gefahr

Viele europäische Regierungen fürchteten, dass die Revolution auch auf ihre Länder übergreifen könnte. Preußen und Österreich schlossen daher ein Militärbündnis gegen Frankreich. Um ihren Gegnern zuvorzukommen, erklärte die französische Nationalversammlung am 22. April 1792 den verbündeten europäischen Mächten den Krieg.

Die französischen Soldaten zogen mit großer Begeisterung in diesen Krieg, aber sie waren schlecht ausgebildet. Außerdem ließ die Königin den feindlichen Generälen den französischen Feldzugsplan zuspielen. Es kam zu Niederlagen. Die gegnerischen Truppen drangen in Frankreich ein. Die Wut des Volkes gegen den König als einen Feind der Revolution kannte jetzt keine Grenzen mehr. Im August 1792 stürmte die Menge das Schloss. Der König floh in die Nationalversammlung. Hier wurde er für abgesetzt erklärt und verhaftet.

„Ludwig muss sterben, weil das Vaterland leben muss"

Noch am gleichen Tag wurden Neuwahlen ausgeschrieben. Bei dieser Wahl sollten alle Bürger stimmberechtigt sein. Nur einen Monat später, im September 1792, trat die neue Nationalversammlung zusammen. Sie bezeichnete sich jetzt als Nationalkonvent.

Den größten Einfluss in diesem Konvent hatte eine Gruppe besonders radikaler Abgeordneter, die Jakobiner*. Einer ihrer mächtigsten Männer war Robespierre. Er wollte die Revolution mithilfe von Terror endgültig durchsetzen. Schon in seiner ersten Sitzung am 21. September verkündete der Nationalkonvent das Ende der Monarchie und den Beginn Frankreichs als Republik.

Auf Antrag Robespierres verurteilte der Konvent den König zum Tode. Am 21. Januar 1793 wurde er hingerichtet. Frankreich wurde eine Republik.

Nach dem Tod des Königs errichteten die Jakobiner eine Schreckensherrschaft. Jede unbedachte Äußerung konnte genügen, um als Feind der Republik zu gelten und hingerichtet zu werden. In ganz Frankreich wurden 21 000 „Überwachungsausschüsse" eingerichtet, die diese angeblichen Feinde aufspüren sollten. Ungefähr 40 000 Menschen wurden hingerichtet, darunter Kinder von zehn und zwölf Jahren. Sogar viele Abgeordnete des Nationalkonvents fürchteten um ihr Leben. Sie ließen daher Robespierre verhaften und hinrichten.

Napoleon: Vom Offizier zum Kaiser

Nach dem Sturz Robespierres kehrte in Frankreich wieder Ruhe ein. Die Bevölkerung war allmählich der ständigen politischen Auseinandersetzungen müde. Diese Situation wollte Napoleon, ein junger, ehrgeiziger und erfolgreicher Offizier, nutzen. Am 9. November 1799 drang er mit seinen Soldaten in das Parlamentsgebäude ein, setzte die Regierung ab und übernahm selbst die Regierungsgewalt.

Im Jahr 1804 ließ er sich schließlich von seinen Anhängern zum Kaiser ausrufen.

3 Spielen Sie ein Rollengespräch: Ein Soldat, Anhänger Napoleons, und ein radikaler Verteidiger der Revolution diskutieren über die Kaiserkrönung.

Jakobiner*:
Ein politischer Klub während der Französischen Revolution, dessen Mitglieder sich erstmals in dem ehemaligen Pariser Kloster St. Jacob trafen. Nach der Abspaltung der gemäßigten Gruppe der Girondisten (= Abgeordnete aus dem französischen Departement Gironde) wurde der Name nur noch für radikale Republikaner verwendet.

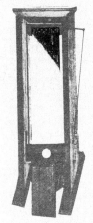

Die Guillotine, von Dr. Louis erfunden und von Dr. Guillotin für den Vollzug der Todesstrafe vorgeschlagen, erlangte während der Schreckensherrschaft traurige Berühmtheit. An einem Tag wurden einmal 54 Enthauptungen in 28 Minuten durchgeführt.

27. Juli 1794:
Hinrichtung Robespierres.

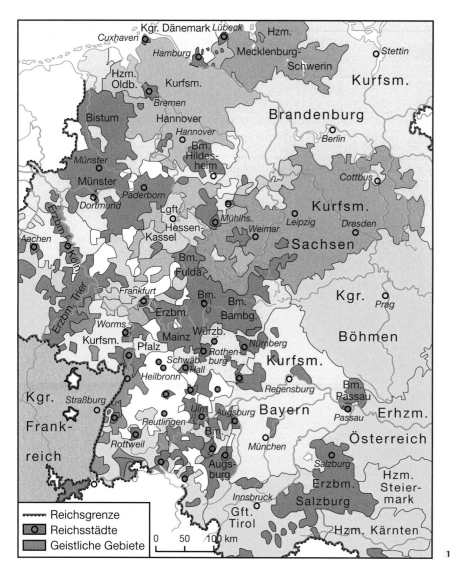

1   Mitteleuropa vor 1803.

Grenzen verändern sich

Unter der Herrschaft Napoleons hat sich die Landkarte Mitteleuropas stark verändert (siehe Karten 1 und 2). Das Gebiet des heutigen Baden-Württemberg ist hierfür ein gutes Beispiel. Während es vor 1803 hier noch viele kleine Territorien gab, sind es 1806 nur noch zwei größere Flächenstaaten.

Um diesen Wandel genauer untersuchen zu können, benötigen wir historische Karten. Sie liefern uns viele Informationen. Dazu ist es notwendig, diese Informationen auch „lesen", d. h. verstehen zu können. Sie erhalten hier einige Tipps, wie man eine geschichtliche Entwicklung aus verschiedenen Karten ablesen kann.

1. Schritt:
Sich orientieren

Welche geografischen Gegebenheiten (Städte, Flüsse, Gebirge) zeigen die Karten?

2. Schritt:
Gemeinsamkeiten erkennen

Haben die Karten das gleiche Thema? Zeigen sie die gleiche Gegend? Wenn nicht, warum gibt es Abweichungen?

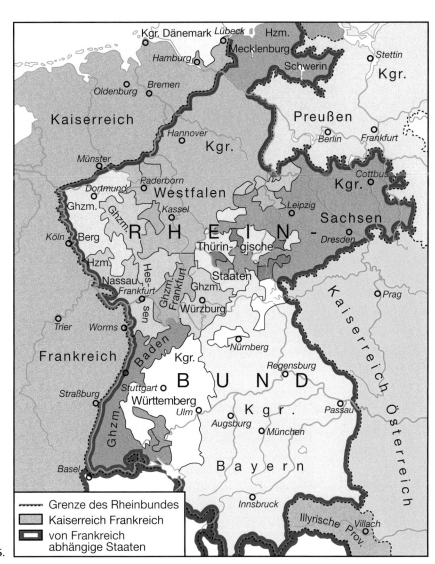

2 Mitteleuropa nach 1806.

3. Schritt:
Legenden untersuchen
Was bedeuten die Farben, Symbole und Zeichen? Liefern die gleichen Farben auch die gleichen Informationen?

4. Schritt:
Karten vergleichen
Was fällt beim Vergleich der Karten auf? Hat sich ein Gebiet besonders vergrößert oder verkleinert? Welche Gebiete sind verschwunden oder dazugekommen?

5. Schritt:
Fragen beantworten
Sind beim Vergleich der Karten Fragen aufgetaucht? Ist Ihnen unklar, warum sich ein Gebiet z. B. stark vergrößert hat? Schreiben Sie sich Fragen auf. Schauen Sie in Lexika, in Zeitschriften, im Internet nach. Suchen Sie auch in der Schüler- oder Stadtbibliothek nach Antworten. So bekommen Sie einen guten Überblick über das Thema, das Ihnen in Form einer historischen Karte begegnet ist.

1 *Untersuchen Sie die Karten 1 und 2 mithilfe dieser Arbeitsschritte.*

2 *Überlegen Sie, welche Folgen die Veränderung der Staaten für die Einwohner nach sich gezogen haben könnte (Beamte, Kaufleute, Handwerker, Bauern).*

131

Aufbruch zur Freiheit?

31.10.1817:
Wartburgfest zum Gedenken an den Beginn der Reformation und die Völkerschlacht bei Leipzig.

1 **Wartburgfest.** Etwa 500 Studenten gedachten am 18. und 19. Oktober 1817 der Völkerschlacht bei Leipzig und dem Beginn der Reformation (1517) mit einem Fest auf der Wartburg. Holzstich, um 1880.

Studenten auf der Wartburg

Das Heilige Römische Reich deutscher Nation war 1806 zerbrochen und nach den Befreiungskriegen (Völkerschlacht bei Leipzig 1813) stürzte auch Napoleons Herrschaft zusammen. Wie sollte es weitergehen?

Um diese Frage zu lösen, trafen sich Europas Fürsten 1814 zu einem Kongress in Wien. Ihr gemeinsames Ziel war die Wiederherstellung der alten absolutistischen Ordnung. Die deutschen Fürsten schufen einen losen „Deutschen Bund" aus 35 Fürstentümern und vier freien Städten.

Von den Beschlüssen der Fürsten auf dem Wiener Kongress waren viele Menschen enttäuscht. Sollten sie dafür ihr Blut vergossen haben, waren dafür Hunderttausende in den zahlreichen Schlachten gefallen, dass jetzt alles so blieb wie vorher? Viele Bürger schlossen sich jetzt den Liberalen an. Die „Liberalen" verlangten:

– eine Verfassung für jedes Land
– die Anerkennung der Menschenrechte
– die Beteiligung der Bürger an den politischen Entscheidungen

1814/15 Wiener Kongress:
Die 39 deutschen Einzelstaaten – unter ihnen das Königreich Württemberg und das Großherzogtum Baden – schließen sich im Deutschen Bund zusammen.

Friedrich Ludwig Jahn * (1778–1852): *Der in der Prignitz geborene Jahn richtet 1811 den ersten Turnplatz in Berlin ein. Als Turnvater Jahn gilt er bis heute als der Begründer des allgemeinen Volkssportes zur körperlichen Ertüchtigung und zur vormilitärischen Erziehung der Jugend.*

Die Nationalen strebten die Bildung eines Nationalstaates an und setzten sich für ein geeintes Deutschland mit frei gewählten Volksvertretern ein.

Die Unzufriedenheit mit den bestehenden politischen Verhältnissen brachten vor allem die Studenten zum Ausdruck. Sie hatten sich 1815 in Jena zur Deutschen Burschenschaft zusammengeschlossen. Die Farben ihrer Verbindung waren Schwarz – Rot – Gold.

Zwei Jahre später lud die Burschenschaft der Universität Jena für den 31. Oktober 1817 zu einer Gedenkfeier auf die Wartburg ein. Gedacht werden sollte der 300-Jahr-Feier der Reformation und des vierten Jahrestages der Schlacht bei Leipzig. Aus allen deutschen Landen kamen die Studenten herbei. Man sprach von der Freiheit, der deutschen Einheit, von den Toten, die hierfür gefallen waren, und traf sich abends zu einem langen, feierlichen Fackelzug. Einige Studenten entzündeten nach der Feier noch ein Feuer, in das sie die Zeichen der Fürstenherrschaft warfen: eine preußische Polizeivorschrift, einen Husarenschnürleib und Bücher, die die Herrschaft der Fürsten verherrlichten (s. Abbildung 1).

1 *Warum erschien den Studenten gerade die Wartburg und die Völkerschlacht geeignet zu sein, um gegen die bestehenden Verhältnisse zu protestieren?*

Reaktion der Fürsten

Für die Herrschenden war der Wunsch nach mehr Freiheit nichts anderes als ein Aufruf zur Revolution. Sie wollten Ruhe und Ordnung. Die deutschen Burschenschaften wurden deshalb auf der Ministerkonferenz in Karlsbad 1819 verboten. Die Universitäten wurden mit einem Netz von Spitzeln überzogen. Zeitungen und Flugblätter unterlagen einer strengen Zensur. In ganz Deutschland herrschte jetzt die Furcht vor Bespitzelung, Verhören, Verhaftungen. Die Fahndungslisten der Polizei wurden immer länger. Die Gefängnisse füllten sich mit Professoren und Studenten. Zu den Verhafteten zählte auch der „Turnvater" Jahn*. Er hatte bereits 1811 dazu aufgerufen, einen deutschen Nationalstaat zu errichten. Dafür erhielt er jetzt ohne Prozess sechs Jahre Haft.

Unterdrückung und Protest

2 „Der Denker-Club". Karikatur, um 1820.

„Freiheit, Recht und Einheit" – das Hambacher Fest

Die Bürger ließen sich auf Dauer trotz aller Schikanen nicht kleinkriegen. Im Jahr 1832 versammelten sich über 30000 Demonstranten beim Schloss Hambach in der Pfalz. Sie trugen schwarz-rot-goldene Fahnen (siehe die Abbildung in der Randspalte). Es war die erste politische Massenversammlung in Deutschland. Die Redner nahmen in Hambach kein Blatt vor den Mund.

Der badische Jurist und Journalist Philipp Jakob Siebenpfeiffer rief den Massen zu:

Q1 ... Vaterland – Freiheit – ja! Ein freies deutsches Vaterland – dies ist der Sinn des heutigen Festes, dies die Worte, den Verrätern der deutschen Nationalsache die Knochen erschütternd. Seit das Joch des fremden Eroberers abgeschüttelt, erwartet das deutsche Volk von seinen Fürsten die verheißene Wiedergeburt; es sieht sich getäuscht.

Die Natur der Herrschenden ist Unterdrückung, der Völker Streben ist Freiheit. Es wird kommen der Tag, wo ... der Bürger nicht in höriger Untertänigkeit den Launen des Herrschers, sondern dem Gesetz gehorcht, wo ein gemeinsames deutsches Vaterland sich erhebt. ...

Die Bilder regierender Fürsten wurden verbrannt, die Teilnehmer sangen: „Fürsten zum Land hinaus, jetzt kommt der Völkerschmaus!"

2 *Beschreiben Sie, was der Zeichner der Karikatur (Abbildung 2) über die Zustände in Deutschland sagen will.*

3 *Vermuten Sie, wen der Politiker Siebenpfeiffer meint, wenn er von „Verrätern der deutschen Nationalsache" und dem „fremden Eroberer" (Q1) spricht.*

4 *Benennen Sie die Forderungen, die der Redner stellt. Welche Vorwürfe erhebt er gegen die Fürsten?*

Unterdrückungsmaßnahmen werden verschärft

Wie schon zuvor, so antworteten die Fürsten auch jetzt mit noch härteren Unterdrückungsmaßnahmen. Die Zensur der Presse wurde weiter verschärft, die Rede- und Versammlungsfreiheit aufgehoben.

Erneut wanderten Hunderte ins Gefängnis, Tausende flohen ins Ausland, vor allem nach Amerika.

Die schwarz-rot-goldene Fahne wurde schon 1815 von der Jenaer Burschenschaft benutzt. Sie wird in den folgenden Jahren zum Symbol der nationalen und demokratischen Bewegung in Deutschland.

Die Revolution von 1848

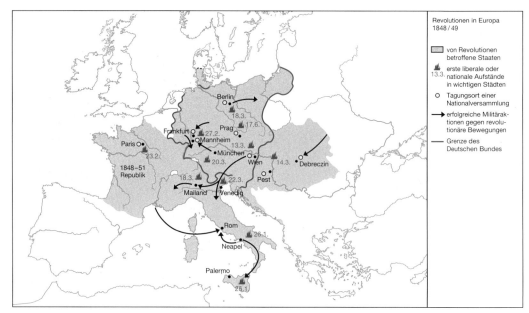

1 Revolutionen in Europa 1848/49.

Paris gibt das Signal für Erhebungen in Europa: Das Volk verjagt die Könige

Im Februar 1848 kam es in Paris zu Massendemonstrationen gegen den König und seine Regierung. Die Menschen forderten ein neues Wahlrecht. Denn nur wer über ein hohes Einkommen verfügte, durfte auch zur Wahl gehen. Den aufgebrachten Bürgern rief ein Minister daraufhin zu: „Werdet doch reiche Leute."

Die Arbeiter, Tagelöhner und Handwerker fühlten sich durch diesen Ausspruch verhöhnt. Sie stürmten Ende Februar 1848 den Königspalast. Der König musste gehen, die Republik wurde ausgerufen. Dies war das Signal zu zahlreichen Revolutionen in ganz Europa.

In Deutschland gaben viele Fürsten den Forderungen der Aufständischen sofort nach. Sie versprachen, Verfassungen ausarbeiten zu lassen und sich einzusetzen für die Einberufung eines Nationalparlaments.

Der Großherzog Leopold von Baden schrieb an den König von Preußen:

Q1 … Meine Zugeständnisse sind teils von zweckmäßiger Art, teils von untergeordneter, teils von keiner nachträglichen Bedeutung. Die erste Aufgabe war, das Land zu beruhigen und zusammenzuhalten. …

1 *Stellen Sie mithilfe der Karte fest, in welchen Städten im Frühjahr 1848 Aufstände ausbrachen.*

2 *Beurteilen Sie, wie ernst die Zugeständnisse des Großherzogs gemeint waren (Q1).*

Barrikadenkämpfe in Berlin – Höhepunkt der Märzrevolution

Die Nachrichten von der Revolution in Paris und den erfolgreichen Erhebungen in anderen deutschen Staaten führten in Berlin zu zahlreichen politischen Versammlungen. Auf ihnen forderten die Arbeiter von der Regierung Maßnahmen gegen die Arbeitslosigkeit. Bürger, Studenten und Arbeiter forderten zudem gemeinsam Presse- und Redefreiheit, Versammlungsfreiheit, Freilassung der politischen Gefangenen, eine freiheitliche Verfassung und eine allgemeine deutsche Volksvertretung.

Die Lage spitzte sich immer mehr zu. Der preußische König war zunächst nicht bereit, den Forderungen nachzugeben. Er wehrte sich gegen eine geschriebene Verfassung: „Zwischen mich und mein Volk soll sich kein Blatt Papier drängen." Um die politischen Versammlungen auseinanderzutreiben, ließ der König sogar Truppen in die Stadt einrücken.

Das Volk geht auf die Barrikaden

2 Barrikadenkämpfe in Berlin, 18./19. März 1848. Aus der Bleiverglasung von Fenstern werden Kugeln gegossen. Farblithografie von F. C. Nordmann, 1848.

Aber die Protestierenden ließen sich nicht einschüchtern. König Friedrich Wilhelm IV. gab schließlich nach und versprach, dem Lande eine Verfassung zu geben.

Um ihrem König für die Zusage einer Verfassung zu danken, versammelten sich am 18. März 1848 etwa 10 000 Berliner vor dem Schloss. Plötzlich fielen – vermutlich aus Versehen – zwei Schüsse. Die Bürger fühlten sich betrogen. In aller Eile bauten sie Straßenbarrikaden. Auf den Barrikaden wehten schwarz-rot-goldene Fahnen. Mit den primitivsten Waffen wurden die gut ausgebildeten Armeeeinheiten abgewehrt. Schließlich musste sich das Militär zurückziehen.

Am folgenden Tag wurden von den Bürgern die Leichen von 150 Barrikadenkämpfern vor das königliche Schloss getragen. Der König wurde gezwungen, sich vor den Särgen der Gefallenen zu verneigen. Mit einer schwarz-rot-goldenen Binde am Arm musste er durch die Straßen reiten. Am Abend erließ er einen Aufruf:

Q2 … Ich habe heute die alten deutschen Farben angenommen und mich und mein Volk unter das ehrwürdige Banner des Deutschen Reiches gestellt. Preußen geht fortan in Deutschland auf. …

3 *Erklären Sie, was es bedeutet, wenn der König von Preußen die Farben Schwarz – Rot – Gold annimmt.*

Neue Freiheiten

Die Revolution sollte den Berlinern große und kleine Freiheiten bescheren. Von nun an durfte auf der Straße geraucht werden, Presse- und Versammlungsfreiheit ließen ein lebhaftes öffentliches Leben zu.

Berlin wurde mit Flugblättern, Maueranschlägen und Plakaten geradezu überschwemmt, politisch Gleichgesinnte schlossen sich in den sogenannten „Klubs" zusammen, den Vorläufern der politischen Parteien. Hatte die Revolution damit auch in Berlin endgültig gesiegt? Eine Antwort konnten erst die nächsten Monate geben.

18./19. März 1848: Die Berliner Bevölkerung erzwingt in Straßenkämpfen den Abzug des Militärs. Der preußische König bekennt sich zu demokratischen Reformen und der deutschen Einigung.

Die erste deutsche Nationalversammlung

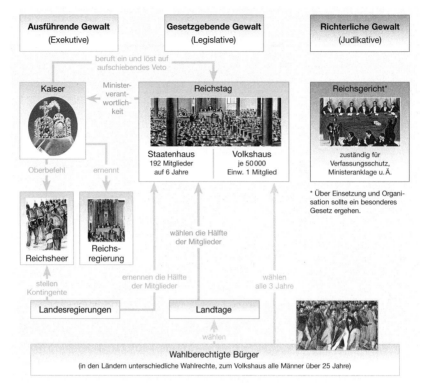

Ausführende Gewalt (Exekutive)	Gesetzgebende Gewalt (Legislative)	Richterliche Gewalt (Judikative)

beruft ein und löst auf aufschiebendes Veto

Kaiser

Minister-verant-wortlich-keit

Reichstag

Reichsgericht*

Staatenhaus
192 Mitglieder
auf 6 Jahre

Volkshaus
je 50000
Einw. 1 Mitglied

zuständig für
Verfassungsschutz,
Ministeranklage u.Ä.

* Über Einsetzung und Organisation sollte ein besonderes Gesetz ergehen.

Oberbefehl | ernennt

Reichsheer

Reichs-regierung

wählen die Hälfte der Mitglieder

stellen Kontingente

ernennen die Hälfte der Mitglieder

wählen alle 3 Jahre

Landesregierungen

Landtage

wählen

Wahlberechtigte Bürger
(in den Ländern unterschiedliche Wahlrechte, zum Volkshaus alle Männer über 25 Jahre)

1 Verfassung der deutschen Nationalversammlung vom 28. März 1849. Schaubild.

Die Paulskirche in Frankfurt am Main heute.

18. Mai 1848:
Die erste Sitzung der deutschen Nationalversammlung in der Paulskirche in Frankfurt am Main.

Die Abgeordneten in der Paulskirche

Noch im Frühjahr 1848 wurden überall in Deutschland die Regierungen zum Rücktritt gezwungen. Erstmalig fanden nun in ganz Deutschland allgemeine und gleiche Wahlen zu einer verfassunggebenden Versammlung statt. Frauen hatten allerdings kein Wahlrecht. Fast zwei Drittel der 573 Abgeordneten waren Akademiker, vor allem Professoren, Beamte, Juristen und Ärzte. Die übrigen Abgeordneten waren Vertreter der Wirtschaft, wie z. B. Gutsbesitzer, Kaufleute und Industrielle. Arbeiter fehlten in dem Parlament, das am 18. Mai 1848 in der Paulskirche in Frankfurt am Main zu seiner ersten Sitzung zusammentrat.

Schon am Hambacher Fest 1832 waren auch Frauen vertreten. An der Revolution 1848 nahmen ebenfalls viele Frauen lebhaften Anteil. Sie besuchten die Sitzungen in der Paulskirche. Unter ihnen war auch die Frankfurter Bürgerin Clotilde Koch-Gontard. In ihrer Wohnung trafen sich zahlreiche Politiker und politisch interessierte Frauen, um über politische Probleme zu diskutieren. An die „Deutsche Zeitung" schrieb sie in einem Brief:

Q1 … Doch höre ich die Männer sagen: Es ist mit dem Weibergeschwätz wieder kein Ende; in die Kinderstube und an den Strickstrumpf gehört die Frau, der Mann ist berufen zum Handeln nach außen.
Jetzt noch weniger als früher mag ich meine Stellung so zu begreifen und es macht mir recht viel Mühe, die Küche als den Hauptschauplatz meiner Tatkraft anzusehen. …

Am 28. Mai 1849 verabschiedete die Nationalversammlung die Reichsverfassung. Darin wurden die Grundrechte festgelegt:

Q2 … §137 Vor dem Gesetz gilt kein Unterschied der Stände. Der Adel als Stand ist aufgehoben. Alle Standesvorrechte sind abgeschafft.
§138 Die Freiheit der Person ist unverletzlich.
§143 Jeder Deutsche hat das Recht, durch Wort, Schrift, Druck oder bildliche Darstellung seine Meinung frei zu äußern.

1 *Nennen Sie Gründe dafür, dass die Abgeordneten als Erstes die Grundrechte ausarbeiteten.*

Ein König will kein Kaiser werden

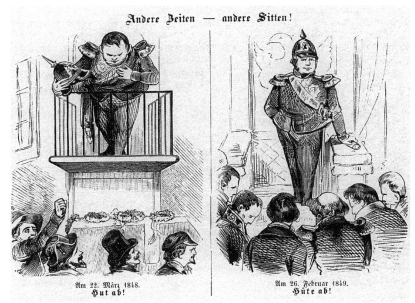

Andere Zeiten — andere Sitten!

Am 22. März 1848.
Hut ab!

Am 26. Februar 1849.
Hüte ab!

2 Andere Zeiten –
andere Sitten!
Karikatur, 1849.

Der deutsche Michel und seine Kappe im Jahr 1848. Karikatur aus dem Jahr 1848.

Frühjahr.

Sommer.

Spätjahr.

Der Preußenkönig lehnt die Kaiserkrone ab

Die Nationalversammlung diskutierte lange Zeit die Frage, ob das Deutsche Reich eine Republik oder eine Monarchie sein sollte. Man entschied sich schließlich für die Wahl eines Kaisers, der gemeinsam mit dem Parlament die Gesetze erlassen sollte.

Doch wer sollte Kaiser werden? Zwei Möglichkeiten boten sich an: ein großes Deutsches Reich unter der Führung Österreichs mit dem österreichischen Kaiser oder die „kleindeutsche" Lösung ohne Österreich unter der Führung Preußens.

Man einigte sich auf die kleindeutsche Lösung unter der Führung Preußens. „Kaiser der Deutschen" sollte Friedrich Wilhelm IV. von Preußen werden. Doch der preußische König lehnte ab. Mit dieser Reaktion hatten die Abgeordneten nicht gerechnet. Die meisten Abgeordneten traten nun aus der Nationalversammlung aus, die über keinerlei Machtmittel verfügte, um ihre Beschlüsse durchzusetzen: Armee, Polizei und Beamtenschaft standen auf der Seite der Fürsten.

2 *Warum boten die Frankfurter Abgeordneten dem preußischen König die Kaiserkrone an?*
3 *Erklären Sie, auf welche historischen Ereignisse die Karikatur (Abb. 2) anspielt. Wie urteilt der Zeichner über den Verlauf der Revolution?*

Die Wiederherstellung der alten Ordnung

Über Berlin wurde der Ausnahmezustand verhängt, politischen Vereinen und Klubs jegliche politische Tätigkeit verboten. Der preußische König erklärte dazu: „Nun bin ich wieder ehrlich." Noch im Dezember löste er die preußische Nationalversammlung auf.

Im Frühjahr 1849 versuchten revolutionäre Bürger in Baden, durch Aufstände doch die Anerkennung der Reichsverfassung durchzusetzen. Mithilfe preußischer Truppen wurden die Revolutionäre besiegt, viele – vom preußischen König als „Bluthunde und aufrührerische Mörder" bezeichnet – hingerichtet.

Überall stellten die Fürsten die alte Ordnung wieder her. Die Revolution war gescheitert. Doch bestehen bleibt die Mahnung auf einem Stein für gefallene Revolutionäre in Berlin:

Q3 Das Denkmal habt ihr selber euch errichtet.
Nur ernste Mahnung spricht aus diesem Stein.
Dass unser Volk niemals darauf verzichtet, wofür ihr starbt – einig und frei zu sein. …

4 *Beschreiben Sie mithilfe der Abbildungen in der Randspalte den Verlauf und die Folgen der Gegenrevolution.*

*April 1849:
Die Nationalversammlung wählt den preußischen König zum „Kaiser von Deutschland". Der König lehnt ab und die Nationalversammlung löst sich auf.*

1. Deutschland, Deutschland, über alles,
über alles in der Welt,
wenn es stets zum Schutz und Trutze
brüderlich zusammenhält
von der Maas bis an die Memel, von
der Etsch bis an den Belt –
Deutschland, Deutschland, über alles,
über alles in der Welt.

2. Deutsche Frauen, deutsche Treue,
deutscher Wein und deutscher Sang
sollen in der Welt behalten
ihren alten, schönen Klang,
uns zu edler Tat begeistern
unser ganzes Leben lang:
deutsche Frauen, deutsche Treue,
deutscher Wein und deutscher Sang.

1 **Das Lied der Deutschen**

Ei - nig - keit und Recht und Frei - heit für das deut - sche Va - ter - land!
Da - nach lasst uns al - le stre - ben brü - der - lich mit Herz und Hand!

Ei - nig - keit und Recht und Frei - heit sind des Glü - ckes Un - ter - pfand. Blüh im

Glan - ze die - ses Glü - ckes, blü - he deut - sches Va - ter - land!

2 **Die dritte Strophe des Liedes der Deutschen, die Nationalhymne.**

Nationalhymnen feierten früher vor allem den herrschenden Regenten. Viele Hymnen (z.B. die französische, die amerikanische, die polnische Nationalhymne) entstanden nach Revolutionen oder Freiheitskämpfen. Sie haben große Symbolkraft für die Bevölkerung und stehen für eine selbstbewusste Nationaltradition. Das „Lied der Deutschen" erlebte eine wechselvolle Geschichte. Zur Zeit seiner Entstehung 1841 gab es noch keinen deutschen National- staat. Dieses Lied, das Hoffmann von Fallersleben während eines

Sommerurlaubs auf Helgoland zu einer Melodie von Joseph Haydn verfasste, brachte damals die Sehn- sucht der deutschen Bevölkerung nach einem geeinten Vaterland zum Ausdruck.

1890 wurde das Deutschlandlied zum ersten Mal offiziell gesungen, als Helgoland im Tausch gegen die afrikanische Insel Sansibar zu Deutschland kam.

In der Weimarer Republik (1918–1933) erhob die Reichs- regierung das „Lied der Deutschen" zur Nationalhymne.

Nach dem Zweiten Weltkrieg stell- ten die Alliierten den Gesang des Liedes unter Strafe. Der Machtan- spruch, den die Nationalsozialisten (1933–1945) mit dem Absingen der

ersten Strophe gestellt hatten, sollte unterbunden werden.

In Westdeutschland gab es aber eine große Zahl von Befürwortern, die dafür plädierten, nur die dritte Strophe als Hymne zu singen. Bun- despräsident Heuss einigte sich in einem Briefwechsel schließlich mit Bundeskanzler Adenauer, die dritte Strophe bei staatlichen Anlässen zu singen.

Nach der Vereinigung der beiden deutschen Staaten (1990) beschlos- sen im November 1991 Bundesprä- sident Richard von Weizsäcker und Bundeskanzler Helmut Kohl eben- falls in einem Briefwechsel, die dritte Strophe des Deutschlandliedes als Hymne der Bundesrepublik Deutschland beizubehalten. Ein förmliches Gesetz über eine Natio- nalhymne der Bundesrepublik Deutschland gibt es aber bis heute nicht.

1 *Klären Sie mit einem Atlas die Be- griffe Maas, Memel, Etsch und Belt.*

2 *Überlegen Sie, welche Gefühle das Singen der ersten Strophe im Ausland hervorrufen könnte.*

3 *Diskutieren Sie, welche Bedeutung die Begriffe Einigkeit, Recht und Frei- heit für Sie haben.*

4 *Sammeln Sie die Texte von Natio- nalhymnen anderer Länder und erkun- digen Sie sich nach deren Entstehung.*

3 **A. H. Hoffmann von Fallersleben (1798–1874)**

4 **Joseph Haydn (1732–1809)**

Zusammenfassung

Der französische Absolutismus

Ludwig XIV. regierte mit absoluter Gewalt und sah sich als Herrscher „von Gottes Gnaden". Sein aufwändiger Lebensstil (Feste, Bau von Schlössern) erforderte ungeheure Summen. Die Bevölkerung verarmte aufgrund immer höherer Steuern und als Ludwig XIV. 1715 starb, hinterließ er ein total verschuldetes Land.

Das Zeitalter der Aufklärung

Dichter und Philosophen wiesen zu Beginn des 18. Jahrhunderts darauf hin, dass „von Natur aus alle Menschen gleich sind". Um die Freiheit des Einzelnen zu schützen, setzten sie sich für die Gewaltenteilung im Staat ein. Das Zeitalter der Aufklärung hatte begonnen.

Die Französische Revolution von 1789

Auch unter Ludwig XVI. litt das Volk unter der hohen Abgabenlast. Um sich höhere Steuern bewilligen zu lassen, rief er die Vertreter der drei Stände ein. Die Vertreter des dritten Standes erklärten sich zur Nationalversammlung. Im August 1789 wurden die Menschenrechte verkündet.

Die Revolutionäre gingen immer radikaler vor. Die Schreckensherrschaft der Jakobiner fand erst mit der Hinrichtung Robespierres ein Ende. 1799 riss Napoleon die Macht an sich und ließ sich im Jahr 1804 zum Kaiser ausrufen.

Deutschland wurde von Napoleon bezwungen, mit Truppen besetzt und umgestaltet. Das Heilige Römische Reich Deutscher Nation zerfiel 1806.

Revolutionen im Jahr 1848

Die Beschlüsse des Wiener Kongresses waren für viele Menschen in Deutschland enttäuschend. Vor allem die Studenten brachten ihre Unzufriedenheit mit den politischen Verhältnissen zum Ausdruck. Sie führte schließlich in fast allen Ländern 1848 zu Revolutionen. Ausgehend von Paris breiteten sie sich über ganz Europa aus. In Deutschland traten noch im Frühjahr 1848 alle Regierungen zurück. Eine Nationalversammlung in Frankfurt am Main erarbeitete die erste gemeinsame deutsche Verfassung. Die Revolution war gescheitert, nachdem der preußische König Friedrich Wilhelm IV. die angebotene Kaiserkrone aus der Hand des Volkes abgelehnt hatte.

1643–1715

Ludwig XIV., König von Frankreich.

Um 1700

Das Zeitalter der Aufklärung beginnt.

14. Juli 1789

Das Volk von Paris stürmt das Staatsgefängnis, die Bastille.

18. Mai 1848

In der Frankfurter Paulskirche wird die deutsche Nationalversammlung eröffnet.

Namen und Begriffe

- ✓ Ludwig XIV.
- ✓ Absolutismus
- ✓ Aufklärung
- ✓ Gewaltenteilung
- ✓ Menschenrechte
- ✓ Ständegesellschaft
- ✓ Dritter Stand
- ✓ Nationalversammlung
- ✓ Konstitutionelle Monarchie
- ✓ Napoleon
- ✓ Rheinbund
- ✓ Wiener Kongress
- ✓ Karlsbad 1819
- ✓ Wartburgfest / Hambacher Fest
- ✓ Revolution 1848/49

Was wissen Sie noch?

1 Welche Aufgabenbereiche übernahm der König im absolutistischen Staat?

2 Vergleichen Sie die Staatsordnung des Absolutismus mit der von Montesquieu.

3 Worum ging es in der Unabhängigkeitserklärung von 1776?

4 Fassen Sie die Missstände, die im 18. Jahrhundert in Frankreich herrschten, stichwortartig zusammen.

5 Welche Bedeutung hat der 14. Juli 1789 für die Franzosen?

6 Mit welchen Mitteln wollten die Fürsten 1819 ihre Macht erhalten?

7 Die deutsche Nationalversammlung diskutierte zwei Möglichkeiten der politischen Zukunft Deutschlands. Erläutern Sie.

8 Woran scheiterte die deutsche Revolution von 1848/49?

1775

1789

Tipps zum Weiterlesen

Josef Béhé / Frédérique Schwebel u. a.: Des Volkes Freiheit. Die Revolution von 1848/49 in Baden und Württemberg – ein Comic. Herausgegeben vom Haus der Geschichte in Baden-Württemberg. Stuttgart 1998

Jacques Le Goff: Die Geschichte Europas. Campus Verlag, Frankfurt / M. 1997

Georg Popp (Hg.): Die Großen der Menschenrechte. Arena Verlag, Würzburg 1996

Dietlof Reiche: Der verlorene Frühling. Beltz & Gelberg, Weinheim / Basel 2002

Dietlof Reiche: Zeit der Freiheit. Beltz & Gelberg, Weinheim / Basel 2003

1 Der dritte Stand trägt die Lasten. Kolorierte Radierung, 1789.

2 Das Austernfrühstück. Gemälde von Jean-François Troy (1679–1752).

1 *Beschreiben Sie das Geschehen auf den Abbildungen 1 und 2 genau. Welcher Zusammenhang besteht zwischen diesen beiden Abbildungen?*

2 *Warum veränderten die 13 vereinigten Staaten von Nordamerika im Jahr 1789 das Aussehen ihrer Flagge aus dem Jahr 1775 (siehe linke Seite)?*

3 *Die Freiheit des Menschen ist immer dann bedroht, wenn zu viel Macht in der Hand eines Einzelnen vereint ist. Der französische Philosoph Montesquieu schlug deshalb vor, die Macht im Staat aufzuteilen.*
Wie wurde dieser Gedanke der „Alten Welt" in der „Neuen Welt" umgesetzt?

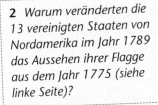

3 Charles de Montesquieu, französischer Staatsphilosoph. Kupferstich, um 1800.

4 *Informieren Sie sich umfassend über den Mann auf der Abbildung links in einem Geschichtsbuch, Lexikon oder im Internet und schreiben Sie einen Steckbrief.*

Die industrielle Revolution

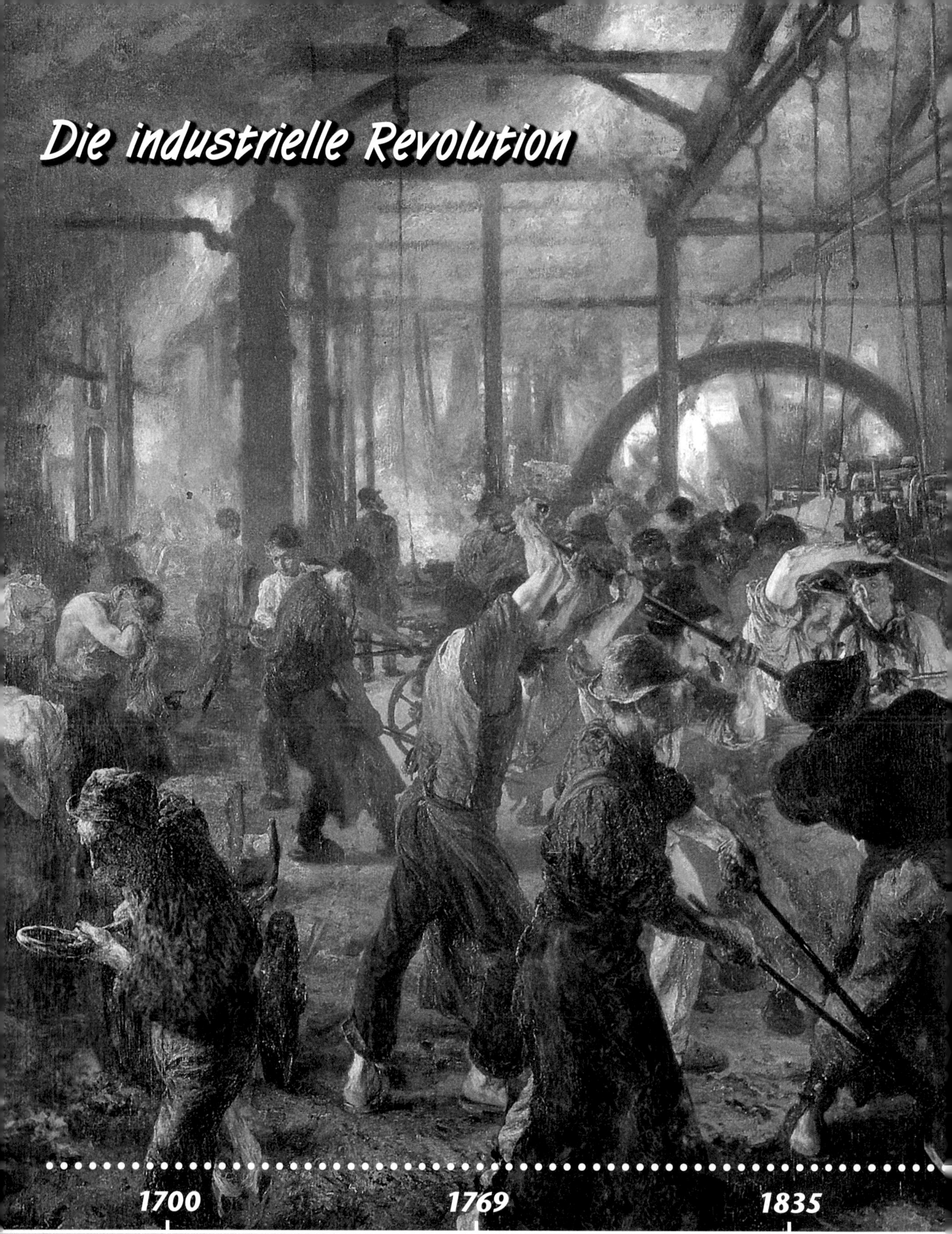

1700

1769

1835

INDUSTRIALISIERUNG
IN ENGLAND BEGINNT

ERFINDUNG DER
DAMPFMASCHINE

ERSTE EISENBAHNFAHRT
NÜRNBERG–FÜRTH

Der Siegeszug neuer Techniken und Maschinen, der Fabrikarbeit und der industriellen Massenproduktion veränderte im 19. Jahrhundert den Alltag, das Denken und Handeln der Menschen in Europa. Es entstanden neue soziale Gruppen und Probleme: Fabrikbesitzer, Angestellte und vor allem Arbeiter, die oft unter unmenschlichen Bedingungen in den Fabriken arbeiten und in den Städten leben mussten. Auf den folgenden Seiten erfahren Sie, wie diese Umwälzungen in England begannen und schließlich Europa erfassten – mit all ihren positiven wie negativen Folgen für das Leben der Menschen.

1861

1875

1883–1889

ERSTE
GEWERKSCHAFTEN

GRÜNDUNG DER SOZIAL-
DEMOKRATISCHEN PARTEI

SOZIAL-
GESETZGEBUNG

Anfänge der industriellen Produktion

1 **Heimarbeiterinnen in England um 1770.** Wolle wird zu Garn verarbeitet. Die Fäden werden zunächst auf dem Spinnrad gesponnen und dann auf eine Garnwinde gewickelt. Buchillustration.

Die Revolution begann in England

Im Jahr 1845 beschrieb Friedrich Engels, ein deutscher Fabrikant, in seinem Buch über „Die Lage der arbeitenden Klasse in England" seine Eindrücke von einer Reise nach England:

Q1 ... Vor 60/80 Jahren ein Land wie alle anderen, mit kleinen Städten, wenig und einfacher Industrie und einer verhältnismäßig großen Ackerbaubevölkerung. Und jetzt: Ein Land wie kein anderes, mit einer Hauptstadt von dreieinhalb Millionen Einwohnern, mit großen Fabrikstädten, mit einer Industrie, die die ganze Welt versorgt und die fast alles mit den kompliziertesten Maschinen macht, mit einer fleißigen, intelligenten Bevölkerung, von der zwei Drittel von der Industrie in Anspruch genommen werden, und die aus ganz anderen Klassen besteht, ja, die eine ganz andere Nation mit anderen Sitten und Bedürfnissen bildet als damals ...

1 *Informieren Sie sich in einem Lexikon über das Leben von Friedrich Engels und verfassen Sie einen Bericht darüber.*
2 *Überlegen Sie, warum man die Entwicklung, die Engels in Q1 beschreibt, als eine „Revolution" bezeichnet.*

Voraussetzungen der industriellen Revolution

Wie hatte es zu diesen raschen Veränderungen kommen können und warum gerade in England? Auf diese Frage gibt es mehrere Antworten, nämlich:

– Eine wichtige Voraussetzung war die Steigerung der Ernteerträge durch bessere Anbaumethoden und neue Maschinen. So erfand z. B. der Engländer Jethro Tull im Jahr 1701 die Sämaschine, mit der die Körner gleichmäßig in die Erde gesät werden konnten.

– Neue Früchte aus Nordamerika wie die Kartoffel, aber auch Tomaten und Erbsen ergänzten die Versorgungsmöglichkeiten. Bessere Ernährung sowie ein höheres Maß an Sauberkeit und Hygiene in den Haushalten führten zu einem Bevölkerungsanstieg. Zwischen 1700 und 1850 nahm in England die Bevölkerung um das Dreifache zu.

– Je mehr Menschen es gab, desto größer wurde der Bedarf an Kleidung aller Art, vor allem an preisgünstigen Stoffen. Die Garnproduktion der etwa 700 000 Heimarbeiterinnen (siehe Abbildung 1) reichte jetzt nicht mehr aus.

Jethro Tull (1674–1741).

Die Sämaschine, die Jethro Tull im Jahr 1701 erfand.

Anfänge der industriellen Produktion

2 **Die „Spinning Jenny" von 1764.** – Drehte man das Rad, zogen und drehten die Spindeln die Wolle automatisch zu Fäden. Ein Mensch konnte daran so viel Garn spinnen wie acht Leute mit herkömmlichen Spinnrädern. Buchillustration.

– Wegen der großen Nachfrage nach preisgünstigen Stoffen suchten Großhändler und Unternehmer nach technischen Möglichkeiten, die Produktion zu erhöhen und gleichzeitig preiswerte Waren zu produzieren.

– Technische Erfindungen und die notwendigen Industriebauten kosteten viel Geld. Doch daran herrschte kein Mangel, denn Kaufleute und Adlige hatten im Übersee- und Sklavenhandel große Reichtümer erworben und konnten die Arbeiten von Technikern und Ingenieuren finanzieren.

Innerhalb von nur einer Generation veränderte sich so in England die Arbeitswelt: Von der Heimarbeit, die auch nur in der „Freizeit" ausgeübt werden konnte, kam es jetzt zur Vollarbeitszeit in großen Fabriken* mit oft mehreren hundert Arbeitern und Arbeiterinnen.

3 *Erklären Sie mit eigenen Worten, warum es zunächst in England zur industriellen Revolution kam. Berücksichtigen Sie dabei die Abbildungen 1 und 2.*

Die „Spinning Jenny"

Im Jahr 1761 schrieb die „Gesellschaft zur Förderung des Handwerks und der Manufakturen" einen Wettbewerb aus. Fünfzig Pfund Sterling sollte derjenige erhalten, dem die Erfindung einer Maschine gelänge, „die sechs Fäden Wolle, Flachs, Hanf oder Baumwolle gleichzeitig spinnt, sodass nur eine Person zur Bedienung nötig ist".

Den Preis gewann schließlich James Hargreaves (1740–1778). Im Jahr 1764 stellte er seine Maschine, die er nach seiner Tochter „Spinning Jenny" nannte, der Öffentlichkeit vor. Mit dem Preisgeld richtete er sich eine kleine Werkstatt ein, die von aufgebrachten Webern und Spinnern der Umgebung jedoch schon bald gewaltsam zerstört wurde.

4 *Die Weber und Spinner rotten sich zusammen, um vor das Haus von Hargreaves zu ziehen. – Was könnten sie gesagt haben?*

5 *Informieren Sie sich in einem Lexikon oder im Internet, welche Erfindungen die folgenden Personen gemacht haben: Benz, Edison, Fulton, Daimler, Koch, Liebig, Otto, Pasteur, Siemens, Stephenson, Daguerre, Watt.*

Fabrik *:
(lat. fabrica = Werkstätte). Großbetrieb mit oft mehreren hundert Arbeitern und Arbeiterinnen und maschineller Fertigung von Erzeugnissen. Der Aufstieg der Fabriken und der Niedergang des Heimgewerbes begann in England mit der Erfindung der „Spinning Jenny". Die Heimarbeiter mussten sich nun als Lohnarbeiter bei den Fabrikbesitzern verdingen.

Industrielle Revolution in Deutschland

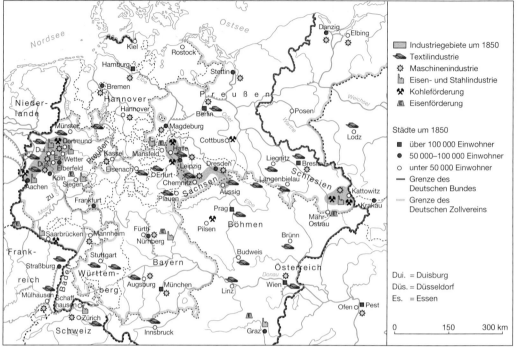

1 Industrialisierung in Deutschland um 1850.

1833/34:
Gründung des Deutschen Zollvereins.

Um 1840:
Beginn der industriellen Revolution in Deutschland.

Der Wirtschaftswissenschaftler **Friedrich List** (1789–1846) war ein wichtiger Vorkämpfer der deutschen Eisenbahnen und des Zollvereins.

Deutschland – ein rückständiges Land?

Die industrielle Revolution begann in Deutschland erst spät. Es besaß im Unterschied zu England keine Kolonien, die billig Rohstoffe liefern konnten. Es fehlten ihm damit auch lohnende Absatzmärkte. Im Deutschen Bund verhinderten die zahllosen Zölle, die unterschiedlichen Währungen und Gewichte in den Einzelstaaten die Entstehung eines großen einheitlichen Wirtschaftsraums.

Im Jahr 1819 klagte der Wirtschaftswissenschaftler Friedrich List:

Q1 … Um von Hamburg nach Österreich, von Berlin in die Schweiz zu handeln, hat man zehn Staaten zu durchschreiten, zehn Zollordnungen zu studieren, zehnmal Durchgangszoll zu bezahlen. Trostlos ist dieser Zustand für Männer, welche wirken und handeln möchten …

Nur 15 Jahre später waren diese Hindernisse beseitigt: In der Nacht zum 1. Januar 1834 fielen in fast allen deutschen Staaten die Zollschranken. Um Mitternacht setzten sich die wartenden Wagen der Kaufleute unter dem Jubel der Bevölkerung in Bewegung. Diesen Fortschritt für die Kaufleute und Reisenden hatte die Regierung von Preußen in langen Verhandlungen mit den anderen deutschen Staaten erreicht. Unter preußischer Führung schlossen sich in den Jahren 1833/34 fast alle deutschen Länder zu einem „Deutschen Zollverein" zusammen. Der Vertrag enthielt zwei weitere wichtige Bestimmungen:
– Die Regierungen führten ein gleiches Münz-, Maß- und Gewichtssystem in ihren Ländern ein.
– Jeder Einwohner des Gebietes des Deutschen Zollvereins durfte sich in jedem Staat des Zollvereins Arbeit suchen.

1 Erklären Sie die Behauptung: „Die wirtschaftlichen Erfordernisse förderten die deutsche Einheit."

Die Eisenbahn – Motor der Industrialisierung

Nur knapp zwei Jahre nach der Gründung des Deutschen Zollvereins fuhr „Deutschlands erste Eisenbahn mit Dampf" am 7. Dezember 1835 die sechs Kilometer lange Strecke von

„Mit Volldampf hinterher"

Eisenbahnlinien auf dem Gebiet des heutigen Baden-Württemberg:
Die erste Eisenbahnlinie führte 1845 von Cannstatt nach Untertürkheim. Bis 1846 wurde die Gesamtstrecke ausgebaut, die Stuttgart mit Ludwigsburg und Esslingen verband. 1853 wurde die Verbindung nach Baden in Betrieb genommen. In Ulm wurde 1854 der Anschluss an das bayerische Netz geschaffen und somit grenzüberschreitendes Reisen möglich.

Nürnberg nach Fürth. Drei Jahre später wurde die Linie Potsdam–Berlin in Betrieb genommen.
Etwas unwillig meinte der preußische König Friedrich Wilhelm III. dazu:
Q2 ... Die Ruhe und Gemütlichkeit leidet darunter. Kann mir keine große Seligkeit davon versprechen, ein paar Stunden früher von Berlin in Potsdam zu sein. Zeit wird's lehren ...

Im Jahr 1836 begann die „Leipzig-Dresdner Eisenbahn-Compagnie" mit dem Bau einer 115 Kilometer langen Fernstrecke zwischen Leipzig und Dresden. So wie hier wurde in vielen deutschen Staaten der Ausbau des Schienennetzes zügig vorangetrieben, von etwa 550 Kilometer im Jahr 1840 auf knapp 34000 Kilometer im Jahr 1880. Die Bahn diente zunächst hauptsächlich dem Personenverkehr und führte zu erheblich verkürzten Reisezeiten.
Der erste Frachtbrief stammt aus dem Jahr 1836 für den Transport von zwei Bierfässern von Nürnberg nach Fürth. In den nächsten Jahren und Jahrzehnten gewann der Transport von Gütern jedoch immer größere Bedeutung. Vor allem die Kohle- und Erzvorkommen in Oberschlesien, im Ruhrgebiet oder Saarland konnten jetzt schnell zu den großen Industriestandorten gebracht werden. Dies erst ermöglichte den raschen Ausbau des Kohle-

bergbaus und der Eisen- und Stahlindustrie, die in Deutschland zu den wichtigsten Industriezweigen wurden. Durch das Knüpfen eines engmaschigen Schienennetzes wurde aber auch die Bahn selber zur vielleicht wichtigsten Triebkraft bei der Industrialisierung.
In einer heutigen Darstellung heißt es:
M1 ... Mit der Vielzahl seiner technischen Bereiche, wie Lokomotiven- und Wagenbau, Oberbau (Bettung und Gleis), Tunnel- und Brückenbau, Hochbau (Bahnhöfe, Lokomotiven- und Wagenhallen, Wasserstationen u. a.), Signalsicherungs- und Nachrichtenwesen, entwickelte sich der Eisenbahnbau innerhalb weniger Jahre zu einem führenden Wirtschaftszweig ...

Voller Bewunderung meinte Friedrich List: „Der Zollverein und das Eisenbahnsystem sind siamesische Zwillinge", denn beide strebten gemeinsam danach, „die deutschen Stämme zu einer reichen und mächtigen Nation zu machen".
2 *Erläutern Sie den Satz von Friedrich List mit eigenen Worten.*
3 *Erklären Sie den Zusammenhang zwischen dem Eisenbahnbau und der Industrialisierung in Deutschland. Vergleichen Sie mit der Entwicklung in England.*
4 *Finden Sie mithilfe der Karte (Abbildung 1) heraus, wo Deutschlands wichtigste Industriegebiete lagen.*

Eisenbahnnetz in Deutschland
(in Kilometern):

Jahr	km
1835	6
1840	549
1850	5822
1860	11026
1870	18560
1880	33865
1890	41818
1900	49878
1910	61209
2008	ca. 38000

Industrialisierung in Südwestdeutschland

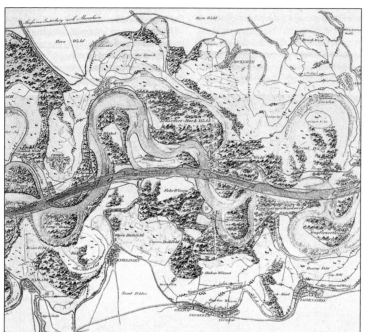

1 Karte des Rheindurchstiches, gedruckt 1822, 1824/25 mit Nachträgen versehen. Links unterhalb des rot gezeichneten neuen Stromverlaufs liegt das alte Dorf Knielingen, heute ein Karlsruher Stadtteil. Vor der Begradigung waren viele Äcker und Weiden nur mit dem Boot zu erreichen. Vor Beginn der Aushubarbeiten mussten viele Menschen weiter in das Landesinnere umgesiedelt werden.

Zu Beginn des 19. Jahrhunderts war der Südwesten Deutschlands (Baden und Württemberg) noch sehr stark von der Landwirtschaft geprägt. Bodenschätze wie Kohle und Eisen, die in anderen Ländern die Industrialisierung vorantrieben, gab es hier nicht. Das Königreich Württemberg und das Großherzogtum Baden gehörten zu den armen Ländern Europas. Die Textilherstellung war ein wichtiger Gewerbezweig. 1810 schmuggelte der Stuttgarter Kaufmann Carl Bockshammer eine Spinnmaschine aus England nach Württemberg, obwohl die Ausfuhr streng verboten war. Er ließ die Maschine nachbauen und legte damit den Grundstein für die württembergische mechanische Baumwollspinnerei.

Neben der Textilindustrie entwickelte sich ein Wirtschaftszweig, der vom Nachbau und der Reparatur solcher Maschinen lebte. Aber auch Spezialmaschinen wurden hergestellt, z. B. zur Produktion von Papier. Allerdings wurde damit die handwerkliche Papiermacherei zerstört, die in Südwestdeutschland eine nicht unerhebliche Rolle spielte.

Der König von Württemberg, Wilhelm I., unterstützte neue industrielle Unternehmen durch staatliche Förderung. So entstanden u. a. 1846 die Maschinenfabrik Esslingen, die Lokomotiven herstellte, und 1853 die Württembergische Metallwarenfabrik (WMF) in Geislingen.

Das Großherzogtum Baden hatte bedingt durch den Rhein eine verkehrstechnisch günstigere Lage als das Königreich Württemberg. So konnte die Industrialisierung schneller vorangetrieben werden. Der Rhein war als Schifffahrtsstraße vor allem nach der Begradigung durch den Ingenieur Johann Gottfried Tulla (1770–1828) ein wichtiger Handelsweg. Mannheim entwickelte sich als badischer Großhafen zu einem bedeutenden Handelsumschlagplatz, an dem sich zahlreiche Fabriken ansiedelten, z. B. 1859 die Landmaschinenfabrik Lanz und 1865 die Badische Anilin- und Sodafabrik (BASF).

1 *Welche Einwände könnte ein badischer Papiermacher gegen die Gründung einer Papierfabrik geäußert haben?*

2 *Wodurch wurde die Industrialisierung in Baden und Württemberg vorangetrieben?*

3 *Immer wieder gab es am Rhein Hochwasser. Dadurch geriet auch die Begradigung des Rheins durch Johann Gottfried Tulla in die Kritik. Überlegen Sie, welche Gründe die Kritiker angeführt haben könnten. Ziehen Sie auch die Abbildung 1 heran.*

Industrialisierung in Südwestdeutschland

2 **Gesamtansicht von Mannheim-Rheinau.** Postkarte, vor 1909.

3 **Der Rheinauhafen von Mannheim.** Postkarte, vor 1913.

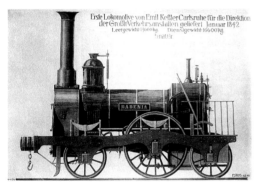

4 **„Badenia".** Die 1840/41 von Emil Keßler in Karlsruhe gebaute Lokomotive ist ein typisches Beispiel für die Nachahmung der neuen englischen Maschinentechnik.

5 **Ausfahrt aus dem Rosensteintunnel zwischen Stuttgart und Cannstatt, um 1850.**

6 **Idealbild des Neubaus der Maschinenfabrik Esslingen auf dem Kopf einer Aktie.**

7 Benz-Patentmotorwagen, 1886.

4 *Bilden Sie Arbeitsgruppen und recherchieren Sie mithilfe von Technik-Lexika oder des Internets die Enstehung und Entwicklung der in den Bildern 2 bis 7 dargestellten Beispiele für die Industrialisierung im Südwesten Deutschlands.*

Die Gesellschaft ändert sich

Alfred Krupp
(1812–1887) im Reitergewand. Mehr Informationen zu Alfred Krupp finden Sie auf der Homepage: www.thyssenkrupp.de/de/konzern/geschichte_grfam_k2.html

1 **Die Villa Hügel: ehemaliges Wohnhaus der Familie Krupp in Essen-Bredeney.** Postkarte, um 1900.

Fabrikbesitzer – die neuen Fürsten?

Innerhalb weniger Jahrzehnte veränderte die Industrialisierung die Machtverhältnisse in der Gesellschaft. In der Ständegesellschaft besaß der Adel durch sein Eigentum an Grund und Boden eine Führungsstellung. In der entstehenden Industriegesellschaft wurde der Besitz von Kapital* wichtiger. Eine neue gesellschaftliche Schicht entstand neben der alten: das Wirtschaftsbürgertum.

Eine herausragende Rolle in dieser Gesellschaft nahmen daher jetzt vielfach erfolgreiche Unternehmer ein. Man bezeichnete sie oft als „Industriefürsten". Zu diesen „Fürsten" zählte auch Alfred Krupp. Er hatte von seinem Vater eine kleine Gussstahlfabrik geerbt und es gelang ihm innerhalb weniger Jahrzehnte, einen Weltkonzern mit Zechen, Erzbergbaugruben und Eisengießereien zu errichten.

In einer Darstellung heißt es:

M1 … Krupp ist von sich selbst überzeugt. Der hagere, sehr große Mann lässt sich in herrischer Pose, den Blick fest, die Haltung stattlich, fotografieren. Er ist fast hochmütig, empfängt in seinem Schloss, der Villa Hügel, Könige und Kaiser – als Kunden, nicht aus gesellschaftlichen Gründen. So lehnt er folgerichtig auch den ihm angebotenen Adelstitel ab: Krupp – das genügt vollständig. …

1 *Erklären Sie den Begriff „Industriefürsten".*
2 *Diskutieren Sie die Aussage: „Der Geldadel ersetzte im 19. Jahrhundert den Geburtsadel."*

Die Arbeiter – eine neue Klasse?

Die großen Fabriken zogen immer mehr Arbeitskräfte an. Zu Hunderttausenden verließen Landarbeiter und Bauern, die nicht genügend Land besaßen, mit ihren Familien die Dörfer. Sie zogen in die Städte in der Hoffnung, Arbeit zu finden. Schon 1882 stellten die über zehn Millionen Arbeiter die Hälfte der Erwerbstätigen in Deutschland.

Die Arbeiter und Arbeiterinnen in der Industrie bildeten nach ihrer Herkunft und Ausbildung keine einheitliche Gruppe. Da gab es zunächst die gelernten Arbeiter. Sie hatten entweder ein Handwerk bei einem Handwerksmeister oder in der Fabrik einen Beruf wie Schlosser, Dreher oder Stahlkocher gelernt. Die ungelernten Arbeiter besaßen keine Berufsausbildung. Oft hatten sie vorher als Tage-

Unternehmer – Angestellte – Proletarier

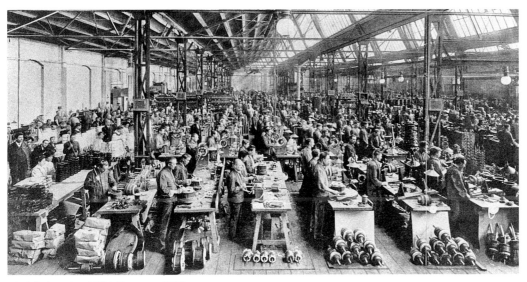

2　**Arbeiter der AEG*.** Foto, um 1900.

AEG*:
*(= Allgemeine Elektri-citäts-Gesellschaft).
Das 1883 in Berlin
gegründete Unter-nehmen war weltweit
in allen Bereichen der
Starkstromtechnik
tätig, von elektrischer
Beleuchtung bis hin
zu elektrischen Ma-schinen und Kraft-werken. 1996 wurde
die AEG aufgelöst.*

löhner in der Landwirtschaft gearbeitet. Neben den ungelernten und den gelernten Arbeitern entstand im Lauf der Industrialisierung die Gruppe der angelernten Arbeiter. Zu ihnen zählten die meist weiblichen Arbeitskräfte im Textilgewerbe, die besonders schlecht bezahlt wurden.

Trotz dieser Unterschiede hatten alle Arbeiter eines gemeinsam: Sie besaßen zunächst nichts weiter als ihre Arbeitskraft, die sie gegen Lohn dem Fabrikherrn zur Verfügung stellten. „Proletarier"* wurde zur geläufigen Bezeichnung für diese Menschen. Auch die Arbeiter selbst entwickelten allmählich das Bewusstsein, aufgrund des gemeinsamen Schicksals als Klasse* zusammenzugehören.

3　*Tragen Sie die Merkmale der verschiedenen Arbeitergruppen zusammen. Erkunden Sie, ob es diese Unterscheidung auch heute noch gibt.*

3　**Angestellte.** Foto, um 1906.

Proletarier*:
*(lat. proles = Nach-kommenschaft).
Im 19. Jahrhundert
Bezeichnung für die
Lohnarbeiter, die
nichts als ihre Ar-beitskraft besaßen.*

Klasse*:
*Bezeichnung für die
Angehörigen einer
Gruppe mit gleichen
wirtschaftlichen Ver-hältnissen, insbeson-dere in Bezug auf
den Besitz von Pro-duktionsmitteln (Fa-briken, Maschinen
etc.).*

Die Angestellten –
mit Anzug und weißem Hemd

In jeder größeren Fabrik fiel Verwaltungsarbeit an, die z.B. von Buchhaltern, Schreibern und Kassierern erledigt wurde. Und für die Produktion brauchte man neben Arbeitern auch Ingenieure, Werkmeister und Zeichner. Sie alle wurden „Angestellte" genannt. Ihre hervorgehobene Stellung konnte man schon an ihrer Kleidung – Anzug und weißem Hemd – ablesen. Gegenüber den Arbeitern und Arbeiterinnen genossen die Angestellten Vergünstigungen, wie z.B. kürzere Arbeitszeiten, bezahlten Urlaub oder Gewinnbeteiligungen.

4　*Beschreiben Sie die wesentlichen Merkmale und Unterschiede der neuen gesellschaftlichen Schichten. Ziehen Sie dazu auch die Abbildungen 1 bis 3 heran.*

Die Welt der Fabrik

*Strenge **Fabrikord-
nungen, Arbeits-
bücher und ständige
Kontrollen** sollten die
Arbeiter an die neuen
Arbeitsbedingungen
gewöhnen. Die Lohn-
auszahlung fand in
den Großbetrieben
am Freitagabend vor
Arbeitsschluss statt.
Aus dem Lohnbüro
kam ein Angestellter
mit weißem Kragen
und Krawatte und
brachte das Geld.
Der Meister oder Vor-
arbeiter bezahlte
dann jedem Arbeiter
die errechnete Lohn-
summe aus.*

Der Fabrikant als Herr im Haus

In der „Fabrik-Ordnung" für die Werkstätten
einer Maschinenfabrik von 1846 heißt es:

Q1 … Art. 10: Jedem Arbeiter ist bei Vermei-
dung eines Abzugs von 15 Kr. untersagt, un-
nötigerweise in der Werkstätte oder überhaupt in der Fabrik umherzulaufen; derselbe
Abzug trifft denjenigen, welcher sich Spiele-
reien und Neckereien mit seinen Mitarbeitern
erlaubt. Wer Zank oder Schlägerei veranlasst,
wird mit 1 Taler 30 Kr. bestraft …

So wie in dieser Fabrikordnung forderten alle
Fabrikanten von den Arbeitern und Arbeiterinnen harte Disziplin und die Unterordnung
unter eine solche strenge Fabrikordnung. Das
war ihrer Meinung nach notwendig, um die
Arbeiter an die neuen Arbeitsbedingungen
zu gewöhnen. Anders als beispielsweise in
den kleinen Handwerksbetrieben bestimmten jetzt die Maschinen den Arbeitsablauf.
Wurden sie frühmorgens angestellt, mussten
alle Arbeiter an ihrem Arbeitsplatz sein. Kontrolliert wurde die Arbeitszeit vom Pförtner,
bei dem alle Arbeiter eine Marke abzugeben
hatten. Bei Strafe verboten waren Rauchen
und Alkohol. Widerspruch gegen die Anordnung des Meisters konnte die sofortige Entlassung nach sich ziehen.

In aller Deutlichkeit warnte z. B. Alfred Krupp
seine Arbeiter:

Q2 … Jeder Arbeiter muss durch seinen Fleiß
beweisen, dass er die Absicht hat, zum Nutzen der Fabrik zu arbeiten. Wer dies befolgt,
hat zu erwarten, dass sein Lohn dem Wert
seiner Arbeit nach bemessen wird. Wer trot-
zen will oder weniger seine Pflicht tut, wird
entlassen. Frechheit wird augenblicklich bestraft … Jeder Faule, jeder Widerspenstige …
wird entlassen. …

Krupp wollte, dass die Firmenangehörigen
sich wie eine große Familie fühlten:

Q3 … Ihr wisst, was ihr an eurem Herrn habt,
und wenn derselbe sich mit warnenden und
mahnenden Worten an euch wendet, dann
fühlt ihr alle, dass nicht ein stolzer Besitzer zu
euch spricht. Wie ein Vater zu seinen Kindern
redet, so klingen euch meine Worte, und weil
sie von Herzen kommen, finden sie bei euch
offene Ohren. …

1 *Beschreiben Sie die Karikatur: Was wollte der
Zeichner damit aussagen?*
2 *Beschreiben Sie anhand von Q2 und Q3 das
Verhältnis zwischen Krupp und den Firmenangehörigen. – Stellen Sie Vermutungen an, welche Einstellung die Arbeiter zu Krupp hatten.*

Arbeiten ohne Ende

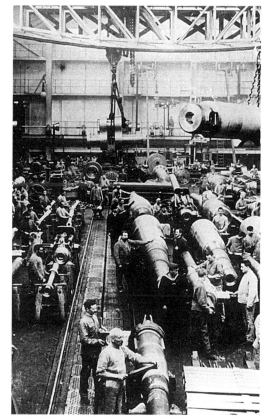

2 Arbeiter in der Kanonenwerkstatt bei Krupp. Foto, 1909.

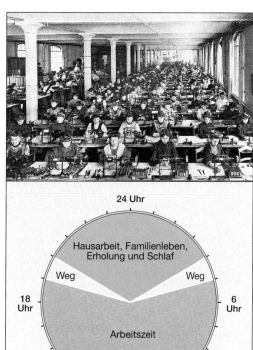

3 Tagesablauf eines Arbeiters.

Arbeiten ohne Ende …

Einen eindrucksvollen Bericht über die Arbeitsbedingungen gibt Ernst Abbe, der Mitinhaber der Zeiss-Werke in Jena. Er erzählt von seinem Vater aus der Zeit um 1850:

Q4 … Die Arbeitszeit währte 14 bis 16 Stunden. Mittagspause gab es nicht. An eine Maschine gelehnt oder auf eine Kiste gekauert, verzehrte mein Vater sein Mittagessen aus dem Henkeltopf mit aller Hast, um mir dann den Topf geleert zurückzugeben und sofort wieder an die Arbeit zu gehen.

Mein Vater war eine Hünengestalt von unerschöpflicher Robustheit, aber mit 48 Jahren in Haltung und Aussehen ein Greis, seine weniger starken Kollegen waren aber mit 38 Jahren Greise …

Und selbst über die Borsigwerke, die bessere Löhne zahlten und bessere Arbeitsbedingungen boten als viele andere Unternehmen,

kursierte in der Berliner Arbeiterschaft ein Gedicht.

In dem Gedicht von 1900 heißt es:

Q5 Wer nie bei Siemens-Schuckert war,
Bei AEG und Borsig,
Der kennt des Lebens Jammer nicht,
Der hat ihn erst noch vor sich.

Kein Auskommen mit dem Einkommen

Trotz der langen Arbeitszeiten reichte der Lohn häufig kaum aus, um die Familien vor dem Verhungern zu bewahren. Da sehr viele Menschen Arbeit suchten, konnten die Unternehmer niedrige Löhne zahlen. Wer arbeitslos oder arbeitsunfähig wurde, erhielt keinerlei Unterstützung. Frauen und Kinder mussten in den meisten Familien mitarbeiten, um die Existenz zu sichern.

3 *Sehen Sie sich Abbildung 3 an. Was hat sich für die Arbeiter und Angestellten im Vergleich dazu bis heute geändert?*

Entwicklung der durchschnittlichen Wochenarbeitszeit (ungefähr) in Deutschland.

1800	70 Stunden
1820	78 Stunden
1840	96 Stunden
1870	73 Stunden
1900	70 Stunden
1919	48 Stunden
2004	38 Stunden

Hausfrau – Mutter – Arbeiterin

Aus einem Gedicht von Thomas Scherr über Kinderarbeit um 1850:
*Noch zählte ich acht
Sommer kaum,
Musst' ich verdienen
gehn',
Musst' dort in dem
Maschinenhaus
Stets auf die Spindeln
sehn',
Stand da gebannet
Jahr und Tag,
Und Tag und Nächte
gleich;
Drum welkten mir
die Lippen blau
Und meine Wangen
bleich.*

Gleicher Lohn für gleiche Arbeit?
Bei gleicher Arbeit erhielten die Fabrikarbeiterinnen einen geringeren Lohn als die Männer. In einer Baumwollspinnerei wurden z. B. 1888 folgende Schichtlöhne gezahlt:

*gelernter Arbeiter
1,34 Mark*

*ungelernter Arbeiter
1,09 Mark*

*eine Arbeiterin
0,63 Mark*

1 Arbeiterfamilie in ihrer Berliner Wohnung. Der Mann und das älteste Mädchen (14 Jahre) fehlen bei dieser Aufnahme, die Großmutter ist anwesend. Foto, 1907.

Mutterglück?

Weil ihre Männer zu wenig verdienten, um eine Familie zu ernähren, waren die Arbeiterfrauen zur Heim- oder Fabrikarbeit gezwungen. Was dies für die Frauen bedeutete, zeigt folgender Bericht aus dem Jahr 1899:

Q1 … Je nach der Entfernung der Wohnung von der Fabrik, nach dem Beginn der Fabrikarbeit und je nach dem Arbeitsbeginn des Mannes steht die Frau um 3 ½, 4, 4 ½ oder 5 Uhr auf … Dann wird das Frühstück zubereitet …, das abends schon vorbereitete und angekochte Essen aufs Feuer gebracht … und in Blechtöpfe gefüllt … Die Kinder werden dann angekleidet, zur Schule geschickt oder zur Hütefrau oder Kinderkrippe gebracht. Von da geht es zur Fabrik … Es gibt viele Arbeiterinnen, die täglich zehn bis zwölf Kilometer zu Fuß zur Fabrik zurücklegen müssen. Ist die Entfernung zur Fabrik nicht so weit, eilt sie in der Mittagspause im Schnellschritt heim, macht Feuer, setzt die in Scheiben geschnittenen Kartoffeln auf, wärmt das vorher fertig gestellte Essen auf und isst mit den Angehörigen … Abends dasselbe, Abendessen, Schularbeiten der Kinder, Flicken und Waschen der Kleider und Wäsche. Vorbereitung des Essens für den anderen Tag. Vor 9 Uhr abends endet der Arbeitstag nie, vor 10 Uhr selten und oft erst nach 11 Uhr …

1 *Überlegen Sie, wie ein Unternehmer die geringere Bezahlung von Frauen gerechtfertigt haben könnte (siehe die Schichtlöhne in der Randspalte). – Was würden Sie ihm antworten?*

Kinder – billige Arbeitskräfte

Um den Lebensunterhalt zu sichern, mussten auch die Kinder mitarbeiten, teilweise schon ab dem 6. Lebensjahr. Die Fabrikanten behaupteten, nur durch die billige Kinderarbeit könnten sie mit ihren Waren auf dem Weltmarkt konkurrenzfähig bleiben. Erst 1839 verfügte die preußische Regierung, dass Kinder erst ab dem 10. Lebensjahr als Arbeitskräfte eingesetzt werden durften. Sie mussten außerdem eine dreijährige Schulzeit nachweisen sowie Grundkenntnisse im Lesen und Schreiben haben.

2 *Ein Fabrikant und ein Abgeordneter sprechen über die Einschränkung der Kinderarbeit. – Was könnten sie gesagt haben?*

Städteboom und Wohnungselend

2 Elendsquartiere vor den Toren Berlins. Kolorierter Holzstich, um 1872.

Zusammengepfercht auf engstem Raum

Bedrückend für viele Arbeiterfamilien waren neben der Arbeitsbelastung und der ständigen Geldnot auch die engen und ärmlichen Wohnverhältnisse. Viele Bauern und Landarbeiter hatten mit ihren Familien die Dörfer verlassen, um in der Stadt Arbeit zu suchen. Die Bevölkerung in den Städten nahm daher in kurzer Zeit stark zu, in Berlin z. B. innerhalb von nur 70 Jahren von 150 000 auf fast eine Million Menschen. Deshalb garantierte eine Arbeitsstelle noch längst keine Wohnung. Und mit dem explosionsartigen Städtewachstum konnte die Bauwirtschaft nicht Schritt halten. Angesichts der Wohnungsnot zimmerten sich kinderreiche Arbeiterfamilien am Stadtrand Berlins Hütten mit undichten Fenstern oder sie suchten in Kellern, Ställen und auf Dachböden Unterschlupf. Wer konnte, zog mit seiner Familie in eine der großen „Mietskasernen". Hierbei handelte es sich um Wohnblöcke, die von wohlhabenden Bürgern errichtet wurden, weil sie sich davon hohe Einnahmen versprachen. Diese Arbeiterwohnungen bestanden meist aus zwei Zimmern, in denen Familien von sechs bis zehn Personen lebten.

In den Betten schliefen oft vier Kinder, zwei am Kopf- und zwei am Fußende.

Die Ausstattung der Wohnungen war dürftig. Der einzig beheizbare Raum war die Küche, die zugleich Wohnzimmer war. Wasserleitungen in den Wohnungen gab es noch nicht. Von 1000 Wohnungen in Berlin verfügten noch im Jahr 1880 nur 36 über ein Bad. Dennoch waren die Mieten unverhältnismäßig hoch.

Da eine Wohnung mit Zimmer und Küche im Schnitt den Wochenlohn eines Arbeiters kostete, vermieteten viele Familien ein Bett oder einen Teil eines Bettes an einen alleinstehenden jungen Mann oder eine junge Frau. Diese Personen wurden „Schlafgänger" genannt. In einem Zimmer waren oft drei oder vier von ihnen untergebracht. Reiche Städter dagegen wollten nicht in der verschmutzten Innenstadt leben und so bauten sie sich schöne Häuser in den Vororten der Städte.

3 Beschreiben Sie die Wohnverhältnisse mithilfe des Textes und der Abbildungen 1 und 2.

4 Überlegen Sie, welche Folgen sich aus der Wohnsituation für das Familienleben ergeben konnten.

IN GROSS-BERLIN WOHNEN **600 000** MENSCHEN IN WOHNUNGEN, IN DENEN JEDES ZIMMER MIT 5 UND MEHR PERSONEN BESETZT IST. ▫ **353000** VOLKSSCHULKINDER SIND OHNE SPIELPLATZ.

Spendenpostkarte
zur Minderung der Wohnungsnot in Berlin. Gezeichnet von Käthe Kollwitz, 1912.

Wer löst die soziale Frage?

1 Werkstatt des „Rauhen Hauses", das 1833 gegründet wurde. Darstellung von 1845.

Adolph Kolping
(1813–1865) wuchs als Kind eines armen Schäfers auf und kam als Schusterge- selle nach Köln. Ent- setzt über die men- schenunwürdigen Lebensbedingungen in der Stadt, be- schloss er Priester zu werden. In Elberfeld bei Wuppertal be- gann er sein Werk als „Gesellenvater". 1849 gründete er den Kölner Gesellen- verein und innerhalb weniger Jahre überall in Deutschland „Kol- pinghäuser", in de- nen wandernde Handwerksgesellen Unterkunft und Ver- pflegung fanden. Bei Kolpings Tod gab es fast 200 Ortsvereine mit 25 000 Mitglie- dern; schließlich ent- stand das Kolping- werk.

Die Kirche greift ein

Angesichts des Elends, in dem die Arbeiter, ih- re Frauen und Kinder leben mussten, stellte sich immer dringender die Frage: Was muss geschehen, um die menschenunwürdigen Le- bensverhältnisse der Arbeiter zu bessern? Auf diese Frage, die man als „Arbeiterfrage" oder „soziale Frage"* bezeichnete, gab es im 19. Jahrhundert ganz unterschiedliche Ant- worten.

Schon in der ersten Hälfte des 19. Jahrhun- derts setzten sich evangelische und katho- lische Geistliche mit diesem Problem ausein- ander. So gründete der Theologe Johann Heinrich Wichern (1808–1881) bereits 1833 in Hamburg das „Rauhe Haus", in das er ver- waiste und obdachlose Kinder aufnahm.

Auf dem ersten „Deutschen Evangelischen Kirchentag" 1848 sagte Wichern:

Q1 … Ihr Männer der Kirche, denkt auch an die Not der Menschen außerhalb der Kir- chenmauern! Überall, wo die Armen vor Not keine Kraft mehr haben, die Botschaft Christi zu hören, da müsst ihr eingreifen. Alles Predi- gen wird nichts helfen, wenn nicht zugleich für das leibliche Wohl unserer Brüder gesorgt wird …

1 *Welche Voraussetzungen für eine wirksame Verkündigung des christlichen Glaubens müssen nach Wichern gegeben sein?*

Großes Aufsehen erregte auch Papst Leo XIII. mit einem Rundschreiben, in dem er nicht nur die Arbeiter zur treuen Pflichterfüllung ermahnte, sondern auch die Arbeitgeber.
Aus dem Rundschreiben des Papstes:

Q2 … Unehrenhaft und unmenschlich ist es, Menschen wie eine Ware nur zum eigenen Gewinn auszubeuten … Zu den wichtigsten Pflichten der Arbeitsherren gehört es, jedem das Seine zu geben … Dem Arbeiter den ver- dienten Lohn vorzuenthalten ist ein großes Verbrechen, das um Rache zum Himmel ruft …

2 *Wie könnten Unternehmer oder Arbeiter auf den Satz „Jedem das Seine" reagieren?*

Besonders erfolgreich wirkte der Gründer der katholischen Gesellenvereine, Adolph Kol- ping.

3 *Recherchieren Sie mithilfe des Internets die Aufgaben des Kolpingwerks und anderer kirch- licher Einrichtungen, z. B. Caritas, Innere Mis- sion.*

Lösungsversuche von Kirchen und Unternehmern

2 **Wohnsiedlung der Firma Krupp in Essen, erbaut 1872.** Zeitgenössischer Stich.

Ernst Abbe (1840–1905), Physiker. Gründete 1882 mit F. O. Schott und C. Zeiss das „Jenaer Glaswerk Schott & Gen." und übergab die Zeiss-Werke 1891 einer von ihm gegründeten Stiftung.

Fürsorge der Unternehmer

Einzelne Unternehmer versuchten wenigstens in ihren Betrieben das Elend der Arbeiter zu mildern. Zu ihnen gehörte auch Alfred Krupp, der in schwierigen Zeiten seine Arbeiter nicht einfach entließ. Als seine Firma 1848 keine Aufträge mehr hatte, veräußerte er seinen privaten Besitz, damit er die Arbeiter weiter bezahlen konnte. Ein russischer Großauftrag rettete ihn schließlich vor dem Bankrott.

Alfred Krupp ließ für seine Arbeiter billige Wohnungen bauen und beschaffte ihnen Lebensmittel zum Selbstkostenpreis. Kranke Arbeiter wurden im Krupp-Krankenhaus behandelt. Für alle Arbeiter gab es eine betriebliche Krankenkasse. So waren sie erstmals bei Krankheit überhaupt etwas abgesichert.

Ähnlich wie Krupp handelten z.B. auch die Industriellen Ernst Abbe in Jena und August Borsig in Berlin.

Die Zeitung „Social-Demokrat" schrieb 1865:

Q3 … Humanität einzelner Fabrikanten gegen ihre Arbeiter ist ohne Zweifel eine höchst nennenswerte Sache, aber mit der sozialen Frage haben diese Dinge nichts zu tun. Hierfür ist es ganz gleichgültig, ob es edle Fabrikanten gibt oder nicht, denn es handelt sich nicht darum, im Kleinen, sondern im Großen andere Zustände herzustellen, und nicht darum, die Gnade oder den guten Willen einzelner Fabrikanten in Anspruch zu nehmen, sondern die Rechte – man verstehe wohl! – die Rechte der Arbeiter zu erkämpfen …

4 *Spielen Sie ein Interview zwischen dem Verfasser des Zeitungsartikels und dem Unternehmer Alfred Krupp.*

3 **Gartenlaube in der ehemaligen Arbeitersiedlung „Borsigwalde" in Berlin.** Foto, um 1900.

*Mit dem Entschluss der Firmenleitung von Borsig, ihr neues Werk am Stadtrand Berlins zu errichten, war auch der Bau einer **Werkssiedlung** verbunden. Trotz des Neubaus blieben die Wohnverhältnisse eng. In jeder Etage lebte eine mindestens vierköpfige Familie. Von Vorteil waren der kurze Weg zur Arbeit und der kleine Garten hinter dem Haus, der zum Anbau von Gemüse vorgesehen war.*

Streik und sozialer Protest

1 **Arbeiter beim Fabrikanten.** Ölgemälde von Stanislaw Lenz, 1895.

Alle Räder stehen still ...

1 *Beschreiben Sie die Abbildungen 1 und 2. Achten Sie dabei auf die Bekleidung und die Haltung der Personen.*

2 *Was könnten die Arbeiter sagen?*

3 *Überlegen Sie, welche Möglichkeiten die Arbeiter damals hatten, um ihre Forderungen gegenüber dem Fabrikanten durchzusetzen.*

Solidarität*:
Das Eintreten füreinander; Zusammengehörigkeitsgefühl.

Gewerkschaften*:
Mitte des 19. Jahrhunderts schlossen sich zuerst in England Arbeiter zu Organisationen zusammen (Trade Unions), die bessere Arbeitsbedingungen und Löhne anstrebten. Wichtigstes Druckmittel der Gewerkschaften war der Streik, d. h. die zeitweise Niederlegung der Arbeit. Als erste Gewerkschaftsverbände in Deutschland entstanden die der Tabakarbeiter (1865) und die der Buchdrucker (1866).

Die Maßnahmen von Unternehmern und Kirchen reichten nicht aus, um die Notlage der Arbeiter entscheidend zu verbessern. Deshalb kam es immer wieder zu Arbeitsniederlegungen. Mit Streiks versuchten die Arbeiter, ihre Forderungen gegenüber den Unternehmern durchzusetzen. Sie richteten sich vor allem gegen zu lange Arbeitszeiten, zu starke Belastung durch die Maschinenarbeit, zu niedrige Löhne und zu strenge Befehlsgewalt durch die Fabrikherren.

Die Streiks zeigten den Arbeitern, dass sie nur zusammen stark genug waren, um ihre Forderungen zu verwirklichen. Solidarität* war die Grundvoraussetzung für die Verbesserung ihrer Lebensbedingungen. Schon 1824 schlossen sich deshalb Arbeiter in England zu sogenannten „Gewerkschaften"* zusammen, um gemeinsam für bessere Arbeitsbedingungen zu kämpfen. Obwohl die Gewerkschaften 1825 zugelassen wurden, mussten viele Gewerkschaftsführer um ihr Leben fürchten. Noch 1834 verbannte man acht Landarbeiter wegen Gewerkschaftsgründung aus der englischen Grafschaft Dorset nach Australien.

4 *Betrachten Sie die Abbildung 3. Erläutern Sie, was mit dem Text gemeint ist.*

Gewerkschaften

Auch in Deutschland entstanden ab 1848 Gewerkschaften, in denen die Arbeiter Erfahrungen austauschten und gemeinsame Aktionen vorbereiteten. Sie forderten vor allem
– höhere Löhne,
– Beschränkung der täglichen Arbeitszeit auf zehn Stunden, bei Schwerarbeit auf acht Stunden,
– Schutz bei Krankheit, Unfall oder Arbeitslosigkeit.

Außerdem richteten die Gewerkschaften Streikkassen ein, aus denen Arbeiter und Familien bei längerfristigen Streiks unterstützt wurden. Derartige Zusammenschlüsse wurden in einzelnen deutschen Staaten erst ab 1861 zugelassen, in ganz Deutschland erst im Jahr 1872.

Proletarier organisieren sich

2 Der Streik. Gemälde von Robert Köhler, 1886.

Ein Arbeiter erinnerte sich an die Schwierigkeiten, die mit der Gründung seines Gewerkschaftsvereins verbunden waren:

Q1 ... Mein Plan, einen Fachverein für meinen Beruf zu gründen, war schneller gedacht als ausgeführt. Die Polizei witterte hinter jeder Arbeitervereinigung revolutionäre Verbindungen. Auch war es nicht so einfach, meine Formerkollegen für den Plan zu begeistern; die Furcht vor Entlassung hielt viele zurück. Im Lauf der Jahre gelang es aber, eine Anzahl tüchtiger und treuer Kollegen zu gewinnen ... Um die Statuten unseres Vereins von der Polizei genehmigt zu erhalten, musste alles vermieden werden, was bei den Behörden Anstoß erregen konnte. Von Streik oder Lohnbewegung durfte im Statut nicht die Rede sein. Deshalb hieß es: „Der Zweck des Vereins ist, die Ehre und das Interesse der Former und verwandter Berufsgenossen zu wahren." ...

5 Beschreiben Sie die Schwierigkeiten der Arbeiter, die sich in Gewerkschaften organisierten.

6 Nennen Sie die Ziele der Gewerkschaften im 19. Jahrhundert.

7 Erkundigen Sie sich, welche Gewerkschaften es heute gibt und wofür sie sich einsetzen.

Mann der Arbeit, aufgewacht!
Und erkenne deine Macht!
Alle Räder stehen still,
Wenn dein starker Arm es will.

3 Bildpostkarte der Gewerkschaften, um 1910.

Zahl der Arbeitskämpfe in Deutschland:

1848:	49
1869:	152
1871:	158
1872:	352
1881:	15
1884:	60
1890:	390
1891:	226

Auf dem Weg zur Arbeiterpartei

Ferdinand Lassalle (1825–1864) war Mitarbeiter der „Neuen Rheinischen Zeitung".

August Bebel (1840–1913), Vorsitzender der 1869 gegründeten Sozialdemokratischen Arbeiterpartei; 1872 wegen Hochverrats, 1886 wegen Majestätsbeleidigung zu Festungshaft verurteilt. Unter seinem Vorsitz entwickelte sich die SPD zur stärksten Partei.

1875: Gründung der Sozialistischen Arbeiterpartei Deutschlands, die ab 1890 Sozialdemokratische Partei Deutschlands hieß.

Produktionsmittel*: Güter, mit denen produziert werden kann (z. B. Maschinen).

1 Postkarte zum Wahlrecht, um 1912.

Entwicklung der SPD

Die Gewerkschaften wollten die Arbeitsbedingungen der Arbeiter verbessern, höhere Löhne und kürzere Arbeitszeiten erreichen. Das war dem Journalisten Ferdinand Lassalle zu wenig. Er gründete 1863 den Allgemeinen Deutschen Arbeiterverein (ADAV). Sein Ziel war das Wahlrecht für alle Arbeiter; diese sollten dann Abgeordnete wählen, die ihre Interessen im Parlament vertreten würden. Die Lösung der sozialen Frage erwartete Lassalle also vom Staat. Zudem forderte die Partei die Verwaltung der Fabriken durch die Arbeiter.

Eine zweite Arbeiterpartei wurde 1869 in Eisenach von dem Drechslermeister August Bebel und dem Zeitungsredakteur Wilhelm Liebknecht gegründet. Anders als Lassalle setzte diese Partei ihre Hoffnungen zunächst auf eine Revolution. 1875 schlossen sich beide Parteien zur „Sozialistischen Arbeiterpartei Deutschlands" zusammen, die ab 1890 „Sozialdemokratische Partei Deutschlands" (SPD) hieß. Das Parteiprogramm der SPD enthielt unter anderem folgende Ziele:

- allgemeines Wahlrecht für alle Staatsangehörigen vom 20. Lebensjahr an,
- direkte Gesetzgebung durch das Volk,
- Verwandlung der Produktionsmittel* in gesellschaftliches Gemeingut,
- Abschaffung sozialer Ungleichheit, Verbot der Kinderarbeit und Schutzgesetze für das Leben und die Gesundheit der Arbeiter.

1 *Nehmen Sie aus der Sicht eines Unternehmers Stellung zu den Forderungen der SPD.*

Trotz Verbot und Verfolgung durch die Regierung wurde die SPD schnell stärkste Partei in Deutschland. Strittig blieb in der SPD jedoch bis ins 20. Jahrhundert die Frage, wie die Ziele des Parteiprogramms erreicht werden sollten. War es möglich, eine sozialistische Gesellschaft auf friedlichem Weg und durch Reformen durchzusetzen, oder konnte dies nur durch einen revolutionären Umsturz gelingen?

2 *Bilden Sie Arbeitsgruppen und sammeln Sie mithilfe von Lexikon und Internet Informationen z. B. zu Lasalle, Bebel und der SPD im Kaiserreich (Tipp: www.dhm.de/lemo/html/kaiserreich). Tragen Sie Ihre Ergebnisse der Klasse vor.*

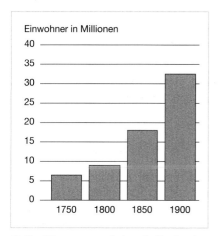

1 Bevölkerungswachstum in England und Wales 1750–1900. Säulendiagramm.

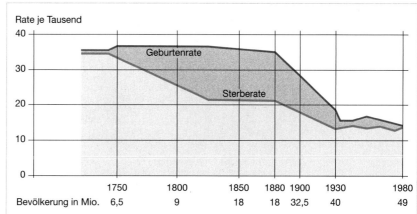

2 Geburten- und Sterberate in England und Wales 1750–1980. Kurvendiagramm. Alle Statistiken: Hermann de Buhr / Michael Regenbrecht (Hg): Industrielle Revolution und Industriegesellschaft. Hirschgraben Verlag, Frankfurt / M. 1983, S. 27

Immer wieder arbeiten wir im Geschichtsunterricht mit Statistiken und Grafiken. Sie sollen uns helfen, historische Entwicklungen darzustellen und zu vergleichen. Wie das funktioniert und was dabei zu beachten ist, können Sie hier am Beispiel der Bevölkerungsentwicklung in Europa erarbeiten.

In Europa lebten um das Jahr 1750 etwa 140 Millionen Menschen; um 1900 waren es bereits 450 Millionen, d. h. in nur 150 Jahren hatte sich die Bevölkerung Europas mehr als verdreifacht. Ein derartig rasches Bevölkerungswachstum war etwas völlig Neues. Wir sprechen daher von einer Bevölkerungsexplosion.

Das erste Land, in dem sich dieser Bevölkerungswandel vollzog, war England (vgl. Grafik 1). Es gibt für diese Entwicklung vor allem zwei Ursachen:

– Infolge der verbesserten medizinischen Versorgung und der höheren Ernteerträge durch den Einsatz von Landmaschinen ging in England seit 1750 die Sterblichkeit stark zurück.

– Die Geburtenrate aber blieb weiterhin gleich hoch (vgl. Grafik 2). Man kann diese Entwicklung in England und Wales aufzeigen, indem man für jedes Jahr seit 1750 genaue Angaben macht über die Geburten- und Todesfälle sowie die Bevölkerungszahl insgesamt; das wäre dann eine Statistik. Besonders übersichtlich wäre dies aber nicht. Viel anschaulicher ist eine zeichnerische Darstellung, eine Grafik. Es gibt aber ganz unterschiedliche Grafiken. Das **Säulendiagramm** (Grafik 1) zeigt einen ganz bestimmten Zustand zu einem bestimmten Zeitpunkt.

Das **Kurvendiagramm** (Grafik 2) gibt hingegen einen Ablauf wieder. Das ist z. B. wichtig, wenn man die Entwicklung in England mit jener in Deutschland vergleichen möchte (siehe Abb. 3).

Seit 1800 ging die Sterblichkeit in Deutschland fast gleichmäßig von 28 pro 1000 Einwohner auf 16 pro 1000 Einwohner im Jahr 1900 zurück. Die Geburtenrate sank im gleichen Zeitraum von 40 auf 27 je Jahr und 1000 Einwohner.

Jahr	Bevölkerung (in Mio.)
1750	20
1800	24
1850	35
1900	56

3 Bevölkerungsentwicklung in Deutschland 1750–1900. Statistik.

Statistiken werden oft manipuliert, um ein im Sinne des Autors erwünschtes Ergebnis zu erzielen. Deshalb sollte man jede Statistk kritisch hinterfragen:

– Von wem stammen die Zahlen?
– Welche Absichten verfolgt der Herausgeber mit einer Statistik?
– Fehlen wichtige Angaben?
– Sind die vorgegebenen Schlussfolgerungen zulässig?

1 *Tragen Sie die Angaben zur Bevölkerungsentwicklung in Deutschland (Abb. 3) in ein Säulendiagramm ein.*

2 *Fertigen Sie mithilfe der Angaben zur Geburten- und zur Sterberate im Text ein Kurvendiagramm an.*

3 *Vergleichen Sie Ihr Ergebnis mit den Grafiken 1 und 2. Gibt es Unterschiede? Wie sind sie zu erklären?*

Sozialgesetzgebung

1 **Der prassende Altersrentner.** Farblithografie aus dem Wochenblatt „Der wahre Jakob", 1891.

Die übermäßige Arbeitsbelastung der Arbeiterinnen und Arbeiter führte immer häufiger zu Unfällen in den Fabriken, zu Erkrankungen und zu früher Invalidität. Die Arbeiterinnen und Arbeiter fühlten sich vom Staat im Stich gelassen.

Obwohl die Arbeiterpartei verfolgt wurde, war die Arbeiterschaft nicht mehr von ihr zu trennen. Die Wählerschaft der Sozialdemokraten wuchs ständig. Dies brachte den deutschen Kaiser und seine Regierung zum Nachdenken.

1 *Stellen Sie fest, warum die deutsche Sozialversicherung 1913 als „vorbildlich und unerreicht" (siehe Abbildung 2) dargestellt wurde.*

2 *Entschlüsseln Sie die Karikatur (Abbildung 1).*

2 **Die deutsche Sozialversicherung.** Plakat der Reichsregierung, 1913.

Sozialgesetzgebung

| Gesetz | Wer zahlte die Beiträge? | | Welche Leistungen wurden gewährt? |
	Arbeitnehmer	Arbeitgeber	
(1883) Kranken-versicherung	2/3	1/3	ärztliche Behandlung, Heilmittel, Krankengeld, Krankenhaus, Wöchne-rinnengeld (alles für 13 Wochen)
(1884) Unfallversicherung	–	1/1	Heilbehandlung, Unfallrente, Hinterbliebenenrente
(1889) Alters- und Invalidenversicherung	1/2	1/2	Invalidenrente bei Erwerbsunfähig-keit, Altersrente vom 70. Lebensjahr an

3 Gesetze zur Sozialversicherung 1883–1889.

Von 1883 bis 1889 ließ die Reichsregierung Gesetze verabschieden, durch die die Arbeiterschaft einen sozialen Schutz erhalten sollte: die Sozialversicherungsgesetze*. Zur Durchführung dieser Gesetze wurden Ortskrankenkassen gegründet.

3 Erkunden Sie,
a) wer heute sozialversichert (pflichtversichert) ist,
b) wer heute die Beiträge aufbringen muss,
c) für welche Dauer in der Krankenversicherung Leistungen gewährt werden.

Auskünfte können Sie bei einer Ortskrankenkasse, Innungs- oder Betriebskrankenkasse oder bei einer Ersatzkasse bekommen.
4 *Erläutern Sie den Ausdruck „soziales Netz" und die verschiedenen sozialen Leistungen (Abbildung 4). Schlagen Sie unbekannte Begriffe im Lexikon nach.*
5 *Vergleichen Sie das „soziale Netz" in der Bundesrepublik Deutschland (Abbildung 4) mit den Sozialleistungen in Deutschland im 19. Jahrhundert (Abbildung 3).*

Sozialversicherungs-gesetze *:
Als „Vater" der staatlichen Sozialgesetzgebung des 19. Jahrhunderts gilt Otto von Bismarck (1815–1898), zwischen 1871 und 1890 Reichskanzler des Deutschen Reiches.

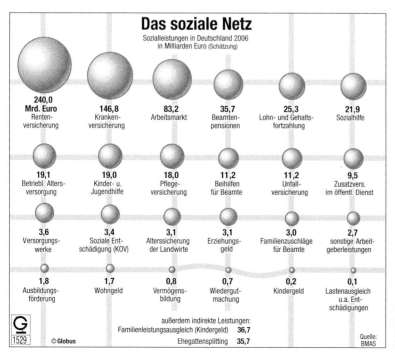

4 Das soziale Netz in der Bundesrepublik Deutschland 2006. Grafik.

Ein Generalstreik wird zum „Tag der Arbeit"

1 Titelblatt aus der Maifestnummer einer Zeitschrift, 1894.

2 „Auf, zum Feste All' herbei, Feiern wir den ersten Mai!". „Der wahre Jakob", 25. April 1899.

Der 1. Mai

1. Mai 1890:
Erste Maimanifesta-
tionen der Arbeiter-
bewegung.

1889 als einmaliger internationaler Kampftag für den Achtstundentag geplant, entwickelte sich der 1. Mai zum „Tag der Arbeit" und zum traditionellen Festtag der Arbeiter in aller Welt. So fanden am 1. Mai 1890 die ersten Maimanifestationen der Arbeiterbewegung in Argentinien, in den USA und in 18 europäischen Ländern statt. Allein in London demonstrierten etwa 300 000 Menschen und auch in Deutschland folgten Zehntausende von Arbeitern dem Aufruf zu den Kundgebungen. Da Festumzüge von der Polizei genehmigt werden mussten, was nur selten vorkam, verabredeten sich Arbeiter und Arbeiterinnen zu einem gemeinsamen „Ausflug ins Grüne".
Ottilie Bader (1847–1925), Fabrikarbeiterin, berichtet von der ersten Maifeier:

Q1 … Es war am Donnerstag, den 1. Mai 1890. Man sah bereits in den frühen Vormittagsstunden sonntäglich gekleidete Gruppen von Arbeiterfamilien hinausziehen ins Freie. Wie war das nur möglich? An einem Arbeitstage wagten die Proletarierscharen nicht zu arbeiten, dem Unternehmer damit den Profit zu kürzen? Sie wagten zu feiern an einem Tage, der nicht von Staat oder Kirche als Feiertag festgelegt war? Es war (in Paris) vereinbart worden, dass in allen Ländern an die Regierungen Forderungen zum Schutz der Arbeiter gestellt und mit Nachdruck vertreten werden müssen. Die Arbeitszeit sollte verkürzt, Kinderarbeit verboten werden und anderes mehr. Dann erst würde der Arbeiter sich seiner Familie widmen können und dann endlich einmal auch Zeit finden, an seiner geistigen Fortbildung zu arbeiten …

Bis nach dem Ersten Weltkrieg galt die Arbeitsruhe am 1. Mai meist als Streik. Später wurde das Datum als Tag der Arbeit zum Feiertag erklärt.

1 *Diskutieren Sie über die Ansicht Ottilie Baders (Q1) zum Mai-Feiertag.*
2 *Sammeln Sie Informationen (Plakate, Berichte, Informationsmaterial der Gewerkschaften), wie heute der 1. Mai begangen wird.*
3 *Fragen Sie Ihre Eltern und Großeltern, wie der 1. Mai in der DDR oder in deren Heimatland gefeiert wurde.*
4 *Gestalten Sie zum Thema „1. Mai – Tag der Arbeit" eine Wandzeitung.*

Zusammenfassung

Technische Neuerungen

Die Industrialisierung begann im 18. Jahrhundert in England. Technische Erfindungen wie z. B. Spinnmaschinen führten zu einem radikalen Wandel in der Textilindustrie: Wenige Menschen konnten mithilfe der neuen Maschinen jetzt schnell, preiswert und in großen Mengen Waren produzieren. Durch die Erfindung der Dampfmaschine und der Lokomotiven konnten die Waren in kurzer Zeit überallhin befördert werden. Die erste deutsche Eisenbahn fuhr 1835 von Nürnberg nach Fürth. Unter Führung Preußens hatten sich die deutschen Kleinstaaten schon ein Jahr zuvor zum Deutschen Zollverein zusammengeschlossen, d. h., es gab innerhalb des Deutschen Zollvereins keine Grenzen mehr, die den Warenverkehr behinderten.

Soziale Folgen der Industrialisierung

Mit der fortschreitenden Industrialisierung verlor die alte ständische Ordnung immer mehr an Bedeutung. An die Stelle des „Geburtsadels" trat der „Geldadel". Dazu gehörten vor allem die Unternehmer, die in ihren Fabriken oft mehrere tausend Menschen beschäftigten. Eine angesehene Stellung in der Gesellschaft besaßen auch die Angestellten, also Ingenieure, Buchhalter usw. Für die Arbeiter wurde die Bezeichnung „Proletarier" gebräuchlich. Ihre Arbeits- und Lebensbedingungen waren äußerst schlecht: Verelendung aufgrund niedriger Löhne und hoher Arbeitslosigkeit, unzumutbare Arbeitsbedingungen und menschenunwürdige Wohnverhältnisse zählten zu den ungelösten sozialen Problemen der Arbeiter. Die Einführung einer staatlichen Sozialversicherung in den 1880er Jahren sollte die Not der Arbeiterschaft lindern. Die Sozialgesetze bildeten den Grundstein für den heutigen Sozialstaat.

Lösungsversuche der sozialen Frage

Angesichts des Elends, in dem Arbeiter, ihre Frauen und Kinder leben mussten, fühlten sich die Kirchen und verantwortungsbewusste Unternehmer aufgerufen, Verbesserungen anzustreben. Mit der Durchführung von Streiks, der Gründung von Gewerkschaften und schließlich von Arbeiterparteien durch Lassalle sowie Bebel und Liebknecht konnten die Arbeiter ihre Situation schrittweise verbessern und auch das Wahlrecht erkämpfen. Das Frauenwahlrecht wurde erst 1919 in Deutschland eingeführt.

18. Jahrhundert

England wird zum Mutterland der industriellen Revolution.

Um 1840

Beginn der Industrialisierung in Mitteleuropa und Deutschland.

Seit 1850

Die Landflucht lässt in den wachsenden Industriestädten Elendsquartiere entstehen.

1875

Gründung der Sozialdemokratischen Partei in Gotha.

Namen und Begriffe

✓ Erfindungen
✓ Deutscher Zollverein
✓ Bevölkerungswachstum
✓ Landflucht
✓ Verstädterung
✓ Bürgertum
✓ Unternehmen
✓ Mietskasernen
✓ Arbeitervereine
✓ Gewerkschaften
✓ Kinderarbeit
✓ Sozialgesetze
✓ kirchliche und private Initiativen

Was wissen Sie noch?

1 Wo begann die industrielle Revolution?
2 Warum spricht man von einer „Revolution"?
3 Welche Voraussetzungen machten die Industrialisierung möglich?
4 Zählen Sie Erfindungen auf, die im 18. und 19. Jahrhundert gemacht wurden.
5 Warum war die Gründung des Deutschen Zollvereins 1833/34 so wichtig für die Industrialisierung Deutschlands?
6 Welche Arbeits- und Wohnbedingungen trafen die Menschen an, die im 19. Jahrhundert vom Land in die Städte zogen?
7 Wie versuchten die Kirche, einzelne Unternehmer und der Staat, die soziale Lage der Arbeiter zu verbessern?

Tipps zum Weiterlesen

Manon Baukhage: Der Tisch von Otto Hahn. Faszinierende Erfindungen, die unsere Welt veränderten. Ravensburger Buchverlag, Ravensburg 2006

Manfred Görtemaker: Deutschland im 19. Jahrhundert. Hg. v. der Bundeszentrale für politische Bildung, Schriftenreihe Bd. 203, 3. überarb. Aufl. Bonn 1989

Peter Zolling: Deutsche Geschichte von 1871 bis zur Gegenwart. Wie Deutschland wurde, was es ist. dtv, München 2007

Mann der Arbeit, aufgewacht!
Und erkenne deine Macht!
Alle Räder stehen still,
Wenn dein starker Arm es will.

1 Erstellen Sie eine Mind-Map zur industriellen Revolution.

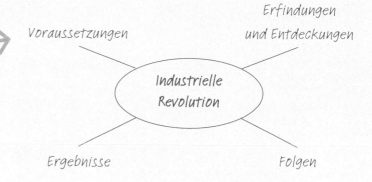

Voraussetzungen

Erfindungen und Entdeckungen

Industrielle Revolution

Ergebnisse

Folgen

2 Recherchieren Sie die Geschichte Ihrer Firma / Ihres Betriebs und schreiben Sie einen kleinen Artikel..

3 Friedrich List – ein Wirtschafts-wissenschaftler:
Inwiefern kann er als Motor der industriellen Revolution in Deutschland gelten?

4 Schreiben Sie den folgenden Text in Ihr Heft ab und ergänzen Sie die Lücken mit den folgenden Wörtern:

✎ = Angestellten – Berufsausbildung – bezahlten Urlaub – Buchhaltern – Frauen – Handwerk – Industrie – Ingenieure – Kassierern – kürzere Arbeitszeiten – Land – niedrige – Schreibern – Tagelöhner – Unternehmer – Werkmeister – Wirtschaftsbürgertum – Zeichner

In der neu entstandenen ✎–gesellschaft entwickelte sich eine neue gesellschaftliche Schicht: das ✎. Die ✎ gaben in den Fabriken den Ton an. Viele Menschen zogen vom ✎ in die Stadt, um Arbeit zu finden. Einige hatten ein ✎ oder einen Beruf gelernt, viele besaßen aber keine ✎. Sie hatten vorher als ✎ in der Land-wirtschaft gearbeitet. Im Textilgewerbe arbeiteten meist ✎, die besonders ✎ Löhne erhielten.
In jeder Fabrik musste auch Verwaltungsarbeit geleistet werden, die von ✎, ✎ und ✎ erledigt wurde. In der Produktion wurden ✎, ✎ und ✎ beschäftigt. Hier entstand eine neue Gruppe von Beschäftigten, die ✎. Sie genossen zahlreiche Vergünstigungen, z. B. ✎ und ✎.

Imperialismus und Erster Weltkrieg

1870/71

1880–1914

1905–1914

DEUTSCH-FRANZÖ-
SISCHER KRIEG

ZEITALTER
DES IMPERIALISMUS

WETTRÜSTEN

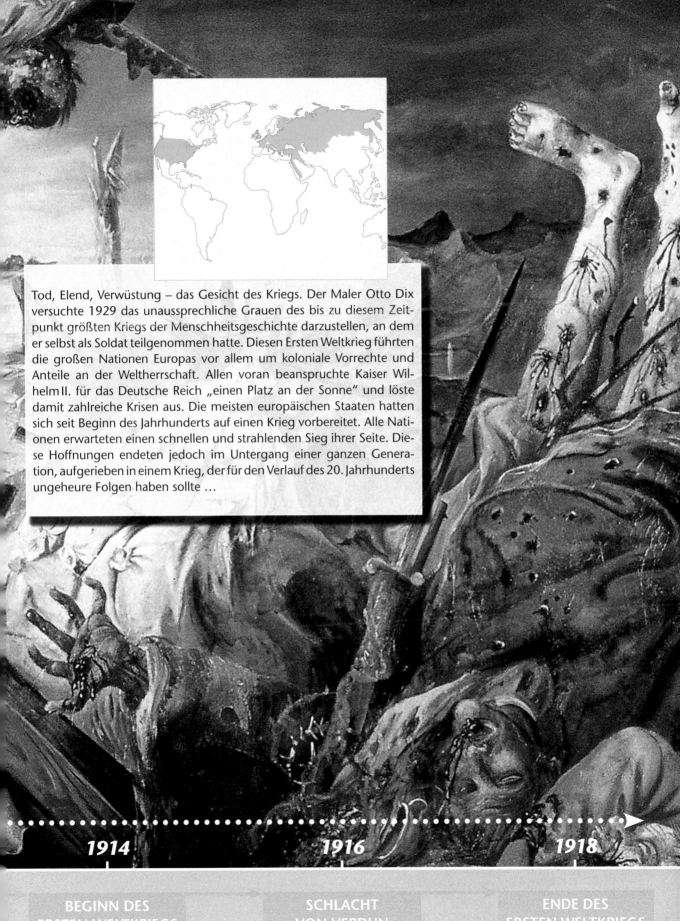

Tod, Elend, Verwüstung – das Gesicht des Kriegs. Der Maler Otto Dix versuchte 1929 das unaussprechliche Grauen des bis zu diesem Zeitpunkt größten Kriegs der Menschheitsgeschichte darzustellen, an dem er selbst als Soldat teilgenommen hatte. Diesen Ersten Weltkrieg führten die großen Nationen Europas vor allem um koloniale Vorrechte und Anteile an der Weltherrschaft. Allen voran beanspruchte Kaiser Wilhelm II. für das Deutsche Reich „einen Platz an der Sonne" und löste damit zahlreiche Krisen aus. Die meisten europäischen Staaten hatten sich seit Beginn des Jahrhunderts auf einen Krieg vorbereitet. Alle Nationen erwarteten einen schnellen und strahlenden Sieg ihrer Seite. Diese Hoffnungen endeten jedoch im Untergang einer ganzen Generation, aufgerieben in einem Krieg, der für den Verlauf des 20. Jahrhunderts ungeheure Folgen haben sollte …

1914

1916

1918

BEGINN DES
ERSTEN WELTKRIEGS

SCHLACHT
VON VERDUN

ENDE DES
ERSTEN WELTKRIEGS

Europäische Staaten und ihre Kolonien

Münze der Deutsch-Ostafrikanischen Gesellschaft, 1885 von Carl Peters gegründet. Als Ziele der Gesellschaft wurden genannt: „Erwerb, Besitz, Verwaltung und Verwertung von Ländereien, Ausbeutung von Handel und Schifffahrt sowie deutsche Kolonisation im Osten Afrikas."

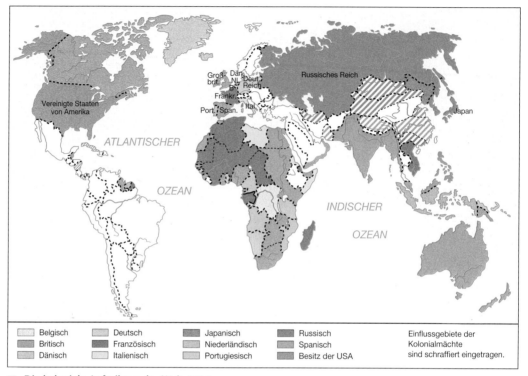

Belgisch	Deutsch	Japanisch	Russisch	Einflussgebiete der
Britisch	Französisch	Niederländisch	Spanisch	Kolonialmächte
Dänisch	Italienisch	Portugiesisch	Besitz der USA	sind schraffiert eingetragen.

1 Die koloniale Aufteilung der Welt 1914.

Deutsche Weltpolitik

Im Jahr 1890 wurde der erst 29-jährige Kronprinz Wilhelm Kaiser des Deutschen Reiches. Sein Amtsantritt fiel in die Zeit des beginnenden Imperialismus*. Der Wettlauf der Weltmächte um Kolonien* bestimmte die internationale Politik. Auch der deutsche Kaiser wollte von Anfang an Weltpolitik betreiben. In einer viel beachteten Rede vor dem Reichstag forderte sein Staatssekretär im Auswärtigen Amt von Bülow:

Q1 … Die Zeiten, wo der Deutsche dem einen seiner Nachbarn die Erde überließ, dem anderen das Meer und sich selbst den Himmel reservierte, … diese Zeiten sind vorüber … Wir müssen verlangen, dass der deutsche Missionar und der deutsche Unternehmer, die deutschen Waren, die deutsche Flagge und das deutsche Schiff in China genauso gut geachtet werden wie diejenigen anderer Mächte.

Mit einem Wort: Wir wollen niemanden in den Schatten stellen, aber wir verlangen auch unseren Platz an der Sonne. …

Die deutsche Industrie hatte ab 1850 einen ungeheuren Aufschwung genommen. Der Zusammenschluss vieler deutscher Einzelstaaten zu einem einheitlichen Wirtschaftsraum 1834 (siehe S. 146) brachte dem Handel große Vorteile. Wie die anderen europäischen Mächte suchte jetzt auch das Deutsche Reich

– Rohstoffländer für seine Industrie,
– Absatzmärkte für Industrieprodukte und
– Anlagemöglichkeiten für Gewinne.

Vor allem die Frage der Absatzmärkte spielte in der öffentlichen Diskussion eine große Rolle, denn viele Firmen produzierten mehr, als sie verkaufen konnten. Wohin also mit den Überschüssen? – Zur Lösung dieser „nationalen Frage" wurde am 6. Dezember 1882 der „Deutsche Kolonialverein" gegründet.

1 *Überlegen Sie, wie die Rede des Staatssekretärs (Q1) auf die übrigen europäischen Mächte gewirkt haben könnte.*

2 *Nennen Sie mithilfe der Karte die drei größten Kolonialmächte. – Wo liegen die Schwerpunkte der kolonialen Expansion*?*

Die Welt wird aufgeteilt

DIE SOZIALDEMOKRATIE GEGEN WELTPOLITIK
GEGEN KOLONIEN GEGEN HEER UND FLOTTE!

2 Die SPD-Politiker Liebknecht und Lebedour hindern Deutschland am Erwerb von Kolonien. Propagandapostkarte der Zentrumspartei, 1912.

Europäischer Imperialismus

Eine koloniale Bewegung gab es nicht nur in Deutschland, sondern in allen europäischen Industriestaaten. Durch die industrielle Entwicklung waren die Europäer stolz und selbstbewusst geworden. Sie waren der Überzeugung, dass das jeweils eigene Volk bedeutender sei als andere Völker in den Kolonien. Diese Überheblichkeit führte zu der Ansicht, dass das eigene Land auch auf Kosten anderer Länder zu einer Weltmacht werden müsse. Viele europäische Staaten nahmen daher ohne Weiteres Gebiete in Besitz, die ihnen als Rohstofflieferanten oder Absatzmärkte wichtig erschienen. Als Vorbild diente Großbritannien mit seinem riesigen Kolonialbesitz; auch Frankreich, Deutschland und Russland wollten nun Weltreiche bilden.

Europäische Kolonisten –
überheblich und arrogant

Die Europäer glaubten, dass die Menschen in Afrika und Asien zu den Weißen mit Achtung und Vertrauen aufblicken müssten. In der Zeitung „Usambara Post" war z. B. zu lesen:
Q2 … Der Afrikaner muss zu dem Weißen aufsehen mit Achtung und Vertrauen als zu einem höher Stehenden. Er soll und darf den Europäer nicht betrachten, als sei er seinesgleichen. Denn das ist er nicht. Und daran ändert auch keine Mission etwas. …

Dieser Rassismus* kam auch in den Bezeichnungen für die einheimische Bevölkerung Afrikas als „Wilde" oder „Kaffer"* zum Ausdruck. Ganze Völker wurden umbenannt, so z. B. das afrikanische Volk der Nama in Hottentotten*. Die Europäer verteidigten ihr Vorgehen damit, dass sie den kolonisierten Völkern „Kultur" beibringen würden. In einem 1911 erschienenen Buch hieß es dagegen:
Q3 … Seien wir doch ehrlich und lassen die schönen Lügen fallen, wir gingen nach Afrika, um den Neger zu beglücken. „Zivilisatorische Mission" und wie die Schlagworte alle heißen sind nichts anderes als ein Mäntelchen für die einfache brutale Anwendung des brutalen Naturgesetzes vom Recht des Stärkeren … Wir brauchen uns dieser nackten Tatsache nicht zu schämen, wir treiben einfach Realpolitik. …

Entschiedene Gegner dieser Politik waren die Sozialdemokraten. Sie fürchteten, dass aus dem Streben nach Kolonien ein Krieg um Kolonien und die Weltherrschaft werden könne.
3 Sprechen Sie über das „Recht zur Realpolitik". – Welche Argumente sprechen dagegen?
4 Informieren Sie sich im Internet über Formen von Neo-Kolonialismus im 21. Jahrhundert.

Von **Rassismus*** spricht man dann, wenn bestimmte körperliche Merkmale von Menschen (z. B. die Hautfarbe) mit bestimmten Eigenschaften (z. B. den geistigen Fähigkeiten) gekoppelt werden und damit eine Bewertung einhergeht (z. B. die Einschätzung des eigenen Volkes als grundsätzlich höherwertig gegenüber anderen Völkern).

Kaffer*:
(abgeleitet aus dem Arabischen) Abfällig für „Ungläubige".

Hottentotten *:
Von niederländischen Kolonisten abwertend verwendete Bezeichnung für die afrikanische Volksgruppe Khoi-Khoin („Menschen der Menschen"), zu der auch die Namas zählten. Es bedeutet „Stotterer".

Ein Beispiel: Deutsch-Südwestafrika

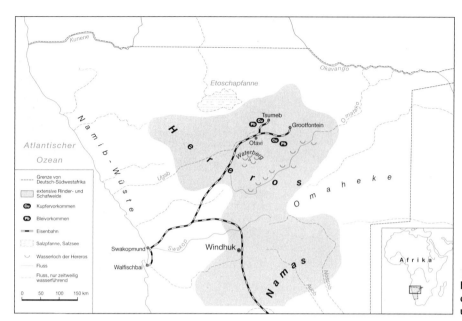

1 Die Siedlungsgebiete der Hereros und Namas.

Ab 1883:
Beginn deutscher Kolonialerwerbungen in Afrika.

Plakat der Deutschen Ost-Afrika-Linie, um 1890.

Deutsch-Südwestafrika

Im Jahr 1883 erwarb der Bremer Tabak- und Waffenhändler Lüderitz durch betrügerische Verträge mit afrikanischen Häuptlingen Gebiete des späteren Deutsch-Südwestafrika. Nur ein Jahr später übernahm auf seinen Antrag das Deutsche Reich den Schutz über diese erste deutsche Kolonie. Sie erreichte die rund eineinhalbfache Größe des Deutschen Reiches und wurde ab 1885 von einem Reichskommissar verwaltet.

Zu den größeren Völkern in diesem Gebiet gehörten die Hereros mit etwa 80 000 und die Namas mit etwa 20 000 Angehörigen. Es waren stolze, freiheitsliebende Völker, deren Friedfertigkeit deutsche Missionare später besonders betonten. Hereros und Namas lebten vor allem von der Viehzucht. Ihr Leben veränderte sich jetzt fast schlagartig. Geldgierige Händler betrogen sie um Land und Vieh. Für kleinste Vergehen, z.B. „unverschämte Antworten", gab es die erniedrigende Prügelstrafe mit der Nilpferdpeitsche. Raub, Mord und Vergewaltigung durch die deutschen „Schutztruppen" waren an der Tagesordnung und wurden kaum bestraft.

Völlig hoffnungslos wurde die Lage für die Hereros, als man mit dem Bau einer Bahnlinie begann, die den Hafen Swakopmund mit den Kupfererzminen im Norden des Landes verbinden sollte. Wieder kam es zu großflächigen Enteignungen, die den Lebensraum der Hereros immer weiter einengten. Zudem wurden die Viehherden der Hereros durch die Eisenbahnlinie von den Wasserlöchern getrennt. In dieser verzweifelten Lage erklärten sie und später auch die Namas den Deutschen im Jahr 1904 den Krieg.

Männer, Frauen und Kinder der Hereros zogen mit all ihrer Habe von Kriegsschauplatz zu Kriegsschauplatz. „Wem gehört Hereroland? Uns gehört Hereroland!", so riefen die Frauen, um ihre Männer im Kampf zu unterstützen.

Über die Kriegführung berichtete Daniel Kariko, ein Unterhäuptling:

Q1 … Auf unseren geheimen Zusammenkünften beschlossen unsere Häuptlinge, das Leben aller deutschen Frauen und Kinder zu schonen. Auch die Missionare sollten geschont werden. … Nur deutsche Männer wurden als unsere Feinde betrachtet. …

1 *Stellen Sie mithilfe der Abbildung 1 fest, warum die Hereros über die Streckenführung der Eisenbahnlinie empört waren.*

2 *Informieren Sie sich in einem Atlas, in welchem Staat die frühere deutsche Kolonie Deutsch-Südwestafrika heute liegt.*

172

Der Völkermord an den Hereros

2 Deutsche Kolonialsoldaten im Kampf mit Kriegern der Hereros. Französische Lithografie, 1904.

3 Halb verhungerte Hereros, die vor den deutschen Truppen geflüchtet waren. Foto, 1907.

Hereros und Namas wehren sich

Die Kolonialtruppen unter Führung des preußischen Generals Lothar von Trotha (1848 bis 1920) schlugen unbarmherzig zurück. Über die Kriegführung Trothas heißt es in einem zeitgenössischen Bericht:

Q2 … Ich war dabei, als die Hereros bei Hamakiri, in der Nähe des Waterberges, in einer Schlacht besiegt wurden. Nach der Schlacht wurden alle Männer, Frauen und Kinder ohne Gnade getötet, die den Deutschen in die Hände fielen. Dann verfolgten die Deutschen die übrigen Hereros, und alle Nachzügler am Wegesrand und im Sandfeld wurden niedergeschossen oder mit dem Bajonett niedergemacht. Die große Masse der Hereromänner war unbewaffnet und konnte sich nicht wehren. Sie versuchten nur, mit ihrem Vieh davonzukommen. …

Die deutschen Truppen, die aus dem Deutschen Reich zahlreiche Verstärkungen erhielten, konnten den ungleichen Kampf schon nach wenigen Monaten siegreich beenden. Nach der Schlacht am Waterberg im August 1904 wurden die Hereros in der wasserlosen Halbwüste Omaheke eingekesselt und ihrem Schicksal überlassen. Zehntausende verhungerten und verdursteten hier. Voller Stolz vermeldete der deutsche Generalstab:

Q3 … Diese kühne Unternehmung zeigt die rücksichtslose Energie der deutschen Führung bei der Verfolgung des geschlagenen Feindes in glänzendem Licht. Keine Mühen, keine Entbehrungen wurden gescheut, um dem Feinde den letzten Rest seiner Widerstandsfähigkeit zu rauben: Wie ein halb zu Tode gehetztes Wild war er von Wasserstelle zu Wasserstelle gescheucht, bis er schließlich willenlos ein Opfer der Natur seines eigenen Landes wurde. …

Von den etwa 80000 Hereros lebten 1905 nur noch etwa 16000. Die Überlebenden wurden in Reservate verbracht, wo sie unter erbärmlichen Bedingungen ihr Leben fristeten.

3 *August Bebel sagte am 30. Januar 1905 im Reichstag: „Das Recht zum Aufstand hat jedes Volk und jede Völkerschaft, die sich in ihren Menschenrechten aufs Alleräußerste bedrückt fühlt." – Manche hielten ihn deshalb für einen Vaterlandsverräter. Was meinen Sie dazu?*

4 *Vergleichen Sie die Kriegsführung der Hereros mit jener der deutschen Truppen. Verfassen Sie dazu einen kurzen Bericht und vergleichen Sie ihn mit dem des deutschen Generalstabs.*

5 *Informieren Sie sich mithilfe des Internets, z. B. bei amnesty international, über Völkermord im 20. und 21. Jahrhundert.*

1904–1907: Krieg zwischen Hereros, Namas und dem Deutschen Reich.

Ohne Skrupel: Die deutschen Truppen bedienten sich im Kampf gegen die nur ungenügend bewaffneten Hereros der neuesten Vernichtungswaffen: Maschinengewehre, leichte Artillerie und erstmals sogar Kampfgas. Die Heeresleitung betrachtete vor allem den Einsatz des Gases als einen „geeigneten Test" für spätere „Ernstfälle". Erklärtes Ziel des Waffeneinsatzes war „die Vernichtung des Hererovolkes".

Wettrüsten und Krisen in Europa

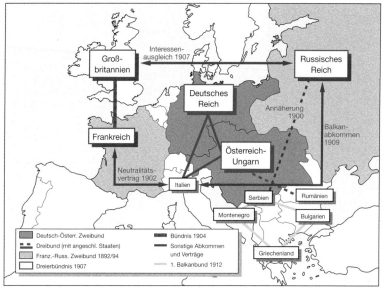

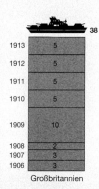

38

1913	5
1912	5
1911	5
1910	5
1909	10
1908	2
1907	3
1906	3

Großbritannien

26

3	1913
2	1912
4	1911
4	1910
4	1909
4	1908
3	1907
2	1906

Deutschland

Bau von Kampfschiffen 1906–1913.

Hospital*:
Krankenhaus.

Militarismus*:
Vorherrschaft militärischer Grundsätze, Ziele und Wertvorstellungen in der Politik eines Staates und die Übertragung militärischen Denkens auf alle Lebensbereiche.

Kapitalismus*:
Wirtschaftssystem, das auf dem freien Unternehmertum basiert und dessen treibende Kraft das Gewinnstreben Einzelner ist (vgl. S. 150).

Rüstungs- und Flottenpolitik

Das Ringen um den Erwerb von Kolonien hatte dazu geführt, dass die europäischen Mächte untereinander verfeindet waren und sich misstrauisch beobachteten. Jeder Versuch, die eigene Machtstellung weiter auszubauen, konnte in dieser Situation leicht als Bedrohung empfunden werden und einen Krieg auslösen. Die deutsche Politik unter Kaiser Wilhelm II. nahm darauf allerdings keine Rücksicht. So forderte Admiral Tirpitz im Jahr 1900 eine starke deutsche Flotte zum Schutz des Handels und der Kolonien.

Während der Debatte im Reichstag über den Flottenbau meinte der Abgeordnete Oertel:

Q1 … Meine Herren, das kann nicht in Abrede gestellt werden, dass wir mit dieser Flottenverstärkung wieder ein Stück weiter hinausfahren in das Meer der Weltpolitik. Davor scheuen wir nicht zurück; unsere Stellung gebietet uns das. Wir müssen teilnehmen an der Weltpolitik, wenn wir unseren geschichtlichen Beruf erfüllen wollen. …

Ganz anderer Ansicht war der Abgeordnete Wilhelm Liebknecht (1828–1900), Abgeordneter der Sozialdemokratischen Partei:

Q2 … Wir wissen gar wohl, welche Ziele die Flottenvorlage hat: die Stärkung des Militarismus* und des Kapitalismus*. Wir hatten ge-

stern eine denkwürdige (Reichstags-)Sitzung und es wird wohl mancher sich tief geschämt haben, als wir jene entsetzlichen Schilderungen der Hospitalzustände* in Berlin, der Hauptstadt des Reiches, anhörten, als wir erfuhren, wie es hier in einem Hospital aussieht und hergeht. So ist es nicht bloß hier, sondern überall, und vielfach noch schlimmer. Und woran fehlt es? Was antwortet man den Leuten, wenn sie sich erkundigen? „Wir haben kein Geld." 5000 Millionen werfen wir ins Wasser für die Flotte, nach diesem Gespenst der Weltmachtpolitik und der Weltherrschaft, aber für das Elend vor unseren Türen haben wir kein Geld. …

Durch die Flottenpolitik des Deutschen Reiches fühlte sich vor allem Großbritannien bedroht. Sein Ziel war es, eine Kriegsflotte zu bauen, die so groß war wie die beiden nächstgrößeren Flotten zusammen. Damit begann in Europa ein allgemeines Wettrüsten. Von Jahr zu Jahr wurde in allen europäischen Staaten mehr Geld für die Rüstung ausgegeben. Mit der Aufrüstung stieg die Kriegsgefahr.

1 *Nennen Sie die Argumente, die in Q1 und Q2 für und gegen die deutsche Flottenrüstung vorgebracht werden.*

2 *Diskutieren Sie, welche Argumente für Sie überzeugend gewesen wären.*

174

Am Vorabend des Ersten Weltkriegs

2 Deutschland im europäischen „Gleichgewicht". Links: Österreicher und Deutscher (Pickelhaube). Das Gewicht wird von einer 42-cm-Granate erhöht. Rechts: Franzose (Spitzbart), Engländer (Pfeife), Russe, Belgier, Serbe oben auf dem Balken, Japaner und Chinesen hängen an der Waagschale. In der Mitte wartend; Türke, Amerikaner, Italiener. Deutsche Postkarte, 1914.

Auf der Suche nach Verbündeten

Die Großmachtpolitik des Deutschen Reiches löste in England bei vielen Menschen Angst aus. Mehrmals versuchten englische Politiker mit Deutschland zu einer Verständigung zu kommen. Der Kaiser und seine Berater widersetzten sich jedoch allen Bemühungen. Daraufhin näherte sich Großbritannien zunächst seinem „Erbfeind" Frankreich. Im Jahr 1904 verständigten sich diese beiden Mächte über ihre Interessengebiete in Afrika. Nur drei Jahre später wurde auch mit Russland ein Vertrag abgeschlossen. Damit war in Europa ein neues Bündnissystem entstanden. Deutschland hatte jetzt nur noch einen Bündnisvertrag mit Österreich-Ungarn und Italien. Allerdings hatte Italien schon 1902 einen geheimen Nichtangriffspakt mit Frankreich geschlossen.

3 *Überlegen Sie mithilfe der Karte (Abbildung 1), in welcher Lage sich das Deutsche Reich im Fall eines Kriegs befinden würde.*

Endlich ist Krieg

Der amerikanische Oberst E.M.House berichtete dem amerikanischen Präsidenten von seiner Europareise im Jahr 1914:

Q3 … Das ist ein Militarismus, der wahnsinnig geworden ist. Wenn nicht jemand erreichen kann, dass sich andere Einsichten durchsetzen, wird es eines Tages eine furchtbare Weltkatastrophe geben. Niemand in Europa kann dies schaffen. Dafür gibt es zu viel Hass, zu viel Misstrauen.

Der Oberst sollte Recht behalten. Internationale Friedensbewegungen konnten das Wettrüsten nicht aufhalten. Es fehlte nur noch ein kleiner Anlass, um das Pulverfass „Europa" zur Explosion zu bringen. Dieser Anlass kam mit der Ermordung des österreichisch-ungarischen Thronfolgers Erzherzog Ferdinand und seiner Frau am 28.Juni 1914 durch einen Freiheitskämpfer aus Bosnien, das von Österreich besetzt war. Die bosnischen Freiheitskämpfer wurden von Serbien unterstützt. Deshalb erklärte Österreich den Serben den Krieg. Deutschland stand an der Seite Österreichs, Russland verband eine lange Freundschaft mit den Serben. Der Krieg begann und wurde von vielen Menschen in ganz Europa begrüßt.

4 *Nennen Sie die eigentlichen Gründe für diesen Krieg.*

28.Juni 1914: Ermordung des österreichisch-ungarischen Thronfolgers und seiner Frau in Sarajevo.

Ein Ausflug nach Paris?

„Der verlauste Pelz von Zar Nikolaus wird verdroschen."
Deutsche Postkarte, 1915.

1 Deutsche Kriegsfreiwillige bei der Abfahrt zur Westfront. Foto, 1914.

2 Britische Kriegsfreiwillige nach ihrer Einkleidung. Foto, 1914.

1. August 1914:
Beginn des Ersten Weltkriegs.

„Vaterlandslose Gesellen"*:
Von Bismarck geprägtes Schimpfwort der Kaiserzeit für die Sozialdemokraten, weil sie sich angeblich nicht für ihr Vaterland einsetzten.

Kriegskredite*:
Zur Finanzierung des Kriegs musste der Reichstag die Aufnahme von Krediten bewilligen. Man hoffte diese Kredite nach einem Sieg zurückzahlen zu können.

„Nun danket alle Gott"

Zum 1. August 1914 meldeten die Berliner Zeitungen:

Q1 … Auf Befehl des Kaisers trat kurz nach 5 Uhr aus dem Portal des Schlosses ein Schutzmann und teilte der harrenden Menge mit, dass die Mobilisation beschlossen sei. Die tief ergriffene Menge stimmte unter den Klängen der Domglocken den Choral an: Nun danket alle Gott. …

Die Nachricht von der Mobilmachung erfüllte die Menschen mit überschäumender Freude. Wie in Berlin, so auch in London und Paris. Kaum einer konnte sich vorstellen, dass es einen langen Krieg geben würde. Junge Männer in ganz Europa meldeten sich freiwillig, um „ihr Vaterland" zu verteidigen. Ganz enttäuscht berichtet z. B. ein junger Kriegsfreiwilliger von den ersten Tagen im August 1914:

Q2 … Ausdauer muss man haben und Geduld muss einem verliehen sein, will man den heiß begehrten Rang „Kriegsfreiwilliger" erreichen. Ich wandere von Kaserne zu Kaserne, von Regiment zu Regiment: „Wann stellen Sie Kriegsfreiwillige ein?" – „Überfüllt!" – Vorläufig keine mehr."– „Später, nicht vor dem 12.!" – Überall abgewiesen. …

1 *Sehen Sie sich Abbildung 1 an. – Wie stellen sich die deutschen Soldaten den Krieg vor?*
2 *Überlegen Sie gemeinsam, was die britischen Soldaten empfunden haben mögen (Abbildung 2).*

Patrioten oder „vaterlandslose Gesellen"*? – Die Sozialdemokratie und der Krieg

Im Deutschen Reichstag stimmten alle Parteien, die SPD allerdings erst nach heftigen inneren Kämpfen, geschlossen für die vom Kaiser geforderten Kriegskredite*. Noch am 25. Juli 1914 hatte die SPD erklärt:

Q3 … Wir wollen keinen Krieg. Nieder mit dem Krieg. Es lebe die internationale Völkerverbrüderung. …

Aber bereits am 31. Juli 1914 schrieb die Parteizeitung „Vorwärts":

Q4 … Wenn die verhängnisvolle Stunde schlägt, werden die vaterlandslosen Gesellen ihre Pflicht erfüllen und sich darin von den Patrioten in keiner Weise übertreffen lassen. …

3 *Vermuten Sie, warum die Sozialdemokraten ihre Meinung zum Krieg änderten.*

Kriegsziele

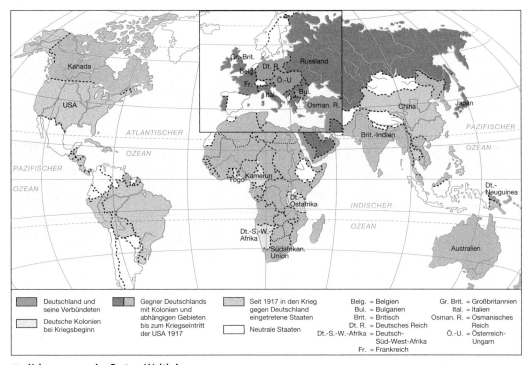

Symbol	Beschreibung
Deutschland und seine Verbündeten	Gegner Deutschlands mit Kolonien und abhängigen Gebieten bis zum Kriegseintritt der USA 1917	Seit 1917 in den Krieg gegen Deutschland eingetretene Staaten
Deutsche Kolonien bei Kriegsbeginn		Neutrale Staaten

Belg. = Belgien
Bul. = Bulgarien
Brit. = Britisch
Dt. R. = Deutsches Reich
Dt.-S.-W.-Afrika = Deutsch-Süd-West-Afrika
Fr. = Frankreich

Gr. Brit. = Großbritannien
Ital. = Italien
Osman. R. = Osmanisches Reich
Ö.-U. = Österreich-Ungarn

3 Kriegsgegner im Ersten Weltkrieg.

Kriegsziele als Friedensprogramme?

Am 6. August 1914 wandte sich der Kaiser an das deutsche Volk mit den Worten:

Q5 … Man verlangt, dass wir mit verschränkten Armen zusehen, wie unsere Feinde sich zu tückischem Überfall rüsten. Mitten im Frieden überfällt uns der Feind. …

Nach den Worten Wilhelms II. ging es in diesem Krieg für Deutschland nur um die Verteidigung des Vaterlandes. Nur wenige Wochen später wurden die deutschen Kriegsziele offen ausgesprochen:
- Frankreich darf als Großmacht nie wieder entstehen; die nordfranzösischen Industriegebiete werden daher dem Deutschen Reich angegliedert. Zusätzliche hohe Zahlungen Frankreichs an Deutschland.
- Angliederung der belgischen Industriegebiete an das Deutsche Reich. Zollverband unter deutscher Oberhoheit von Frankreich bis Polen und von Norwegen bis Italien.
- Beendigung der russischen Herrschaft über seine Vasallenvölker. Größerer Anteil Deutschlands an den Kolonien auf Kosten der anderen Mächte.

Auch die anderen Länder entwickelten Kriegszielprogramme:
- Frankreichs Ziel bestand darin, die Macht des Deutschen Reiches zu brechen und Elsass-Lothringen zurückzugewinnen.
- England forderte die Abschaffung der deutschen Kriegsflotte und die Aufteilung der deutschen Kolonien.
- Russland schließlich strebte die Herrschaft über Istanbul und die Meerenge der Dardanellen an.

Jedes Land bezeichnete diese Kriegsziele als „Friedensprogramm", da nur so der Frieden in Europa dauerhaft gesichert werden könne.

4 Schlagen Sie eine Europakarte auf und erläutern Sie die deutschen Kriegsziele.

5 Vergleichen Sie die Worte des deutschen Kaisers (Q5) mit den im Text genannten Kriegszielen.

6 Alle beteiligten Regierungen bezeichneten diesen Krieg als „Verteidigungskrieg". – Wie würden Sie ihn bezeichnen?

Russische Spottkarte auf Kaiser Wilhelm II., 1915.

Das Gesicht des Kriegs

1 **Kriegsalltag an der Front.** Foto, 1916.

Vom Bewegungskrieg zum Stellungskrieg

Schnelligkeit sollte das Geheimnis eines deutschen Sieges sein. Schon am 4. August 1914 fielen die deutschen Truppen frühmorgens in das neutrale Belgien ein. In einem Sturmlauf stießen fünf deutsche Armeen durch Belgien, Nord- und Ostfrankreich in Richtung Paris vor. Doch an der Marne, wo die französischen Armeen eine starke Verteidigungslinie aufgebaut hatten, blieb der Angriff stecken. Damit war der deutsche Feldzugsplan gescheitert. Es war nicht möglich gewesen, Frankreich in einem schnellen Bewegungskrieg zu besiegen. Aber auch Frankreich fehlte die Kraft zu einem entscheidenden Durchbruch. Der Krieg erstarrte an allen Fronten zum Stellungskrieg. Beide Seiten versuchten durch ungeheuren Einsatz von Material und stundenlanges Granatfeuer die gegnerischen Stellungen aufzureißen.

Materialschlachten:
die Industrialisierung des Tötens

Den Gegner ausbluten und zermürben – so lautete die Strategie des Stellungskriegs. Stabil ausgebaute Gräben und Gefechtslinien bildeten die Verteidigungslinien. Mit neuartigen Waffen versuchten die Soldaten, die gegnerischen Linien zu überwinden oder die eigenen Stellungen zu verteidigen. Bisher noch nie gesehene Materialschlachten mit neuen Waffen, Maschinengewehren, Handgranaten, Giftgasgranaten, Minen, Panzern und Flugzeugen fanden statt. Granatwerfer schossen tagelang rund um die Uhr ihre Munition auf die gegnerischen Stellungen. Die Gewalt der Explosionen zerfetzte in Minuten ganze Wälder, stampfte Betonbunker zusammen und zerriss Hunderttausende von Menschen. So kostete der Stellungskrieg Millionen von Soldaten das Leben. Allein in der Schlacht von Verdun im Herbst 1916 fielen 240 000 Deutsche und 270 000 Engländer und Franzosen.

1 *Vergleichen Sie die Zahl der vor Verdun Gefallenen mit der Einwohnerzahl Ihres Heimatortes.*

2 *Begründen Sie mit eigenen Worten, wodurch sich dieser Krieg von vorangegangenen unterschied.*

Mangel an der „Heimatfront"

Der alltägliche Hunger

Entsetzlich traf die gesamte Bevölkerung in Deutschland der Mangel an Lebensmitteln. Durch die britische Seeblockade, die Kriegswirtschaft und Missernten verknappten sich die Lebensmittel immer mehr. Die Nahrungsmittel wurden vom Staat rationiert, d. h., man bekam sie nur noch auf Lebensmittelkarten.

Im Herbst 1914 schrieb die 14-jährige Elfriede Kuhr in ihr Tagebuch:

Q1 … Wenn wir bloß ein bisschen mehr zu essen hätten! Aber Brot und Mehl sind so knapp, und mit den anderen Lebensmitteln steht es nicht besser. Augenblicklich haben wir pro Person in einer ganzen Woche 1/2 Pfund Kaffee-Ersatz und 1/2 Pfund Margarine; Butter für Erwachsene pro Woche 125 g. Manchmal gibt es Bezugsscheine für 1/2 Pfund Haferflocken, 1/2 Pfund Graupen und 1/2 Pfund Grieß, aber wenn die Vorräte ausverkauft sind, hat man ganz umsonst stundenlang vor den Läden Schlange gestanden. …

Unter dem Hunger litten fast alle: Die Alten, Kranken und Gebrechlichen, die Kinder und die Mütter, die mit 48 Wochenstunden in der Kriegswirtschaft eingesetzt waren. Nur wer Geld besaß, konnte sich auf dem Schwarzmarkt* zu weit überhöhten Preisen noch zusätzliche Lebensmittel beschaffen.

Besonders schlimm war der „Steckrübenwinter" 1917/18, als es nicht einmal mehr Kartoffeln gab. Mit Steckrüben versuchte man, dem Hungertod zu entkommen. Die mangelnde Versorgung führte bei Erwachsenen zu einer Gewichtsabnahme von etwa 10 bis 15 kg, etwa 20 Prozent ihres Normalgewichts. Insgesamt starben im Deutschen Reich während des Kriegs über 750 000 Menschen den Hungertod.

3 Erklären Sie, warum man während des Ersten Weltkriegs von der „Heimatfront" sprach.

4 Beschreiben Sie anhand der Materialien auf dieser Seite die Lebensbedingungen an der Front und in der deutschen Heimat. Stellen Sie möglichst viele Stichpunkte zusammen.

2 Frauen übernehmen im Krieg schwere körperliche Arbeit (Reinigen und Schleifen der Straßenbahnschienen). Foto, 1916.

3 Frauen arbeiten in der Rüstungsindustrie. Foto, 1917.

4 Frauen sortieren aus Fallobst verwertbare Früchte aus. Foto, 1917.

Kohlrüben-Karte
— Stadt Erfurt —

2 Pfund **Kohlrüben** 31. Woche 18.–24. März 1917	2 Pfund **Kohlrüben** 32. Woche 25.–31. März 1917
2 Pfund **Kohlrüben** 29. Woche 4.–10. März 1917	2 Pfund **Kohlrüben** 30. Woche 11.–17. März 1917
2 Pfund **Kohlrüben** 27. Woche 18.–24. Februar 1917	2 Pfund **Kohlrüben** 28. Woche 25. Febr.–3. März 1917
2 Pfund **Kohlrüben** 25. Woche 4.–10. Februar 1917	2 Pfund **Kohlrüben** 26. Woche 11.–17. Februar 1917

Bezugskarte für Kohlrüben aus dem Jahr 1917.

Schwarzmarkt*: *Bezeichnung für den unerlaubten Handel mit Waren aller Art. In Krisenzeiten – wie z. B. im Ersten Weltkrieg – durften knappe Waren wie beispielsweise Lebensmittel nur auf Bezugskarten abgegeben werden. Weil daneben verbotener Handel im Dunkeln oder im Verborgenen stattfand, sprach man von Schwarzmarkt.*

Wende und Ende des Kriegs

1 **Versenkung der „Lusitania" am 7. Mai 1915.** Zeitgenössischer Stich.

Der deutsche U-Boot-Krieg

Auch im Seekrieg wurden neue Waffen eingesetzt, vor allem die U-Boote. Als die britische Marine eine Seeblockade verhängte, die Deutschland von allen Einfuhren abschnitt, beantwortete das Reich dies mit dem Einsatz der U-Boote, die ohne Warnung Kriegs- und sogar Handelsschiffe angriffen.
Am 7. Mai 1915 versenkte ein deutsches U-Boot den britischen Passagierdampfer „Lusitania", weil dieser auch Munition transportierte. Dabei starben 1198 Menschen, unter ihnen 128 Amerikaner. Nach dem energischen Protest der US-Regierung schränkte Deutschland den U-Boot-Krieg vorerst ein.
Trotz amerikanischer Warnungen eröffnete Deutschland am 1. Februar 1917 den uneingeschränkten U-Boot-Krieg. Zahlreiche Handelsschiffe wurden durch die U-Boote versenkt.
Dazu äußerte sich der amerikanische Präsident Wilson am 2. April 1917:
Q1 Der derzeitige deutsche U-Boot-Krieg gegen den Handelsverkehr ist ein Krieg gegen die Menschheit, ... gegen alle Nationen. Es sind keine Unterschiede gemacht worden, die Herausforderung hat der ganzen Menschheit gegolten.

Der Kriegseintritt der USA

Der uneingeschränkte U-Boot-Krieg war 1917 der letzte Anstoß für den Kriegseintritt der USA gegen Deutschland. Diesem Schritt schlossen sich fast alle Staaten Südamerikas an. Mit dem Kriegseintritt der USA war der Krieg zum Weltkrieg geworden.
Weiter erklärte der amerikanische Präsident am 2. April 1917:
Q2 ... Es ist eine fürchterliche Sache, dieses große, friedfertige Volk in den Krieg zu führen. ... Aber das Recht ist wertvoller als der Friede, und wir werden für Dinge kämpfen, die wir stets in unserem Herzen getragen haben: für die Demokratie, für die Rechte und Freiheiten kleiner Nationen, für eine allgemeine Herrschaft des Rechts durch ein Zusammenspiel der freien Völker, das allen Nationen Sicherheit bringen und die Welt selbst endlich frei machen wird. ...

1 *Diskutieren Sie die militärische und die moralische Seite des U-Boot-Kriegs.*
2 *Erläutern Sie die Ziele, für die die USA in den Krieg ziehen.*

Wilsons 14 Punkte

Im Januar 1918, noch vor Ende des Ersten Weltkriegs, verkündete Präsident Wilson in 14 Punkten ein Friedensprogramm für Europa und die ganze Welt. Die USA beanspruchten für sich das Recht, über diese Friedensordnung zu wachen.
Im Programm hieß es:
Q3 ... Unser Programm ist also ein Programm des Weltfriedens ...
  1. Alle Friedensverträge sind öffentlich und werden öffentlich geschlossen ...
  2. Vollkommene Freiheit der Schifffahrt auf den Meeren ...
  3. Beseitigung aller wirtschaftlichen Schranken ...
  4. Angemessene Beschränkungen der Rüstungen eines jeden Landes ...
  5. Eine freie, weitherzige und unbedingt unparteiische Beilegung aller kolonialen Ansprüche ... unter Beachtung der Interessen der betroffenen Völker ...
  14. Eine allgemeine Gesellschaft der Nationen muss gebildet werden zur gegenseitigen Sicherheit, für die politische Unabhängigkeit der ... Nationen ...

3 *Erläutern Sie die einzelnen Punkte. Wer hat Vorteile von ihrer Verwirklichung?*

Wende und Ende des Kriegs

Die USA entscheiden den Krieg

Bis zum Oktober 1918 entsandten die USA 1,8 Millionen gut ausgerüstete Soldaten auf den europäischen Kriegsschauplatz. Zusätzlich unterstützten sie Frankreich und England mit Krediten und Kriegsmaterial. Im August 1918 erlitt die deutsche Armee eine schwere Niederlage in Frankreich. Die deutsche Front im Westen löste sich nun auf. Nach den Jahren des verlustreichen Stellungskriegs waren beide Seiten völlig entkräftet. Mit den Truppen der Amerikaner und ihrem reichen Materialnachschub waren die besser ausgerüsteten alliierten* Soldaten von den deutschen Truppen nicht mehr aufzuhalten.

Niederlage im Westen

Am 29. September 1918 erklärte Generalfeldmarschall von Hindenburg im großen Hauptquartier, dass Deutschland den Krieg nicht mehr gewinnen könne. Er forderte die Reichsregierung auf, sofort Waffenstillstandsverhandlungen aufzunehmen.
In einem Telegramm der Heeresleitung vom 3. Oktober 1918 hieß es:

Q4 ... General Ludendorff bat ... seine dringende Botschaft zu übermitteln, dass unser Friedensangebot sofort hinausgehe. Heute halte die Truppe; was morgen geschehen könne, sei nicht vorauszusehen. ...

Waffenstillstandsverhandlungen

Am 4. Oktober ging das Friedensangebot an den amerikanischen Präsidenten Wilson ab. Bei den Waffenstillstandsverhandlungen in einem Eisenbahnwagen im Wald von Compiègne diktierten die Alliierten unter französischer Federführung unter anderem folgende Bedingungen: sofortige Räumung Frankreichs, Belgiens und Luxemburgs, Übergabe von Elsass-Lothringen an Frankreich, Räumung der linksrheinischen Gebiete, Besetzung dieser Gebiete durch alliierte Truppen binnen 25 Tagen, Auslieferung eines großen Teils des deutschen Kriegsmaterials, darunter aller U-Boote und der Hochseeflotte, außerdem von 5000 Lokomotiven und 150 000 Eisenbahnwaggons, Beibehaltung der alliierten Blockade.
Es fiel der deutschen Seite schwer, diese harten Bedingungen anzunehmen. Daher zogen

2 **Die Delegation der Alliierten vor der Unterzeichnung des Waffenstillstandsvertrags bei Compiègne.** Foto, 11. November 1918.

sich die Verhandlungen trotz der Dringlichkeit eines Waffenstillstands noch über einen Monat hin.

Revolution in Deutschland

In dieser Zeit brach in Deutschland das bisherige monarchische Regierungssystem zusammen. Ganz Deutschland wurde von einer revolutionären Bewegung erfasst. Am 9. November 1918 wurde in Berlin die Republik ausgerufen. Die neue demokratisch orientierte Regierung war gezwungen, als Erstes die von den Alliierten diktierten Waffenstillstandsbedingungen anzunehmen und umzusetzen.
4 *Bald nach dem Krieg behaupteten Hindenburg und andere Offiziere, die Revolution habe zur Niederlage geführt und ihre Befürworter seien dem Heer quasi „in den Rücken gefallen" (sog. Dolchstoßlegende). Prüfen Sie, wer die Waffenstillstandsverhandlungen forderte, und diskutieren Sie, wer die Niederlage zu verantworten hatte.*

Völkerbund:
Nach dem Ende des Ersten Weltkriegs wurde in den Friedensverhandlungen in Paris 1919 die Gründung eines Völkerbunds beschlossen, der die Aufgabe hatte, künftig den Frieden zwischen den Völkern zu sichern. Ziel war es, eine Weltfriedensordnung zu schaffen. Da der Völkerbund aber über keine Machtmittel verfügte, konnte er dieses Ziel nicht erreichen. Aus innenpolitischen Gründen traten die USA dem Völkerbund nicht bei, obwohl sie dessen Gründung selbst angeregt hatten.

Alliierte*:
Die im Ersten Weltkrieg gegen Deutschland verbündeten Staaten.

Statistik der im Ersten Weltkrieg gefallenen Soldaten nach Ländern (Auswahl) (in Mio.):

Deutsches Reich	1,8
Österreich-Ungarn	1,2
Russland	1,7
Frankreich	1,4
Großbritannien	1,0
Italien	0,5
USA	0,1

Insgesamt waren darüber hinaus etwa 19,5 Mio. Verwundete zu beklagen.

1 Kriegerdenkmal in Gutach.

Gedenken an die Gefallenen

Bis zum Ende des Ersten Weltkriegs waren fast neun Millionen Soldaten auf den Schlachtfeldern gefallen. In Frankreich kamen z. B. auf 1000 Einwohner 34 Gefallene. Ein Ausdruck des ungeheuren Schocks, den der Erste Weltkrieg für alle Beteiligten bedeutete, ist die große Zahl der Totendenkmäler, die in allen Ländern nach Kriegsende errichtet wurden. Allein in Frankreich waren es 30 000 Kriegerdenkmäler. Neben großen Gedenkstätten wie z. B. in Verdun, wo eine der schrecklichsten Schlachten des Ersten Weltkriegs stattfand, sind es vor allem kleinere dörfliche Erinnerungsstätten, die zumeist auf Initiative der Gemeindevertretungen angelegt wurden. Auch in Baden-Württemberg – wie in ganz Deutschland – gibt es zahlreiche Kriegerdenkmäler, die an die Opfer erinnern sollen und die einiges über das Leid sagen, das damals über viele Familien hereingebrochen ist.

Fragen zu Kriegerdenkmälern in Ihrem Heimatort

– Informieren Sie sich, ob es in Ihrer Gemeinde oder den Nachbargemeinden noch Kriegerdenkmäler zum Ersten Weltkrieg gibt.
– Stellen Sie fest, warum das Denkmal errichtet wurde: zur Mahnung, als Aufforderung zur Nachahmung, zur Verherrlichung der „Kriegshelden".
– Schreiben Sie die Inschriften auf dem Denkmal ab oder fotografieren Sie diese. Beachten Sie auch, welche Symbole verwendet wurden: Adler, Stahlhelme, Waffen, Ölzweig, Taube usw.
– Beachten Sie, wie die Figuren dargestellt wurden: sterbend, in aufrechter und trotziger Haltung usw.

Häufig findet sich auf diesen Denkmälern auch ein Verzeichnis aller Gefallenen des Ortes. Damit können Sie zusätzlich noch folgende Fragen beantworten:
– Wie viele Männer des Ortes starben als Soldat im Krieg?
– Wie alt war der Jüngste, wie alt der Älteste?
Wenn auf dem Denkmal angegeben ist, wo die Soldaten gefallen sind, dann fertigen Sie eine Karte an und tragen Sie die Orte ein.

2 Kriegerdenkmal in Wildbad. Foto auf einer historischen Ansichtskarte.

Zusammenfassung

Imperialismus

Am Ende des 19. Jahrhunderts versuchten vor allem die europäischen Industrienationen, die Welt unter sich aufzuteilen und Imperien zu errichten. Der Imperialismus war der Versuch, die umwälzenden wirtschaftlichen Folgen der Industrialisierung zu bewältigen: Die stark beschleunigte Industrieproduktion verlangte nach mehr Rohstoffen und größeren Absatzmärkten. Hinzu kam noch die Überzeugung vieler Europäer, dass es nicht nur ihr Recht, sondern auch ihre Pflicht sei, die Welt zu regieren („Sendungsbewusstsein").

Die imperialistischen Mächte versuchten ihre Eroberungspolitik mit der angeblichen Minderwertigkeit anderer menschlicher Rassen zu begründen. Dieser Rassismus kam nicht nur in den herabsetzenden Bezeichnungen für die einheimische Bevölkerung zum Ausdruck, sondern zeigte sich vor allem auch in ihrer Behandlung. Man glaubte, über diese Menschen wie über Eigentum verfügen zu können, schätzte ihre Lebensformen gering ein und hielt sie allgemein für wenig lernfähig.

Besonders deutlich wird diese imperialistische Politik am Beispiel des afrikanischen Kontinents, der förmlich aufgeteilt wurde. Auch Deutschland errichtete in Afrika Kolonien, z. B. Deutsch-Südwestafrika (heute Namibia). Die ungerechte, oft willkürliche Behandlung der Bevölkerung durch die Kolonialherren führte zu Aufständen. In Deutsch-Südwestafrika gingen deutsche Truppen gegen die aufständischen Hereros mit größter Brutalität vor.

Der Erste Weltkrieg

Nach 1890 kam es zwischen den großen europäischen Mächten immer wieder zu Konflikten. Das Wettrüsten verstärkte sich. Besonders der deutsche Kriegsflottenbau forderte die Rüstungsanstrengungen Großbritanniens heraus.

Überall in Europa jubelten die Massen, als sie im Juli 1914 von der Mobilmachung der Armeen erfuhren. In Scharen meldeten sich Freiwillige zum Kriegsdienst. Jede Nation hatte konkrete Kriegsziele, die auf eine dauerhafte Schwächung des Gegners hinausliefen.

In wenigen Monaten wurde aus dem Bewegungskrieg ein Stellungskrieg, der schließlich Millionen Menschen das Leben kostete. Ganze Landstriche, vor allem in Frankreich, wurden während der Materialschlachten verwüstet. Schwer unter dem Krieg zu leiden hatte auch die Zivilbevölkerung durch den Mangel an Lebensmitteln und durch Hungersnöte. Besonders betroffen waren die Frauen, die häufig zu Fabrikarbeiten zwangsverpflichtet wurden.

Seit 1870

Zunehmende Rivalität zwischen den europäischen Mächten um angeblich „freie Gebiete der Welt"

Seit 1890

Kaiser Wilhelms II. Forderung nach einem „Platz an der Sonne" für das Deutsche Reich

1. August 1914

Beginn des Ersten Weltkriegs

11. November 1918

Ende des Ersten Weltkriegs

Namen und Begriffe

- ✓ Imperialismus
- ✓ Kolonialismus
- ✓ „Weltpolitik"
- ✓ Deutsch-Südwestafrika
- ✓ Militarismus
- ✓ Bündnissystem
- ✓ „Stellungskrieg"
- ✓ U-Boot-Krieg
- ✓ „Heimatfront"
- ✓ Waffenstillstand

Was wissen Sie noch?

1 Kaiser Wilhelm beanspruchte für Deutschland „einen Platz an der Sonne". Was meinte er damit?

2 Warum gründeten europäische Staaten Kolonialreiche?

3 Welche Ziele verfolgten europäische Staaten in der Zeit des Imperialismus?

4 Beschreiben Sie das europäische Bündnissystem am Vorabend des Ersten Weltkriegs.

5 Nennen Sie Ursachen und Anlass des Ersten Weltkriegs.

6 Alle europäischen Staaten formulierten Kriegsziele. Welche waren diese?

7 Warum spricht man vom „Entscheidungsjahr" 1917?

8 Erklären Sie, wie sich der Erste Weltkrieg von früheren Kriegen unterscheidet.

Tipps zum Weiterlesen

Simon Adams: Der Erste Weltkrieg. Gerstenberg, Hildesheim 2003

Rudolf Frank: Der Junge, der seinen Geburtstag vergaß. Ein Roman gegen den Krieg. Beltz & Gelberg, Weinheim / Basel 2004

Horst Gründer: Geschichte der deutschen Kolonien. Schöningh, Paderborn 2004

Brigitte Hamann: Der Erste Weltkrieg. Piper Verlag, München 2004

Michael Morpurgo: Mein Bruder Charlie. Carlsen Verlag, Hamburg 2007

David Stevenson: 1914–1918. Der Erste Weltkrieg. Düsseldorf 2006

Hew Strachan: Der Erste Weltkrieg. Eine illustrierte Geschichte. Pantheon Verlag, München 2006

1 Verfassen Sie eine Übersicht über den Ersten Weltkrieg. Schreiben Sie zu jedem der Stichpunkte, was Sie noch darüber wissen:

a) Ursachen

b) Kriegsausbruch

c) Kriegsgegner

d) Kriegsziele Deutschlands, Frankreichs, Großbritanniens und Russlands

e) „Gesicht des Kriegs" auf den Schlachtfeldern

f) Kriegsalltag in Deutschland

g) Ende des Kriegs

„Des Kriegers Herz wird hoch beglückt Vom Brief, den zarte Hand ihm schickt."
Feldpostkarte, 1915.

2 Schreiben Sie den folgenden Text ab und ergänzen Sie die Lücken:

Im Zeitalter des ✎ wetteiferten die europäischen Staaten miteinander, um möglichst viele Gebiete in Afrika und Asien in ihren Besitz zu nehmen. Sie wollten nach dem Vorbild Großbritanniens ✎ errichten. Die gegenseitige ✎ machte einen Krieg untereinander immer wahrscheinlicher. Die Ermordung des österreichischen Thronfolgers am ✎ führte im August 1914 zum Krieg. Viele Menschen jubelten, weil sie an einen kurzen Krieg glaubten und jede Nation sich im Recht fühlte. Der Stellungskrieg in ✎ führte mit seinen industriellen Tötungsmethoden (Bomben, Gas) zu einer bisher in einem Krieg nicht gekannten Zahl von Toten auf allen Seiten. Das Eingreifen Amerikas in den Krieg, als Folge des uneingeschränkten deutschen ✎ , führte zur ✎ Deutschlands. Viele Menschen in Deutschland konnten sie nicht akzeptieren.

Lösung: Imperialismus, Kolonien, Hochrüstung, 28. Juni 1914, Frankreich, U-Boot-Kriegs, Niederlage

„Der Moloch spuckt Kriegsmaterial aus."
Karikatur aus der Zeitschrift „Simplicissimus", 1917.

3 Beschreiben Sie die Karikatur rechts und fassen Sie die Aussage kurz zusammen.

Die Weimarer Republik

9. November 1918   28. Juni 1919   11. August 1919

AUSRUFUNG
DER REPUBLIK

UNTERZEICHNUNG
DES VERSAILLER
VERTRAGES

WEIMARER VERFAS-
SUNG TRITT IN KRAFT

Nach der Novemberrevolution von 1918 am Ende des Ersten Weltkriegs wurde 1919 die Weimarer Republik gegründet. Dieser neue Staat musste ein schweres Erbe antreten und für die Folgen des Ersten Weltkriegs aufkommen. Viele Menschen konnten den Niedergang des Kaiserreichs nicht verstehen und lasteten der jungen Demokratie die Schuld an den schwierigen Lebensumständen an, die ab 1919 als Folge des verlorenen Kriegs in Deutschland herrschten.

In diesem Kapitel können Sie erarbeiten, warum so wenige Menschen die Demokratie in Deutschland stützten und welche demokratiefeindlichen Einstellungen zum Untergang der Weimarer Republik führten.

1923

1929

1929–1933

RUHRBESETZUNG,
INFLATION,
PUTSCHVERSUCHE

BEGINN DER WELT-
WIRTSCHAFTSKRISE

AUFSTIEG
DER NSDAP

Die Novemberrevolution

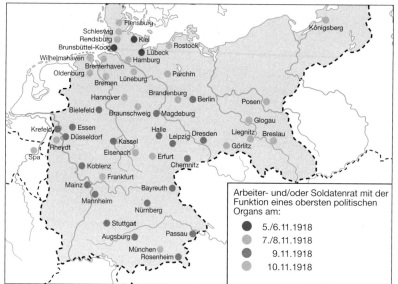

1 Die November-revolution 1918 in Deutschland.

Legend on map:
Arbeiter- und/oder Soldatenrat mit der Funktion eines obersten politischen Organs am:
- 5./6.11.1918
- 7./8.11.1918
- 9.11.1918
- 10.11.1918

Der Aufstand der Matrosen

Das Ende des Ersten Weltkriegs stand bevor, nachdem Deutschland im August 1918 eine schwere Niederlage in Frankreich erlitten hatte. Die Oberste Heeresleitung glaubte nicht mehr an einen Sieg und ließ ein Friedensangebot an den amerikanischen Präsidenten Wilson absenden. Die Waffenstillstandsverhandlungen, die nun begannen, zogen sich jedoch wegen der harten Bedingungen der Alliierten hin.

Im Oktober 1918 wurde in ganz Deutschland bekannt, dass Waffenstillstandsverhandlungen eingeleitet worden waren. Die deutsche Seekriegsführung bereitete aber in Wilhelmshaven noch einen großen Angriff auf England vor. Als der Befehl zum Auslaufen kam, verweigerten Matrosen und Heizer am Abend des 29. Oktober den Gehorsam. Auf mehreren Großkampfschiffen löschten sie die Feuer unter den Kesseln und machten die Geschütze unbrauchbar. Die beginnende Meuterei* wurde aber niedergeschlagen. Viele Matrosen wurden verhaftet, der Angriff abgesagt und ein Teil der Flotte nach Kiel verlegt.

Die Mannschaften auf den Kriegsschiffen in Kiel solidarisierten sich aber mit ihren verhafteten Kameraden, für die sie Todesurteile befürchteten. So flammte der Aufstand am 3. November von neuem auf. Soldaten, Matrosen und Arbeiter der Kieler Werften übernahmen die Gewalt in der Stadt und bildeten einen Arbeiter- und Soldatenrat*.

Ihre Hauptforderungen waren: die Freilassung aller politischen Gefangenen, straffreie Rückkehr der Matrosen auf die Schiffe sowie Rede- und Pressefreiheit.

1 Nennen Sie die Gründe, die die Matrosen und Heizer zum Aufstand trieben.

2 Warum mögen sich die Werftarbeiter dem Aufstand angeschlossen haben?

3 Beschreiben Sie nach der Karte 1 die Ausbreitung der Aufstände.

4 Beschreiben Sie Abbildung 2. Beachten Sie die Gesichter der Menschen, ihre Haltung und Kleidung.

Die Ausrufung der Republik

Auch in Berlin hatte sich ein Arbeiter- und Soldatenrat gebildet. Er forderte die Abdankung des Kaisers, Schaffung einer sozialen Republik und Übergabe der Regierungsgewalt an die Arbeiter- und Soldatenräte. Tausende von Menschen zogen am Morgen des 9. November auf das Regierungsviertel Berlins zu, um diese Forderungen durchzusetzen.

Das Herannahen der Massendemonstration setzte den kaiserlichen Reichskanzler Prinz Max von Baden stark unter Druck. Als der Kaiser sich mittags immer noch weigerte zu-

Arbeiter- und Soldatenräte*:
In den Fabriken von Arbeitern und in den Kasernen von Soldaten gewählte Vertretungen, die die bisherige Obrigkeit ersetzen sollten. Ein nationaler Rätekongress aus Delegierten der regionalen Räte erhob den Anspruch, das oberste politische Machtorgan zu sein.

29. Oktober 1918:
Meuterei der Hochseeflotte.

Meuterei*:
Aufstand.

3.–9. November 1917:
Novemberrevolution in Deutschland.

188

Die Ausrufung der Republik

2 Demonstranten auf dem Weg zum Berliner Schloss. Foto, 9. November 1918.

3 Philipp Scheidemann (SPD) ruft die Republik aus. Foto, 9. November 1918.

Philipp Scheidemann (geb. 26. 7. 1865, gest. 29. 11. 1939) war 1918/19 Mitglied der provisorischen Regierung, des Rates der Volksbeauftragten, und von Februar bis Juni 1919 deutscher Ministerpräsident. Wegen seiner Ablehnung des Versailler Vertrages trat er zurück.

rückzutreten, verkündete Max von Baden eigenmächtig dessen Abdankung. Aber die Massen waren nicht mehr zurückzuhalten. Am Mittag versammelte sich die Menge vor dem Reichstag. Es wurde bekannt, dass Karl Liebknecht, der Führer des Spartakusbundes*, eine sozialistische Republik ausrufen wollte. Anhänger der SPD drängten ihr Vorstandsmitglied Philipp Scheidemann, dem zuvorzukommen.

In seiner Rede hieß es:

Q1 ... Arbeiter und Soldaten. Furchtbar waren die vier Kriegsjahre, grauenhaft waren die Opfer ..., das Morden ist vorbei, die Folgen des Krieges, Not und Elend, werden noch viele Jahre auf uns lasten ... Der Prinz Max von Baden hat sein Reichskanzleramt dem Abgeordneten Ebert übergeben. Unser Freund wird eine Arbeiterregierung bilden, der alle sozialistischen Parteien angehören werden. Die neue Regierung darf nicht gestört werden in ihrer Arbeit für den Frieden, in der Sorge um Brot und Arbeit ... seid einig, treu und pflichtbewusst. Das Alte und Morsche, die Monarchie, ist zusammengebrochen. Es lebe das Neue! Es lebe die Deutsche Republik. ...

Das war gegen 14 Uhr. Um 16 Uhr hielt Karl Liebknecht, Anführer der extremen Linken, eine Rede. Er sagte:

Q2 ... Der Tag der Revolution ist gekommen. Wir haben den Frieden erzwungen ... Das Alte ist nicht mehr ... Parteigenossen, ich proklamiere die freie sozialistische Republik Deutschland, die alle Stämme umfassen soll, in der es keine Knechte mehr geben wird. ... Wir müssen alle Kräfte anspannen, um die Regierung der Arbeiter und Soldaten aufzubauen und eine neue staatliche Ordnung des Proletariats zu schaffen, eine Ordnung des Friedens, des Glücks und der Freiheit unserer deutschen Brüder und unserer Brüder in der ganzen Welt. Wir reichen ihnen die Hände und rufen sie zur Vollendung der Weltrevolution auf. ...

5 *Vergleichen Sie die beiden Redeauszüge. Listen Sie auf, in welchen Zielen sie übereinstimmen und in welchen sie sich unterscheiden.*
6 *Warum übergab Max von Baden sein Amt dem Sozialdemokraten Ebert?*
7 *Vergleichen Sie den Demonstrationszug vom 9. November 1918 (Abb. 2) mit einer Demonstration heute. Was fällt Ihnen auf?*

9. November 1918: Ausrufung der Republik.

Spartakusbund*: Von der SPD abgespaltene linksextreme Gruppe um Karl Liebknecht und Rosa Luxemburg.

Karl Liebknecht (geb. in Leipzig 13. 8. 1871, ermordet 15. 1. 1919) versuchte als Führer des Spartakusbundes eine deutsche Räte-Republik nach russischem Vorbild zu errichten.

Räte und Regierung

1 **Barrikadenkämpfe im Berliner Zeitungsviertel.** Foto, 1919.

2 **Revolutionäre Soldaten am Brandenburger Tor in Berlin.** Foto, 1919.

Demokratie – aber wie?

Mitte November 1919 war keineswegs klar, wer in Deutschland wirklich die Macht in den Händen hatte. Die Entscheidung, wie die Republik wirklich aussehen sollte, lag vor allem bei der SPD, die allerdings gespalten war in die Mehrheits- (MSPD*) und in die Unabhängigen Sozialdemokraten (USPD*).

Friedrich Ebert, Reichskanzler und Vorsitzender der MSPD, sah seine wichtigste Aufgabe darin, die unmittelbaren Probleme des Tages zu bewältigen:

– einen verlorenen Krieg zu beenden;
– Millionen Soldaten von der Front in die Heimat zu bringen und sie wieder ins Berufsleben einzugliedern;
– die Kriegsindustrie auf Friedensindustrie umzustellen;
– Hunger und Not zu bekämpfen.

Über die zukünftige Staatsform Deutschlands sollte eine aus allgemeinen Wahlen hervorgegangene Nationalversammlung entscheiden. Die Vertreter der USPD aber wollten alle Macht an Soldaten- und Arbeiterräte übertragen. Ihrer Meinung nach konnten Reformen mit der alten Gesellschaft, also vor allem mit den bisherigen Beamten und Generälen nicht durchgeführt werden.

1 *Versuchen Sie in eigenen Worten wiederzugeben, worin sich MSPD und USPD in ihren politischen Zielen grundsätzlich unterschieden.*

Rätesystem oder Parlamentarismus?

Um keine Zeit zu verlieren, waren MSPD und USPD im November 1918 bereit, gemeinsam eine Art Regierung zu bilden, den „Rat der Volksbeauftragten". Vorsitzender wurde Friedrich Ebert. Die Frage, wer die Macht künftig ausüben solle – Räte oder ein Parlament –, wurde auf dem Reichskongress der Arbeiter- und Soldatenräte am 18. Dezember 1918 in Berlin beantwortet. Nach erbitterten Diskussionen entschieden sich die Delegierten für die Wahl eines Parlaments.

Mit dieser Entscheidung waren allerdings viele Berliner Arbeiter nicht einverstanden. Sie besetzten das Berliner Schloss und bauten Straßenbarrikaden. Gegen die demonstrierenden Arbeiter ließ Ebert Regierungstruppen einsetzen – es gab die ersten Toten. Aus Protest gegen Eberts Vorgehen verließen die Vertreter der USPD den Rat der Volksbeauftragten.

Wahlen zur Nationalversammlung

Am 19. Januar 1919 fanden die Wahlen zur Nationalversammlung statt. Zum ersten Mal durften auch Frauen wählen und gewählt werden. Wegen der bürgerkriegsähnlichen Zustände in Berlin bestimmte die Regierung Ebert als Tagungsort der Nationalversammlung Weimar. In Weimar lebten die berühmten deutschen Dichter Goethe (1749–1832) und Schiller (1759–1805).

MSPD*: *Mehrheitssozialisten. Bezeichnung für die SPD nach Abspaltung der USPD im Jahr 1917.*

USPD*: *Unabhängige Sozialdemokratische Partei Deutschlands. Linksextreme Abspaltung von der SPD.*

1918: *Einführung des Frauenwahlrechts in Deutschland.*

Das deutsche Nationaltheater in Weimar: *Tagungsort der Nationalversammlung 1919.*

Die Weimarer Verfassung

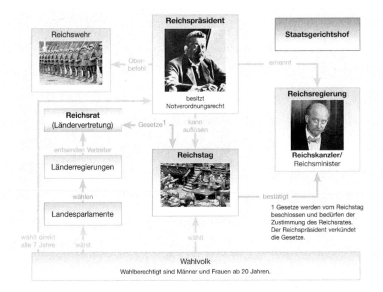

Reichspräsident

Reichswehr — Ober-befehl

besitzt Notverordnungsrecht

Staatsgerichtshof

ernennt

Reichsregierung

Reichskanzler/ Reichsminister

Reichsrat (Ländervertretung) — Gesetze[1]

kann auflösen

entsenden Vertreter

Länderregierungen

wählen

Landesparlamente

Reichstag

bestätigt

1 Gesetze werden vom Reichstag beschlossen und bedürfen der Zustimmung des Reichsrates. Der Reichspräsident verkündet die Gesetze.

wählt direkt alle 7 Jahre   wählt   wählt

Wahlvolk
Wahlberechtigt sind Männer und Frauen ab 20 Jahren.

3 Weimarer Verfassung. Schaubild.

Friedrich Ebert (1871–1925), Mitglied der SPD, war von 1919 bis 1925 der erste Reichspräsident der Weimarer Republik.

Die Nationalversammlung

Die Wahlen zur Nationalversammlung hatten inmitten der Januarunruhen stattgefunden. Am 6. Februar 1919 trat die Versammlung in Weimar zusammen. Sechs Parteien und mehrere Splittergruppen waren in diesem Parlament vertreten. Am 11. Februar wählte die Versammlung Friedrich Ebert zum Reichspräsidenten und zwei Tage später die erste demokratische Regierung Deutschlands, der Mitglieder der SPD, des Zentrums* und der DDP* angehörten.

Nach langen Diskussionen in der Nationalversammlung wurde am 11. August 1919 die Verfassung in Kraft gesetzt. In der Präambel* heißt es:

Q1 … Das deutsche Volk, einig in seinen Stämmen und von dem Willen beseelt, sein Reich in Freiheit und Gerechtigkeit zu erneuern und zu festigen, dem inneren und dem äußeren Frieden zu dienen und den gesellschaftlichen Fortschritt zu fördern, hat sich diese Verfassung gegeben. …

2 Stellen Sie dar, wer hier als Urheber der Verfassung genannt wird und welche Ziele angesprochen werden.
3 Überprüfen Sie im Schaubild (Abb. 3), wie die Gewaltenteilung in der Weimarer Verfassung geregelt ist (vgl. Schaubild 3, S. 115).

Rechte des Reichspräsidenten

Nach heftigen Auseinandersetzungen in der Nationalversammlung über Aufgaben und Rechte des Reichspräsidenten wurden die folgenden Artikel in die Verfassung aufgenommen:

Q2 Artikel 25: … Der Reichspräsident kann den Reichstag auflösen, jedoch nur einmal aus dem gleichen Anlass …
Artikel 41: Der Reichspräsident wird vom ganzen deutschen Volk gewählt …
Artikel 47: Der Reichspräsident hat den Oberbefehl über die gesamte Wehrmacht des Reichs …
Artikel 48.2: Der Reichspräsident kann, wenn im Deutschen Reiche die öffentliche Sicherheit und Ordnung erheblich gestört oder gefährdet wird, die … nötigen Maßnahmen treffen, erforderlichenfalls mithilfe der bewaffneten Macht einschreiten. …
Artikel 53: Der Reichskanzler und auf seinen Vorschlag die Reichsminister werden vom Reichspräsidenten ernannt und entlassen. …

4 Fassen Sie die Rechte des Reichspräsidenten zusammen und vergleichen Sie diese mit denen des Bundespräsidenten (Art. 54 – 61 GG).
5 Diskutieren Sie, welche Probleme vor allem aus den Artikeln 48.2 und 53 der Weimarer Verfassung entstehen konnten.

6. Februar 1919:
Zusammentreten der ersten Weimarer Nationalversammlung.

11. August 1919:
Inkrafttreten der Weimarer Verfassung.

*Zentrum *:*
Partei, die im Kaiserreich im Wesentlichen die Interessen der Katholiken vertrat.

*DDP *:*
Deutsche Demokratische Partei, liberal, gegen Verstaatlichung.

*Präambel *:*
Einleitung oder feierliche Vorrede.

Der Versailler Vertrag

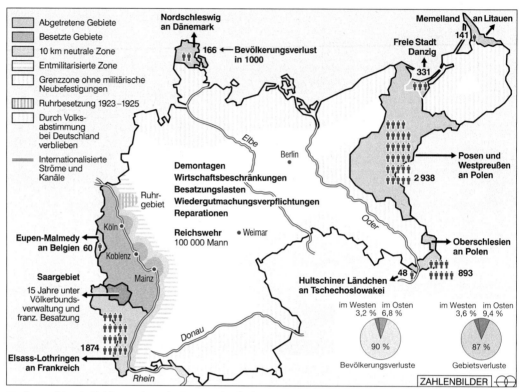

Abgetretene Gebiete
Besetzte Gebiete
10 km neutrale Zone
Entmilitarisierte Zone
Grenzzone ohne militärische Neubefestigungen
Ruhrbesetzung 1923–1925
Durch Volksabstimmung bei Deutschland verblieben
Internationalisierte Ströme und Kanäle

Nordschleswig an Dänemark

166 ← Bevölkerungsverlust in 1000

Memelland an Litauen
141

Freie Stadt Danzig
331

Elbe
Berlin

Demontagen
Wirtschaftsbeschränkungen
Besatzungslasten
Wiedergutmachungsverpflichtungen
Reparationen

Ruhrgebiet

Posen und Westpreußen an Polen
2 938

Oder

Eupen-Malmedy an Belgien 60

Köln

Koblenz

Reichswehr 100 000 Mann

Weimar

Oberschlesien an Polen

Saargebiet
15 Jahre unter Völkerbundsverwaltung und franz. Besatzung

Mainz

Hultschiner Ländchen an Tschechoslowakei
48

893

im Westen im Osten
3,2 % 6,8 %

im Westen im Osten
3,6 % 9,4 %

90 %
Bevölkerungsverluste

87 %
Gebietsverluste

1874

Elsass-Lothringen an Frankreich

Donau

Rhein

ZAHLENBILDER

1 Deutschlands Gebietsverluste in Europa durch den Versailler Vertrag.

Alliierte und assoziierte Regierungen *: Insgesamt gehörten hierzu 27 Siegerstaaten, die gegen das Deutsche Reich verbündet (alliiert und assoziiert) waren.

Friedensschluss ohne Verhandlung

1 *Erstellen Sie eine Liste möglicher Forderungen, die Sie aus französischer, britischer und deutscher Sicht in Friedensverhandlungen gestellt hätten.*

2 *Versuchen Sie, einen Kompromiss zwischen den unterschiedlichen Forderungen zu finden.*

Während in Weimar die Nationalversammlung tagte, hatten sich in Paris die Vertreter der Siegermächte versammelt, um einen Friedensvertrag zu erarbeiten. Ziel war eine neue Friedensordnung für die Welt. Neue Staaten wie die Tschechoslowakei und Jugoslawien sollten errichtet, Polen wieder ein Staat werden. Der neu gegründete Völkerbund sollte Kriege sogar für alle Zeiten unmöglich machen.

Deutschland war als besiegtes Land zu den Verhandlungen nicht zugelassen. Der deutschen Delegation wurde am 7. Mai 1919 der Vertragstext vorgelegt, Veränderungswünsche wurden nicht verhandelt.

Artikel 231 des Versailler Vertrages:

Q1 … Die alliierten und assoziierten Regierungen* erklären und Deutschland erkennt an, dass Deutschland und seine Verbündeten als Urheber (des Krieges) für alle Schäden und Verluste verantwortlich sind, die die alliierten und assoziierten Regierungen und ihre Staatsangehörigen infolge des ihnen durch den Angriff Deutschlands und seiner Verbündeten aufgezwungenen Krieges erlitten haben. …

3 *Geben Sie Artikel 231 des Versailler Vertrages mit eigenen Worten wieder.*

4 *Überlegen Sie, welche Forderungen sich aus dem Artikel 231 ableiten lassen.*

5 *Beschreiben Sie anhand der Karte die deutschen Gebietsverluste.*

6 *Listen Sie die Staaten auf, die deutsche Gebiete erhielten. Suchen Sie die besetzten Gebiete heraus.*

Ein „Diktatfrieden"?

2 Demonstration in Berlin gegen die Gebietsabtretungen im Versailler Vertrag. Foto, 1919.

Der Friedensvertrag von Versailles

In der deutschen Bevölkerung hatte man den Krieg als einen aufgezwungenen Verteidigungskrieg verstanden. Deshalb war man empört und wütend über den Versailler Vertrag. Der Vertrag regelte vor allem die deutschen Gebietsabtretungen, die Abrüstung der deutschen Armee und das Verbot der allgemeinen Wehrpflicht. Weitere Punkte waren die Wiedergutmachung der alliierten Kriegsschäden und mögliche Eingriffsrechte der Alliierten in Deutschland. Wichtige Bedingungen des Versailler Vertrages besagten im Einzelnen: Deutschland musste alle Kolonien abtreten, für alle Kriegsschäden aufkommen und Reparationen* zahlen; die Höhe der Zahlungen sollte erst später festgelegt werden. Das deutsche Heer wurde auf 100 000, die Marine auf 15 000 Mann beschränkt. Schwere Waffen, Flugzeuge und U-Boote wurden verboten. Deutschland blieb vom Völkerbund vorläufig ausgeschlossen.

Politische und wirtschaftliche Folgen

Die Friedensbedingungen wurden von deutscher Seite als besonders hart empfunden. Die Siegermächte lehnten aber fast alle deutschen Einwände und Forderungen ab. In der Nationalversammlung gab es heftige Diskussionen über diese Bedingungen. Auf den Straßen kam es zu leidenschaftlichen Protesten gegen die Versailler Vorgaben. Der spektakulärste „Protest" fand am 21. Juni 1919 statt. Der Kom-

mandant der vor den Orkney-Inseln nördlich von Schottland festgesetzten deutschen Kriegsflotte befahl deren Selbstvernichtung: 57 Schiffe wurden von ihren Besatzungen selbst versenkt oder auf Grund gesetzt. Die Siegermächte drohten nun, in Deutschland einzumarschieren, wenn der Vertrag von der deutschen Regierung nicht angenommen würde. Die Abgeordneten sahen daher keinen anderen Weg, als zu unterschreiben. Wegen dieser Umstände sprach man in Deutschland vom „Versailler Zwangsfrieden" oder dem „Friedensdiktat". Gegen den „Diktatfrieden"* von Versailles entwickelte sich in der Folgezeit in der Weimarer Republik eine nationalistische Kampagne. Selbst in der britischen und amerikanischen Öffentlichkeit wurden wiederholt wirtschaftliche und territoriale Bestimmungen des Friedensvertrages kritisiert.

7 Diskutieren Sie die Bestimmungen des Vertrages und überlegen Sie, welche Folgen er für die wirtschaftliche und politische Entwicklung der Weimarer Republik haben konnte.

8 Erklären Sie die Karikatur in der Randspalte.

3 Der französische Ministerpräsident Clemenceau und der amerikanische Präsident Wilson verlassen nach der Vertragsunterzeichnung das Schloss von Versailles. Foto, 28. Juni 1919.

Der Friedenskuss. Karikatur von Thomas Theodor Heine. Titelbild des „Simplicissimus", 8. Juli 1919.

Diktatfrieden *: Friedensbedingungen, die einseitig von den Siegern festgelegt werden. Die Verlierer können nur noch zustimmen.

Verständigungsfrieden: Frieden, der auf einem Kompromiss zwischen den Kriegführenden beruht. Er zielt darauf ab, nach einem Krieg ein neues Zusammenleben der Völker zu ermöglichen.

Reparationen *: Zahlungen Deutschlands an die Siegermächte, mit denen Deutschland für die durch seine Aggression verursachten Zerstörungen und Kosten des Ersten Weltkriegs aufkommen sollte.

28. Juni 1919: Unterzeichnung des Versailler Vertrages.

Krisenjahre 1920–1923

Putschversuche

Als im Frühjahr 1920 die Freikorps* aufgelöst werden sollten, widersetzten sich einige Freikorpsmitglieder und marschierten in Berlin ein. Sie erklärten die Regierung für abgesetzt. Der extrem nationalistische* Wolfgang Kapp ernannte sich selbst zum Reichskanzler. Dagegen riefen die Gewerkschaften und die SPD zum Generalstreik auf. Als dieser im ganzen Reich befolgt wurde, brach der sogenannte Kapp-Putsch schnell zusammen.

Im Ruhrgebiet kam es zu einem von Kommunisten* beeinflussten Arbeiteraufstand. Eine „Rote Ruhr-Armee" wurde gebildet. Reichswehreinheiten zerschlugen diese aber in blutigen Kämpfen.

Auch politische Morde erschütterten die Republik: 1921 ermordeten Rechtsradikale den Finanzminister Matthias Erzberger und 1922 den Außenminister Walther Rathenau.

1 *Fassen Sie zusammen, welche Gruppen sich aktiv gegen die Weimarer Republik wendeten und welche Beweggründe sie hatten.*

2 *Informieren Sie sich mithilfe eines Lexikons oder des Internets über Matthias Erzberger und Walter Rathenau. Stellen Sie Ihre Ergebnisse in der Klasse vor.*

Ruhrbesetzung

Eine sehr große Belastung für Deutschland waren die Reparationen. Die Siegermächte hatten 1921 beschlossen, dass Deutschland 132 Milliarden Goldmark für die im Ersten Weltkrieg angerichteten Schäden bezahlen sollte. Besonders Frankreich, das selbst hohe Kriegsschulden hatte, drängte auf pünktliche Bezahlung. Die Reichsregierungen mussten die Forderungen weitgehend erfüllen. Von nationalistischen Gruppen wurden sie dafür als „Erfüllungspolitiker" beschimpft.

Als Deutschland Ende 1922 mit Holz- und Kohlelieferungen im Verzug war, ließ die französische Regierung Soldaten ins Ruhrgebiet einmarschieren (siehe Karte S. 192), um auf diese Weise die Reparationszahlungen zu sichern und Deutschland gleichzeitig wirtschaftlich zu schwächen. Daraufhin rief die Reichsregierung die Menschen an der Ruhr zum passiven Widerstand* auf. Es kam zu vielen Zusammenstößen. Die Franzosen reagierten hart auf jeden Widerstand. Mehr als 140 000 Beamte und Angestellte wurden mit ihren Familien aus dem Ruhrgebiet ausgewiesen. Tausende wurden zu Gefängnisstrafen verurteilt. Aufgrund der wirtschaftlichen Not gab die Reichsregierung im September 1923 den passiven Widerstand gegen die Besetzung des Ruhrgebietes auf.

3 *Erklären Sie Ursache und Verlauf der Besetzung des Ruhrgebietes durch die Franzosen.*

Hitlerputsch

Nachdem die Reichsregierung in Berlin den passiven Widerstand an der Ruhr abgebrochen hatte, verkündete die bayerische rechtskonservative Landesregierung den Ausnahmezustand für Bayern. Die Führung der dort stationierten Reichswehr weigerte sich, weiterhin Befehle aus Berlin auszuführen. In dieser verworrenen Situation versuchte Adolf Hitler, der Führer der Nationalsozialistischen Deutschen Arbeiterpartei (NSDAP), die Macht an sich zu reißen.

Als am Abend des 8. November 1923 führende Politiker in München im Bürgerbräukeller versammelt waren, drang Hitler mit Waffengewalt in den Saal ein. Er erklärte die Reichsregierung in Berlin und die bayerische Landesregierung in München für abgesetzt. Um die Massen für seine Pläne zu aktivieren, ließ er seine Anhänger am Morgen des 9. November zum Marsch durch die Münchner Innenstadt antreten. Viele Menschen jubelten den NS-Marschierern zu. Vor der Feldherrnhalle machte die Polizei dem Marsch ein Ende. Es gab Tote und Verwundete. Hitlers Putschversuch war zusammengebrochen.

Im April 1924 wurde Hitler zu fünf Jahren Zuchthaus verurteilt, davon musste er aber nur neun Monate absitzen und kam wegen „guter Führung" vorzeitig wieder frei. In der Haft schrieb er sein Buch „Mein Kampf", in dem er seinen Hass gegen die demokratische Ordnung und seinen Rassenwahn darlegte.

4 *Stellen Sie Vermutungen darüber an, warum die Justiz Hitler so milde behandelte.*

Krisenjahre 1920–1923

Inflation *

Während des Kriegs ließ die Reichsregierung viel Geld drucken, um die hohen Kriegskosten zu bezahlen. So war nach dem Krieg zu viel Geld im Umlauf, dem aber nur wenige Güter gegenüberstanden. Schon im Lauf des Kriegs waren die Preise angestiegen.

Nach dem Waffenstillstand hatte Deutschland Kriegsschulden und Reparationen zu bezahlen. Die Staatseinnahmen waren geringer als die Ausgaben. Um die Bevölkerung nicht mit immer neuen und hohen Steuern belasten zu müssen, wurde wieder Geld gedruckt. Das führte aber zu weiteren Preisanstiegen. Das Geld verlor zunehmend an Wert.

Als die Regierung im Januar 1923 zum passiven Widerstand gegen die Ruhrbesetzung aufrief, musste sie notgedrungen die Wirtschaft im Ruhrgebiet unterstützen. Täglich wurden 40 Millionen Goldmark für den Ruhrkampf ausgegeben. Immer mehr Geld wurde gedruckt, die Preise stiegen weiter und das Geld wurde immer weniger wert.

Wirtschaftliche Not

Die ersten Jahre der Weimarer Republik wurden zur wirtschaftlichen Zerreißprobe. Die großen Betriebe versuchten wieder weltmarktfähig zu werden. Vor diesem Hintergrund kam es in den Fabriken und Betrieben auch zu Massenentlassungen. Für die Arbeitslosen gab es kaum soziale Absicherungen.

Für den einfachen Bürger war die Lage unerträglich. Nach Zahlen waren sie Milliardäre.

1 Beim Lumpensammeln wurden Geldscheine, die noch vor kurzem ein Vermögen wert waren, vernichtet.

Sie schleppten ihren Lohn in Waschkörben nach Hause, konnten dafür aber kaum ein Stück Brot kaufen. Sog. „Kriegsgewinnler" in Industrie und Bankgewerbe bereicherten sich gleichzeitig im Zuge der Firmenkonkurse.

Mithilfe eines Notgesetzes wurde im November 1923 eine neue Währung, die Rentenmark, geschaffen. Jetzt gab es wieder stabile Preise, eine wichtige Voraussetzung für die Erholung der Wirtschaft.

5 Erläutern Sie, warum die Inflation besonders die einfachen Menschen trifft.

6 Fragen Sie in Ihren Familien nach Inflationsgeld und Briefmarken aus den frühen 1920er-Jahren.

Inflation *:
Schrittweise Entwertung des Geldes.

„Für den Sack müssen Sie auch 'n Fahrschein lösen!" – „Erlauben Sie mal, das is' das Fahrgeld, das ich Ihnen geben will!" Karikatur aus „Berliner Illustrierte Zeitung", 1923.

Datum	Preis für 1 Liter Milch	1 Pfund Butter
26. August	79 000	432 000
2. September	114 000	622 000
9. September	224 000	1 224 300
16. September	960 000	5 200 000
23. September	2 630 000	14 437 000
30. September	3 800 000	19 800 000
7. Oktober	4 800 000	24 750 000
13. Oktober	16 900 000	85 200 000
18. Oktober	115 000 000	572 500 000

2 Entwicklung der Höchstpreise (in Mark) zwischen August und Oktober 1923 für die Grundnahrungsmittel Milch und Butter.

Die Weltwirtschaftskrise und ihre Folgen

„Ich suche Arbeit jeder Art!". Foto, um 1930.

„Erst Essen – dann Miete." Aufschrift in einem Hinterhof in Berlin. Foto, 1932.

25. Oktober 1929: „Schwarzer Freitag" an der New Yorker Wall Street.

Der Beginn in den USA	Die Auswirkungen auf Deutschland
Bau zahlreicher Fabriken zur Rüstungsproduktion im Ersten Weltkrieg ↓	Amerikanische Banken fordern ihr Geld zurück. Exporte in die USA wegen hoher Einfuhrzölle kaum mehr möglich.
Umstellung auf Friedensproduktion: Wegen großem Nachholbedarf günstige Absatzlage ↓	Kapitalmangel. Die Industrie erhält von den Banken kein Geld mehr zur Finanzierung von Maschinen und zum Kauf von Rohstoffen.
Sättigung des Marktes und Absatzschwierigkeiten ↓	Zahlreiche Konkurse. Beginnende Arbeitslosigkeit.
Die ersten Firmen gehen in Konkurs: beginnende Arbeitslosigkeit – die Aktien fallen. ↓	Viele Arbeitslose bedeuten: geringe Kaufkraft. ↓
„Schwarzer Freitag" ↓	Es kommt zu einem sich ständig verstärkenden Kreislauf.
Es kommt zu einem sich ständig verstärkenden Kreislauf:	

Der Beginn in den USA – Kreislauf:
geringere Kaufkraft
höhere Arbeitslosigkeit ↻ weiterer Rückgang der Produktion

Die Auswirkungen auf Deutschland – Kreislauf:
geringere Kaufkraft
höhere Arbeitslosigkeit ↻ weiterer Rückgang der Produktion

1 Die Weltwirtschaftskrise. Schaubild.

Der Weg in die Krise

Die USA hatten im Ersten Weltkrieg durch Lieferungen von Kriegsmaterial an die Krieg führenden Staaten gut verdient. Viele neue Fabriken waren entstanden, andere vergrößert und modernisiert worden. Nach dem Krieg stellten diese Fabriken Waren für den alltäglichen Bedarf her. Zunächst gab es hierfür bei der Bevölkerung auch einen hohen Nachholbedarf. Nach einigen Jahren aber war der Markt gesättigt. Autos und Maschinen standen auf Halde, Kleidung, Schuhe und vieles andere mehr stapelte sich in den Lagerhallen. So waren viele Firmen gezwungen, die Produktion zu drosseln und Arbeiter zu entlassen.

Viele Amerikaner, die an einen ständigen wirtschaftlichen Aufschwung glaubten, hatten sich Aktien gekauft. Als die ersten Absatzschwierigkeiten bekannt wurden, versuchten sie, ihre Aktien um jeden Preis zu verkaufen. Daraufhin fielen die Kurse immer schneller. Am 25. Oktober 1929, dem sog. „Schwarzen Freitag", kam es an der New Yorker Börse zu einem völligen Zusammenbruch der Kurse – die Aktien waren praktisch wertlos geworden.

1 *Erklären Sie mithilfe eines Lexikons zunächst die wirtschaftlichen Fachbegriffe „Aktie", „Kurs", „Börse" und „Konkurs".*

2 *Sprechen Sie über die Folgen des Zusammenbruchs des Aktienmarktes für einen Klein-sparer, der alles Geld in Aktien angelegt hatte, für einen Unternehmer, für einen Hausbesitzer.*

Die Krise greift auf Europa über

Die Banken in den USA hatten in den Jahren zuvor in großer Anzahl kurzfristige Anleihen nach Europa, so auch nach Deutschland gegeben. Jetzt, da sie selber zahlungsunfähig wurden, forderten sie ihr Geld zurück, allein von Deutschland 25 Milliarden Goldmark.

So viel Geld konnten die deutschen Banken nicht aufbringen, viele mussten ihren Bankrott erklären. Jetzt verloren auch Millionen Menschen in Deutschland ihre gesamten Ersparnisse.

Besonders verheerend wirkte sich die Krise auf die deutsche Industrie aus, die sich ebenfalls bei amerikanischen Banken für kurze Zeit hohe Summen ausgeliehen hatte. Auch sie sollte das Geld sofort zurückzahlen, was sie aber nicht konnte. Viele Betriebe gingen in Konkurs. Die Zahl der Arbeitslosen nahm von Woche zu Woche zu. Arbeitslose wiederum fielen als Käufer aus. So blieben die Firmen immer mehr auf ihren Erzeugnissen sitzen. Die Produktion musste gedrosselt, Arbeiter entlassen werden – ein Kreislauf ohne Ende. Im Jahr 1932 ist bereits jeder dritte Arbeitnehmer arbeitslos.

3 *Erklären Sie mithilfe des Textes die Grafik (Abb. 1).*

Das Ende der Weimarer Republik

2 1932. Mit der Tischrunde sind die Regierung Papen und ihre politischen Freunde gemeint (links).

3 1932. Ein Wahlplakat der „Eisernen Front" (SPD und andere demokratische Parteien, rechts).

Das Scheitern der Republik

Die Wirtschaftskrise traf fast alle Menschen in Deutschland, nicht nur die Arbeitslosen. Diejenigen, die noch Arbeit hatten, mussten um ihren Arbeitsplatz fürchten. Die Selbstständigen verdienten immer weniger und fürchteten, zahlungsunfähig zu werden. Den Beamten wurden die Gehälter gekürzt.

Wer jetzt erklärte, die Demokratie sei schuld an dem Elend, fand offene Ohren. In ihrer Not hofften viele Menschen auf die Lösung ihrer Probleme durch solche Parteien, die „Arbeit und Brot" für alle versprachen. Wirtschaftskrise und Arbeitslosigkeit – das zeigte sich bald – brachten vor allem den radikalen Parteien Zulauf: Kommunisten und Nationalsozialisten.

Als im September 1930 der Reichstag neu gewählt werden sollte, verkündete die KPD, sie werde, wenn sie die Macht erringen sollte, mit eisernem Besen alle Großindustriellen, Großkaufleute und vor allem alle bürgerlichen Politiker hinwegfegen.

Die Nationalsozialisten warteten für die Wahlen am 14. September mit der Parole auf:

Q1 Schlagt die politischen Bankrotteure, unsere alten Parteien! Vernichtet die Zersetzer unserer nationalen Einheit! ... Kämpft dafür, dass eine Reform des deutschen Volkes eintritt! Die erste Forderung dieser Reformation kann aber nur lauten: Weg mit den Verantwortlichen für unseren Verfall.

Volksgenosse, schließe Dich an der marschierenden braunen Front des erwachenden Deutschlands! ... Schlagt sie am 14. September zusammen, die Interessenten am Volksbetrug.

Bei den Wahlen zum 5. Reichstag wurde die NSDAP nach der SPD die zweitstärkste Fraktion. Zusammen mit den Kommunisten waren jetzt schon über 30 % der Abgeordneten im Reichstag Gegner eines demokratischen Staates. Nach diesem Erfolg seiner Partei begann Hitler einen beispiellosen Propagandafeldzug durch ganz Deutschland.

Bei den Reichstagswahlen am 31. Juli 1932 wurde die NSDAP mit 37,8 % aller Stimmen stärkste Partei. Als Führer der stärksten Partei beanspruchte Hitler für sich das Amt des Reichskanzlers Am 30. Januar 1933 erfolgte die Ernennung. Dieser Tag wurde von den Nationalsozialisten als „Tag der Machtergreifung" gefeiert.

4 *Stellen Sie fest, auf welche Probleme der Weimarer Republik die Wahlplakate (Abb. 2 und 3) hinweisen.*

5 *Im Aufruf der NSDAP beginnen die Sätze mit: „Schlagt ...", „Kämpft ...", „Vernichtet ...", „Weg mit ...", „Schlagt sie zusammen ...". Woran erinnern Sie diese Ausdrücke? – Was musste man von den Nationalsozialisten befürchten, wenn sie einmal die Mehrheit erlangten?*

Stimmenanteile (in Prozent) bei den Reichstagswahlen 1930 und 1932 (Juli):

1930

SPD	25 %
KPD	13 %
Z/BVP	15 %
DNVP	7 %
NSDAP	18 %

1932

SPD	22 %
KPD	14 %
Z/BVP	16 %
DNVP	6 %
NSDAP	38 %

Wahlplakate als Mittel der Werbung

Erstmals wurden in der Weimarer Demokratie in größerem Umfang Plakate verwendet, um Wählerinnen und Wähler zu gewinnen. Plakate enthalten meistens Bilder und kurze, einprägsame Texte (Slogans). Die Wirkung auf das Wahlverhalten ist nicht genau einzuschätzen. Unentschlossene dürften aber durch eine geschickte Plakatwerbung zu beeinflussen sein. Sollen die Ziele von Wahlplakaten durchschaut werden, müssen sie genauer untersucht werden.

Fragen zur Analyse von Wahlplakaten:

Wer ist der „Urheber" des Plakats?
An wen richtet sich die Werbung? Werden bestimmte Gruppen angesprochen?
Welche Ziele sind zu erkennen?
Wie ist das Plakat gestaltet? Welche darstellerischen Mittel werden eingesetzt?
Welche Wirkung soll erzielt werden? Lässt sich eine Gesamtaussage des Plakats formulieren?

1 *Vergleichen Sie die vier Wahlplakate aus dem Jahr 1932.*

2 *Stellen Sie fest, welche unterschiedlichen Standpunkte die Parteien in Bezug auf die Demokratie vertreten.*

3 *Beschreiben Sie anhand der Plakate die politische Situation Anfang der 1930er-Jahre.*

Zusammenfassung

Vom Kaiserreich zur Weimarer Republik

Nach der Revolution vom November 1918 begann zunächst die Auseinandersetzung um die zukünftige Staatsform. Die beiden Hauptmodelle waren das kommunistisch geprägte Rätesystem und die demokratische Republik. Das Eintreten der SPD als stärkste politische Kraft für eine demokratische Verfassung gab den Ausschlag. Doch blieben die Konflikte nicht friedlich. Bürgerkriegsartige Zustände auch in der Hauptstadt Berlin führten dazu, dass die verfassunggebende Versammlung nach Weimar verlegt wurde.

Nachkriegszeit und innenpolitische Krisen

Auch nach Errichtung der Weimarer Republik blieben die politischen Lager unversöhnlich. Besonders auch an dem als Demütigung empfundenen „Diktatfrieden" von Versailles und den daraus entstehenden wirtschaftlichen Belastungen entzündete sich immer wieder Streit. Die französische Ruhrbesetzung, die Inflation und die soziale Entwurzelung weiter Bevölkerungskreise heizten die Situation in Deutschland zusätzlich an. 1923 gipfelten die Spannungen in mehreren Putschversuchen von links und rechts.

Weltwirtschaftskrise und Arbeitslosigkeit

Der Wirtschaftsaufschwung nach dem Ersten Weltkrieg endete 1929, als die New Yorker Börse am „Schwarzen Freitag" zusammenbrach und Massenentlassungen nach sich zog. Die Auswirkungen waren auch in Deutschland zu spüren, weil die USA ihre Kredite zurückforderten. Deutsche Unternehmen drosselten daraufhin ihre Produktion und entließen zahlreiche Arbeiter. Massenarbeitslosigkeit war die Folge.

Die Schwäche der Demokratie

Die Weltwirtschaftskrise zerstörte die wirtschaftliche Grundlage des mühsam errungenen politischen und sozialen Friedens der Weimarer Republik. Die Republik mit ihrer demokratischen Verfassung schien vielen Menschen für ihre persönliche Not verantwortlich zu sein. Besonders die rechtskonservativen Parteien, am erfolgreichsten die NSDAP, nutzten diese Stimmung. Die Demokratie fand immer weniger Verteidiger.

1918/19

Von der Novemberrevolution zur Weimarer Verfassung.

1923

Das Krisenjahr: Ruhrkampf und Putschversuche.

1929/30

Die Auswirkungen der Weltwirtschaftskrise erreichen Deutschland.

1932/33

Die erste deutsche Demokratie scheitert am mangelnden politischen Rückhalt im Volk.

Namen und Begriffe

✓ Meuterei der Matrosen
✓ Novemberrevolution 1918
✓ Waffenstillstand
✓ Ausrufung der Republik
✓ Nationalversammlung
✓ Weimarer Verfassung
✓ Versailler Vertrag
✓ politischer Radikalismus
✓ Krisenjahr 1923
✓ Weltwirtschaftskrise

Charleston-Kleid

Was wissen Sie noch?

1 Warum spricht man von der „Weimarer Republik"?

2 Welche beiden Republikmodelle „standen zur Auswahl"?

3 Nennen Sie die Hauptbedingungen des Versailler Vertrags.

4 Zählen Sie drei wesentliche Elemente der Weimarer Verfassung auf.

5 Warum wird das Jahr 1923 als Krisenjahr bezeichnet?

6 Warum kann man die Weltwirtschaftskrise 1929 als „Beginn vom Ende der Weimarer Republik" bezeichnen?

7 Erklären Sie das Schlagwort von der „Demokratie ohne Demokraten".

**Die moderne – und wohl-
habende – junge Frau der
Zwanzigerjahre raucht und
ist motorisiert.** Foto, um 1924.

Tipps zum Weiterlesen

Eberhard Kolb: Die Weimarer Republik. München 2002

Horst Möller: Die Weimarer Republik – Eine unvollendete Demokratie. dtv, 7. Aufl. München 2004

Heinrich August Winkler: Weimar 1918–1933. Die Geschichte der ersten deutschen Demokratie. München 1998

1 Ordnen Sie die Begriffe und Namen der jeweils richtigen Revolution zu.

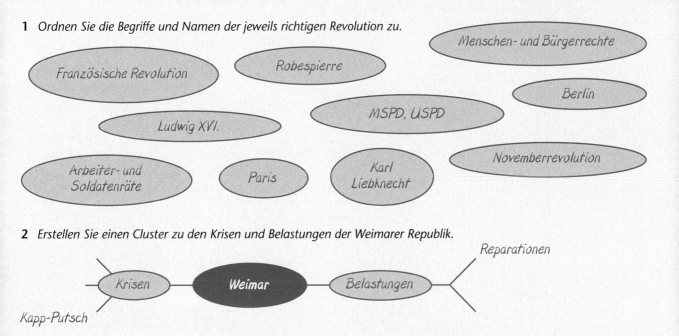

Französische Revolution

Robespierre

Menschen- und Bürgerrechte

Berlin

Ludwig XVI.

MSPD, USPD

Arbeiter- und Soldatenräte

Paris

Karl Liebknecht

Novemberrevolution

2 Erstellen Sie einen Cluster zu den Krisen und Belastungen der Weimarer Republik.

Reparationen

Krisen — Weimar — Belastungen

Kapp-Putsch

3 Schreiben Sie den folgenden Lückentext ab und ergänzen Sie dabei die fehlenden Begriffe.

In ✎ versammelten sich 1919 die Abgeordneten der ✎ und schufen die ✎ der (bereits am 9. November 1918 ausgerufenen) ersten deutschen ✎.

Die Staatsorgane waren der ✎ sowie der Reichsrat, durch den die ✎ an der Gesetzgebung mitwirkten, die vom Reichskanzler geführte ✎ sowie der ✎, der vom Volk unmittelbar gewählt wurde. Er besaß das Recht, im Ausnahmefall Notverordnungen mit Gesetzeskraft zu erlassen – eine unglaublich große ✎. Die Verfassung legte den Grundstein zu einer demokratischen Entwicklung in Deutschland. Doch noch immer gab es genügend Anhänger radikaler ✎, die die junge Republik erbittert bekämpften. Attentate auf Regierungsmitglieder, ✎ politischer Gegner und bewaffnete ✎ waren fast alltäglich.

Lösung: Weimar, Nationalversammlung, Verfassung, Republik, Reichstag, Länderregierungen, Reichsregierung, Reichspräsident, Macht, Gruppen, Ermordungen, Straßenkämpfe.

4 Bilden Sie sinnvolle Wortpaare:

Walter Rathenau

Inflation   Philipp Scheidemann

Ruhrbesetzung

passiver Widerstand →   erster Reichspräsident

Friedrich Ebert

1932   Krisenjahr 1923

Ministerpräsident

politische Morde   Arbeitslosigkeit

Nationalsozialismus und Zweiter Weltkrieg

30. 1. 1933

1933–1934

9. 11. 1938

MACHTÜBERTRA-
GUNG AUF HITLER

GLEICHSCHALTUNG

NOVEMBERPOGROM

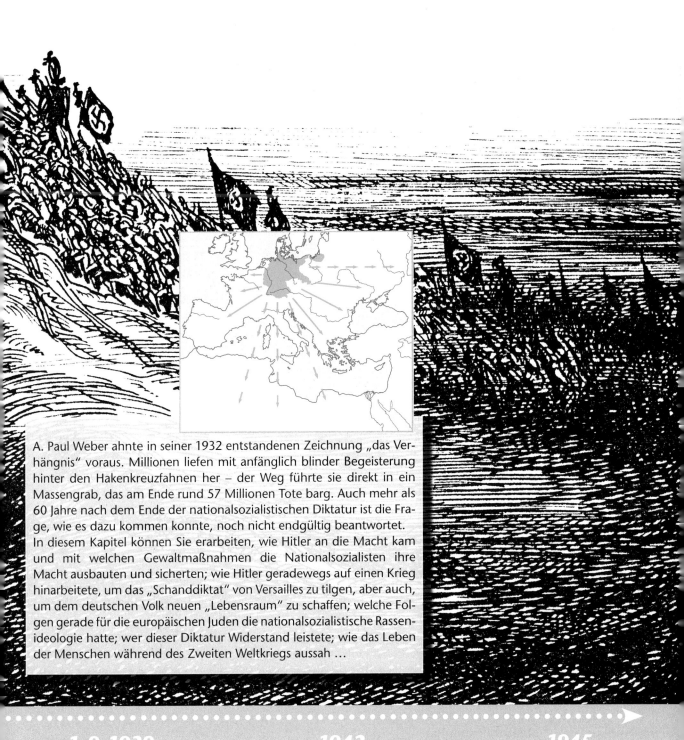

A. Paul Weber ahnte in seiner 1932 entstandenen Zeichnung „das Verhängnis" voraus. Millionen liefen mit anfänglich blinder Begeisterung hinter den Hakenkreuzfahnen her – der Weg führte sie direkt in ein Massengrab, das am Ende rund 57 Millionen Tote barg. Auch mehr als 60 Jahre nach dem Ende der nationalsozialistischen Diktatur ist die Frage, wie es dazu kommen konnte, noch nicht endgültig beantwortet.
In diesem Kapitel können Sie erarbeiten, wie Hitler an die Macht kam und mit welchen Gewaltmaßnahmen die Nationalsozialisten ihre Macht ausbauten und sicherten; wie Hitler geradewegs auf einen Krieg hinarbeitete, um das „Schanddiktat" von Versailles zu tilgen, aber auch, um dem deutschen Volk neuen „Lebensraum" zu schaffen; welche Folgen gerade für die europäischen Juden die nationalsozialistische Rassenideologie hatte; wer dieser Diktatur Widerstand leistete; wie das Leben der Menschen während des Zweiten Weltkriegs aussah …

1. 9. 1939 **1942** **1945**

BEGINN DES ZWEITEN WELTKRIEGS   WANNSEE- KONFERENZ   ENDE DES ZWEITEN WELTKRIEGS

NS-Ideologie *

Ideologie *:
Dieser Begriff bezeichnet ein System von Weltanschauungen und Wertungen, von politischen oder wirtschaftlichen Zielen, die einem bestimmten Zweck dienen. Der Nationalsozialismus stellt vor allem den Antisemitismus, die Eroberung neuen „Lebensraums", die Vernichtung „unwerten Lebens" und das Führerprinzip in den Mittelpunkt seiner Ideologie.

Völkischer Beobachter *:
Tageszeitung und offizielles Mitteilungsblatt der NSDAP.

Antisemitismus *:
Seit Ende des 19. Jahrhunderts gebräuchlicher Begriff für „Judenhass" oder „Judenfeindlichkeit".

Das Buch des Tages:

Mein Kampf
von Adolf Hitler

Was wird Adolf Hitler tun? — fragen heute Millionen hoffender Deutscher! — Diese Frage kann jeder beantworten, der sein Werk und damit sein Wollen und Ziel kennt. Jeder, ob Freund oder Feind, kann jetzt das Werk Hitlers nicht unbeachtet lassen.

2 Ausgaben: 2 Bände kartoniert je RM. 2,85, beide Bände in Ganzleinen gebunden RM. 7,20

Jede deutsche Buchhandlung hat dieses Buch vorrätig!

Verlag Frz. Eher Nachf., München 2 NO

1 Verlagsanzeige im „Völkischen Beobachter"*, 31. Januar 1933.

Hitlers Weltanschauung

Schon 1925 offenbarte Hitler in „Mein Kampf" seine Gedankenwelt. Dort legte er seine politischen Ziele und Vorstellungen für jedermann nachlesbar dar. Auch bei öffentlichen Auftritten und später in Rundfunkreden bekannte sich Hitler immer wieder zu den Kernpunkten seiner Weltanschauung:

Rassismus und Glaube an die deutsche Überlegenheit

Hitler verkündete eine wissenschaftlich unhaltbare, aber manchen Deutschen schmeichelnde „Rassenlehre" von der biologischen Überlegenheit der Deutschen. Wie in der Tierzucht gebe es auch bei Menschen „höher stehende und minderwertige Rassen".

Die Deutschen seien – laut Hitler – die reinste und hochwertigste Rasse und daher auch berechtigt, die minderwertigen zu beherrschen oder zu vernichten. Für diese erfundene „Herrenrasse" benutzte Hitler den Begriff „Arier".

Der Antisemitismus *

Hitlers Rassenlehre beinhaltete auch einen maßlosen Hass auf die jüdische Bevölkerung.

In „Mein Kampf" schrieb Hitler über die Juden als „rassischen" Gegner:

Q1 … Den wichtigsten Gegensatz zum Arier bildet der Jude. Er ist und bleibt der ewige Parasit, ein Schmarotzer, der wie ein schädlicher Bazillus sich immer mehr ausbreitet, sowie nur ein günstiger Nährboden dazu einlädt. Die Wirkung seines Daseins aber gleicht ebenfalls der von Schmarotzern; wo er auftritt, stirbt das Wirtsvolk nach kürzerer oder längerer Zeit ab …

1 *Womit vergleicht Hitler die Juden?*
2 *Beschreiben Sie, wie dieser Text auf Sie wirkt.*

An allem, was Hitler als Übel in der Welt zu erkennen glaubte, gab er „den Juden" die Schuld. Egal, ob für die deutsche Niederlage im Ersten Weltkrieg, die Revolution von 1918/19, die ihm verhasste Demokratie der Weimarer Republik, den amerikanischen Kapitalismus oder wahlweise auch den „russischen Bolschewismus" – immer machte Hitler „die Juden" verantwortlich.

2 Titelseite des NS-Propagandablattes „Der Stürmer", Januar 1936.

Hass auf die Demokratie und Führerprinzip

Der Antibolschewismus*

Der Kampf gegen den Kommunismus oder Bolschewismus war ein weiterer Hauptbestandteil der NS-Ideologie. Unablässig beschworen die Nationalsozialisten die Gefahr einer bevorstehenden, Deutschland in Not und Chaos stürzenden kommunistischen Verschwörung. Dieses Schreckensbild diente dabei als Rechtfertigung für das rücksichtslose Vorgehen gegen KPD, SPD und die Gewerkschaften im eigenen Land.

„Lebensraum im Osten"

Ein etwaiger Krieg gegen die Sowjetunion sollte neben der Vernichtung des Kommunismus noch einem anderen Ziel dienen.

Aus Hitlers „Mein Kampf":

Q2 ... Wir Nationalsozialisten (müssen) unverrückbar an unserem außenpolitischen Ziel festhalten, nämlich dem deutschen Volk den ihm gebührenden Grund und Boden auf dieser Erde zu sichern. Und diese Aktion ist die einzige, die vor Gott und der deutschen Nachwelt einen Bluteinsatz gerechtfertigt erscheinen lässt. ... Deutschland wird entweder Weltmacht oder überhaupt nicht sein. ... Wenn wir aber in Europa von neuem Grund und Boden reden, können wir in erster Linie nur an Russland und die ihm untertanen Randstaaten denken. ... Das Riesenreich im Osten ist reif zum Zusammenbruch. Und das Ende der Judenherrschaft in Russland wird auch das Ende Russlands als Staat sein. ...

3 *Überlegen Sie, mit welchen Mitteln das Hauptziel deutscher Außenpolitik laut Hitler erreicht werden sollte.*
4 *Was bedeutete dies wohl für die betroffenen Menschen in Russland?*

Führerprinzip

Auch seinen Hass auf das parlamentarische System der Weimarer Republik verschwieg Hitler nicht und fand damit die Zustimmung vieler Deutscher. Demokratie, Toleranz anderer Meinungen und Mehrheitsentscheidungen waren für ihn Zeichen der Schwäche. Er setzte die „unbedingte Führerautorität" dagegen.

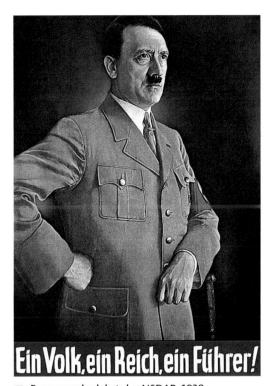

Ein Volk, ein Reich, ein Führer!

3 Propagandaplakat der NSDAP, 1938.

Aus einer Rede Hitlers:

Q3 ... Es kann nur einer befehlen. Einer befiehlt und die anderen gehorchen. Da sagt man: wieso, wieso? Wieso muss ich gehorchen? – Wieso? Weil nur auf dem Weg etwas zu erreichen ist und weil wir Männer genug sind einzusehen, dass das, was notwendig ist, auch zu geschehen hat, und weil darum nicht mit dem Einzelnen diskutiert wird. Es ist ganz zwecklos, jedem Einzelnen dann zu sagen: Natürlich, wenn du dann nicht willst, dann brauchst du natürlich nicht nachfolgen. Nein, so geht das einfach nicht! Die Vernunft hat auch ein Recht und damit eine Pflicht. Sie hat das Recht, sich zu diktatorischer Gewalt zu erheben, und die Pflicht, die anderen zu zwingen, dem zu gehorchen ...

5 *Erklären Sie, was Hitler als „Vernunft" bezeichnete.*
6 *Überlegen Sie die Folgen, die sich für den Einzelnen aus diesem bedingungslosen Gehorsam ergaben.*

Hitler als Redner.
Gestelltes Foto,
um 1930.

Antibolschewismus*:
Ausdruck der zur Zeit der Weimarer Republik weit verbreiteten Angst vor dem Kommunismus, die durch die Eindrücke der Russischen Revolution 1917 und ihrer Gräuel wesentlich gesteigert wurde.

Errichtung der NS-Diktatur

1 Die „Machtergreifung" in einer propagandistischen Darstellung: Fackelzug der Nationalsozialisten am 30. Januar 1933 in Berlin. Gemälde, 1938.

Propaganda*:
Die systematische Verbreitung politischer oder weltanschaulicher Ideen und Meinungen mithilfe von Großveranstaltungen, Presse, Film, Theater, Rundfunk usw. zur gezielten Beeinflussung des allgemeinen Bewusstseins.
Die Nationalsozialisten richteten dafür ein Ministerium mit Joseph Goebbels als Propagandaminister ein, das allein diesem Zweck dienen sollte.

Marxismus*:
Sammelbezeichnung für die von Karl Marx (1818–1883) und Friedrich Engels (1820–1895) entwickelte Wirtschafts- und Gesellschaftstheorie.

Die Nationalsozialisten feiern die „Machtergreifung"

Die NSDAP organisierte am Abend des 30. Januar 1933 Aufmärsche und Fackelzüge, die von der Propaganda* als „spontane Dankkundgebungen des deutschen Volkes" gefeiert wurden.
Eine damals 15-jährige Anhängerin Hitlers erinnerte sich:

Q1 … Am Abend des 30. Januar nahmen meine Eltern uns Kinder mit in das Stadtzentrum. Dort erlebten wir den Fackelzug, mit dem die Nationalsozialisten ihren Sieg feierten. Etwas Unheimliches ist mir von dieser Nacht her gegenwärtig geblieben. Das Hämmern der Schritte, die düstere Feierlichkeit roter und schwarzer Fahnen, zuckender Widerschein der Fackeln auf den Gesichtern und Lieder, deren Melodien aufpeitschend und sentimental zugleich klangen. Stundenlang marschierten die Kolonnen vorüber …

1 Versuchen Sie sich in die Augenzeugin hineinzuversetzen. Was empfand sie wohl als „unheimlich"?

Hitlers Programm

Vier Tage nach seiner Ernennung zum Reichskanzler legte Hitler in einer Rede vor Befehlshabern des Heeres und der Marine die politischen Ziele seiner Regierung dar.
In einem Stichwortprotokoll der Rede hieß es:

Q2 … Völlige Umkehrung der gegenwärtigen innenpolitischen Zustände in D. … Wer sich nicht bekehren lässt, muss gebeugt werden. Ausrottung des Marxismus* mit Stumpf und Stiel … Ertüchtigung der Jugend u. Stärkung des Wehrwillens mit allen Mitteln. Todesstrafe für Landes- u. Volksverrat. Straffste autoritäre Staatsführung. Beseitigung des Krebsschadens der Demokratie! … Eroberung neuen Lebensraums im Osten u. dessen rücksichtslose Germanisierung …

2 Untersuchen Sie das Stichwortprotokoll und erläutern Sie, was die Befehlshaber über Hitlers Politik schon im Februar 1933 wussten.

Die ersten Notverordnungen

2 **Die eigentlich der Republik verpflichtete Schutzpolizei trägt das Symbol der herrschenden nationalsozialistischen Partei.** Foto, 1933.

Hermann Göring (1893–1946), seit 1922 Mitglied der NSDAP, übernahm die Führung der SA, ab 1932 Reichstagspräsident, ab 1933 preußischer Ministerpräsident und Innenminister, später auch Reichsluftfahrtminister.

Notverordnungen und Terror

Noch am Tag seiner Ernennung setzte Hitler beim Reichspräsidenten die Auflösung des Reichstages und die Ausschreibung von Neuwahlen durch. Dies ermöglichte dem Kanzler, die Wochen bis zur Wahl ohne den Reichstag, in dem die NSDAP keine Mehrheit hatte, zu regieren.

Indem er die Schwächen der Weimarer Verfassung schonungslos ausnutzte, beseitigte Hitler mithilfe von Notverordnungen (vgl. S. 191) schon in den ersten Tagen seiner Kanzlerschaft wesentliche demokratische Grundrechte. Versammlungen der politischen Gegner konnten nun mit fadenscheinigen Begründungen untersagt werden. Die Pressefreiheit wurde eingeschränkt: Kritische Zeitungen oder Zeitschriften wurden per Verordnung zeitweise oder ganz verboten.

Zur Durchführung von Zwangsmaßnahmen gegen den politischen Gegner brauchte die NSDAP eine zuverlässige Ordnungsmacht. Wichtigster Machtfaktor im Staat war – neben der Reichswehr – die Polizei. Mit der Übernahme des Reichsinnenministeriums durch Wilhelm Frick und der Besetzung des preußischen Innenministeriums mit Hermann Göring hielten die Nationalsozialisten Schlüsselpositionen im Staat in den Händen.

Schon im Februar 1933 verpflichtete Göring die Polizei, die nationalsozialistischen Kampfverbände zu unterstützen:

Q3 ... Dem Treiben staatsfeindlicher Organisationen ist mit den schärfsten Mitteln entgegenzutreten ...; wenn nötig, (ist) rücksichtslos von der Waffe Gebrauch zu machen. Polizeibeamte, die in Ausübung dieser Pflichten von der Schusswaffe Gebrauch machen, werden ohne Rücksicht auf die Folgen des Schusswaffengebrauchs von mir gedeckt. Wer hingegen in falscher Rücksichtnahme versagt, hat dienststrafrechtliche Folgen zu gewärtigen ...

3 *Erklären Sie mit eigenen Worten, welchen Auftrag die preußische Polizei erhielt.*

Nur wenige Tage später ernannten die Nationalsozialisten per Notverordnung etwa 50 000 SA*-Männer zu Hilfspolizisten. Reguläre Schutzpolizisten sahen nun oftmals tatenlos zu, wenn im beginnenden Wahlkampf Teilnehmer von politischen Veranstaltungen der SPD, des Zentrums oder anderer Parteien von den SA-Verbänden brutal zusammengeschlagen wurden. Deren gewalttätiger Terror war durch die Notverordnungen quasi „legalisiert".

SA*:
Die „Sturmabteilung" war die uniformierte Kampf- und Propagandatruppe der NSDAP. Sie wurde vor allem bei Saal- und Straßenschlachten gegen Kommunisten eingesetzt und ging mit äußerster Brutalität gegen Gegner der NSDAP vor.

Die Aufhebung der Grundrechte

1 Der Reichstagsbrand am 27. Februar 1933.

Der niederländische Maurergeselle **Marinus van der Lubbe** *wird nach dem Reichstagsbrand von den Nazis verhaftet, als Drahtzieher einer kommunistischen Verschwörung beschuldigt und im Januar 1934 hingerichtet. Die Ursachen des Reichstagsbrandes sind bis heute ungeklärt. Foto, 1933.*

Der Reichstag in Flammen

Zur Rechtfertigung ihres gewaltsamen Vorgehens gegen den politischen Gegner führten die Nationalsozialisten immer wieder das Feindbild des Kommunismus und eine angebliche „Bedrohung von links" an. Als nun am 27. Februar 1933 im Reichstag ein Feuer ausbrach, in dessen Folge das Gebäude komplett ausbrannte, nutzte Hitler die Gelegenheit und beschuldigte unverzüglich die Kommunisten der Brandstiftung. Noch in derselben Nacht wurde damit begonnen, Abgeordnete und Funktionäre der KPD zu verhaften.

Am Tag darauf erließ Reichspräsident Hindenburg auf Betreiben Hitlers Notverordnungen, die sämtliche Grundrechte der Weimarer Verfassung „bis auf weiteres" aussetzten und es erlaubten, jede beliebige Person unter dem Vorwurf des „Hochverrats am deutschen Volk" zu verhaften und ohne Verhandlung und Gerichtsurteil einzusperren. Allein in Preußen wurden daraufhin bis April ca. 35 000 politische Gegner von den Nazis inhaftiert.

Reaktionen in der Bevölkerung

Aufgrund der Notverordnungen nach dem Reichstagsbrand, die bis zum Ende der Nazi-herrschaft in Kraft blieben, befand sich Deutschland quasi im dauernden rechtlichen Ausnahmezustand. Und dennoch schien den meisten Menschen der Verlust ihrer Grundrechte gar nicht bewusst zu sein. Im Gegenteil: Viele begrüßten die Maßnahmen als „hartes Durchgreifen" für Recht und Ordnung.

1 *Welche Grundrechte kennen Sie? Schlagen Sie dazu im Grundgesetz nach.*

Das Ergebnis der ersten Reichstagswahl nach seiner Ernennung zum Reichskanzler musste Hitler schwer enttäuschen. Trotz Einschüchterung, Behinderung und Verfolgung der politischen Gegner und eines aufwendig geführten Wahlkampfes erreichte die NSDAP im März 1933 nur 43,9 Prozent der abgegebenen Stimmen. Dies bedeutete zwar einerseits einen Zuwachs im Vergleich zu den letzten Wahlen, andererseits verfehlte die Partei aber die erhoffte absolute Mehrheit im Parlament. Mehr als die Hälfte der wahlberechtigten Deutschen verweigerte Hitler die Gefolgschaft. Viele Deutsche waren misstrauisch geworden und besorgt wegen des gewaltsamen Auftretens der SA und der radikalen Parolen der Nazis.

Das Ermächtigungsgesetz

Obwohl die Wahl vom 5. März 1933 keine absolute Mehrheit für die NSDAP gebracht hatte, feierte die Partei den Ausgang als „gewaltigen Sieg". Hitler verkündete sogar, dies sei eine „nationale Revolution" der Deutschen für ihn und seine Partei. Unbeirrt vom Wahlergebnis gingen die Nationalsozialisten weiter daran, den Rechtsstaat zu beseitigen und sich die Alleinherrschaft in Deutschland zu sichern.

Hauptziel war es zunächst, den Reichstag auszuschalten und seine gesetzgebende Gewalt auf Hitler zu übertragen. Das zur Kontrolle der Macht im Staat so wichtige Prinzip der Gewaltenteilung schafften die Nationalsozialisten damit ab. Durch das „Gesetz zur Behebung der Not von Volk und Staat" sollten die Reichstagsabgeordneten Hitler hierzu ihre Zustimmung geben und sich damit quasi selbst entmachten.

Die Zerschlagung des Rechtsstaats

Der sozialdemokratische Abgeordnete Otto Wels begründete die Ablehnung der Sozialdemokraten:

Q1 ... Nach den Verfolgungen, die die Sozialdemokratische Partei in der letzten Zeit erfahren hat, wird billigerweise niemand von ihr verlangen oder erwarten können, dass sie für das hier eingebrachte Ermächtigungsgesetz stimmt. Die Wahlen vom 5. März haben den Regierungsparteien (NSDAP und DNVP) die Mehrheit gebracht und damit die Möglichkeit gegeben, streng nach Wortlaut und Sinn der Verfassung zu regieren. Wo diese Möglichkeit besteht, besteht auch die Pflicht ...

Die Mehrheit des Parlaments fügte sich allerdings und gab damit Hitler am 23. März 1933 faktisch die Ermächtigung zur Diktatur. Dieser konnte nun auch ohne Zustimmung des Reichspräsidenten Gesetze erlassen, selbst solche, die gegen die Verfassung verstießen.

2 *Beurteilen Sie die Ablehnung des Ermächtigungsgesetzes durch Otto Wels.*

Die Gleichschaltung

Zur Erringung der vollkommenen Alleinherrschaft im Staat strebte Hitler die Kontrolle über sämtliche staatliche Behörden, Organisationen, Medien, Verbände und Vereine durch die Nationalsozialisten an. Man nennt diesen Vorgang „Gleichschaltung".

In allen noch nicht nationalsozialistisch geführten Ländern hatten in den ersten Märztagen 1933 SA- und SS*-Trupps gewaltsame Ausschreitungen und Krawalle organisiert. Unter dem Vorwand, die Länderregierungen könnten offenbar nicht für Ruhe und Ordnung garantieren, setzte der nationalsozialistische Reichsinnenminister Frick nun per Verordnung nationalsozialistische Reichskommissare als Statthalter der Reichsregierung ein und entmachtete damit die gewählten Regierungen.

3 *Beschreiben Sie in eigenen Worten das Vorgehen der Nazis zur „Gleichschaltung" der Länder.*

Das Ende der Gewerkschaften

Im Mai 1933 beseitigten die Nationalsozialisten in einer überraschenden Aktion die Ge-

2 SA und SS rücken am 23. März 1933 „als Saalschutz" in die Kroll-Oper ein. Hier tagte nach dem Brand des Reichstagsgebäudes der Reichstag.

werkschaften. Noch einen Tag zuvor war der von den Nazis zum Feiertag erhobene „Tag der Arbeit" mit Parolen wie „Ehret die Arbeit und achtet die Arbeiter" begangen worden. Am 2. Mai stürmten dann SA-Trupps Gewerkschaftshäuser, beschlagnahmten Gewerkschaftskassen und verhafteten etliche Arbeitnehmervertreter.

Der Einparteienstaat

Am 22. Juni 1933 wurde die SPD verboten. Büros, Zeitungen und Vermögen der Sozialdemokraten waren schon zuvor beschlagnahmt worden. Diesem Druck gaben die anderen Parteien in Deutschland schließlich nach und lösten sich selbst auf. Im Juli 1933 erklärte Hitler die NSDAP per Gesetz zur alleinigen Staatspartei, die Bildung anderer Parteien wurde verboten.

4 *Fassen Sie die einzelnen Schritte zum Aufbau der NS-Herrschaft zusammen.*

5 *Überlegen Sie, ob die Übernahme und der Ausbau der Macht durch die Nazis legal erfolgt ist. Sammeln Sie Argumente dafür und dagegen und diskutieren Sie in der Klasse.*

SS*:
Abkürzung für „Schutzstaffel". Kampfverband der NSDAP und ab 1934 Hauptträger des nationalsozialistischen Terrors nach innen und außen.

*Der Fraktionsvorsitzende der SPD, **Otto Wels** (1873–1939), hielt als einziger Reichstagsabgeordneter eine mutige Rede gegen das Ermächtigungsgesetz. Wenige Tage später musste er nach Prag emigrieren und gehörte somit zu den ersten Deutschen, die auf Anordnung der Nationalsozialisten ausgebürgert wurden.*

1. Mai Tag der Arbeit

Propaganda-Postkarte zum 1. Mai. *Die „Arbeiter der Stirn und der Faust" stehen unter dem Schutz des „Führers".*

„Machtergreifung" im Südwesten

1 Die Hakenkreuzfahne wird am Freiburger Rathaus am 6. März 1933 durch die SA entgegen dem Verbot des Oberbürgermeisters gehisst. Foto, 1933.

Landtagswahlen vor 1933

Bei der Landtagswahl in Württemberg am 24. April 1932 errang die NSDAP einen überraschenden Wahlsieg. Die Partei Hitlers, die bis dahin lediglich mit einem Abgeordneten im württembergischen Landesparlament vertreten war, hatte nun 23 von 80 Mandaten. Eine Koalition aus Zentrum, DNVP und DDP regierte das Land nach dem Vorbild der Reichsregierung. In Baden fand die letzte Landtagswahl vor 1933 bereits im Jahr 1929 statt. Hier vereinten Zentrum und SPD fast drei Fünftel der Mandate auf sich, die extremen Parteien waren noch bedeutungslos.

Die Reichstagswahlen am 31. Juli 1932 brachten der NSDAP in Baden dann allerdings 36,9 Prozent der Stimmen, 11,2 Prozent der Wähler stimmten für die KPD.

In beiden Landesparlamenten sorgten sowohl die nationalsozialistischen als auch die kommunistischen Abgeordneten mit tumultartigen Szenen dafür, dass eine geregelte parlamentarische Arbeit kaum mehr möglich war.

Die NSDAP übernimmt die Macht

Mit der Reichstagswahl vom 5. März 1933 erreichte die NSDAP nicht die angestrebte absolute Mehrheit. Der Reichsinnenminister Wilhelm Frick setzte daraufhin in Baden und Württemberg Reichskommissare mit der Begründung ein, dass die Regierungen in Karlsruhe und Stuttgart nicht in der Lage seien, die Ordnung in ihrem jeweiligen Staatsgebiet aufrechtzuerhalten. Der württembergische Staatspräsident und Innenminister Eugen Bolz wurde als Gegner der neuen Machthaber in Berlin aus seinem Amt entfernt und mehrere Wochen im Konzentrationslager interniert.

Massenstreik!
Hitler Reichskanzler!

Der Reichspräsident Hindenburg, der Präsidentschaftskandidat der SPD.-, Reichsbanner- und Gewerkschaftsführer, hat seinen „Gegner" Adolf Hitler zum Reichskanzler ernannt. Hitler hat eine Regierung der faschistischen Konterrevolution gebildet.

Diese Regierung wird mit allen Mitteln des faschistischen Terrors unter Einsatz der SA-Mordkolonnen und des Stahlhelm versuchen, den Widerstand der Arbeiterklasse zu brechen und den Weg der offenen faschistischen Diktatur zur Rettung des bankrotten Kapitalismus gehen.

Die Grundlage der Einigung zwischen Nazis, Deutschnationalen und Stahlhelm ist: Ausnahmezustand und Verbot der Kommunistischen Partei und der revolutionären Massenorganisationen. Der Führer im Freiheitskampf der Werktätigen soll brutal und rücksichtslos zertreten werden.

Die Kommunistische Partei ruft die Arbeiterklasse, die Angestellten und Beamten, die Mittelständler, Kleinbauern zur machtvollen Entfaltung der Antifaschistischen Aktion, zum entschlossenen Widerstand. Noch dringender, mahnender, der ganzen ungeheueren Reichweite der kommenden Ereignisse für das weitere Schicksal des deutschen Proletariats bewußt, wiederholen die Kommunistische Partei und die RGO. ihr schon am 20. Juli vorigen Jahres gemachtes Einheitsfrontangebot an die sozialdemokratischen und freigewerkschaftlichen Arbeiter und unteren Organisationen, an die parteilosen und christlichen Arbeiter zum gemeinsamen und entschlossenen Handeln gegen die faschistische Reaktion und ihre staatsstreichlerischen Pläne. Wir rufen die Belegschaften der Betriebe zum Massenstreik heraus, die gewaltige Offensivkraft der Betriebe zu verbinden mit den Massenkämpfen der millionenfachen Erwerbslosenarmee.

Ihr SPD-Arbeiter und Klassengenossen in den Gewerkschaftsverbänden, ihr unteren Organisationen der SPD. und des ADGB, in den Betrieben, in den Verbänden, in den Arbeitervierteln, in den Stadtteilen und Ortsverwaltungen! Wir sind bereit, Schulter an Schulter im engsten Klassenbündnis mit euch allen den drohenden Schlag des Faschismus durch den kühnen Gegenschlag mit der Waffe des Massenstreiks zu beantworten.

2 Flugblatt der KPD-Bezirksleitung Stuttgart.
Nach dem Aufruf kam es am 31. Januar 1933 in Mössingen zum Generalstreik.

Gleichschaltung in Baden und Württemberg

Nach dem Ermächtigungsgesetz setzte die NSDAP im Zuge der Gleichschaltung Reichsstatthalter ein. Die Aktivitäten anderer Parteien, vor allem aber der SPD und KPD, wurden behindert, deren Abgeordnete in neu errichtete Konzentrationslager gebracht. Auch andere Bereiche wurden in Baden und Württemberg gleichgeschaltet. Die badische und württembergische Gemeindeselbstverwaltung wurde aufgelöst, vom Staat ernannte Ortsvorsteher leiteten die Verwaltung nach dem Führerprinzip. Gemeinderäte wurden nicht mehr gewählt, sondern die NSDAP setzte nur solche Personen ein, die eine nationalsozialistische Gesinnung nachwiesen.

Nachdem eine kritische und unabhängige Presse verboten war, nahm der „Stuttgarter NS-Kurier" die beherrschende Position in der Zeitungslandschaft ein.

Sogenannte „Stürmer-Tafeln" wurden in Städten und Dörfern aufgestellt und hetzten gegen Juden, katholische Priester, evangelische Pfarrer der Bekennenden Kirche und Andersdenkende.

1 *Welche Bereiche wurden in den Ländern Baden und Württemberg gleichgeschaltet?*

Der Mössinger Generalstreik

Während es am Abend des 30. Januar 1933 in ganz Deutschland zu Sympathiekundgebungen für die Nationalsozialisten kam, trafen Arbeiter in Mössingen auf der Schwäbischen Alb zusammen, um über einen Aufruf der KPD zu einem reichsweiten Massenstreik gegen Hitler und die bevorstehende NS-Diktatur zu beraten. Am nächsten Tag zogen Arbeiter zweier Textilbetriebe durch den Ort. Die von dem Eigentümer eines der Betriebe angeforderte Reutlinger Schutzpolizei löste den Demonstrationszug auf.

Das war einer der wenigen Versuche, die nationalsozialistische Machtübernahme zu verhindern.

2 *Überlegen Sie sich Parolen gegen die Machtergreifung der Nationalsozialisten.*

3 Öffentliche Zurschaustellung verhafteter Sozialdemokraten in Karlsruhe am 16. Mai 1933.

Alltag im Nationalsozialismus

Mit Blechschildern wurde auf den Hitlergruß aufmerksam gemacht.

„Wir bleiben Kameraden." Plakat der Deutschen Arbeitsfront (DAF). Die DAF ersetzte als nationalsozialistische Wirtschaftsorganisation die am 2. Mai 1933 zerschlagenen Gewerkschaften.

„Auch du kannst jetzt reisen!" Plakat der NS-Organisation „Kraft durch Freude", 1937.

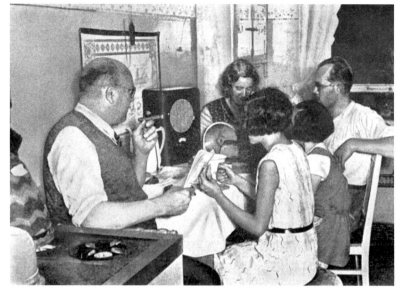

1 Durch die flächendeckende Verbreitung des Volksempfängers gelangte die NS-Propaganda in jeden Haushalt.

Die Macht der Medien

Nach der gewaltsamen Beseitigung des Rechtsstaates und der Gleichschaltung von Ländern, Parteien und Gewerkschaften mahnte Hitler seine Parteigenossen: „Der Erringung der äußeren Macht muss die innere Erziehung des Menschen folgen."

Wesentliches Instrument hierzu sollte das im März 1933 geschaffene „Reichsministerium für Volksaufklärung und Propaganda" unter Propagandaminister Dr. Joseph Goebbels sein. Es hatte die Kontrolle über Presse, Film, Theater und den ebenfalls gleichgeschalteten Rundfunk.

Neben der Erfassung der Menschen in Schulen, Betrieben und Vereinen sollten auch möglichst alle Bereiche des privaten Lebens vom Geist des Nationalsozialismus durchdrungen werden.

1 *Überlegen Sie, warum die Kontrolle der Medien eine enorme Macht bedeutete.*

2 *Erläutern Sie die Gefahren, die damit verbunden sind, wenn Meinungsvielfalt in den Medien unterbunden wird.*

Überwachung und Freizeitangebote

Mit der Auflösung aller privaten Vereine und Berufsverbände versuchten die Nationalsozialisten, die Bürger gleichzuschalten. An die Stelle der Vereine und der Berufsverbände traten Untergliederungen der Partei.

Haus- und Blockwarte sorgten darüber hinaus für die Überwachung des Einzelnen auch zu Hause. Im öffentlichen Leben wurde der Hitlergruß eingeführt. An die Stelle der Gewerkschaften trat die „Deutsche Arbeitsfront" (DAF), ein Zusammenschluss von Arbeitern und Unternehmern. Die DAF sollte soziale Verbesserungen in den Betrieben erreichen.

„Kraft durch Freude" – KdF

Eine der größten Unterorganisationen der DAF war die Organisation „Kraft durch Freude" (KdF). Sie lockte die Arbeiterinnen und Arbeiter mit Freizeitangeboten, wie Wanderfahrten, Tagesausflügen und sogar Seereisen, die ausgesprochen günstig waren und sich großer Beliebtheit erfreuten.

Robert Ley, Leiter der DAF, im November 1933 über die „Organisation der Freizeit":

Q1 … Es wäre falsch, dass wir zwar den Arbeitstag bis ins Kleinste organisieren, aber die 16 Stunden Freizeit ungeregelt lassen … Das Dringendste für ein Volk sei, dass es seine Nerven stark erhalte. Ein Volk ohne Nerven könnte im Sturm des Schicksals nur erliegen …

3 *Was halten Sie von einer „bis ins Kleinste" durchorganisierten Freizeit?*

Frauen und Jugend

2 **Feierliche Verleihung des Mutterkreuzes.** Foto, 1939.

3 **HJ-Gruppe mit Zugführer.** Foto, um 1935.

DER DEUTSCHE LUFTSPORT RUFT DICH

„Der deutsche Luftsport ruft dich." Mit Attraktionen wie dieser sollten Jugendliche für die Hitlerjugend begeistert werden.

Zurück in Küche und Kammer

Frauenemanzipation, Gleichberechtigung und Selbstständigkeit gegenüber dem Mann – dies alles wurde von den Nationalsozialisten entschieden abgelehnt. Nach ihrer Meinung wurden in der Frauenbewegung Frauen gegen Männer aufgehetzt und von ihrer „naturgegebenen Bestimmung" abgehalten.

Hitler sagte 1934 vor dem Reichsparteitag über die Rolle von Mann und Frau:

Q2 … Wenn man sagt, die Welt des Mannes ist der Staat, die Welt des Mannes ist sein Ringen, die Einsatzbereitschaft für die Gemeinschaft, so könnte man vielleicht sagen, dass die Welt der Frau eine kleinere sei. Denn ihre Welt ist der Mann, ihre Familie, ihre Kinder und ihr Haus …

Für kinderreiche Mütter wurde 1939 ein „Ehrenzeichen" geschaffen, das Mutterkreuz. Am Muttertag 1939 verlieh der Staat drei Millionen Frauen für Kinderreichtum feierlich dieses neue Ehrenzeichen.

4 *Diskutieren Sie das nationalsozialistische Rollenbild von Mann und Frau (Q2) und vergleichen Sie es mit den Rollenbildern heute.*

5 *Vermuten Sie, warum den Nazis eine möglichst große Kinderzahl so wichtig war.*

Organisation der Hitlerjugend

Bereits im Alter von zehn Jahren wurden die Kinder in staatliche Organisationen einbezogen. Im „Jungvolk" (DJ = Deutsches Jungvolk, auch „Pimpfe" genannt) waren die zehn- bis 14-jährigen Jungen, ihre weiblichen Altersgenossinnen bei den „Jungmädeln" (JM) organisiert. Alljährlich am 20. April waren die Zehnjährigen Hitlers „Geburtstagsgeschenk". An diesem Tag traten sie dem „Jungvolk" bzw. den „Jungmädeln" bei. Die Jugendlichen im Alter von 14 bis 18 Jahren bildeten die eigentliche Hitlerjugend (HJ) bzw. den Bund Deutscher Mädel (BDM). Seit 1938 gehörten junge Frauen ab dem 18. Lebensjahr für weitere drei Jahre zum BDM-Werk „Glaube und Schönheit". In dieser Zeit wurde von ihnen auch – zunächst freiwillig – Arbeitsdienst, z. B. Hilfe bei der Ernte, geleistet.

Alle Gruppen der HJ und des BDM wurden von Jugendlichen selbst angeführt und in festen Einheiten zusammengefasst. Sie trugen militärische Bezeichnungen. Die Jugendlichen mussten sich in der nationalsozialistischen Jugend einheitlich kleiden: Für die Jungen waren braune Hemden, schwarze Hosen und ein schwarzes Halstuch Vorschrift, für die Mädchen einheitliche Röcke und Westen.

BUND DEUTSCHER MÄDEL IN DER HITLER JUGEND

„Bund deutscher Mädel in der Hitlerjugend." BDM-Plakat, 1935.

„Auch Du gehörst dem Führer". BDM-Plakat, 1936.

Der NS-Terror

1 Eintreffen von „Schutzhäftlingen" im Konzentrationslager Oranienburg bei Berlin, August 1933. Von links nach rechts: Ernst Heilmann, Vorsitzender der preußischen SPD-Fraktion, Fritz Ebert, Sohn des ehemaligen Reichspräsidenten, Alfred Braun, Sekretär der Berliner SPD, sowie Ministerialrat Giesecke, Dr. Flesch und Dr. Magnus, alle drei vom Reichs-Rundfunk.

Sicherheits-dienst (SD)*:
Unter der Leitung von Reinhard Heydrich war der SD dafür zuständig, Nachrichten über weltanschauliche Gegner zu sammeln, die Stimmung in der Bevölkerung zu ermitteln und in Einzelfällen über die politische Zuverlässigkeit von Personen zu urteilen.

Gestapo*:
Die Geheime Staatspolizei, 1933 von Hermann Göring und Heinrich Himmler geschaffen, diente als politische Polizei zur rücksichtslosen Unterdrückung aller Gegner des Nationalsozialismus. Dabei bediente sie sich unter anderem der Folter, der Einweisungen in KZ und politischer Morde.

Überwachung der Bevölkerung

Die Unterdrückung und Verfolgung politischer Gegner und jedweder oppositioneller oder auch nur regimekritischer Haltung sollte die Herrschaft der Nationalsozialisten sichern. Dazu galt es, die Stimmung in der Bevölkerung genau zu überwachen. Doch diese flächendeckende Überwachung war nur durch die Einbeziehung und die tatkräftige Unterstützung möglichst vieler Bürger und die Durchdringung möglichst aller Bereiche des Alltags erreichbar.

Aus einer modernen Darstellung:

M1 … Die Führer der Unterorganisationen der NSDAP, die Ortsgruppen-, Zellen- oder Blockleiter, hatten überschaubare Einheiten zu betreuen, die Wohnumgebung, den „Block", zu kontrollieren und insbesondere oppositionelle Verhaltensweisen zu melden. Gelegenheit, dies festzustellen, gab es reichlich: Wurde der deutsche Gruß erwidert? Wurde bei den Wohnung für Wohnung vorgenommenen Sammlungen für Winterhilfswerk (WHW), NS-Volkswohlfahrt etc. gespendet?

Wurde bei NS-Festtagen geflaggt? Gab es Äußerungen, die auf die Einstellung zum Regime schließen ließen? Im Prinzip oblag die gleiche Aufgabe jedem der ca. 10 Millionen Mitglieder der NSDAP. Die Informationen wurden in der NSDAP-Kreisleitung gesammelt. Bei Bedarf, z. B. bei Anklagen wegen politischer Delikte vor dem Sondergericht, wurden „politische Beurteilungen" abgegeben, deren Inhalt über Leben und Tod entscheiden konnte …

1 Fassen Sie zusammen, für welche „Vergehen" man bei den Polizeiorganisationen gemeldet werden konnte.
2 Überlegen Sie, wer letztlich für die Überwachung des Volkes zuständig war.
3 Erläutern Sie, warum in einem solchen System persönlicher Willkür Tür und Tor geöffnet war.

Verfolgung politischer Gegner

Den Kern dieses Überwachungsapparates bildeten der Sicherheitsdienst (SD)* der SS, Polizei und Gestapo*, die auch den Hinweisen und Denunziationen aus der Bevölkerung nachgingen. Nach dem Inkrafttreten der „Verordnung zum Schutz von Volk und Staat" am 28. Februar 1933 (Reichstagsbrandverordnung), die wesentliche Grundrechte außer Kraft setzte, konnten die Nationalsozialisten alle politischen Gegner und solche, die sie dafür hielten, festnehmen lassen: Kommunisten, linke Intellektuelle, SPD- und Gewerkschaftsfunktionäre und andere wurden nun zeitlich unbegrenzt und ohne richterliche und rechtsstaatliche Kontrolle inhaftiert. Diese Verhaftungen ohne richterliche Anordnung nannten die Nationalsozialisten „Schutzhaft".

Einem Verhafteten wurde 1933 erklärt:

Q1 … Die Schutzhaft wird damit begründet, dass infolge Ihrer Betätigung im kommunistischen Sinne die Bevölkerung … derart gegen Sie aufgebracht ist, dass mit Gewaltmaßnahmen gegen Ihre Person gerechnet werden muss …

4 Erklären Sie den Begriff „Schutzhaft" mit eigenen Worten.

Die ersten Konzentrationslager

2 **Zählappell in einem Konzentrationslager.** Foto, um 1934.

Heinrich Himmler (1900–1945), „Reichsführer SS" und Chef der Deutschen Polizei und damit Herr über den gesamten Unterdrückungs- und Terrorapparat; betrieb im Zweiten Weltkrieg eine brutale „Germanisierungspolitik" im besetzten Osteuropa und war treibende Kraft der „Endlösung" (siehe S. 221).

Von den „wilden" zu den organisierten KZs

Aufgrund der Überfüllung regulärer Justizvollzugsanstalten, aber auch, um ungehindert von Anstaltsordnungen an den politischen Gegnern Rache nehmen zu können, waren nach dem Reichstagsbrand überall im Reich Lager errichtet worden. In ehemaligen Fabrikhallen, Lagerschuppen und Kellern entstanden die ersten „wilden KZs", in denen SS-Einheiten und andere nationalsozialistische Verbände die politischen Gefangenen oftmals bis zum Tod quälten. Insgesamt existierten ca. 70 solcher Haft- und Folterlager. Im ersten Jahr der NS-Herrschaft wurden ca. 100 000 Menschen in diese Lager verschleppt.

Nachdem die SS die Oberherrschaft über die politische Polizei gewonnen hatte, ging ihr Führer Heinrich Himmler daran, diese „wilden KZs" zu wenigen großen Lagern zusammenzufassen und einheitlich zu organisieren. Am 22. März 1933 vermeldete der „Völkische Beobachter" offiziell die Einrichtung des ersten KZs in Dachau nordwestlich von München. Die Oberaufsicht über diese Lager wurde SS-Oberführer Theodor Eicke übertragen. Dieser ließ bis 1939 sechs weitere Lager einrichten: Sachsenhausen bei Berlin, Buchenwald bei Weimar, Flossenbürg bei Weiden, Neuengamme bei Hamburg, Mauthausen bei Linz und das Frauen-KZ Ravensbrück in Brandenburg.

Kennzeichnung der Häftlinge

Die Lebensbedingungen in den KZs waren menschenunwürdig: Zur völlig unzureichenden Verpflegung, Hygiene und ärztlichen Versorgung kam ein abgestuftes System von Strafen.

Neben politischen Gegnern wurden auch all jene Menschen verfolgt und inhaftiert, die nicht in das nationalsozialistische Weltbild passten. Die Häftlinge mussten auf der gestreiften Häftlingskleidung farbige Dreiecke, „Winkel" genannt, tragen: Außer dem roten Dreieck für politische Häftlinge gab es Winkel für „Zeugen Jehovas", für Auswanderungswillige, für Homosexuelle, für sogenannte „Asoziale" sowie Sinti und Roma (siehe S. 223) und für Kriminelle. Juden hatten zusätzlich ein gelbes Dreieck zu tragen, das so über den Grundwinkel gelegt wurde, dass ein Stern entstand.

Jacke eines KZ-Häftlingsanzuges 1933–1945.

Wie verlief in meinem Heimatort die Machtübernahme durch die Nationalsozialisten? Wie haben die Nationalsozialisten ihre Herrschaft ausgebaut? Wurden in meinem Heimatort Menschen wegen ihrer politischen oder religiösen Überzeugung schikaniert, ausgegrenzt, verhaftet oder gar ermordet?

Fragen dieser und ähnlicher Art werden sich wohl viele Schülerinnen und Schüler stellen. Doch Antworten zu finden wird schwieriger werden, da immer weniger Zeitzeugen, die man dazu befragen könnte, noch am Leben sind.

Ein wichtiges Hilfsmittel, um an heimatbezogene Informationen zu gelangen und geschichtliche Zusammenhänge herzustellen, kann das Benutzen eines Archivs sein. Dort sind alte Zeitungen, Tagebücher, Akten, Schriftstücke unterschiedlichster Art, Plakate oder gar Film- und Tondokumente gesammelt.

Ein Archivar Ihres Stadt- oder Gemeindearchivs sowie Ihre Lehrkraft können Sie auf Ihrer Entdeckungsreise durch ein Archiv begleiten. Wie gehen Sie vor?

1. Schritt:
Das Thema eingrenzen

Je genauer Sie Ihr Thema eingrenzen, umso gezielter können Sie überlegen, wonach Sie im Archiv suchen wollen.

2. Schritt:
Eine Archivführung vereinbaren

Ihr/Ihre Geschichtslehrer/-in muss die Klasse natürlich anmelden und sich mit dem Archivar über Umfang und Inhalt des Archivbesuchs verständigen. Es wäre gut, wenn Sie während der Vorstellung des Archivs ständig die Möglichkeit zum Fragen hätten. Sie sollten auf diese Weise

1 Anweisung der SA zur „Schutzhaft" für Kommunisten und Sozialdemokraten in Tübingen vom 24. März 1933.

viele Informationen über das jeweilige Archiv und seine Aufgabenstellung sammeln. Die Arbeit eines Archivars sollte ebenso deutlich werden: Wie werden Objekte konserviert und archiviert? Wie werden die Überlieferungen bewertet?

3. Schritt:
Betreute Arbeitsgruppen bilden

Nachdem Sie bei der Archivführung die Grundzüge der Archivbenutzung und die Bedeutung des Archivs für Ihre Arbeit kennen gelernt haben, geht es nun an die Ermittlung entsprechender Quellen und deren Auswertung.

Sehr schnell werden Sie bei den ersten Leseversuchen Grundlegendes für die Arbeit in einem Archiv erkennen: Entschlüsseln unterschiedlicher Schreibweisen, Auflösen von Kürzeln, Klären der Bedeutung veralteter Ausdrücke etc. Manchmal

verfügen Archive auch über „Reinschriften" von Originalquellen, deren Sprache überarbeitet wurde, selbstverständlich ohne dass der Inhalt verändert wurde. Der Reiz des „detektivischen Vorgehens" bei der Schriftentschlüsselung geht hier allerdings verloren. Sind die schriftsprachlichen Probleme beseitigt, ist nun der kritische Umgang wie bei jeder Quelle erforderlich: Wovon berichtet der Text? Was ist über den Verfasser bekannt? usw.

4. Schritt:
Selbstständig recherchieren

Sie sind jetzt mit den wichtigsten Arbeits- und Vorgehensweisen im Archiv bekannt und können nun darangehen, selbstständig zu recherchieren. Machen Sie sich ständig Notizen darüber, wie Sie vorgehen und welche wichtigen Funde Sie gemacht haben.

Warum gibt es Gedenkstätten?

Bertolt Brecht sagte: „Das Gedächtnis der Menschheit für erduldete Leiden ist erstaunlich kurz. Ihre Vorstellungsgabe für kommende Leiden fast noch geringer."

Nach dem Zweiten Weltkrieg wurden vielerorts alle Spuren, die an die Verbrechen des Hitler-Regimes erinnerten, schnell beseitigt. Man versuchte zu verdrängen, was man nicht vergessen konnte.

Andernorts wurden die Konzentrationslager nicht abgerissen, sondern blieben als Gedenkstätten erhalten. Auch die Stätten der Täter wurden verschiedentlich nicht zerstört, beispielsweise das Reichsparteitagsgelände in Nürnberg und der Obersalzberg in Berchtesgaden. Der Obersalzberg war Hitlers Feriendomizil und wurde nach 1933 – neben Berlin – zweiter Regierungssitz. Seit 1999 wird hier in Form von Ausstellungen an die Gewaltherrschaft der Nationalsozialisten erinnert (*www.obersalzberg.de*).

Diese Stätten und viele andere Denkmäler und Gedenksteine sollen uns ein Mahnmal im Kampf gegen das Vergessen sein. Sie wollen uns erinnern an eine Zeit, in der ein Unrechtsstaat das Leben von Millionen von Menschen zerstört und vernichtet hat. Die Erinnerung an diese Zeit des Terrors und der Willkür soll unsere Sinne schärfen – damit wir neu entstehendes Unrecht sensibel erkennen und es mit unseren Möglichkeiten bekämpfen lernen.

1 *Welche Gefühle, Gedanken oder Erinnerungen verbinden Sie mit Gedenkstätten?*

2 *Erhalt und Nutzung von Stätten der Täter, wie der Obersalzberg bei Berchtesgaden, sind sehr umstritten. Was spricht für, was spricht gegen Gedenkstätten?*

Eine Fahrt zu einer Gedenkstätte planen und Organisatorisches klären

Der Aufbau der Gedenkstätte, die Möglichkeit einer Führung, die Organisation der An- und Abreise und die Finanzierung können im Vorfeld häufig schon mithilfe des Internets geklärt werden. Für viele Gedenkstätten gibt es bei Klassenfahrten auch Zuschüsse.

Informationen einholen

Der Besuch einer Gedenkstätte ist keine Fahrt, die Unterhaltung und Action bringt. Es ist notwendig, sich bereits vorher über die Hintergründe der Gedenkstätte zu informieren, sich kundig zu machen, was dort passiert ist.

Man muss sich auch darüber im Klaren sein, dass die NS-Gräueltaten in der heutigen Umgebung nicht mehr erfassbar sind. Nicht selten wirken Gedenkstätten sehr still und ruhig oder man wird von der Betriebsamkeit der Besuchermassen abgelenkt.

Es ist notwendig, gut informiert zu einer Gedenkstätte zu fahren, um durch diese Ruhe oder durch das rege Treiben hindurchschauen zu können zu dem, was einst an dem Ort geschehen ist.

Auswertung

– Was haben Sie bei dem Besuch gefühlt? Was hat Sie besonders bewegt, beeindruckt?
– Was haben Sie Neues erfahren, was wussten Sie schon?
– Sind neue Fragen hinzugekommen? Wie können Sie sich die fehlenden Informationen beschaffen?
– Welche Botschaft nehmen Sie für sich persönlich aus dem Besuch mit?

2 Das Konzentrationslager Oberer Kuhberg.

Beispiel Oberer Kuhberg

Das Konzentrationslager Oberer Kuhberg bei Ulm existierte von November 1933 bis Juli 1935. In dieser ehemaligen Festung lebten jeweils etwa 300 Gefangene auf engstem Raum in dunklen und tropfnassen unterirdischen Kasematten. Die Häftlinge gehörten vor allem der württembergischen KPD und SPD an, unter ihnen der SPD-Reichstagsabgeordnete Kurt Schumacher und der KPD-Landtagsabgeordnete Alfred Haag. Sie waren besonderen Schikanen ausgesetzt, z. B. durch die Unterbringung in Einzelhaftzellen. Die Gefangenen sollten noch nicht, wie in den späteren Konzentrationslagern, getötet werden, sondern es sollte ihr politischer Wille gebrochen werden. Als die Wehrmacht im Zuge der Aufrüstung die Festungsanlage wieder in ihren Besitz brachte, wurden die Häftlinge in das KZ Dachau bei München gebracht.

Über die Gedenkstätten in Baden-Württemberg informiert ausführlich eine Webseite der Landeszentrale für politische Bildung: *www.gedenkstaetten-bw.de/*

Die Verfolgung der Juden

1 **Aufruf zum Boykott jüdischer Geschäfte am 1. April 1933.** Foto, 1933.

2 **Eingangsschild in Tiengen.** Foto, um 1938.

Beginn der Verfolgung

Die Verfolgung der jüdischen Bürger durch die Nationalsozialisten begann sofort nach der Machtübertragung an Hitler. In seinem Buch „Mein Kampf" hatte er die Juden zum Haupt- und Todfeind des deutschen Volkes erklärt.

Als Auftakt zur systematischen Verfolgung der Juden in Deutschland wurde seit April 1933 reichsweit zum Boykott jüdischer Geschäfte aufgerufen, was dann auch in vielen Orten Baden-Württembergs geschah. Jüdische Kinos und Theater sollten nicht besucht werden. Firmen und Betriebe von jüdischen Eigentümern erhielten kaum Aufträge. Die Bürger wurden aufgefordert, sich nicht von Juden unterrichten, behandeln und rechtlich vertreten zu lassen. Banken verweigerten oder kündigten Darlehen, sodass viele jüdische Händler vor dem wirtschaftlichen Ruin standen und ihre Geschäfte aufgeben mussten.

Es zeigte sich aber schnell, dass sich dieses Vorgehen negativ auf die deutsche Gesamtwirtschaft auswirkte, und so stellten die Nazis ihren „Judenboykott" vorerst ein. Zu willkürlichen Gewalttakten kam es jedoch auch weiterhin. Viele Menschen verharmlosten das Vorgehen der Nationalsozialisten gegen die Juden und leisteten kaum Widerstand.

Die ständig steigenden Beschimpfungen und Verfolgungen der Juden im täglichen Leben

veranlassten bis 1938 über 220 000 jüdische Bürger, aus Deutschland auszuwandern. Ihnen folgten bis 1941 mehr oder minder unfreiwillig weitere 100 000.

1 *Überlegen Sie, was die Nazis mit dem Boykott erreichen wollten.*

2 *Besprechen Sie, warum viele Juden trotz der Verfolgung nicht auswanderten.*

Der damals 16-jährige Gerhard Moss aus Hamburg berichtete 1978:

Q1 … Bis … 1936 etwa ließ ich als echter HSV-Anhänger kein Fußballspiel … aus. Bis dann Juden der Besuch von Fußballspielen verboten wurde! – Ich erinnere mich an einen Sonntagnachmittag. Wir fuhren zum Café Randel in Wellingsbüttel, um wie so oft zuvor … dort Kaffee zu trinken. Aber wir mussten dieses Mal wieder umkehren, denn am Eingang hing ein großes Schild: „Juden ist der Zutritt verboten!" Wir fanden auch kein anderes Lokal mehr. Überall hingen solche Schilder. Einmal fuhren wir im Sommer an die Ostsee. Da waren Transparente über die Straße gespannt: „Hier scheint den Juden die Sonne nicht." …

3 *Überlegen Sie, wie es Ihnen anstelle des 16-jährigen Gerhard Moss wohl zumute gewesen wäre.*

1. April 1933:
Der „Judenboykott" ist der Auftakt zur systematischen Judenverfolgung in Deutschland.

Lesetipp:
Victor Klemperer: Das Tagebuch 1933–1945. Eine Auswahl für junge Leser. Mit Anregungen für den Unterricht. Bearbeitet von Harald Roth. Aufbau Taschenbuch, Berlin 2002.

Die „Nürnberger Gesetze"

3 Antisemitischer Karnevalswagen im Kölner Karnevalszug. Foto, 1935.

Juden als Sündenböcke

Die von den Nationalsozialisten verbreiteten Vorurteile gegenüber den Juden wurden von vielen Deutschen geteilt oder hingenommen. Diese Vorurteile waren seit der Mitte des 19. Jahrhunderts in Deutschland immer wieder aufgekommen. Sie entstanden unter anderem aus Neid über den Erfolg von Juden in Handel und Bankgewerbe. Auch die herausragende Stellung jüdischer Gelehrter an den Universitäten erweckte Argwohn und Missgunst.

Die deutschen Juden waren mit 526 000 Personen eine Minderheit von 0,8 Prozent der deutschen Bevölkerung. Mit hasserfüllter Propaganda gelang es den Nationalsozialisten, die Juden zu Sündenböcken zu machen.

Die „Nürnberger Gesetze"

Eine neue Stufe der Demütigung nach dem „Judenboykott" war 1935 mit dem Erlass der „Nürnberger Gesetze" erreicht. Sie bildeten die Grundlage für die weitere Ausgrenzung und Verfolgung der Juden.

Aus den „Nürnberger Gesetzen":

Q2 Reichsbürgergesetz

– Reichsbürger ist nur der Staatsangehörige deutschen und artverwandten Blutes, der durch sein Verhalten beweist, dass er gewillt und geeignet ist, in Treue dem Deutschen Reich und Volk zu dienen.

– Nur der Reichsbürger kann als Träger der vollen politischen Rechte das Stimmrecht in politischen Angelegenheiten ausüben und ein öffentliches Amt bekleiden.

– Ein Jude kann nicht Reichsbürger sein. Ihm steht ein Stimmrecht in politischen Angelegenheiten nicht zu; er kann ein öffentliches Amt nicht bekleiden.

Gesetz zum Schutz des deutschen Blutes und der deutschen Ehre

§ 1 Eheschließungen zwischen Juden und Staatsangehörigen deutschen und artverwandten Blutes sind verboten. Trotzdem geschlossene Ehen sind nichtig …

§ 2 Außerehelicher Verkehr zwischen Juden und Staatsangehörigen deutschen und artverwandten Blutes ist verboten.

§ 3 Juden dürfen weibliche Staatsangehörige deutschen oder artverwandten Blutes unter 45 Jahren nicht in ihrem Haushalt beschäftigen …

4 *Listen Sie auf, was den Juden aufgrund der „Nürnberger Gesetze" verboten war.*

Nun waren die Bürger jüdischen Glaubens auch juristisch aus der „Volksgemeinschaft" ausgeschlossen. Vor jeder Eheschließung oder bei Bewerbungen musste der Nachweis der „arischen Abstammung" erbracht werden. Den Juden wurde es verboten, Bibliotheken, Theater, Kinos und Badeanstalten zu besuchen. Auch Parkanlagen und öffentliche Verkehrsmittel blieben ihnen zunehmend verwehrt. Durch den „Reichsverband der jüdischen Kulturbünde in Deutschland", gegründet 1935, kontrollierten die Machthaber die jüdischen Kultur- und Sportvereinigungen noch mehr. Ab 1941 mussten alle Juden in der Öffentlichkeit einen gelben Stern tragen.

Ausweis eines jüdischen Bürgers 1938.

15. September 1935: Erlass der „Nürnberger Gesetze".

Der sogenannte „Judenstern".

Judenpogrome

1 Brennende Synagoge in Baden-Baden. Foto, 1938.

9./10. November 1938: Reichspogromnacht
Von den Nationalsozialisten inszenierte Pogrome gegen die deutschen Juden. Die Nationalsozialisten verwendeten aus Hohn über die zahllos zerstörten Schaufensterscheiben jüdischer Geschäfte den Begriff „Reichskristallnacht".

Pogrome*:
Ausschreitungen und gewaltsame Verfolgung aus religiösen oder in Vorurteilen begründeten Absichten.

deportieren*:
verschleppen, zwangsweise verschicken.

Die Reichspogromnacht

Am 7. November 1938 wurde in Paris ein Beamter der deutschen Botschaft, Ernst vom Rath, erschossen. Der Täter war der 17-jährige deutsche Jude Herschel Grynspan, dessen Familie wenige Tage zuvor von den Nationalsozialisten aus Hannover nach Polen ausgewiesen worden war. Die nationalsozialistische Hetzpropaganda nahm das Attentat zum Anlass, die bis zu diesem Zeitpunkt größten Pogrome* gegen die jüdische Bevölkerung in Deutschland zu organisieren. Am 9. November 1938 brannten in Deutschland 191 Synagogen. Jüdische Friedhöfe wurden geschändet, jüdische Kaufhäuser, Anwaltsbüros und Wohnungen ausgeraubt, verwüstet und die Besitzer deportiert* oder ermordet. Insgesamt wurden in dieser Pogromnacht 90 Juden getötet und 30 000 in Konzentrationslager verschleppt.

Die NS-Regierung beschloss, von den Juden als Sühneleistung eine Milliarde Reichsmark für die entstandenen Schäden zu verlangen, sämtliche Versicherungsgelder, die den Juden für die Zerstörungen zugestanden hätten, zu beschlagnahmen und die Trümmer von den Juden beseitigen zu lassen.

Ein menschenwürdiges Leben in Deutschland war für die jüdische Bevölkerung nach 1938 kaum mehr möglich. Denen, die nicht auswandern konnten oder wollten, wurde das Leben weiter erschwert. Einige Beispiele:

– Dezember 1938: Juden dürfen keine Personenkraftwagen oder Motorräder mehr fahren, ihre Führerscheine werden eingezogen.

– Januar 1939: Jüdische Zahnärzte, Tierärzte und Apotheker dürfen ihren Beruf nicht mehr ausüben.

– Februar 1939: Juden müssen alle ihre persönlichen Wertgegenstände aus Gold, Silber und Platin beim Staat abliefern.

– September 1939: Juden müssen ihre Rundfunkgeräte abliefern.

– Oktober 1941: Juden wird die Auswanderung verboten.

2 Am 10. November 1938 wurden jüdische Bürger Baden-Badens in „Schutzhaft" genommen.

Die „Endlösung der Judenfrage"

Die Wannsee-Konferenz

Der größte Teil der Bevölkerung stand diesen antisemitischen Ausschreitungen passiv gegenüber. Einige bereicherten sich sogar. Das Vermögen der Juden zog das NS-Regime ein. In fast allen Städten wurden Kaufhäuser, die jüdischen Händlern gehörten, „arisiert".

Nach dem Ausbruch des Zweiten Weltkriegs wurde die Judenverfolgung noch weiter verschärft. Am 20. Januar 1942 schließlich organisierte eine Konferenz am Großen Wannsee* in Berlin die „Endlösung der Judenfrage". Das hieß systematische Ermordung der Juden* in Deutschland und in den inzwischen von Deutschland besetzten Gebieten.

Aus dem Wannsee-Protokoll:

Q1 ... Im Zuge dieser Endlösung der europäischen Judenfrage kommen rund elf Millionen Juden in Betracht. ... In großen Arbeitskolonnen, unter Trennung der Geschlechter, werden die arbeitsfähigen Juden Straßen bauend in diese Gebiete geführt, wobei zweifellos ein Großteil durch natürliche Vernichtung ausfallen wird. Der ... verbleibende Rest wird, da es sich bei diesem zweifellos um den widerstandsfähigsten Teil handelt, entsprechend behandelt werden müssen. ...

1 *Fassen Sie in eigene Worte, was im Protokoll festgehalten war.*

Täglich gingen nun Transporte aus allen Teilen Deutschlands in die Vernichtungslager nach Chelmno, Belzec, Sobibor, Treblinka, Auschwitz oder Majdanek. Die Deportationen verliefen jetzt planmäßig mit Zügen der Deutschen Reichsbahn.

2 *Schauen Sie in einem Atlas nach, wo die angegebenen Orte liegen. Überlegen Sie, warum die Nationalsozialisten gerade dort Vernichtungslager errichteten.*

Vor ihrer Deportation erhielten alle Juden im Reichsgebiet folgendes Schreiben:

Q2 ... Es wird Ihnen hiermit eröffnet, dass Sie innerhalb von zwei Stunden Ihre Wohnung zu verlassen haben. Die beauftragten Beamten sind gehalten, bis Sie Ihre Koffer gepackt und Ihre Wohnung ordnungsgemäß hergerichtet haben, bei Ihnen zu bleiben und Sie alsdann zum Sammelplatz zu bringen. Sie werden ersucht, die Schlüssel an sämtlichen Behältnissen, Schränken usw. stecken zu lassen, ebenso die inneren Wohnungsschlüssel. Den Haus- und Korridorschlüssel haben Sie mit einem Bändchen und einem daran befestigten Stück Pappe zu versehen und Ihren Namen und Wohnung und Kennnummer darauf zu schreiben. Vor Verlassen der Wohnung ist das Ihnen ausgehändigte Vermögensverzeichnis genauestens ausgefüllt und unterschrieben abzugeben.

Sie haben mitzunehmen:
1. Zahlungsmittel RM 50,–.
2. Rucksack oder Handgepäck mit Wäsche und sonstiges zur einfachen Lebensführung notwendiges Gerät.
3. Vollständige Bekleidung (es können auch zwei Mäntel und doppelte Unterwäsche angezogen werden).
4. Verpflegung für zwei Tage, Löffel, Teller oder Napf, Trinkbecher.
5. Reisepass, Kennkarte, Arbeits- und sonstige Ausweispapiere sowie Lebensmittelkarten, Kartoffel- und Kohlenbezugsscheine. Sie dürfen nicht eingepackt werden, sondern sind von jeder Person bei sich zu führen. Nicht mitgenommen werden dürfen: Wertpapiere, Devisen, Sparkassenbücher usw. sowie Wertsachen jeder Art (Gold, Silber, Platin), ebenfalls kein lebendes Inventar. Der Ehering sowie eine einfache Uhr dürfen mitgenommen werden ...

Außerdem haben Sie sich selbst ein Schild um den Hals zu hängen, auf dem Ihr Name und Geburtstag angegeben sind sowie Kennnummer ...

3 *Versuchen Sie sich in die Lage der Menschen zu versetzen, die diesen Bescheid erhielten. Was mögen sie empfunden haben?*

4 *Erkundigen Sie sich nach ähnlichen Vorgängen in Ihrem Heimatort. Gab es hier Juden? Was ist aus ihnen geworden?*

Wannsee-Konferenz *:
Unter der Leitung Reinhard Heydrichs planten Vertreter verschiedener Amtsstellen am Großen Wannsee in Berlin die konkrete Organisation des Völkermords an den Juden.

Ermordung der Juden *:
Für die von den Nationalsozialisten systematisch betriebene Ermordung der Juden wird häufig der Begriff „Holocaust" verwendet. Im Englischen bezeichnet der Begriff „Holocaust" die vollständige Verbrennung eines Opfers. Da dieses Wort aber zu sehr die Rolle der Ermordeten als Opfer betont, wird heute vermehrt der Begriff „Shoa" für die Vernichtung der jüdischen Bevölkerung verwendet. Shoa bedeutet im Hebräischen „Zerstörung" oder „große Katastrophe".

Charge*:
Ladung, Beschickung.

1 **Auf dem Weg in die Gaskammern.** Foto, 1942.

Bei der „Selektion"
auf der Rampe von
Auschwitz. Foto,
1942.

Organisierter Massenmord

Aus allen von den Nazis eroberten Ländern gingen mittlerweile die Transporte von Juden in die Vernichtungslager. Eng zusammengepfercht wurden Juden in Viehwaggons, zumeist ohne jegliche Versorgung mit Essen oder Trinken, verschleppt.

Bereits Ende 1941 hatte man mit Vergasungen begonnen, um den geplanten millionenfachen Mord möglichst effektiv durchführen zu können. Nach der Ankunft in den Lagern wurden die Juden von SS-Ärzten begutachtet und „selektiert", d. h. ausgesondert. Arbeitsfähige brachte man zu Tausenden in primitiven Baracken unter, sie mussten Schwerstarbeit leisten. Die nicht Arbeitsfähigen, vor allem Frauen, Kinder und alte Menschen, wurden sofort in die Gaskammern geschickt.

Der SS-Offizier Kurt Gerstein berichtete über eine Massenvergasung im Vernichtungslager Belzec:

Q1 … Die Kammern füllen sich. Gut vollpacken – so hat es der Hauptmann Wirth befohlen. Die Menschen stehen einander auf den Füßen. 700 bis 800 auf 25 Quadratmetern, in 45 Kubikmetern! … Die Türen schließen sich … Mit den Dieselauspuffgasen sollen die Menschen zu Tode gebracht werden … Von

der anderen Seite öffnen Männer vom Arbeitskommando die Holztüren … Wie Basaltsäulen stehen die Toten aufrecht aneinander gepresst in Kammern. Es wäre auch kein Platz, hinzufallen oder auch nur sich vornüber zu neigen.

Selbst im Tod kennt man die Familien. Sie drücken sich, im Tode verkrampft, noch die Hände, sodass man Mühe hat, sie auseinanderzureißen, um die Kammern für die nächste Charge* freizumachen. Man wirft die Leichen, nass von Schweiß und Urin, kotbeschmutzt, Menstruationsblut an den Beinen, heraus. Kinderleichen fliegen durch die Luft. Man hat keine Zeit, die Reitpeitschen der Ukrainer sausen auf die Arbeitskommandos. Zwei Dutzend Zahnärzte öffnen mit Haken den Mund und sehen nach Gold. Gold links, ohne Gold rechts. Andere Zahnärzte brechen mit Zangen und Hämmern die Goldzähne und Kronen aus den Kiefern …

Rudolf Höß, Kommandant von Auschwitz, erklärte am 5. April 1946 eidesstattlich:

Q2 … Ich befehligte Auschwitz (vom 1. Mai 1940) bis zum 1. Dezember 1943 und schätze, dass mindestens 2 500 000 Opfer dort durch Vergasung und Verbrennung hingerichtet wurden …; mindestens eine weitere halbe Million starb durch Hunger und Krankheit … Die zur Vernichtung bestimmten Juden wurden zu den Krematorien geführt. Im Auskleidungsraum wurde ihnen gesagt, dass sie hier nun zum Baden und zur Entlausung kämen … Nach der Entkleidung gingen die Juden in die Gaskammer … Zuerst kamen die Frauen mit den Kindern hinein, hernach die Männer. Die Tür wurde schnell zugeschraubt und das Gas sofort durch die Decke in einem Luftschacht bis zum Boden geleitet … Durch das Beobachtungsloch in der Tür konnte man sehen …, dass ungefähr ein Drittel sofort tot war. Die anderen fingen an zu taumeln, zu schreien und nach Luft zu ringen. In wenigen Minuten lagen alle. Nach wenigstens 20 Minuten regte sich keiner mehr …

1 *Vergleichen Sie die Sprache von Gerstein und Höß miteinander (Q1, Q2). Charakterisieren Sie den Sprachstil.*

... Juden und andere Opfer

2 Leichengrube im KZ Bergen-Belsen. Das Foto entstand nach der Befreiung der Überlebenden 1945.

Lesetipp:
Markus Tiedemann: „In Auschwitz wurde niemand vergast." 60 rechtsradikale Lügen und wie man sie widerlegt. Goldmann, München 2000.

Andere Opfer der Nationalsozialisten

Millionen anderer Menschen wurden ebenso wie die Juden Opfer der nationalsozialistischen Vernichtungspolitik. Viele Gegner der Nationalsozialisten, wie Sozialdemokraten, Kommunisten oder Christen beider Konfessionen und Zeugen Jehovas, wurden verfolgt und in Konzentrationslager gebracht. Auch Homosexuelle wurden als „Volksfeinde" denunziert und Zehntausende in Konzentrationslagern ermordet.

Nach dem Ausbruch des Kriegs töteten die Nationalsozialisten etwa 200 000 psychisch Kranke und Behinderte durch Gas oder Gift. Genannt wurde dieses systematische Töten „lebensunwerten Lebens" Euthanasie*. Geistliche der katholischen und evangelischen Kirche protestierten jedoch gegen diese Aktion, woraufhin sie zeitweilig eingestellt wurde.

Ein ähnliches Schicksal wie die Juden erlitten die Sinti und Roma*. Mehr als 250 000 Angehörige dieses Volkes wurden aus ganz Europa in Vernichtungslager gebracht und getötet. Nach dem Entzug der Bürgerrechte im Jahr 1935 konnten die Sinti und Roma in Deutschland jederzeit verhaftet und in Lager eingesperrt werden. Von den 30 000 Sinti und Roma, die 1939 in Deutschland lebten, überlebten nur 5000 das Ende der nationalsozialistischen Gewaltherrschaft.

Mitwirkung und Mitschuld

Ohne die Mitwirkung zahlreicher Menschen und vieler Behörden, etwa der Reichsbahn, hätte der Massenmord an den Juden nicht verwirklicht werden können. Die Angst, selbst Opfer der Mordmaschinerie zu werden, hinderte viele Menschen, aktiven Widerstand gegen den Massenmord zu leisten oder gegen ihn zu protestieren.

Nach vorsichtiger Schätzung fielen etwa sechs Millionen Juden der „Endlösung" zum Opfer, davon wurden allein drei Millionen Juden in den Vernichtungslagern durch Gas fabrikmäßig getötet. Einheiten der SS erschossen etwa 1,25 Millionen Juden in den besetzten Gebieten Osteuropas. Gegen die massenweise Ermordung der Juden durch die SS regte sich in Deutschland kein Widerstand. Viele, die davon wussten oder etwas ahnten, schwiegen. Auch die beiden großen Kirchen protestierten nicht gegen die Verfolgungen und den Massenmord an den Juden.

2 Berichten Sie über Opfer der nationalsozialistischen Mordaktionen.

3 Auch heute gibt es Verleumdungen gegen Minderheiten. Überlegen Sie, was man tun kann, um diesen Parolen Einhalt zu gebieten.

4 Neonazis sprechen heute von der sog. Auschwitz-Lüge. Recherchieren Sie, was sie darunter verstehen, und widerlegen Sie ihre Aussage.

Euthanasie*:
(griech.) schöner Tod.

Sinti und Roma*:
Sammelbezeichnung für weltweit verbreitete Minderheitsgruppen, deren kulturelle Zusammengehörigkeit vor allem in ihrer Sprache, dem Romani, liegt. Die Sinti bilden dabei die mitteleuropäische Gruppe, die Roma entstammen im Wesentlichen dem außerdeutschen Sprachraum. Unter den Nationalsozialisten von Beginn an verfolgt, war das Zentrum des späteren Völkermords an den Sinti und Roma vor allem Auschwitz.

223

Der Weg in den Zweiten Weltkrieg

*Arthur Neville
Chamberlain*
*(geb. 18. 3. 1869,
gest. 9. 11. 1940),
1937–1940 eng-
lischer Premiermin-is-
ter, versuchte durch
die Appeasement-
[Beschwichtigungs-]
Politik, den europä-
ischen Frieden zu
retten. Erst ab 1939
trat er Hitlers Kriegs-
politik entgegen.*

29. September 1938:
*Im Münchner
Abkommen wird
Deutschland das
Sudetenland zuge-
sprochen.*

Georg Elser
*(geb. 1903, 1945
hingerichtet im KZ
Dachau). Der Schrei-
ner aus Königsbronn
bei Heidenheim war
davon überzeugt,
mit der Ermordung
Hitlers den Weltkrieg
verhindern zu kön-
nen. Deshalb ver-
suchte er auf einer
Gedenkveranstaltung
im Münchner Bürger-
bräukeller am 8. No-
vember 1939, Hitler
mit einer selbst ge-
bastelten Bombe zu
töten.*

1 Karikatur aus der amerikanischen Zeitschrift „The Nation" zu Hitlers „Friedensrede" vom 17. Mai 1933 im Deutschen Reichstag.

Friedensreden und geheime Aufrüstung

Hitler erklärte am 17. Mai 1933 im Reichstag:

Q1 … Die deutsche Regierung wünscht, sich über alle schwierigen Fragen … mit den anderen Nationen friedlich und vertraglich auseinanderzusetzen. Sie weiß, dass jeder militärische Akt in Europa … gemessen an seinen Opfern in keinem Verhältnis steht zu möglichem, endgültigem Gewinn.

Hitlers Politik sah in Wirklichkeit ganz anders aus: In einer Rede vor den Generälen erklärte er, ein wichtiges Ziel sei die Aufrüstung und die „Eroberung neuen Lebensraums" im Osten. Weitere Schritte waren die Einführung der allgemeinen Wehrpflicht (1935), der Einmarsch deutscher Truppen in das entmilitarisierte Rheinland (1936), die Aufhebung des Versailler Vertrags (1937) und die Eingliederung Österreichs in das Reich (1938).
Die Regierungen in Frankreich und Großbritannien protestierten kaum und hofften, den Frieden in Europa retten zu können, wenn sie Hitler so weit wie möglich gewähren ließen.

1 *Beschreiben Sie die Karikatur (Abb. 1) und stellen Sie Vermutungen an, was der Zeichner 1933 damit sagen wollte.*

Das Münchner Abkommen

Diese nachgiebige Haltung der Westmächte ermutigte Hitler zu weiteren Schritten. Als Nächstes forderte er die Tschechoslowakei zur Abtretung des Sudetenlandes auf, in dem etwa drei Millionen Deutsche lebten. Die Regierung in Prag lehnte ab. Hitler drohte nun offen mit Krieg.
Um den Frieden zu retten, flog der britische Premierminister Chamberlain zum deutschen Diktator. In einer Rede im Berliner Sportpalast sagte Hitler:

Q2 … Ich bin Herrn Chamberlain dankbar für alle seine Bemühungen. Ich habe ihm versichert, dass das deutsche Volk nichts anderes will als Frieden …
Ich habe ihm weiter versichert …, dass es – wenn dieses Problem gelöst ist – für Deutschland in Europa kein territoriales Problem mehr gibt. … Und das wird ihm garantiert. Wir wollen gar keine Tschechen. …

Um zu einer raschen Lösung zu kommen, trafen sich am 29. September 1938 die Regierungschefs Italiens, Frankreichs, Großbritanniens und Deutschlands in München. Nicht eingeladen wurden Vertreter der tschechoslowakischen Regierung. Im sog. Münchner Abkommen wurde die Abtretung des Sudetenlandes an das Deutsche Reich beschlossen.

2 *Beurteilen Sie das Münchner Abkommen aus tschechischer Sicht.*

1939 – Besetzung der Tschechoslowakei

Nur ein halbes Jahr nach dem Münchner Abkommen, am 15. März 1939, ließ Hitler den tschechischen Staatspräsidenten nach Berlin kommen. Nachts um 1.15 Uhr empfing er ihn, um ihm mitzuteilen, dass deutsche Truppen in die Tschechoslowakei einmarschieren würden. Widerstand würde mit allen Mitteln gebrochen. Am frühen Morgen des 16. März rückten deutsche Truppen in Prag ein. Böhmen und Mähren wurden als „Protektorat" (Schutzgebiet) dem Reich eingegliedert. Die Slowakei wurde ein „selbstständiger Staat" unter deutscher Oberhoheit.

3 *Beschreiben Sie die Vorgehensweise Hitlers und bewerten Sie die europäischen Reaktionen.*

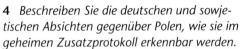

Der Krieg beginnt

2 Französische Karikatur auf den Hitler-Stalin*-Pakt. Stalin: „Ein Hammer? … Bitte schön!"

Der Hitler-Stalin-Pakt von 1939

Völlig überraschend schlossen das national-sozialistische Deutschland und die Sowjet-union am 23. August 1939 einen gegen-seitigen Nichtangriffspakt. Die Sowjetunion sagte die Lieferung wichtiger Rohstoffe und Erze zu, die Deutschland für die Kriegsführung benötigte.

In einem geheimen Zusatzprotokoll hieß es weiter:

Q3 … Für den Fall einer … Umgestaltung in den zu den baltischen Staaten gehörenden Gebieten bildet die nördliche Grenze Litau-ens zugleich die Grenze der Interessensphä-ren Deutschlands und der UdSSR*. … Für den Fall einer … Umgestaltung der zum pol-nischen Staate gehörenden Gebiete werden die Interessensphären Deutschlands und der UdSSR ungefähr durch die Linie der Flüsse Narew, Weichsel und San abgegrenzt. Die Frage, ob die beiderseitigen Interessen die Erhaltung eines unabhängigen polnischen Staates erwünscht erscheinen lassen und wie dieser Staat abzugrenzen wäre, kann endgül-tig erst im Laufe der weiteren politischen Ent-wicklung geklärt werden. …

4 Beschreiben Sie die deutschen und sowje-tischen Absichten gegenüber Polen, wie sie im geheimen Zusatzprotokoll erkennbar werden.
5 Erläutern Sie die Karikatur (Abb. 2).
6 Diskutieren Sie, ob sich die Sowjetunion nach dem Vertragsabschluss vor einem deut-schen Angriff sicher fühlen konnte.

Der Zweite Weltkrieg beginnt

Am 1. September 1939 überschritten deutsche Truppen ohne Kriegserklärung die polnische Grenze. Großbritannien und Frankreich er-klärten Deutschland daraufhin den Krieg, ka-men aber Polen nicht mehr rechtzeitig zu Hil-fe. Nach 18 Tagen war Polen besiegt. Bereits am 17. September 1939 marschierte auch die Sowjetunion in Polen ein und besetzte Ost-polen bis zur Weichsel. Dies entsprach dem Abkommen vom August 1939.

Der Krieg im Westen

Während der ersten Phase des Zweiten Welt-kriegs bis 1941 schien es, als ob Deutschland bald ganz Europa beherrschen würde. Nach dem Sieg über Polen eroberten deutsche Truppen ab April 1940 Dänemark und Nor-wegen, um die Zufuhr wichtiger Erzliefe-rungen nach Deutschland zu sichern.
Im Mai 1940 befahl Hitler den Angriff auf Frankreich. Unter Bruch der Neutralität Bel-giens und der Niederlande stießen Panzer-truppen durch Belgien nach Frankreich vor. Fallschirmjäger und Panzertruppen besetzten die Niederlande. Am 22. Juni 1940 kapitu-lierten* die französischen Truppen. Eine bri-tische Armee entging erst in letzter Minute durch eine groß angelegte Rettungsaktion der Vernichtung durch deutsche Truppen bei Dünkirchen.
In allen eroberten Gebieten errichteten die Deutschen eine brutale Besatzungsherr-schaft – besonders grausam in Polen. Dabei waren Einheiten der SS und der Polizei, aber auch reguläre Truppen eingesetzt. Sie ver-folgten insbesondere Juden, verschleppten sie in Konzentrationslager oder ermordeten sie an Ort und Stelle.
7 Verfolgen Sie in einem Geschichtsatlas die Ausdehnung des deutschen Machtbereichs bis 1941.

1. September 1939:
Mit dem deutschen Überfall auf Polen beginnt der Zweite Weltkrieg.

Stalin*
(1879–1953):
Ab 1922 General-sekretär (= Ge-schäftsführer, eigent-licher Parteiführer) der Kommunistischen Partei, von 1929 bis zu seinem Tod Dikta-tor der Sowjetunion.

23. August 1939:
Hitler-Stalin-Pakt (Nichtangriffspakt zwischen dem Deut-schen Reich und der Sowjetunion).

Kapitulation*:
Aufgabe aller Kriegs-handlungen einer Truppe in aussichts-loser Lage.

UdSSR*:
Union der sozialis-tischen Sowjetrepu-bliken (= Sowjet-union), gegründet 1922.

Der Krieg in Europa und Asien

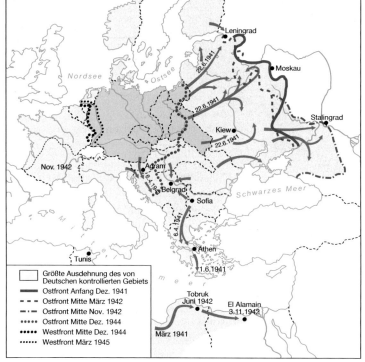

Größte Ausdehnung des von
Deutschen kontrollierten Gebiets
— Ostfront Anfang Dez. 1941
- - - Ostfront Mitte März 1942
-·-· Ostfront Mitte Nov. 1942
•••• Ostfront Mitte Dez. 1944
•••• Westfront Mitte Dez. 1944
•••••• Westfront März 1945

1 Größte Ausdehnung des
deutschen Machtbereichs im
Verlauf des Zweiten Welt-
kriegs.

*Winston Churchill
(geb. 30.11.1874,
gest. 24.1.1965),
der schon seit 1929
vor den von Hitler
drohenden Gefahren
gewarnt hatte, war
von 1940 bis 1945
britischer Premier-
minister.*

*22. Juni 1941:
Beginn des Russland-
feldzugs („Unterneh-
men Barbarossa").*

Blitzkrieg:
Bezeichnung für ei-
nen extrem schnellen
und erfolgreichen
Angriffskrieg.*

Überfall auf die Sowjetunion

Mit dem Sieg über Frankreich war Hitler auf dem Höhepunkt seiner Macht. Die deutsche Bevölkerung bejubelte die Erfolge. Die hohen Verluste auch auf der deutschen Seite wurden heruntergespielt und hingenommen. Einzig Großbritannien unter seinem neuen Premier Winston Churchill leistete auch nach der erlittenen Niederlage von Dünkirchen erbitterten Widerstand.

Am 22. Juni 1941 überfiel die deutsche Wehrmacht auf Weisung Hitlers überraschend auch die UdSSR und eröffnete damit eine zweite Kriegsfront. Bis zu diesem Angriff hatte das kommunistische Regime seine Handelslieferungen von Rohstoffen, Erzen und Getreide an Deutschland entsprechend den Vereinbarungen des deutsch-sowjetischen Abkommens fortgesetzt.

Wiederum schien es, als ob die Nationalsozialisten auch die Sowjetunion durch einen Blitzkrieg* besiegen könnten. Mit dem Einbruch des Winters 1941 kam aber der deutsche Vormarsch zum Erliegen.

1 *Berichten Sie mithilfe der Karten und des Textes über den Kriegsverlauf.*

Kriegseintritt der USA und Krieg in Asien

Japan, auf dessen Hilfe Hitler gesetzt hatte, griff am 7. Dezember 1941 die US-Marine in Pearl Harbor auf Hawaii an und eroberte in der Folgezeit große Teile des Pazifikraumes und Südostasiens – Indochina, Sumatra, Java, Borneo, Philippinen, Celebes, Neuguinea.

Hitler ergriff die Gelegenheit zur Kriegserklärung an die USA. Die USA unterstützten durch ihre Rüstungslieferungen bereits seit 1939 die Kriegsgegner Deutschlands, vor allem Großbritannien. Seit März 1941 konnte England im Rahmen eines Leih- und Pachtgesetzes amerikanische Kriegsmaterialien in unbegrenzter Höhe ohne Gegenleistung erhalten. Im November 1941 wurde auch die Sowjetunion in dieses Programm einbezogen, da sie sich nach dem deutschen Überfall vom politischen Gegner zum militärischen Verbündeten gewandelt hatte. Mit dem Kriegseintritt Japans und der USA wurde der europäische Krieg an der Jahreswende 1941/42 endgültig zum Weltkrieg.

2 *Erläutern Sie die Bedeutung des Kriegseintritts von Japan und den USA.*

Der Krieg führt in die Niederlage

Friedrich Paulus *(geb. 23. 9. 1890, gest. 1. 2. 1957), General und Oberbefehlshaber der 6. Armee vor Stalingrad, wurde 1953 aus der Kriegsgefangenschaft entlassen und ließ sich in der DDR nieder.*

2 Toter deutscher Soldat in Stalingrad. Foto, Januar 1943.

Stalingrad

Im Osten wurde der deutsche Vorstoß gestoppt. Bei Stalingrad an der Wolga entbrannte eine erbitterte Schlacht, in deren Verlauf im November 1942 280 000 deutsche Soldaten eingekesselt wurden. Die Kesselschlacht von Stalingrad tobte zwei Monate lang. Sowohl die Kämpfe als auch die furchtbare Kälte (−31 °C) forderten auf beiden Seiten zahlreiche Opfer. Die Bitte des kommandierenden Generals Paulus, einen Ausbruch unternehmen oder kapitulieren zu dürfen, wurde von Hitler in Berlin abgelehnt. Die Luftunterstützung für die Eingekesselten schlug aber weitgehend fehl. Die Luftwaffe verlor etwa 8000 Mann und rund 500 Flugzeuge. Ende Januar 1943 gaben die völlig entkräfteten deutschen Truppen auf. Hitler sprach von „Feigheit vor dem Feind". Etwa 146 000 Soldaten waren allein auf deutscher Seite ums Leben gekommen. Die Verluste auf sowjetischer Seite werden auf etwa 400 000 Mann geschätzt. Darüber hinaus kamen 50 000 Bewohner Stalingrads durch die deutsche Belagerung ums Leben. Weitere 65 000 Menschen wurden als Zwangsarbeiter nach Deutschland verschleppt. Die Stadt selbst wurde völlig vernichtet.

In der deutschen Bevölkerung wuchs die Überzeugung, dass Deutschland den Krieg nicht mehr gewinnen könne.

Coventry

Die deutsche Luftwaffe hatte im August 1940 mit der Bombardierung englischer Städte den Luftkrieg gegen die Zivilbevölkerung eröffnet. Sie erreichte ihren zerstörerischen Höhepunkt noch im selben Jahr mit dem Bombardement der Stadt Coventry in der Nacht vom 14. zum 15. November. Bereits einen Monat später schlug die britische Luftwaffe mit ihrem ersten Flächenbombardement massiv zurück. 134 Maschinen erschienen über Mannheim. Die Bilanz: 1266 Obdachlose, 34 Tote.

London nach einem deutschen Luftangriff. Foto, 15. 9. 1940.

Dresden, 13. Februar 1945

Vom 13. bis 15. Februar 1945 bombardierten mehr als 1300 Flugzeuge in vier aufeinander folgenden Angriffen Dresden, das einen wichtigen Verkehrsknotenpunkt zwischen Prag, Berlin, Nürnberg und Warschau darstellte. Die Innenstadt war nach 24 Minuten ein Flammenmeer, 10 000 Menschen, die sich in den Großen Garten gerettet hatten oder auf den Elbwiesen Schutz suchten, wurden auch dort gezielt angegriffen. Dresden brannte fünf Tage lang. Weit über 35 000 Tote waren zu beklagen.

3 *Wie bewerten Sie diese Art der Kriegsführung beider Seiten aus heutiger Sicht?*

*Blick vom Rathausturm auf die zerstörte **Dresdener Innenstadt**. Foto, 1945.*

Jugendliche im Widerstand

Kurt Huber
(1893–1943, hin-
gerichtet in Mün-
chen-Stadelheim),
Professor für Psycho-
logie und Philosophie
in München.

**1 Die Geschwister
Hans (geb. 1918)
und Sophie Scholl
(geb. 1921) – hier mit
Christoph Probst – von
der „Weißen Rose".** Alle
wurden am 22. Februar
1943 in München-Stadel-
heim hingerichtet.

Willi Graf
(1918–1943, hin-
gerichtet in Mün-
chen-Stadelheim).

Parteiclique*:
Parteiklüngel,
Parteiseilschaft.

Tyrannis*:
(griech.) Gewalt-
herrschaft.

Filmtipp:
Sophie Scholl –
Die letzten Tage,
2005, Regisseur:
Marc Rothemund.

Jugendliche leisten Widerstand

Der Widerstand von Jugendlichen, die sich gegen den Nationalsozialismus stellten, zeigt sich in vielschichtigen Formen.

In vielen deutschen Städten bildeten sich Kreise unzufriedener Jugendlicher, die sich in Cliquen oder „Blasen" organisierten. Wie die Swing-Jugend in Hamburg protestierten sie mit langem Haarschnitt, mit einer bewusst lässigen Kleidung und besonderen Abzeichen gegen die staatliche Bevormundung und Gleichschaltung.

Sie trafen sich in Cafés oder Clubs, um die von den Nazis verbotene Swing-Musik zu hören. Vor allem durch das brutale Vorgehen der Geheimen Staatspolizei gegen die „Swing-Cliquen" wurde die Swing-Jugend politisiert.

Aus einer Wandergruppe heraus bildete sich im Herbst 1933 in Stuttgart eine Widerstandsgruppe mit dem Namen „Gruppe G" (G = Gemeinschaft). Die Jugendlichen diskutierten, druckten und verteilten Flugblätter und malten Parolen an Wände. Einer der Jugendlichen, Hans Gasparitsch, schrieb „Hitler = Krieg" an den Sockel einer Statue im Stuttgarter Schlossgarten und wurde verhaftet. Mehrere Jahre verbrachte er im Gefängnis und anschließend in Konzentrationslagern.

Die „Weiße Rose"

Die „Weiße Rose", eine Studentengruppe um die Geschwister Hans und Sophie Scholl, ihre

Freunde Willi Graf und Christoph Probst sowie den Münchner Professor Kurt Huber, rief in ihren Flugblättern zum Widerstand gegen Hitler auf.

In ihrem letzten Flugblatt vom 18. Februar 1943 schrieben die Autoren unter dem Eindruck der deutschen Niederlage von Stalingrad (siehe S. 227):

Q1 … Erschüttert steht unser Volk vor dem Untergang der Männer von Stalingrad … Wollen wir den niederen Machtinstinkten einer Parteiclique* den Rest der deutschen Jugend opfern? Nimmermehr! Der Tag der Abrechnung ist gekommen, der Abrechnung der deutschen Jugend mit der verabscheuungswürdigsten Tyrannis*, die unser Volk je erduldet hat. Im Namen der deutschen Jugend fordern wir vom Staat Adolf Hitlers die persönliche Freiheit, das kostbarste Gut des Deutschen, zurück, um das er uns in der erbärmlichsten Weise betrogen hat … Der deutsche Name bleibt für immer geschändet, wenn nicht die deutsche Jugend endlich aufsteht …

Bei der Verteilung dieses Flugblattes an der Münchner Universität wurden die Geschwister Scholl und ihre Freunde verhaftet und bereits vier Tage danach hingerichtet.

1 *Beschreiben Sie, wie und warum Jugendliche Widerstand leisteten.*

Der 20. Juli 1944

2 Das „Führer"-Haupt-
quartier Wolfsschanze
in Ostpreußen nach
dem Attentat am
20. Juli 1944.

Das Unternehmen „Walküre"

Die Niederlage von Stalingrad bedeutete einen Wendepunkt im Widerstand gegen das
NS-Regime. War er bisher im Wesentlichen
auf vereinzelte Gruppen und mehr oder weniger erfolgreiche Einzelaktionen beschränkt, so
entwickelte sich jetzt der Plan einer gemeinsamen Aktion von Militärs, Diplomaten und
Beamten, die in einem Attentat und Staatsstreich Hitler und sein Regime beseitigen wollten.

Zivile Widerstandsgruppen um den ehemaligen Leipziger Oberbürgermeister Carl Friedrich Goerdeler und den Großgrundbesitzer
Helmuth James Graf von Moltke („Kreisauer
Kreis") berieten über eine neue staatliche Ordnung nach dem Sturz Hitlers und standen in
Verbindung mit dem militärischen Widerstand, der sich um den 1938 entlassenen Ge-
neraloberst Ludwig Beck gebildet hatte. Es
waren vor allem jüngere Wehrmachtsoffiziere,
die sich nicht mehr an ihren Gefolgschaftseid,
den sie dem „Führer" geschworen hatten, gebunden fühlten. Nachdem schon mehrere
Attentatsversuche auf Hitler gescheitert waren, plante eine Gruppe um Oberst Claus
Schenk Graf von Stauffenberg das Unternehmen „Walküre".

Am 20. Juli 1944 wurde Stauffenberg zu einer
Besprechung mit Hitler in das „Führer"-Haupt-
quartier Wolfsschanze nach Ostpreußen geru-
fen. Bei der Lagebesprechung stellte er eine
Aktentasche mit einer Bombe neben Hitler ab
und verließ den Raum, um nach Berlin zu fliegen. Von dort sollte Stauffenberg den Umsturz
selbst leiten. Durch die Detonation der Bombe wurden zwar mehrere Menschen getötet,
Hitler wurde aber nur leicht verletzt. Da die
überwiegende Mehrzahl der Generäle sich
nach dem gescheiterten Attentat auf die Seite
Hitlers stellte, brach der Umsturzversuch
schnell zusammen. Stauffenberg und andere
beteiligte Offiziere wurden noch in der Nacht
des 20. Juli erschossen, und in den nächsten
Monaten verhaftete die Gestapo über
5000 Personen, die an dem Staatsstreich beteiligt waren. Viele von ihnen wurden vom
Volksgerichtshof zum Tod verurteilt und hingerichtet.

2 Informieren Sie sich in Lexika und im Internet über weitere Formen des deutschen Widerstands, z. B. den Widerstand der christlichen
Kirchen oder von Einzelpersonen.

3 Diskutieren Sie, welche historische Bedeutung Sie dem 20. Juli und dem deutschen
Widerstand beimessen können.

Auf der Flucht

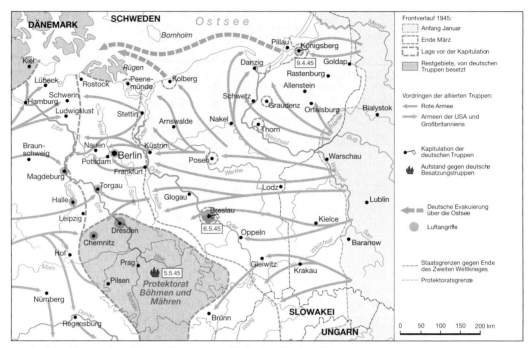

1 Das Vordringen der alliierten Truppen am Ende des Zweiten Weltkriegs.

Rassistische Siedlungspolitik im Osten

Nach dem Sieg über Polen im Herbst 1939 begannen die Nationalsozialisten, ihr rassistisches Siedlungsprogramm zur Erweiterung des germanischen Lebensraumes zu verwirklichen. Aus dem westlichen Polen wurden etwa 1,2 Millionen Polen, darunter 500 000 polnische Juden, aus ihrer Heimat mit Gewalt vertrieben. Gleichzeitig wurden ca. 4 Mio. „Reichsdeutsche" und die gleiche Zahl deutschstämmiger Menschen aus alten deutschen Siedlungsgebieten wie Bessarabien, Wolhynien, Bukowina und dem Baltikum gezwungen, die verlassenen Höfe und Ortschaften in Westpolen zu übernehmen. Ziel war es, den deutschen Lebensraum weit in den Osten auszudehnen, auf Kosten der dort lebenden Menschen. Sie sollten als Arbeitssklaven den deutschen „Herrenmenschen" dienen. Noch im August 1944, als die Russen bereits vor Ostpreußen standen, verfolgten die Nationalsozialisten ihre wahnhaften Siedlungspläne, für 120 Millionen Germanen Lebensraum im Osten zu schaffen. Im Oktober 1944 begann die Flucht der Volksdeutschen* aus Ungarn und die Flucht der Deutschen aus dem Memelland, Ostpreußen und Pommern.

Der Historiker Wolfgang Benz urteilte 1995:

M1 … Die nationalsozialistische Politik war Ursache des Unglücks, das am Ende des Zweiten Weltkrieges über die Opfer von Flucht und Vertreibung hereinbrach. …

1 *Diskutieren Sie das Urteil des Historikers.*

Durchhaltebefehle und verspätete Flucht

Sinnlose Durchhaltebefehle verhinderten die rechtzeitige Flucht der Menschen aus Ostpreußen und Pommern. Millionen Menschen flüchteten deswegen zu spät und unter chaotischen Umständen vor den russischen Truppen. Etwa 2,8 Millionen Menschen, so wird geschätzt, verloren auf der Flucht aus dem Osten ihr Leben. Aus dem eingeschlossenen Ostpreußen konnten in einer dramatischen Rettungsaktion der Marine 1,5 Millionen Flüchtlinge und 500 000 deutsche Soldaten über die Ostsee gerettet werden.

2 *Beschreiben Sie das Schicksal der Deutschen in Ostpreußen und erklären Sie seine Ursachen.*

Volksdeutsche*:
In der NS-Zeit ein amtlicher Begriff für deutschsprachige Minderheiten, die nicht deutsche, österreichische oder Schweizer Staatsbürger waren. Die Volksdeutschen lebten vor allem in Regionen Ost- und Südosteuropas. Die im Reich lebenden Deutschen wurden als „Reichsdeutsche" bezeichnet.

Flucht über die Ostsee

2 Deutsche Flüchtlinge auf dem zugefrorenen Haff. Foto, Januar 1945.

3 Flüchtling beim Gang auf die „Gustloff". Foto, Januar 1945.

Das Schiff „Wilhelm Gustloff".

Flucht über das Haff *

Um eine Panik zu verhindern und damit die Straßen für die Wehrmacht frei blieben, war es den Bewohnern Ostpreußens verboten, rechtzeitig nach Westen zu fliehen. Erst wenn die Front schon bis auf wenige Kilometer herangerückt war, erhielten die Bewohner die Genehmigung, im Treck nach Westen zu ziehen. Wer ohne Fluchterlaubnis aufbrach, konnte erschossen werden. Die Pferdefuhrwerke, Leiterwagen und Fußgänger waren aber viel langsamer als die immer schneller vorrückende Rote Armee. Deshalb flohen viele Ostpreußen im Frühjahr 1945 über das zugefrorene Haff, da sie hofften, in Pillau (vgl. Karte 1) oder einem anderen Hafen ein Schiff zu erreichen.

Die Wehrmacht, die einen Durchbruch der Sowjets nicht hatte verhindern können, bemühte sich, den Fliehenden möglichst lange den Fluchtweg offen zu halten. Alle verfügbaren Schiffe wurden eingesetzt, um die Flüchtlinge über die Ostsee in Sicherheit zu bringen. Viele verloren ihr Leben jedoch schon auf dem Weg zur Küste, weil das Eis auf dem Haff brüchig war und sie zudem von russischen Fliegern beschossen wurden. War man schließlich an der Ostsee, so begann der Kampf um einen Platz an Bord.

Der Weg über die Ostsee

Als die „Wilhelm Gustloff" am 30. Januar 1945 nach Westen fuhr, um einen neuen Transport mit verletzten Soldaten und Flüchtlingen nach Schleswig-Holstein zu bringen, war sie so überladen, dass sie kaum noch manövrierfähig war. Noch am selben Abend, um 21.08 Uhr, wurde sie von einem sowjetischen U-Boot torpediert und sank innerhalb von 50 Minuten. 1239 der etwa 10 500 Passagiere konnten aus der eiskalten Ostsee gerettet werden.

Auch das Flüchtlingsschiff „Goya" wurde versenkt. Zahlreiche andere Schiffe mit Flüchtlingen an Bord erreichten aber den schützenden Zielhafen. Viele von ihnen liefen den Kieler Hafen an. Fischerboote wurden in die kleineren Häfen an der holsteinischen Küste geschickt. Andere Schiffe brachten ihre Passagiere nach Dänemark, wo sie nach der deutschen Kapitulation interniert * und später nach Deutschland gebracht wurden.

3 *Berichten Sie über die Flucht über die Ostsee und ihre Motive. Besorgen Sie sich zusätzliche Informationen aus Büchern und dem Internet.*
4 *Stellen Sie aus Zeitungen und Zeitschriften eine Übersicht zusammen, wo Zivilisten heute die Leidtragenden einer politischen Auseinandersetzung sind.*

*Haff *:*
Durch einen Sandstreifen oder vorgelagerte Inseln vom tieferen Meer abgetrennte Küstenbucht.

*internieren *:*
Unterbringen von Menschen fremder Nationalität in einem bewachten Lager.

Das Kriegsende in Europa

1 Amerikanische und russische Truppen treffen an der zerstörten Elbbrücke in Torgau zusammen. Foto, 1945.

2 Russische Soldaten hissen die sowjetische Flagge auf dem gestürmten Reichstag in Berlin. Fotomontage, 1945.

Zusammenbruch an Ost- und Westfront

In den letzten anderthalb Kriegsjahren kamen auf allen Seiten mehr Menschen ums Leben als in den vorangegangenen zusammen. Letzte Gegenoffensiven wie etwa der deutsche Truppenvorstoß in den Ardennen blieben erfolglos. Nacheinander wurden alle von den Deutschen besetzten Gebiete von den Alliierten befreit. Aufgrund der erdrückenden Überlegenheit der Alliierten waren seit 1944 alle deutschen Truppen auf dem Rückzug. Im Westen zogen sie sich bis September 1944 zum Westwall* zurück, im Osten erzwang die Rote Armee im Oktober, die Front auf die Linie Ostpreußen–Warschau–Karpaten zurückzunehmen. Jetzt begannen Millionen Deutsche nach Westen zu fliehen. Die Front kam nach Deutschland.

Das Kriegsende in Deutschland

Durch eine sowjetische Großoffensive wurde Ostpreußen vom Reich abgeschnitten, Schlesien von der Roten Armee erobert. Die sowjetischen Truppen drangen bis an die Oder vor. Ende März 1945 setzten die Westalliierten über den Rhein und leiteten die Endphase des Kriegs ein. Amerikaner und Briten bombardierten die deutschen Städte Tag und Nacht. Dresden, Nürnberg, Würzburg und viele andere Städte wurden durch Bombenangriffe zerstört. Die alliierten Truppen eroberten den Westen Deutschlands und rückten über Süddeutschland nach West-Böhmen vor. Am 25. April trafen sich sowjetische und amerikanische Truppen östlich von Leipzig bei Torgau an der Elbe.

Im April 1945 eroberten sowjetische Truppen schließlich Berlin. Auf dem Reichstag wurde die sowjetische Flagge gehisst.

Die nationalsozialistische Herrschaft endete mit dem Selbstmord Hitlers am 30. April 1945 im Berliner „Führerbunker" und der Unterzeichnung der bedingungslosen Kapitulation am 8./9. Mai 1945 durch die Führung der deutschen Wehrmacht. In allen deutschen Gebieten übernahmen die Siegermächte die Regierungsgewalt.

1 Berichten Sie über das Kriegsende in Deutschland.

2 Diskutieren Sie über den Sinn und Unsinn der langen Rückzugskämpfe.

Westwall:
Deutsche Befestigungsanlage an der Westgrenze zu Frankreich, zwischen 1936 und 1939 errichtet.

*8./9. Mai 1945:
Bedingungslose Kapitulation der deutschen Wehrmacht und damit Kriegsende in Europa.*

Das Kriegsende in Asien

3 Hiroshima nach dem Abwurf der ersten Atombombe am 6. August 1945. Foto, 1945.

Kriegsschauplatz Pazifik

In Ostasien ging der Krieg zwischen Japan und den USA weiter. Dabei gelang es den Alliierten, die Japaner aus zahlreichen ihrer Eroberungsgebiete zu verdrängen. Die Kämpfe wurden unter hohen Verlusten auf beiden Seiten geführt. Längst hatten die Amerikaner auch die Lufthoheit über Japan errungen, und so forderten die Alliierten nun die bedingungslose Kapitulation. Dies aber lehnte Japan ab, der Krieg ging weiter.
3 *Überlegen Sie, warum Japan eine bedingungslose Kapitulation ablehnte.*

Der erste Atombombenabwurf

Am 6. August 1945 warfen die Amerikaner über der japanischen Stadt Hiroshima, in der 340 000 Menschen lebten, erstmals eine Atombombe ab. Durch die Explosion starben 80 000 Menschen sofort, 40 000 weitere erlagen innerhalb weniger Monate ihren Strahlenverletzungen und Verbrennungen. Mindestens 30 000 Überlebende erlitten schwere Strahlenschäden. Die Rate an Krebserkrankungen und Missbildungen bei Neugeborenen liegt in Hiroshima weit über dem Landesdurchschnitt. Hiroshima wurde fast völlig zerstört. Doch erst nachdem die UdSSR Japan am 8. August den Krieg erklärt und die Mandschu-

rei besetzt hatte und nachdem von den Amerikanern am 9. August eine zweite Atombombe über Nagasaki abgeworfen worden war, wobei 72 000 Menschen ihr Leben verloren, kapitulierte Japan bedingungslos am 2. September 1945.
4 *Versuchen Sie, Informationen über die Auswirkungen des ersten Atombombenabwurfs aus Büchern und Zeitschriften zusammenzustellen (Stadtbibliothek, Schulbibliothek).*
5 *Informieren Sie sich im Internet (z. B. Stichwort „Abrüstung" in Wikipedia) über den derzeitigen Stand der internationalen Abrüstungsverhandlungen zur Begrenzung und Abschaffung von Atomwaffen.*

Präsident Truman äußerte sich 1965 im Rückblick zu seiner Entscheidung:
Q1 Mir war natürlich klar, dass die Explosion einer Atombombe unvorstellbare Schäden und Menschenverluste zur Folge haben würde. … Eines möchte ich klarstellen: Ich betrachtete die Bombe als militärische Waffe und hatte nie den geringsten Zweifel, dass sie eingesetzt werden sollte.

6 *Diskutieren Sie, ob Trumans Entscheidung zu rechtfertigen ist.*

Der **Atompilz** einer Wasserstoffbombe.

Harry S. Truman (geb. 8. 5. 1884, gest. 26. 12. 1972) war von 1945 bis 1953 Präsident der Vereinigten Staaten.

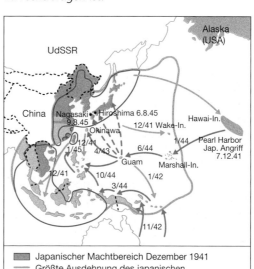

Japanischer Machtbereich Dezember 1941
Größte Ausdehnung des japanischen Machtbereiches Sommer 1942
← Japanische Vorstöße
Japanische Front August 1945
← Alliierte Vorstöße
←--- Alliierte Luftangriffe

4 **Der Krieg in Südostasien und im Pazifik.**

6./9. August 1945:
Atombombenabwürfe über Hiroshima und Nagasaki.
Bis heute starben weitere 200 000 Menschen allein in Hiroshima an den Spätfolgen des Abwurfs.

2. September 1945:
Bedingungslose Kapitulation Japans und damit Kriegsende in Asien.

Die Bilanz des Zweiten Weltkriegs

**1 Deutsche Soldaten gehen in amerikanische
Kriegsgefangenschaft.** Foto, 1945.

Die Bilanz des Schreckens

Der Zweite Weltkrieg kostete rund 57 Millionen Menschen das Leben, etwa 26,75 Millionen Soldaten und rund 30,25 Millionen Zivilisten. Hinzu kamen 35 Millionen Verwundete und drei Millionen Vermisste. Die deutschen Verluste betrugen insgesamt rund 7,8 Millionen Tote, unter denen die 3,8 Millionen Zivilisten überwiegend bei den Luftangriffen auf deutsche Städte und auf der Flucht bzw. bei der Vertreibung aus den östlichen Kriegsgebieten den Tod gefunden hatten. Auf der Flucht vor den deutschen Truppen waren zuvor bereits etwa 7 Millionen Russen und 4,2 Millionen Polen ums Leben gekommen. Die höchsten Verluste trug die Rote Armee mit etwa 13,6 Millionen Toten. Allein die UdSSR hatte also insgesamt etwa 20,6 Millionen Tote zu beklagen. Aber auch in Ostasien waren die Verluste enorm: Den japanischen Angriffen fielen allein in China etwa 5,4 Millionen Zivilisten und 6,4 Millionen Soldaten zum Opfer. Die Japaner selbst verloren etwa 1,2 Millionen Soldaten. Briten und Amerikaner hatten etwa 326 000 bzw. 259 000 Gefallene.

Kriegsgefangene

Die Behandlung der Kriegsgefangenen, die in deutsche Gefangenschaft gerieten, war für Russen und Polen grausam und inhuman und vom Rassenhass der Nationalsozialisten geprägt. Gefangene anderer Nationen wurden, soweit sie nicht Juden waren, einigermaßen korrekt behandelt. Von den 5,3 Millionen sowjetischen Gefangenen kamen etwa drei Millionen in deutschen Lagern ums Leben. Am Ende des Zweiten Weltkriegs gerieten alle deutschen Soldaten in Gefangenschaft, etwa sechs Millionen Soldaten kamen in britische und amerikanische Gefangenschaft. In den folgenden Monaten verloren viele durch Hunger und Seuchen ihr Leben. Später verbesserte sich die Situation und die Gefangenen wurden auch relativ schnell wieder entlassen. Die 3,1 Millionen Gefangenen in sowjetischer Gefangenschaft hatten erheblich mehr zu leiden. Die katastrophale Versorgungslage und die harte Zwangsarbeit führten dazu, dass nach Schätzungen etwa eine Million Gefangene starben. Die letzten sowjetischen Kriegsgefangenen wurden 1955 nach Westdeutschland entlassen.

Kosten

Die Rüstungskosten des Kriegs werden auf etwa 1500 Milliarden Dollar geschätzt. Die weltweiten Schäden sind nie berechnet worden. Die politischen Machtverhältnisse änderten sich grundlegend: Europa verlor seine Bedeutung, die USA und die UdSSR bestimmten von jetzt an das Weltgeschehen.

1 *Gibt es in Ihren Familien noch Menschen, die den Zweiten Weltkrieg bewusst erlebt haben? Befragen Sie sie nach ihren Erinnerungen.*

2 *Der Zweite Weltkrieg war der größte Krieg in der Menschheitsgeschichte. Er hat bis heute Auswirkungen. Gehen Sie in Ihrem Ort auf Spurensuche.*

Zusammenfassung

Errichtung der NS-Diktatur

Mit der Übertragung der Macht auf Adolf Hitler begann am 30. Januar 1933 der Aufbau der nationalsozialistischen Diktatur. Notverordnungen und das Ermächtigungsgesetz zerstörten die demokratische Ordnung der Weimarer Verfassung. Innerhalb von 18 Monaten gelang es den Nationalsozialisten, durch die „Gleichschaltung" aller Behörden im Reich und in den Ländern die Macht in ihren Händen zu sichern.

Verfolgung und Ermordung der Juden

In besonderem Maß wurden die Juden Opfer des nationalsozialistischen Terrors. Mit den Nürnberger Gesetzen 1935 und der Reichspogromnacht am 9./10. November 1938 begann die systematische Judenverfolgung. Eine ständige Verschlechterung ihrer Situation kennzeichnete die Lebensverhältnisse der Juden bis 1939. Nach Beginn des Zweiten Weltkriegs begann die massenweise Ermordung der Juden in den Vernichtungslagern (z. B. Auschwitz) – fast sechs Millionen Juden verloren ihr Leben. Ein ähnliches Schicksal erlitten Sinti und Roma.

Deutschland entfesselt den Zweiten Weltkrieg

Seit 1933 hatte die deutsche Wirtschafts- und Außenpolitik auf den Zweiten Weltkrieg hingearbeitet. Er begann mit dem Einmarsch deutscher Truppen in Polen. Nach dem schnellen Sieg über Polen und Frankreich befahl Hitler den Angriff auf die Sowjetunion. Einheiten der SS und der Wehrmacht verübten in den eroberten Gebieten unmenschliche Verbrechen an Zivilbevölkerung und Kriegsgefangenen.

Widerstand

Wenige Menschen, darunter auch Jugendliche, setzten ihr Leben aufs Spiel, um Verfolgten des NS-Regimes zu helfen. Die beiden großen Kirchen leisteten keinen Widerstand. Verschiedene politische Widerstandsgruppen organisierten im Krieg den Widerstand. Ein Attentat auf Hitler am 20. Juli 1944 scheiterte.

Flucht und Kriegsende

Etwa 14,5 Millionen Deutsche flüchteten vor der vorrückenden Roten Armee nach Westen, etwa 2,8 Millionen überlebten diese Flucht nicht.

Mit der Kapitulation der deutschen Wehrmacht am 8./9. Mai 1945 endete die nationalsozialistische Herrschaft in Deutschland.

30. Januar 1933

Hitler wird Reichskanzler.

1. September 1939

Mit dem deutschen Überfall auf Polen beginnt der Krieg.

Januar 1943

Die Niederlage von Stalingrad bringt die Wende an der Ostfront und damit auch im Krieg.

8./9. Mai 1945

Die bedingungslose Kapitulation der deutschen Wehrmacht beendet den Krieg in Europa.

Namen und Begriffe

- ✓ NS-Ideologie
- ✓ „Machtergreifung"
- ✓ „Gleichschaltung"
- ✓ Antisemitismus
- ✓ Hitlerjugend
- ✓ SS und SA
- ✓ „Nürnberger Gesetze"
- ✓ Novemberpogrom
- ✓ Konzentrationslager
- ✓ Holocaust/Shoa
- ✓ Stalingrad
- ✓ Widerstand
- ✓ Luftkrieg
- ✓ Vertreibung

Typische Uniformen von HJ und BDM

Was wissen Sie noch?

1 Erklären Sie wesentliche Elemente der nationalsozialistischen Ideologie.

2 Welche Folgen hatte der Reichstagsbrand vom 27. Februar 1933?

3 Was bedeutet „Gleichschaltung"?

4 Welche Aufgaben hatte das Propagandaministerium unter Joseph Goebbels?

5 Was wissen Sie über die Hitlerjugend und den BDM?

6 Nennen Sie die wesentlichen Stationen der Verfolgung der jüdischen Bevölkerung.

7 Welche anderen Bevölkerungsgruppen – außer den Juden – wurden von den Nationalsozialisten verfolgt und ermordet?

8 Die NS-Machthaber sorgten für einen enormen wirtschaftlichen Aufschwung. Welches Ziel verfolgten sie dabei hauptsächlich?

9 Beurteilen Sie den deutschen Widerstand.

Tipps zum Weiterlesen

Horst Burger: Warum warst du in der Hitler-Jugend? Rowohlt, Reinbek 2001

Inge Deutschkron: Ich trug den gelben Stern. dtv, München 1992

Günter Grass: Im Krebsgang. dtv, München 2004

Guido Knopp: Der Jahrhundertkrieg. Ullstein, Berlin 2003

Torsten Körner: Die Geschichte des Dritten Reiches. Campus, Frankfurt/New York 2000

Waltraut Lewin: Paulas Katze. Ravensburger, Ravensburg 2002

Gudrun Pausewang: Reise im August. Ravensburger, Ravensburg 1997

Renate Wind: Dem Rad in die Speichen fallen. Die Lebensgeschichte des Dietrich Bonhoeffer. Beltz & Gelberg, Weinheim/Basel 2006

Ursula Wölfel: Ein Haus für alle. Carlsen, Hamburg 2004

Arnulf Zitelmann: Paule Pizolka oder eine Flucht durch Deutschland. Beltz & Gelberg, Weinheim/Basel 2002

Der Zweite Weltkrieg – Ein Überblick

1 Erstellen Sie eine Übersicht über den Zweiten Weltkrieg. Arbeiten Sie dabei die folgenden Stichworte ab.

1. Ursachen

2. Kriegsziele

3. Kriegsausbruch und Verlauf

4. „Gesicht" des Kriegs: Deutsche Herrschaft in den eroberten Gebieten

5. Luftkrieg

6. Flucht

7. Kriegsende

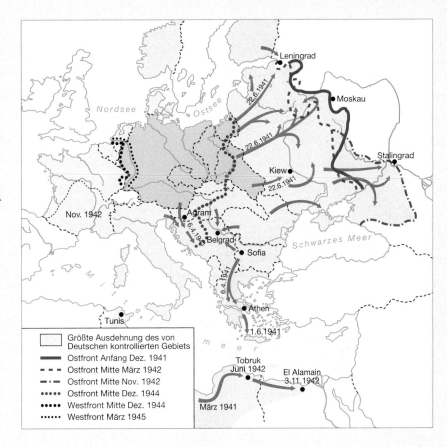

Größte Ausdehnung des von Deutschen kontrollierten Gebiets
Ostfront Anfang Dez. 1941
Ostfront Mitte März 1942
Ostfront Mitte Nov. 1942
Ostfront Mitte Dez. 1944
Westfront Mitte Dez. 1944
Westfront März 1945

2 Entwerfen Sie ein Plakat zu einem dieser Themen:

Bilanz des Zweiten Weltkriegs

Nie wieder Krieg!

Millionen Tote mahnen

Das wahre Gesicht des Nationalsozialismus

Schon vergessen?

Hat das Bermudadreieck sie verschlungen?

Kreuzfahrtschiff im Hurrikan verschollen

Über 2000 Personen an Bord. Alle tot?

Nachdem der Hurrikan „Michael" überraschend seine Richtung verändert hat, ist das große Kreuzfahrtschiff „Traum der Karibik" offenbar vom Orkan voll erfasst worden. Seit dem Notruf des Kapitäns am letzten Donnerstag fehlt von dem Ozeanriesen jede Spur. Mit dem Schlimmsten muss gerechnet werden.

Simulation: Ordnung tut Not –
Überleben in Gemeinschaften

Vorschlag: Bilden Sie arbeitsfähige Gruppen und bearbeiten Sie das folgende Projekt.

Stellen Sie sich vor, Sie haben sich mit einer Gruppe von 25 Personen auf eine Insel retten können. Gehen Sie davon aus, dass eine baldige Rettung unwahrscheinlich ist. Sie müssen zusammen mit den anderen Überlebenden Ihr Zusammenleben organisieren. Nehmen Sie dafür als Voraussetzung an, dass es auf der Insel trinkbares Wasser, Früchte, auch Fische und Vögel gibt.

Über irgendwelche Gefahren ist Ihnen nichts bekannt.

Beraten Sie nun, welche Ordnung Ihre Arbeitsgruppe für die Schiffbrüchigen-Gruppe vorschlagen würde.

Dabei sollten Sie berücksichtigen:

- Welche Grundregeln des Zusammenlebens wollen Sie festlegen?
  Wie sehen Rechte und Pflichten aus?
- Wie werden Entscheidungen, d.h. bindende Beschlüsse gefällt?
- Was geschieht, wenn jemand gegen die Beschlüsse der Gemeinschaft handelt?

Präsentieren Sie Ihr Ergebnis der Klasse. Berichten Sie auch, warum Sie Ihr Modell für geeignet halten.

In der Schule mitbestimmen

gute Noten   hilfsbereit

laute Stimme   mutig   wortgewandt

groß und stark   vermittelnd   zuverlässig

gut aussehend   zurückhaltend

begeisterungsfähig   lustig   ehrlich

empfindlich   durchsetzungsfähig   cool

freundlich   rechthaberisch

1 Voraussetzungen, die ein Klassensprecher/eine Klassensprecherin mitbringen sollte?

Demokratie in der Schule

Demokratie, das bedeutet „Herrschaft des Volkes". Das Volk wählt seine Vertreter, die durch die Regierung für seine Interessen eintreten. So etwas gibt es auch in der Schule. Jede Klasse wählt ihren Sprecher oder ihre Sprecherin und die Stellvertreter. Meist bewerben sich viele Schülerinnen und Schüler für das Amt der Klassensprecherin oder des Klassensprechers. Wie bei jeder Wahl gilt es, einen geeigneten Kandidaten/eine geeignete Kandidatin aufzustellen und überlegt auszuwählen.

1 *Entscheiden Sie zunächst allein, dann mit einem Partner/einer Partnerin und schließlich in der Gruppe, welche fünf Eigenschaften der/die Klassensprecher/-in haben sollte. Ziehen Sie auch die Abb. 1 heran. Tragen Sie Ihre Gruppenentscheidung der Klasse vor und begründen Sie diese. Stimmen Sie abschließend über die wichtigsten drei Merkmale ab.*

Aus dem Schulgesetz

Q1 §64 Klassenschülerversammlung

(1) Die Klassenschülerversammlung hat die Aufgabe, in allen Fragen der Schülermitverantwortung, die sich bei der Arbeit der Klasse ergeben, zu beraten und zu beschließen. Sie fördert die Zusammenarbeit mit den Lehrern der Klasse.

§65 Klassensprecher

(1) Von der Klasse 5 an wählen die Schüler jeder Klasse aus ihrer Mitte zu Beginn des Schuljahres einen Klassensprecher und seinen Stellvertreter.

(2) Der Klassensprecher vertritt die Interessen der Schüler der Klasse und unterrichtet die Klassenschülerversammlung über die Angelegenheiten, die für sie von allgemeiner Bedeutung sind.

2 *Klären Sie im Klassengespräch, welche Aufgaben ein/eine Klassensprecher/-in hat und wofür er/sie nicht zuständig ist.*

3 *Legen Sie fest, wie Ihr/Ihre Klassensprecher/-in und sein/seine Stellvertreter/-in gewählt werden sollen. Klären Sie folgende Fragen:*
„Hat man nur eine Stimme oder zwei, weil auch zwei Personen gewählt werden?"
„Wählen wir offen oder geheim?"
„Müssen ein Mädchen und ein Junge gewählt werden?"
Beachten Sie dabei die allgemeinen Wahlrechtsgrundsätze. Sie finden diese z. B. im Grundgesetz Artikel 38 Absatz 1.

4 *Nennen Sie Wahlen, die außerhalb der Schule stattfinden.*

5 *Haben Sie bereits an Wahlen außerhalb der Schule teilgenommen? Berichten Sie.*

Artikel 38 Absatz 1 des Grundgesetzes:
Die Abgeordneten ... werden in allgemeiner, unmittelbarer, freier, gleicher und geheimer Wahl gewählt. ...

SMV – Schüler mit Verantwortung

Wozu Klassensprecher und SMV?

„In den Ferien hat mir mein Cousin einmal sein Schulgelände gezeigt. Dort gibt es eine Schulbibliothek mit einem Schülercafé, einen Computersaal mit Internetzugang für registrierte Schüler/-innen und eine Tauschbörse", berichtet Michael seinem Freund Achmed.

„So etwas müsste es bei uns auch geben, dann wäre es in den Pausen nicht so langweilig", entgegnet er und wendet sich an Nicole: „Kannst du da nichts versuchen? Du bist doch jetzt unsere Klassensprecherin!"

„Na gut", sagt Nicole, „ich werde das Thema bei der nächsten Klassensprecherversammlung vorschlagen. Die SMV kann mehr erreichen als ein Einzelner."

„Die MSV – davon habe ich noch nichts gehört. Was ist denn das?", will Achmed wissen.

Nicole weiß Genaueres: „Das heißt SMV. SMV steht für Schülermitverwaltung. Alle Klassensprecher und ihre Stellvertreter wirken daran mit.

Die SMV kann das Schulleben mitgestalten. Sie kann
- Schülersprecher und Verbindungslehrer wählen,
- mit Lehrern und Eltern wichtige Angelegenheiten beraten,
- Schulveranstaltungen anregen,
- zur Ordnung an der Schule beitragen,
- Interessen der Schüler vertreten, z. B. bei der Umgestaltung des Pausenhofes."

Schülersprecher und Stellvertreter
(Vorsitzende des Schülerrats;
Interessenvertretung aller Schüler einer Schule)
sollen sich regelmäßig mit Verbindungslehrer
und Schulleitung treffen

↑ wählt

Schulleitung
unterrichtet

Schülerrat
(alle Klassensprecher
und Stellvertreter)
erlässt Regelungen
über die Arbeitsweise der SMV
und das Wahlverfahren ihrer Schülervertreter

Verbindungslehrer
berät, unterstützt,
fördert die SMV

↑ bilden

Klassensprecher und Stellvertreter

↑ wählt

Klassenschülerversammlung
(alle Schülerinnen und Schüler einer Klasse)

2 Die Schülermitverwaltung

---

6 Laden Sie Ihre Schülersprecher zu einem Gespräch ein. Sie sollen Sie über ihre Aufgaben, Rechte, Pflichten und Vorhaben informieren. Bereiten Sie sich darauf vor, indem Sie Fragen sammeln und notieren.

7 Beschreiben Sie mithilfe der Grafik (Abb. 2), wie sich die SMV zusammensetzt.

8 Überlegen Sie, wie vorgegangen werden muss, wenn Schüler einer Klasse sich wünschen, dass in der Schule regelmäßige Sportnachmittage angeboten werden sollen.

9 SMV = „Schüler Machen Vieles" für die Schule! – Beratschlagen Sie, ob diese Worterklärung zutreffend ist.

1 Schülerinnen und Schüler proben das Interview im Rollenspiel.

Stellen Sie sich vor: In Ihrer Klasse wird über die Ausstattung der Schule mit Computern diskutiert. Für Multi-Media-Räume, Internetzugänge und die Rechner ist viel Geld erforderlich. Woher kommen z. B. die Gelder für schulische Anschaffungen? Wer bestimmt darüber? Wer verteilt sie? Im Laufe der Diskussion fällt das Stichwort „Gemeinderat".

In Baden-Württemberg leben etwa 10 600 000 Einwohner in über 1000 Städten und Gemeinden. (Mit dem Begriff „Gemeinde" sind hier Wohnansiedlungen gemeint, die kein Stadtrecht haben.) Das Wort „Gemeinde", in welchem „gemein" (wie „allgemein" oder „gemeinsam") steckt, taucht in der Zeitung häufig auch als „Kommune" auf. Dieses Wort ist aus dem Lateinischen abgeleitet und bezeichnet ein „örtliches Gemeinwesen".

Ein Schüler schlägt vor, dass in der Klasse ein Brief an das Bürgermeisteramt geschrieben werden soll. Die Klasse will wissen, wie die Kommune Geldeinnahmen und -ausgaben überwacht.

„Wir laden einfach die Oberbürgermeisterin ein", lautet eine andere Idee einer Schülerin.

„Noch besser", meinen zwei Jungen, „wir machen einen Besuch bei der Oberbürgermeisterin."
Ein solches Vorhaben muss gut geplant, abgesprochen und vorbereitet sein.

1. Schritt:
Organisatorische Vorbereitung des Interviews
a) personell
– Wer soll das Interview durchführen?
– Wer stellt die Interviewpartner vor?
– Was wissen Sie über die befragte Person?
b) räumlich: Wo soll das Interview durchgeführt werden (in der Schule/im Rathaus, …)?
c) zeitlich: Wie lange soll das Interview dauern (begrenzte Redezeit oder „Ende offen")?
d) technisch: Wie wollen Sie das Interview aufzeichnen? Wer übernimmt die technische Leitung?

2. Schritt:
Fragen sammeln
In einem weiteren Schritt sammelt jeder Fragen, die an die Oberbürgermeisterin oder den Oberbürgermeister gestellt werden sollen.

– Überlegen Sie eine Anfangs- und Schlussfrage.
– Müssen die Fragen vorher mit dem Befragten abgesprochen werden?
– Dürfen auch unangenehme Fragen gestellt werden?
– Vermeiden Sie Fragen, die nur mit „Ja" oder „Nein" beantwortet werden können.

3. Schritt:
Fragen sortieren
Alle Fragen werden nach Schwerpunkten sortiert:
– Fragen zur Person
– Fragen zur beruflichen Laufbahn
– Fragen zur Bürgermeisterwahl usw.
Finden Sie weitere Themengebiete und suchen Sie Fragen dazu.

4. Schritt:
Probedurchlauf
Sie gewinnen an Sicherheit, wenn Sie das Interview als Rollenspiel proben. Notieren Sie die Stellen, die sich im Probedurchlauf als schwierig erwiesen haben. Was lässt sich verbessern?

5. Schritt:
Durchführung des Interviews
Führen Sie dann das Interview durch:
a) Vorstellen des Interviewpartners
b) Stellen der Fragen
c) Dank an den Interviewpartner

6. Schritt:
Auswertung des Interviews
Was hat das Interview für Ihr Thema gebracht?
– neue Erkenntnisse
– andere Sichtweisen
– Klärung Ihrer Fragen
– mehr Verständnis für die Gegenposition …

2 Interview mit der Oberbürgermeisterin Barbara Bosch (Reutlingen).

Themenbereiche:

a) Aktuelle Lage der Gemeinden
b) Aktuelle (Bau-)Vorhaben
c) Voraussetzungen für das Amt
d) Arbeit des Gemeinderats

Fragen der Klasse ...

1 *Wie oft kommt der Gemeinderat zusammen?*
2 *Man hört überall, dass die Finanzlage der Gemeinden nicht sehr gut ist. Wo würden Sie Einsparungen vornehmen?*
3 *Muss man einer Partei angehören, wenn man sich der Wahl zur Oberbürgermeisterin stellt?*
4 *Warum wird die Echaz-Passage* abgerissen?*

* Gebäude unweit des Flusses Echaz

... und die Antworten der Reutlinger Oberbürgermeisterin Barbara Bosch

1. Der große Gemeinderat ... trifft sich einmal im Monat, aber es gibt viele Ausschüsse, die sich mit Fachthemen beschäftigen.
2. ... Überall, weil unsere Situation eine ... schlechte ist, sodass wir bei unserem nächsten Haushalt bei jedem Posten Abstriche machen müssen.
3. Nein, man muss es nicht. Auch dies [ist] ein demokratischer Grundgedanke.
4. Heutzutage wollen die Menschen nicht mehr in einem solchen Gebäude wohnen, direkt an der Straße, auf der jeden Tag 78 000 Fahrzeuge vorüberfahren. ... Wir wollen an dieser Stelle die Stadthalle bauen, ... Open-air-Veranstaltungen ermöglichen [und] ... die Skaterbahn unterbringen. ...

Aufgaben der Gemeinde

Selbstverwaltungsrecht der Gemeinden

Gemeinden haben den Auftrag, bestimmte Aufgaben zu erfüllen, und sind für vielfältige Bereiche zuständig. Sie besitzen ein Selbstverwaltungsrecht. Sind politische Entscheidungen zu treffen wie etwa der Bau einer Sporthalle, so können diese nicht von allen Bürgerinnen und Bürgern einer Gemeinde gefällt werden. Das würde viel Zeit in Anspruch nehmen und einen hohen Aufwand erfordern. Daher wählen die wahlberechtigten Menschen in einem demokratischen Staat Vertreter. Alle gewählten Vertreter einer Gemeinde bilden den Gemeinderat. In Baden-Württemberg werden alle fünf Jahre Gemeinderatswahlen durchgeführt.

Aufgaben der Gemeinden

Ihre Heimatgemeinde hat vielfältige Aufgaben zu erfüllen. Sie ist für so unterschiedliche Dinge wie Bau und Betrieb einer Kläranlage, Einstellung eines Gemeindearbeiters oder Unterbringung von Obdachlosen zuständig. In der Gemeindeordnung für Baden-Württemberg wird beschrieben, welche Arten von Aufgaben eine Gemeinde hat:

Q1 § 2 Wirkungskreis

(1) Die Gemeinden verwalten in ihrem Gebiet alle öffentlichen Aufgaben allein und unter eigener Verantwortung, soweit die Gesetze nichts anderes bestimmen.

(2) Die Gemeinden können durch Gesetz zur Erfüllung bestimmter öffentlicher Aufgaben verpflichtet werden (Pflichtaufgaben). …

(3) Pflichtaufgaben können den Gemeinden zur Erfüllung nach Weisung auferlegt werden

1 Aufgaben einer Gemeinde: die Bibliothek.

(Weisungsaufgaben); das Gesetz bestimmt den Umfang des Weisungsrechts.

Pflichtaufgaben

Alle vier Jahre wird der Bundestag gewählt. Dazu gehen die Wahlberechtigten in ein Wahllokal in ihrer Heimatgemeinde und geben ihren Stimmzettel ab. Die Gemeinden sind dazu verpflichtet, diese Wahlen vorzubereiten, durchzuführen und die Stimmen auszuzählen. Diese Pflichtaufgabe ist also eine Weisungsaufgabe.

Das Land Baden-Württemberg hat Ihre Gemeinde per Gesetz dazu verpflichtet, dass es eine Feuerwehr gibt. Auch das ist eine Weisungsaufgabe. Ihre Gemeinde kann aber über den Standort des Feuerwehrhauses und die Ausrüstung der Fahrzeuge selbst entscheiden.

Freiwillige Aufgaben

Es gibt keine Liste der „freiwilligen Aufgaben". In der Gemeindeordnung werden sie „öffentliche Aufgaben" genannt und jede Gemeinde entscheidet selbst, was genau diese Aufgaben sind. Viele Gemeinden geben beispielsweise Geld aus für ein Hallenbad, für öffentliche Büchereien und für ein Jugendzentrum oder sie unterstützen Vereine. Verpflichtet ist die Gemeinde dazu nicht. Der Gemeinderat entscheidet in jedem Jahr neu, für welche freiwilligen Aufgaben Geld ausgegeben wird.

1 *Erklären Sie mit eigenen Worten die Aufgaben der Gemeinde.*

2 *Untersuchen Sie anhand des Schaubilds (Abb. 2) den Haushalt einer Gemeinde.*

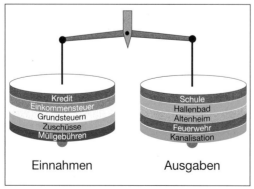

2 Der Haushalt einer Gemeinde.

Jugend engagiert sich

ⒿUGENDRAT

Jugendliche bestimmen mit

Auch wenn in Baden-Württemberg erst Erwachsene ab 18 Jahren wählen dürfen, haben Jugendliche schon viele Möglichkeiten, für ihre Interessen einzutreten und mitzubestimmen. In einigen Städten können sich Jugendliche von 14 bis einschließlich 18 Jahren an Jugendgemeinderatswahlen beteiligen oder sich wählen lassen. Jugendräte sollen sich zu Angelegenheiten in ihrer Stadt äußern und Wünsche und Ideen entwickeln, mit denen sich dann der Gemeinderat befassen muss.

3 Infostand eines Jugendparlaments. Foto, 2006.

Rahmenbedingungen für Jugendliche

Jugendräte werden in den Gemeinden mit dem Ziel eingerichtet, Jugendliche an der Gestaltung ihres Lebensumfeldes zu beteiligen. Sie sollen Vorschläge z. B. zum Bau von Spiel- und Sportanlagen, zu Umweltschutzaktionen, zum Bau von Radwegen oder dem Personennahverkehr entwickeln können. Damit Jugendliche wirklich Einfluss auf Entscheidungen der Stadt nehmen können, müssen verschiedene Voraussetzungen erfüllt sein:

– Anträge und Forderungen der Jugendräte sollten auch vom Gemeinderat besprochen werden;
– Entscheidungen über diese Anträge sollten bald erfolgen und nachvollziehbar sein;
– Vertreterinnen und Vertreter der Jugendräte sollten ein Rederecht in der Gemeindevertretung haben, um die Anliegen selbst darstellen zu können;
– und dem Jugendrat sollte ein bestimmtes Budget zur Verfügung stehen, damit er seine Arbeit finanzieren kann.

Allerdings können Entscheidungen in der Politik sehr lange dauern. Jugendliche brauchen für ihr politisches Engagement also einige Ausdauer und sollten nicht zu rasch aufgeben. Trotzdem kann es Spaß machen, in einem Jugendparlament mitzuarbeiten und zu sehen, dass man etwas bewegen kann.

Der Jugendrat in Stuttgart

Q2 In Stuttgart setzen sich seit der Jugendratswahl 2006 insgesamt 127 Jugendliche in acht Jugendratsgremien für die Belange ihrer Al-

tersgenossen ein. Jedem Gremium steht ein Budget von 2700,– Euro pro Jahr zur Verfügung, das zur Verwirklichung von Projekten verwendet werden kann. Natürlich werden städtebauliche Dinge, wie z. B. ein Basketball- oder Fußballplatz, vom Haushalt der Stadt finanziert. In Stuttgart gibt es viele Projekte, die ein Erfolg der Arbeit des Jugendrats sind. Hier eine Auswahl:

– das Einrichten einer weiteren Nachtbuslinie durch die Städtischen Verkehrsbetriebe;
– die Einführung eines verbilligten „School-Tickets" für Stuttgarter Schülerinnen und Schüler;
– die Ausweisung von Freiflächen für Graffiti;
– das Anlegen von Skateranlagen;
– ein Integrationsprojekt „Jugendliche helfen Jugendlichen";
– die Veranstaltung „Stuttgarter Jugendrat gegen Rassismus".

3 *Informieren Sie sich über Jugendparlamente in Gemeinden Ihrer näheren Umgebung. Wie finanzieren sie ihre Arbeit? Welche Rechte und Pflichten haben sie? Welche Schwerpunkte setzen sie?*

4 *Natürlich gibt es auch außerhalb des Jugendgemeinderats Gelegenheit, sich politisch zu betätigen. Erkundigen Sie sich im Rathaus, welche Möglichkeiten der Mitwirkung, z. B. in Jugendorganisationen von Verbänden, Vereinen und Parteien, es in Ihrer Gemeinde gibt.*

Entscheidungen in der Gemeinde

1 Die Bürgermeister testen den neuen Radweg, der ihre Gemeinden verbindet.

Ein Radweg entsteht

In Gesprächen und auf Bürgerversammlungen äußerten wiederholt Bürger einer Gemeinde den Wunsch nach einem Radweg zur Nachbargemeinde.

Der Bürgermeister versprach schließlich, dieses Anliegen im Gemeinderat zur Sprache zu bringen. Zu einer Sitzung erhielten die Gemeinderäte eine Einladung ins Rathaus. Der dritte Punkt der Tagesordnung lautete: „Anlage eines Radwegs".

Als der Punkt zur Verhandlung aufgerufen wurde, erinnerte der Bürgermeister an die Wünsche der Bürger nach einem Radweg. Er habe sich bereits mit dem Bürgermeister der Nachbargemeinde verständigt, der dieses Projekt unterstütze. Deshalb habe er von der Gemeindeverwaltung einen Antrag erstellen lassen, der nach Beratung durch Ausschüsse und Fraktionen jetzt zur Beratung im Gemeinderat anstehe:

Q1 Antrag

Der Gemeinderat möge beschließen: Parallel zur Ortsverbindungsstraße ist auf der rechten Seite ein geteerter Radweg zu errichten. Die erforderlichen Haushaltmittel sind im nächsten Gemeindehaushalt bereitzustellen. Diskussion und Abstimmung.

Vor der Abstimmung konnte sich jedes Gemeinderatsmitglied dazu äußern. Bei der abschließenden Abstimmung durch Handzeichen wurde der Antrag mit großer Mehrheit angenommen.

Die Verwaltung vollzieht Beschlüsse

Nach der Beschlussfassung im Gemeinderat wurde die Gemeindeverwaltung aktiv. Sie ist mit der Umsetzung der Gemeinderatsentscheidung beauftragt. Die Verwaltung untersteht dem Bürgermeister. Sie holte die entsprechenden Angebote für den Radwegbau ein und erteilte die Aufträge. Dabei muss sie sich aber stets an die Beschlüsse des Gemeinderats halten.

Gemeinderat und Bürgermeister

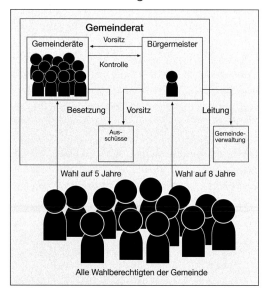

2 Die Gemeindeverfassung. Gemeindeordnung § 23 ff.

1 *Erklären Sie das Schaubild (Abb. 2). Erkundigen Sie sich, wer als Gemeinderat und wer als Bürgermeister wählbar ist.*
2 *Informieren Sie sich, welche Ausschüsse es in Ihrem Gemeinderat gibt. Was sind ihre Aufgaben? Welche Rechte haben sie?*
3 *Informieren Sie sich über Ihre Gemeindeverwaltung. Wie viele Menschen arbeiten dort? Was sind ihre Aufgaben? Gibt es in der Gemeindeverwaltung Ausbildungsplätze?*

Nicht immer, aber doch häufig tagt der Gemeinderat öffentlich. Dies ermöglicht Ihnen, an einer Sitzung teilzunehmen und einen Einblick in die Arbeit vor Ort zu erhalten. Um Ihren Besuch zu einem Erfolg werden zu lassen, sollten Sie ihn vorbereiten und auswerten. Dazu können Sie in verschiedenen Schritten vorgehen.

1. Schritt: Kontaktaufnahme

Erkundigen Sie sich bei der Gemeindeverwaltung nach dem Termin und der Tagesordnung der nächsten Gemeinderatssitzung. Aufgrund der anstehenden Themen ist nicht jede Sitzung für Schüler aufschlussreich. Stimmen Sie deshalb Ihren Besuch mit der Gemeindeverwaltung oder dem Bürgermeister ab.

2. Schritt: Vorbereitung

– Um die Ereignisse in der Sitzung besser verstehen zu können, muss man einige Sachverhalte kennen.
Informieren Sie sich über
a) den Ablauf einer Sitzung,
b) die beteiligten Fraktionen und Ausschüsse,
c) aktuelle Projekte Ihrer Gemeinde und den Gemeindehaushalt.
– Halten Sie offene Fragen fest, die Sie dem Bürgermeister oder einem Gemeinderat stellen können.
– Vielleicht können Sie einen Gemeinderat in den Unterricht einladen und zu den in der Tagesordnung anstehenden Problemen befragen. Nützlich ist es auch, sich zur Vorbereitung des Besuchs einen Sitzplan des Gemeinderats zu besorgen.

Eine Gemeinderatssitzung.

– Besprechen Sie, was Sie während der Gemeinderatssitzung beobachten wollen. Verteilen Sie verschiedene Beobachtungsaufträge für jede Gruppe, z. B.
a) zu den einzelnen Tagesordnungspunkten,
b) zu unterschiedlichen Meinungen,
c) zu den Abstimmungsergebnissen,
d) zum Ablauf der Sitzung,
e) zur Rolle des Bürgermeisters.

3. Schritt: Durchführung

Vielleicht können Sie etwas früher ins Rathaus kommen und sich von einem Verwaltungsangestellten oder dem Vertreter des Bürgermeisters in die bevorstehende Sitzung einweisen lassen.
Nehmen Sie Block, Stift und Schreibunterlage mit in den Sitzungssaal. Verfolgen Sie den Ablauf der Sitzung, eventuelle Debatten und Abstimmungen und notieren Sie, was für Ihre Beobachtungsaufgabe wichtig ist. Schreiben Sie auf, wenn Ihnen etwas auffällt oder unklar bleibt. Vielleicht können Sie im Anschluss an die Sitzung den Bürgermeister dazu befragen.

4. Schritt: Auswertung

Die Gruppensprecher berichten über ihre Beobachtungsergebnisse. Schildern Sie sich gegenseitig Ihre Eindrücke und Empfindungen. Nehmen Sie Stellung zu den Entscheidungen des Gemeinderats.
1 *Spielen Sie nach Ihrem Besuch die Gemeinderatssitzung nach.*
2 *Interviewen Sie den Bürgermeister oder einen Gemeinderat über seine Arbeit (siehe S. 242/243).*
3 *Sie können sich mithilfe einer Fragebogenaktion darüber informieren, was in der Öffentlichkeit über die Arbeit des Gemeinderats bekannt ist. Mögliche Fragen könnten sein:*
– *Haben Sie bei der letzten Kommunalwahl gewählt?*
– *Besuchen Sie Sitzungen des Gemeinderats öfter/selten/nie?*
– *Welche Parteien sind im Gemeinderat vertreten?*
– *Lesen Sie Berichte über die Gemeinde in der Lokalzeitung regelmäßig/selten/nie?*
– *Informieren Sie sich im Amtsblatt der Gemeinde regelmäßig/selten/nie?*
– *Nennen Sie die Namen der Bürgermeister und der Fraktionsvorsitzenden im Gemeinderat.*

Kommunalwahlen

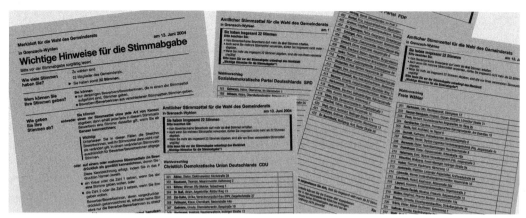

1 Stimmzettel zur Wahl des Gemeinderats.

Wahl des Gemeinderats

Je nach Größe der Gemeinde wählen die Wahlberechtigten zwischen acht und achtzig Gemeinde- bzw. Stadträte. Jeder Wahlberechtigte hat so viele Stimmen zu vergeben, wie Räte zu wählen sind.

Allerdings hat der Wähler in Baden-Württemberg viele Möglichkeiten, seine Stimme auf die verschiedenen Kandidaten der Parteien und Bürgergruppen zu verteilen:

Listenwahl: Gibt man einen Stimmzettel ohne jede Markierung ab, so erhält jeder Kandidat, der in diesem Wahlvorschlag genannt ist, eine Stimme.

Listenspringen: Der Wähler kann sich aber auch geeignete Kandidaten aussuchen und so seinen Gemeinderat zusammenstellen. Dieses Springen zwischen den Listen nennt man „Panaschieren".

Häufeln (Kumulieren): Einzelnen Kandidaten kann der Wähler bis zu drei Stimmen geben. Der Wähler muss aber aufpassen, dass er insgesamt nicht mehr Stimmen verteilt, als Gemeinderatsmitglieder zu wählen sind; sonst ist der Stimmzettel ungültig.

2 Wählerin bei der Stimmabgabe.

1 *Finden Sie im abgebildeten Merkblatt auf der rechten Seite die Hinweise zur Listenwahl, zum Panaschieren und Kumulieren und erklären Sie anschließend die Wahlverfahren mit eigenen Worten.*

2 *Überlegen Sie, welche besonderen Vorteile das Kumulieren und das Panaschieren bieten.*

3 *Informieren Sie sich über die letzten Wahlergebnisse Ihrer Gemeinde.*

4 *In Niedersachsen dürfen seit 1996 bereits 16-Jährige an den Kommunalwahlen teilnehmen. Wie denken Sie darüber?*

Merkblatt für die Wahl des Gemeinderats
in Grenzach-Wyhlen

am 13. Juni 2004

Wichtige Hinweise für die Stimmabgabe

Bitte vor der Stimmabgabe sorgfältig lesen!

Wie viele Stimmen haben Sie?	Zu wählen sind 22 Mitglieder des Gemeinderats. ▸ Sie haben somit 22 Stimmen.

Wem können Sie Ihre Stimmen geben?

Sie können
• denjenigen Bewerbern/Bewerberinnen, die auf einem der Stimmzettel stehen,
• Bewerbern/Bewerberinnen aus verschiedenen Stimmzetteln
Stimmen geben.

Wie geben Sie Ihre Stimmen ab?

Sie können

entweder **einen der Stimmzettel ohne jede Art von Kennzeichnung (unverändert)** abgeben; dann erhält jeder/jede in diesem Stimmzettel aufgeführte Bewerber/Bewerberin eine Stimme; dasselbe gilt, wenn Sie **einen der Stimmzettel im Ganzen kennzeichnen;**

> **Wichtig:**
> Unterlassen Sie in diesen Fällen die Streichung einzelner Bewerber/Bewerberinnen, weil Ihr Stimmzettel dann nicht mehr als unverändert, sondern als verändert gilt. In einem veränderten Stimmzettel zählen nur die von Ihnen ausdrücklich für Bewerber/Bewerberinnen abgegebenen Stimmen als gültige Stimmen.

oder **auf einem oder mehreren Stimmzetteln die Bewerber/Bewerberinnen ausdrücklich als gewählt kennzeichnen, denen Sie Stimmen geben wollen.**
Diese Kennzeichnung erfolgt, indem Sie in das Kästchen hinter dem vorgedruckten Namen jeweils
• ein Kreuz oder die Zahl 1 setzen, wenn Sie dem Bewerber/der Bewerberin **eine** Stimme geben wollen, oder
• die Zahl 2 oder die Zahl 3 setzen, wenn Sie ihm/ihr **zwei** oder **drei** Stimmen geben wollen.
Bewerber/Bewerberinnen, deren vorgedruckter Name von Ihnen nicht ausdrücklich gekennzeichnet ist, erhalten keine Stimme; es genügt deshalb nicht, etwa nur die Bewerber/Bewerberinnen zu streichen, die keine Stimme erhalten sollen.
Sofern Sie **nur einen Stimmzettel benutzen** und dabei auch Bewerbern/Bewerberinnen **aus anderen Stimmzetteln** Stimmen geben wollen, so tragen Sie deren Namen in die freien Zeilen des Stimmzettels ein, den Sie für Ihre Stimmabgabe verwenden. Durch die Eintragung erhält der Bewerber/die Bewerberin **eine** Stimme; wollen Sie ihm/ihr **zwei** oder **drei** Stimmen geben, so setzen Sie in das Kästchen hinter dem eingetragenen Namen die Zahl 2 oder 3.

> **Wichtig:**
> Kein Bewerber/keine Bewerberin darf mehr als drei Stimmen erhalten.

Bitte beachten Sie:

Ihre Stimmabgabe ist ungültig
▸ wenn Sie auf den von Ihnen verwendeten Stimmzetteln insgesamt mehr als 22 gültige Stimmen abgeben,
▸ wenn Sie den/die verwendeten Stimmzettel ganz durchstreichen, durchreißen oder durchschneiden.

3   Merkblatt für die Wahl zum Gemeinderat.

Das Land Baden-Württemberg

1 Plakat 1951.

2 Plakat 1951.

Reinhold Maier,
(1889–1971)
FDP, erster Minister-
präsident Baden-
Württembergs.

Leo Wohleb,
(1888–1955)
CDU, Ministerpräsi-
dent von Baden,
Gegner des Südwest-
staates.

Carlo Schmid,
(1896–1979)
SPD, 1947 Präsi-
dent der proviso-
rischen Regierung in
Württemberg-Hohen-
zollern.

Streit um eine Neugliederung

Nachdem im Juli 1948 die Ministerpräsidenten der Länder von den Westalliierten den Auftrag bekommen hatten, eine verfassunggebende Versammlung für Deutschland einzuberufen, wurde auch die Frage der Neugliederung der Länder aktuell. Die Ministerpräsidenten der drei südwestdeutschen Länder trafen sich auf dem Hohenneuffen zu Beratungen über eine Neugliederung des Südwestens. Vor allem der Badener Ministerpräsident Leo Wohleb wehrte sich gegen einen Zusammenschluss der drei Länder. Er wollte eine Wiederherstellung der alten Länder Baden und Württemberg. Wohleb befürchtete, dass Baden bei einem Zusammenschluss zu sehr vom größeren Württemberg abhängig werden könnte, während die Befürworter eines Südweststaates vor allem die Verwaltungsvereinfachung und eine stärkere Wirtschaftskraft ins Feld führten.

1 *Stellen Sie mithilfe der Abbildungen Argumente der Befürworter und Gegner des Südweststaates dar.*

Baden-Württemberg entsteht

Die Verhandlungen zogen sich weitgehend ergebnislos hin. In der Zwischenzeit hatte der Parlamentarische Rat das Grundgesetz verabschiedet. Artikel 118 schrieb die Mitwirkung des Bundes vor, falls sich die Länder nicht auf eine Neugliederung einigen könnten. Nach monatelangem Streit über das Abstimmungsverfahren wurde zunächst eine informative Probeabstimmung in der Bevölkerung abgehalten. Sie war für die Anhänger des Südweststaates enttäuschend. Nun verabschiedete der Bundestag ein weiteres Gesetz über die Neugliederung, das die Bezirke für die Volksabstimmung einrichtete. Vier Regionen wurden festgelegt: Nord- und Südwürttemberg sowie Nord- und Südbaden. Eine Mehrheit in drei der vier Bezirke war für die Gründung eines Südweststaates notwendig. Im Dezember 1951 stimmte eine klare Mehrheit der Bevölkerung für den Südweststaat, nur in Südbaden sprach sich ein großer Teil der Bevölkerung gegen den Zusammenschluss aus. Am 25. April 1952 konnte Reinhold Maier als Ministerpräsident schließlich die Landesregierung des neuen Bundeslandes Baden-Württemberg vorstellen.

2 *Beurteilen Sie aus heutiger Sicht: Haben sich die Befürchtungen der Südweststaatgegner als berechtigt erwiesen?*

Die Entstehung Baden-Württembergs

3 Reinhold Maier wird erster Ministerpräsident des neuen Bundeslandes.
Comic aus „Sauschwobe und Gelbfiaßler".

3 Fragen Sie in Ihrer Gemeindeverwaltung nach, wie die Volksabstimmung in Ihrem Heimatort ausgegangen ist.

4 Was ist damit gemeint, dass „die Wunden mit der Zeit" hoffentlich „heilen werden"?

Der Landtag ...

Das Landeswappen Baden-Württembergs.

Das Wahlsystem

Die Landtagswahl in Baden-Württemberg – sie findet alle fünf Jahre statt – ist eine Verbindung von Persönlichkeits- und Verhältniswahl. Jeder Wahlberechtigte kann eine Stimme abgeben und wählt damit einen Wahlkreiskandidaten. Direktmandate erhalten die Kandidaten, die in den 70 Wahlkreisen jeweils die Stimmenmehrheit erzielen.

Weitere 50 Mandate werden entsprechend dem Stimmenverhältnis der Parteien in den Regierungsbezirken vergeben. Vor der Verteilung werden jeder Partei zunächst die Direktmandate abgezogen. Gewinner sind diejenigen Kandidaten, die zwar kein Direktmandat, aber im Vergleich zu den übrigen Kandidaten die höchsten Stimmenzahlen erreicht haben. Zweitmandate erhalten nur die Parteien, die auf Landesebene fünf Prozent der Stimmen erreicht haben.

1 *Warum ist das Wahlsystem in Baden-Württemberg eine Mischung aus Persönlichkeits- und Verhältniswahl?*

Der Landtag macht Gesetze

M1 Es gibt drei Möglichkeiten, einen Gesetzesvorschlag in das Parlament einzubringen. Das sogenannte Gesetzesinitiativrecht haben:
1. die Abgeordneten,
2. die Landesregierung und
3. das Volk.
1. Gesetzentwürfe aus der Mitte des Landtags müssen von mindestens acht Abgeordneten oder einer Fraktion unterzeichnet sein.

Die Entwürfe werden dann im Plenum in zwei oder drei Beratungen, sogenannten Lesungen, behandelt. Das Gesetz wird mit der Mehrheit der abgegebenen Stimmen im Landtag beschlossen. Ausnahme: Gesetze, die eine Änderung der Verfassung betreffen, brauchen eine Zweidrittelmehrheit.

2. In der Praxis geht die Gesetzesinitiative immer mehr auf die Landesregierung über. Der überwiegende Teil der Gesetzentwürfe wird in den Fachministerien von Fachbeamten erarbeitet. Diese Gesetzentwürfe werden von der Landesregierung in den Landtag eingebracht.

3. Die Gesetzgebung kann in Baden-Württemberg aber auch durch das Volk ausgeübt werden. Das Volksgesetzgebungsverfahren ist in der Landesverfassung (Art. 59 und 60) geregelt. Wenn mindestens ein Sechstel der Wahlbevölkerung – das sind derzeit rund 1,2 Millionen Menschen – ein Volksbegehren unterstützt, muss der Landtag den Gesetzentwurf des Volkes behandeln. Stimmen die Abgeordneten zu, so ist das Gesetz zustande gekommen.

Billigt der Landtag das Volksbegehren nicht so, wie es ist, gibt es eine Volksabstimmung. Die Abgeordneten können dabei einen eigenen Entwurf mit vorlegen. Das Gesetz ist durch Volksabstimmung angenommen, wenn mindestens ein Drittel der Stimmberechtigten mit Ja stimmt. Bei verfassungsändernden Gesetzen muss mehr als die Hälfte der Stimmberechtigten zustimmen.

... und die Landesregierung

2 Mitglieder der Landesregierung. Foto, 2006.

2 *Erklären Sie die drei Möglichkeiten, Gesetzesvorschläge in den Landtag einzubringen.*

Das „Königsrecht" des Parlaments

M2 Das Recht des Parlaments, über den Landeshaushalt und damit über die Verwendung der öffentlichen Gelder zu bestimmen, wird auch das „Königsrecht" des Parlaments genannt. Warum? Ganz einfach: Ohne Geld kann ein Großteil der politischen Vorhaben nicht umgesetzt werden. Wie viele neue Lehrerinnen und Lehrer sollen eingestellt werden? Wie stark sollen die Landkreise und Ge-

meinden finanziell unterstützt werden, etwa mit Zuschüssen für die Schülerbeförderung? Das sogenannte Etatrecht ist vor allem auch eine Kontrollmöglichkeit des Parlaments gegenüber der Regierung. Die Regierung muss bis ins Detail offenlegen, welche Ausgaben sie vorgesehen (und getätigt) hat.

3 *Erläutern Sie, warum das Haushaltsrecht auch „Königsrecht" genannt wird.*
4 *Erarbeiten Sie mithilfe der Grafik (Abb. 3) die Kontrollmöglichkeiten des Parlaments.*

Internettipp:
Unter www.landtag-bw.de können Sie den Landtag virtuell besuchen. Sie können sich z. B. über die aktuelle Zusammensetzung informieren oder über die Abgeordneten aus einem Wahlkreis.

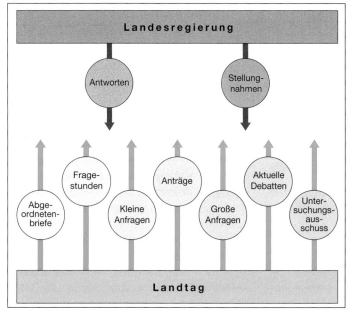

3 Kontrollinstrumente des Parlaments gegenüber der Landesregierung.

253

Projekt: Schüler befragen Abgeordnete

1 Schülerinnen und Schüler zu Besuch im Landtag.

Die Fragen zu den beiden folgenden Interviews hat eine Schulklasse der Schillerschule Esslingen erarbeitet und Abgeordneten aus allen vier Fraktionen des Landtags gestellt.

Klaus Herrmann, seit 1996 für die CDU Mitglied des Landtags von Baden-Württemberg.

Internettipp:
Der Landtag überträgt seine Plenardebatten auch live im Internet (www.land tag-bw.de)

M1 *Herr Herrmann, wie sieht denn ein typischer Arbeitstag von Ihnen aus?*
Im Regelfall arbeite ich morgens von acht bis zehn Uhr von zu Hause aus. Dies umfasst vor allem Telefonate, da am Vormittag unter anderem Behörden am einfachsten zu erreichen sind. Anschließend bin ich in meinem Wahlkreis unterwegs, besuche zum Beispiel Insti-

tutionen und führe Gespräche. Abends besuche ich Veranstaltungen in meinem Wahlkreis oder stehe bei Zusammenkünften mit der CDU Rede und Antwort. An Sitzungstagen bin ich bereits ab 9 Uhr im Landtag. Dort finden Arbeitskreis-, Ausschuss- oder Plenarsitzungen statt. Neben meinem Mandat leite ich noch als stundenweise Beschäftigung ein Stadtarchiv und bin Dozent für Kommunalrecht an der Fachhochschule für Verwaltung. Diese Arbeit mache ich an den sitzungsfreien Tagen.
Welche Kontakte zur jüngeren Generation haben Sie?
Ich habe regelmäßig Kontakt zu den Jugendräten in meinem Wahlkreis. In den Sommerferien habe ich eine Jugendsommerfreizeit besucht. Außerdem habe ich ein sehr gutes Verhältnis zu der politischen Jugendorganisation meiner Partei, der Jungen Union. In regelmäßigen Abständen treffen wir uns und tauschen unsere Meinungen aus. Regelmäßig besuchen mich im Landtag auch Jugend- und Schülergruppen, mit denen ich nach dem Besucherprogramm immer in eine Diskussion eintrete.
Was finden Sie denn an Ihrer Arbeit spannend und interessant?
Spannend und interessant finde ich, dass ich vielen Menschen schon bei kleinen Anliegen helfen und ihnen Wege aufzeigen kann, wie

Projekt: Schüler befragen Abgeordnete

ihre Probleme gelöst werden können. Und dass ich meine eigenen politischen Vorstellungen und Ideen mit in die politische Diskussion einbringen kann.

Carla Bregenzer, seit 1992 für die SPD Mitglied des Landtags von Baden-Württemberg.

M2 *Verraten Sie uns, wie viel Sie als Abgeordnete verdienen?*

Mein Verdienst als Landtagsabgeordnete setzt sich aus zwei Teilen zusammen. Zum einen erhalte ich Diäten: zwölfmal im Jahr – ohne Urlaubs- und Weihnachtsgeld – derzeit 4666 Euro, ab Februar 2005 jeweils 4750 Euro, die ich, wie jede Bürgerin und jeder Bürger auch, versteuern muss. Die Diäten entsprechen dem Verdienst, den ich als Vollzeitsprachheillehrerin mit deutlich weniger Zeitaufwand hätte. Zum Zweiten erhalte ich für meine Ausgaben eine monatliche Pauschale von 1692 Euro, die sich aus einer Unkosten-, einer Tagegeld- und einer Reisekostenpauschale zusammensetzt.

Was müssen Sie von diesem „Gehalt" für Ihre Arbeit als Abgeordnete alles bezahlen?

Von meinen Diäten zahle ich Abgaben an die SPD im Kreis, aus dem ich komme, denn die unterstützt mich auch im Wahlkampf. … An die Landes-SPD leiste ich eine Abgabe, da von dort aus die Landtagswahlkampfkonzeption – z.B. Werbematerial, Broschüren, Plakate – zentral organisiert wird. Die Fraktion erhält eine Abgabe für die Fraktionsarbeit. Natürlich zahle ich auch einen höheren Mit-

gliedsbeitrag an die Partei und viele, viele Beiträge und Spenden an Vereine und Organisationen im Wahlkreis und darüber hinaus. Das sind rund 7500 Euro im Jahr. Die Pauschalen sind für meine Ausgaben durch Fahrten im Wahlkreis, im ganzen Land zu Veranstaltungen und nach Stuttgart, für mein Wahlkreisbüro mit Miete, Ausstattung, Gerätekosten, Telefon und Porto. Die Pauschalen reichen für meine Arbeit nicht aus. Aber das liegt daran, dass ich für meine Aufgabe im Landtag viel unterwegs bin und viele Briefe schreibe.

Was könnte man Ihrer Meinung nach tun, um junge Menschen mehr für die Politik zu interessieren?

Vor allem die Schule kann durch einen guten Gemeinschaftskundeunterricht Interesse wecken. Wenn junge Menschen neugierig werden auf Politik, dann verstehen sie, dass unsere Demokratie und die gewählten Politikerinnen und Politiker die Grundlagen legen und den Rahmen schaffen auch für ihre Zukunft. Ist das Interesse geweckt, sind die Jugendorganisationen der Parteien gute Betätigungsfelder. Auch die überparteilichen Seminare der Landeszentrale für politische Bildung sind interessant. Ist die Neugier geweckt, ist ein Praktikum bei einer Politikerin oder einem Politiker spannend. Ich lade jeden und jede herzlich ein, mich einmal einen Tag, eine Woche oder auch länger bei meiner Arbeit zu begleiten.

Die vollständigen Interviews sind abgedruckt in der Zeitschrift „Politik & Unterricht", hg. v. der Landeszentrale für politische Bildung Baden-Württemberg, Nr. 4, 2004, S. 49 f.

1 *Verschaffen Sie sich mit den Interviewauszügen einen Eindruck von der Arbeit der Landtagsabgeordneten. Notieren Sie Aussagen, die Ihnen wichtig erscheinen.*

2 *Entwerfen Sie für den Landtagsabgeordneten aus Ihrem Wahlkreis einen Interviewbogen mit Fragen, die Sie interessieren. Sie können den Fragebogen an den Abgeordneten schicken oder ihn in Ihre Schule einladen (siehe die Methodenseite „Ein Interview durchführen", S. 242/243).*

Exkursionstipp:
Der Landtag führt Besuchsprogramme für Schulklassen durch. Sie können den Landtag an Plenarsitzungstagen, an anderen Sitzungstagen sowie in der sitzungsfreien Zeit besuchen. Die Besuche werden vom Landtag gefördert und finanziell unterstützt. Nähere Informationen finden Sie im Internet unter www.landtag-bw. de.

Viele Staaten – ein Bund

1 Das Land Baden-Württemberg in der Bundesrepublik Deutschland.

Deutschland – ein Bundesstaat

Die Bundesrepublik Deutschland ist aus den Ländern der westlichen Besatzungszonen entstanden, die sich 1949 zur Bundesrepublik zusammengeschlossen haben (siehe S. 285). Nach dem Ende der Deutschen Demokratischen Republik traten am 3. Oktober 1990 fünf weitere Länder der Bundesrepublik bei (siehe S. 305).

Die Bundesrepublik ist föderal aufgebaut. Der Begriff „Föderalismus" (lateinisch: foedus = Vertrag, Bündnis) steht für die politische Idee des Bundesstaates, in dem die Aufgaben und die Staatsgewalt zwischen dem Bund und den Mitgliedstaaten (Ländern) verteilt werden.

1 *Erläutern Sie den Begriff „Föderalismus".*

Bundesstaat – Einheitsstaat

Während im Einheitsstaat (wie z. B. in Frankreich) die zentrale Staatsgewalt alle politischen Entscheidungen für das ganze Staatsgebiet trifft, sind im Bundesstaat die Aufgaben zwischen der Bundesregierung und den Länderregierungen aufgeteilt. Wer wofür zuständig ist, wird durch das Grundgesetz geregelt.

2 Die bundesstaatliche Ordnung.

Viele Staaten – ein Bund

Jedes Land im Bundesstaat hat Staatsqualität: Es hat eine eigene Verfassung, ein eigenes Parlament, eine eigene Regierung und einen Staats- bzw. Verfassungsgerichtshof. Das Land Baden-Württemberg kann in bestimmten Bereichen Gesetze verabschieden, die nur für Baden-Württemberg gelten. Gleichzeitig ist Baden-Württemberg als Teil des Bundesstaates durch die Gesetzgebungskompetenz des Bundes beschränkt.

2 *Schlagen Sie im Grundgesetz nach (Artikel 70–75) und informieren Sie sich über die Aufgabenverteilung zwischen Bund und Ländern.*
3 *Erklären Sie die Aussage der Karikatur (Abb. 3).*

3 „… **Ohne mich läuft gar nichts hier.**" Karikatur Mester.

Der Bundesrat

In den Bundesrat, die Vertretung der Bundesländer auf Bundesebene, entsenden die Landesregierungen je nach der Größe des Bundeslandes zwischen zwei und sechs Mitglieder ihrer Landesregierung. Wenn der Bundesrat und der Bundestag bei einer Gesetzesvorlage zu keinem gemeinsamen Ergebnis kommen, kann die Bundesregierung, der Bundestag oder der Bundesrat den Vermittlungsausschuss* anrufen. In ihm sitzen in gleicher Anzahl Abgeordnete aus dem Bundestag und Landesminister aus dem Bundesrat. In den meisten Fällen gelingt es dem Vermittlungsausschuss, eine Einigung über eine Gesetzesvorlage zu finden.

Geben und Nehmen im Bundesstaat

 Sind Sie eigentlich Geber oder Nehmer? Das wissen Sie nicht? Wenn Sie in Hessen wohnen und dort Steuern bezahlen oder in Baden-Württemberg, in Bayern, in Nordrhein-Westfalen oder in Hamburg – dann sind Sie ein Geber. Wohnen Sie in einem der elf anderen Bundesländer, dann sind Sie ein Nehmer. Wie das? Die Geber geben von ihren Steuern, die sie in ihrem Bundesland bezahlen, ihren Landsleuten in anderen Bundesländern etwas ab. … Warum? Weil es denen wirtschaftlich nicht so gut geht wie den Geberländern und sie deshalb auch weniger Steuereinnahmen haben. Woher kommt dieser Edelmut der Geber? Das Grundgesetz verlangt es so. Artikel 72 fordert „die Herstellung gleichwertiger Lebensverhältnisse im Bundesgebiet" und Artikel 106 „die Einheitlichkeit der Lebensverhältnisse im Bundesgebiet". Zu diesem Zweck heißt es in Artikel 107: „Durch … Gesetz ist sicherzustellen, dass die unterschiedliche Finanzkraft der Länder angemessen ausgeglichen wird." O.K. Aber was ist bei diesem sogenannten Länderfinanzausgleich „angemessen"? … Im Juni 2001 einigten sich die Bundesländer nach ausgiebigen Diskussionen darüber, wie es mit dem finanziellen Ausgleich in Zukunft aussehen soll. 20 Jahre soll der Kompromiss halten. Da darf man gespannt sein.

4 *Was bedeutet der Länderfinanzausgleich (M1)? Erklären Sie mit eigenen Worten.*
5 *Informieren Sie sich im Internet über die derzeit geführte Föderalismusdiskussion. Berichten Sie über beschlossene Reformen.*

Vermittlungsausschuss*:
Der Vermittlungsausschuss besteht aus 32 Mitgliedern, die Bundestag und Bundesrat je zur Hälfte entsenden. Er wird tätig, wenn ein Gesetzesbeschluss des Bundestages auf Einwände des Bundesrates stößt.

Internettipps:
Informationen zum Bundesrat:
www.bundesrat.de
Informationen zu den Ländern:
www.foederalion.de

4 **Eines von 16 Länderparlamenten: Der Landtag von Baden-Württemberg.**

Medien – die vierte Gewalt?

1 „Bitte sehr – unser Entwurf für das optimale Politikerprofil in Wahlkampfzeiten!" Karikatur Mester.

Medien*:
Mittel der Kommunikation, die mit und ohne technische Hilfsmittel erfolgen können. Medien vermitteln Informationen und prägen Meinungen.

Politische Aufgaben der Medien*

Der Ausdruck „vierte Gewalt" (neben der gesetzgebenden, ausführenden und richterlichen Gewalt) hebt die besondere Bedeutung der Massenmedien für die demokratische Gesellschaft hervor. Sie machen politische Entscheidungen durchschaubar, indem sie Bürgerinnen und Bürger informieren und politische Zusammenhänge erklären. Und sie üben eine wichtige Funktion aus, indem sie Politiker kontrollieren, Machtmissbrauch, Ämterwillkür und Korruption aufdecken.

Politik und Fernsehen

Politikerinnen und Politiker versuchen in den Massenmedien präsent zu sein, um möglichst viele Menschen, Wählerinnen und Wähler, zu erreichen. Das Fernsehen ist besonders begehrt wegen der hohen Einschaltquoten, aber auch weil die Menschen stärker durch das Sehen beeinflusst werden als durch Hören und Lesen. Viele Zuschauer interessiert an den Politikern mehr ihr Aussehen oder ihre Kleidung als ihre politischen Aussagen. Kritiker befürchten, dass Politik im Fernsehen zur reinen Unterhaltung verkommt. Und tatsächlich wird schon von „Infotainment" gesprochen. Der Begriff verbindet „information"

(Information) und „entertainment" (Unterhaltung). Statt seriöser Nachrichten werden unterhaltsame Neuigkeiten oder gar „action news" gesendet. Kaum ein Politiker kann es sich heute leisten, die bunte Welt der Unterhaltung links liegen zu lassen. Im Gegenteil, Politiker werden für derartige Auftritte professionell geschult. Der „Feel-Good-Faktor" („Wohlfühlfaktor") ist zu einer unverzichtbaren Voraussetzung eines erfolgreichen Wahlkampfs geworden.

Meinungen zum Verhältnis Medien und Demokratie

Thomas Meyer, Politikwissenschaftler:
M1 Die schwierigen Prozesse der Politik schrumpfen in der Bearbeitung der Medien für ein großes Publikum häufig auf unterhaltsame Bilder der Stars der Politik. Der Bundeskanzler, der mit Bürgern eine Bockwurst isst, entschlossen auf einem Kriegsschiff steht oder in der Talkshow Witze reißt.

Thomas Petersen, Meinungsforscher:
M2 Die Bevölkerung folgt in ihrer Meinungsbildung in Bezug auf politische Fragen in sehr vielen Fällen dem Tenor der Berichterstattung nach.

Medien – die vierte Gewalt?

Artikel aus einer Berliner Schülerzeitung:
M3 Politik ist POP. Sie muss POPulär sein, sie muss sich verkaufen können. Mit denselben Mitteln, mit denen die 13. Boygroup auf den Markt gebracht wird, wird Politik verkauft.

Jürgen Falter, Politikwissenschaftler:
M4 Politikshows dienen aus Sicht der Politiker weniger der Analyse als vielmehr ihrer Selbstdarstellung. Die Politiker sind meistens Medienprofis.

Horst Pötzsch, Politikwissenschaftler:
M5 Freie Medien sind ein unverzichtbarer Bestandteil der demokratischen Gesellschaft.

Medienkonzentration

Medien kontrollieren nicht nur Mächtige, die Medienbetriebe stellen auch selbst große Machtapparate dar. 65 Prozent aller verkauften Zeitungen und Zeitschriften stammen von nur vier großen Konzernen: Bertelsmann, Springer, Burda und Bauer. Diese Mediengiganten besitzen auch hohe Marktanteile bei den privaten Fernsehsendern und damit eine große Machtfülle. Daraus können Gefahren entstehen: Einschränkung der Pressefreiheit, Abhängigkeiten von Werbekunden, politische Einflussnahme.

1 Welchen der Behauptungen in M1–5 stimmen Sie zu? Begründen Sie.

2 Was ist Ihrer Meinung nach für einen erfolgreichen Auftritt eines Politikers im Fernsehen wichtig? Nennen Sie sechs Merkmale.

3 Erläutern Sie, was die Karikatur (Abb. 1) kritisiert.

4 Zeichnen Sie Nachrichtensendungen, politische Magazine oder Talkshows auf. Beobachten Sie das Verhalten von Politikern vor der Kamera und beschreiben Sie: Redeweise, Körpersprache, Kleidung, Frisur, Gesamteindruck. Vergleichen Sie die Nachrichtensendungen eines öffentlich-rechtlichen und eines privaten Kanals und achten Sie besonders auf: Länge der Sendung, Sendezeit, Ablauf, Aufbau, Anteile verschiedener Bereiche, Infotainment-Elemente.

5 Erklären Sie den Ausdruck „vierte Gewalt".

6 Diskutieren Sie über die politische Bedeutung der Medienkonzentration in der Hand weniger Unternehmen (Verfassertext).

7 „Die Pressefreiheit … [wird] gewährleistet. Eine Zensur findet nicht statt." (Art. 5, Abs. 1 des Grundgesetzes für die Bundesrepublik Deutschland. Siehe auch S. 285). Bewerten Sie vor dem Hintergrund des Artikels 5 (1) GG den Zeitungsausriss (Abb. 2).

Regionalzeitung stellt Redakteurin wieder ein

Die Regionalzeitung „Badische Neueste Nachrichten" stellt eine zuvor fristlos gekündigte Redakteurin nach Kritik bundesweiter Medien wieder ein. Die Journalistin hatte einen kritischen Bericht über einen der größten Anzeigenkunden des Blattes geschrieben.

… Der baden-württembergische DJV-Vorsitzende Karl Geibel sprach von einem „ungeheuerlichen Vorgang" und der „Selbstaufgabe der Pressefreiheit durch ein Unternehmen". Die „BNN" sei „wirtschaftlichem Druck" gefolgt. Lidl ist ein großer Anzeigenkunde der BNN, der jährlich Annoncen im Wert von bis zu 1,4 Millionen Euro schaltet.

Der Chefredakteur der BNN, Klaus Michael Baur, sagte, es habe zwar nach dem Artikel eine „Unmutsbekundung von Lidl" gegeben. Der Discounter habe aber die Zeitung nicht erpresst, die 38-jährige Redakteurin zu entlassen. „Es hat nie eine Einflussnahme von Lidl auf die Berichterstattung und nie Druck wirtschaftlicher Art gegeben", betonte Baur.

Markenzeichen der Pressefreiheit: Offene Kritik an der Regierung.

2 Versuchte Einflussnahme durch einen Konzernriesen?

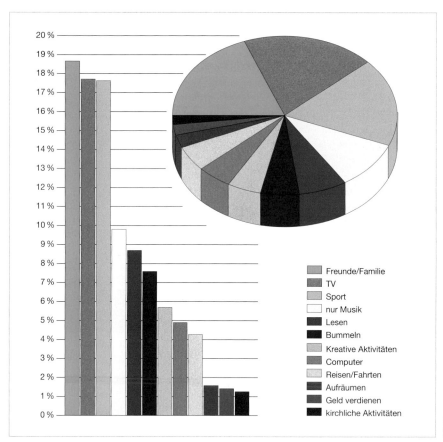

Freunde/Familie
TV
Sport
nur Musik
Lesen
Bummeln
Kreative Aktivitäten
Computer
Reisen/Fahrten
Aufräumen
Geld verdienen
kirchliche Aktivitäten

1 Freie Zeit – Medienzeit?
Freizeitstatistik.

Die Schülerinnen und Schüler einer Berufsfachschulklasse in Esslingen wollten durch Umfragen genauer untersuchen, welche Bedeutung Medien für ihren Alltag haben. Als Erstes haben sie überlegt, welche Fragen sie besonders interessieren und welche Aktivitäten sie unternehmen könnten. Alle Vorschläge und Ideen zum Thema wurden notiert und an einer Pinnwand angeordnet. Natürlich hatten die Schülerinnen und Schüler viel mehr Ideen, als sich tatsächlich durchführen ließen. Sie mussten sich auf wenige Teilumfragen beschränken, die sie in Gruppen erarbeiteten.

Eine Gruppe hat eine Woche lang beobachtet, was sie in ihrer freien Zeit getan hat. Das Ergebnis wurde in zwei Diagrammen dargestellt, in einem Kreis- und einem Säulendiagramm (Abb. 1).
Eine andere Gruppe wollte mit einem Fragebogen herausfinden, über welche Medien Schülerinnen und Schüler ihrer Klasse verfügen. Dabei unterschieden sie zwischen der Verfügbarkeit im Haushalt und dem Eigenbesitz. Um eine Hitliste der Medien zu erstellen, wurde gleich mitgefragt, auf welches Medium die Schülerinnen und Schüler der Klasse am wenigsten verzichten können (Abb. 2 und 3).

Die dritte Gruppe führte über eine Woche lang ein Fernsehtagebuch. Jede/r notierte möglichst genau, welche Sendungen er/sie im Fernsehen gesehen hat. Abschließend werteten die Schülerinnen und Schüler ihre Tabellen aus. Sie haben die Durchschnittszeit errechnet, die jede/r vor dem Fernseher verbringt, und auch herausgefunden, welche Arten von Sendungen besonders beliebt sind. Dazu haben sie einen Fragenkatalog entwickelt (Abb. 4).

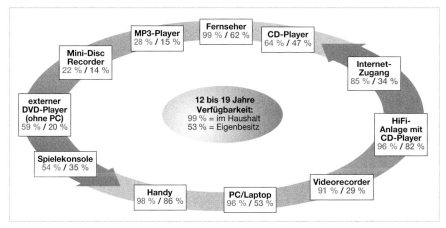

2 Verfügbarkeit von Medien.

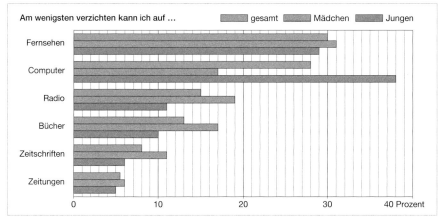

3 Medienhitliste.

Tag	Titel	Art der Sendung	Uhrzeit der Sendung	Dauer	Sender
Mo.	Simpsons	Comicserie	16.50–17.20	30 Minuten	Pro7
Mo.	Marienhof	Vorabendserie	18.05–18.40	35 Minuten	ARD
Mo.	Zweitligaspiel Freiburg – Hoffenheim	Sport	20.15–22.00	105 Minuten (15 Min. Pause)	DSF
Di.	Frühstücks-fernsehen				

- Sehen wir oft fern, weil wir nichts anderes zu tun haben?
- Unternehmen wir wenig anderes, weil wir fernsehen?
- Sehen die Mädchen oder die Jungen mehr fern?
- Welche Sendungen werden häufiger von Mädchen gesehen, welche von Jungen?
- ...

4 Fernsehtagebuch und Fragenkatalog der Berufsfachschulklasse.

261

HOT: Medien im Alltag – eine Umfrage durchführen

> Fernsehen entspannt und unterhält.

> Durch das Fernsehen kann man viel lernen und erleben. Fernsehen bringt die weite Welt ins eigene Haus und fördert die Fantasie.

> Jugendliche sollten lieber selber etwas unternehmen, statt vor der Glotze zu hängen!

> Wer viel fernsieht, ist in der Schule schlechter als die, die nicht oder wenig fernsehen.

> Fernsehen macht einsam.

> Jugendliche sollten mehr fernsehen, weil sie sonst echte Wissenslücken haben – auch in der Schule.

> Wenn Jugendliche viel fernsehen, können sie viel weniger mit sich selbst anfangen. Sie werden faul und bequem.

> Fernsehen macht Jugendliche nervös und aggressiv.

1 Umfrage zum Fernsehverhalten Jugendlicher und Heranwachsender.

1 *Zwei Diagramme zur Freizeitgestaltung: Was leistet das Kreisdiagramm, was das Säulendiagramm (Abb. 1, S. 260).*
2 *Besprechen Sie das Untersuchungsergebnis der Berufsfachschulklasse. Vergleichen Sie es mit Ihren eigenen Vorstellungen zur Freizeitgestaltung.*
3 *In Abb. 2 auf Seite 261 wird zwischen der Verfügbarkeit im Haushalt und dem Eigenbesitz unterschieden. Warum ist das wichtig?*
4 *Die Medienhitparaden von Jungen und Mädchen in Abb. 3 auf Seite 261 unterscheiden sich. Beschreiben Sie die Unterschiede. Können Sie Gründe für diese Unterschiede benennen?*

Was denken Erwachsene über den Fernsehkonsum von Heranwachsenden? Eine weitere Gruppe der Be-

rufsfachschulklasse befragte in einer Einkaufspassage Passanten zu diesem Thema. Die Antworten wurden mit einem Kassettenrekorder aufgenommen und auf einem Plakat dokumentiert (Abb. 1).

Eine Umfrage durchführen
Wenn Sie auch genauer wissen möchten, welche Bedeutung Medien für Sie oder für andere haben, können Sie das durch eine Umfrage herausfinden. Dazu müssen Sie sich eine Personengruppe aussuchen, die vermutlich viel zum Thema sagen kann. Das kann Ihre Klasse sein, Schülerinnen und Schüler an Ihrer Schule oder Menschen aus Ihrer Gemeinde.
Für eine solche Umfrage müssen Sie folgende Arbeitsschritte beachten:

1. Schritt:
Thema eingrenzen
Klären Sie genau, was Sie herausfinden wollen, und legen Sie fest, welche Personengruppe Sie befragen wollen.

2. Schritt:
Fragebogen erstellen
Für eine schriftliche Meinungsumfrage ist ein ausgearbeiteter Fragebogen die Grundlage. Legen Sie die Anzahl der Fragen fest. Dabei entscheiden Sie über die Dauer der Befragung und den eigenen Zeitaufwand bei der Auswertung. Achten Sie darauf, dass die Fragen klar formuliert sind und sich von allen Beteiligten gut beantworten lassen. Man unterscheidet zwischen offenen Fragen, bei denen keine Ant-

262

worten vorgegeben sind, und geschlossenen Fragen (Wie viele Stunden verbringen Sie durchschnittlich an einem Wochentag vor dem Fernsehschirm? – a) 1 Stunde; b) 2 Stunden usw.).
Geschlossene Fragen (auch „Auswahlfragen" genannt) lassen sich leichter beantworten und besser auswerten. Ein Nachteil ist, dass die Befragten nur im Rahmen der Vorgaben antworten können. Die Befragung selbst erfolgt anonym, also ohne dass der Name des Befragten festgehalten wird. Es kann aber sinnvoll sein, sowohl das Alter und das Geschlecht der Befragten festzuhalten.
Tipp: Führen Sie vor der eigentlichen Umfrage eine Testumfrage durch, dann kann nichts schiefgehen. Sie können auch eine Testumfrage mit offenen Fragen durchführen und die Ergebnisse verwenden, um passende geschlossene Fragen zu formulieren.

3. Schritt:
Umfrage durchführen
Die Schulleitung muss informiert werden, wenn Sie eine Befragung an der eigenen Schule durchführen wollen. Wenn Sie eine Befragung außerhalb Ihrer Klasse durchführen, müssen Sie sich den Befragten vorstellen und ihnen erklären, warum Sie eine Befragung durchführen. Seien Sie freundlich, hilfsbereit und üben Sie keinen Zeitdruck auf die Befragten aus. Die Befragten sollen sich gerne äußern und auch sagen,

was sie wirklich denken. Nur so ist der Erfolg der Befragung gesichert.

4. Schritt:
Die Umfrage auswerten
Damit auch andere etwas vom Ergebnis Ihrer Umfrage haben, sollten die Antworten einer Umfrage grafisch dargestellt, also in Form gebracht werden. Grundlage dafür sind die Zahlenwerte, die Sie durch die Auswertung Ihrer Fragebögen gewinnen. Dazu können Sie zum Beispiel Strichlisten anlegen (hierzu die Fragen ausschneiden und einzeln auf leere Seiten kleben):

1 Welche Bedeutung hat das Fernsehen für Sie in Ihrer Freizeit?	
a) ist absolut unverzichtbar	ℍℍ ‖
b) ist wichtig, aber es muss nicht unbedingt sein	ℍℍ ℍℍ ℍℍ
c) hat keine große Bedeutung für meine Freizeit	ℍℍ ℍℍ ℍℍ
d) ist fast bedeutungslos	‖‖‖

Sie können auch Tabellen mit dem Gesamtergebnis erstellen (das Ergebnis kann direkt in einen leeren Fragebogen eingetragen werden):

2 Haben Sie schon einmal nachteilige Folgen nach einem langen Fernsehtag an sich festgestellt (z. B. Kopfschmerzen, Schlaflosigkeit, Nervosität)?		
ja (24)	ungefähr (27)	nein (8)

Dann müssen Sie die Diagrammart wählen. Achtung: Kreis- oder Tortendiagramme wirken unübersichtlich, wenn zu viele verschiedene Angaben hineinkommen. Ein Säulen- oder ein Balkendiagramm kann in solchen Fällen übersichtlicher wirken. Beim Kreisdiagramm müssen die Zahlenwerte vorab in Prozent umgerechnet werden (bei hohen Zahlenwerten ist das auch für die anderen Diagrammarten sinnvoll).
Tipp: Sie können Ihre Diagramme auch mithilfe eines Computerprogramms erstellen. Die Aussage des Diagramms müssen Sie aber auch in diesem Fall mit eigenen Worten zusammenfassen.
5 Diskutieren Sie in der Klasse über die Aussagen der Passanten in Abb. 1. Sammeln Sie weitere Thesen zum Fernsehkonsum von Jugendlichen.

Tipp:
Aktuelle Statistiken zum Medienkonsum von Kindern und Jugendlichen veröffentlicht der mpfs (Medienpädagogischer Forschungsverbund Südwest). Die Ergebnisse der jährlichen Umfrage „JIM" (Jugendmedienstudie) finden Sie im Internet unter www.mpfs.de.

Aufgaben der Medien

ARD ARD®	ZDF	RTL	SAT.1 SAT•1	PRO 7
17.00 **Tagesschau** 93-317	17.00 **heute** 91-959	17.00 **Einsatz in 4 Wänden**	17.00 **Niedrig und Kuhnt**	17.00 **taff.** 66-133
17.15 **Brisant** 135-959	17.15 **hallo Dt.** 8-348-978	Doku-Soap 3-571	**– Kommissare**	18.00 **Die Simpsons** 4-152
17.50 **Verbotene Liebe**	17.40 **Leute heute** 3-022-046	Mit Stilberaterin Tine	**ermitteln** 2-794	Zeichentrickserie, USA
Daily Soap, D '05 27-355	17.50 **Der Alte**	Wittler und ihrem Team	17.30 **17.30 live Der** 5-881	2003 · Die Verurteilten
18.20 **Marienhof** 86-084	Krimiserie, 4-097-084	17.30 **Unter uns** 8-648	**Deutschland Report**	18.30 **18** 56-779
18.50 **Großstadtrevier**	D 1998 · Der Mann	18.00 **Regionales** 1-317	18.00 **Lenßen & Partner**	Comedyserie, D 2003
16:9 9-891-065	mit dem Hund	Das Ländermagazin	Doku-Soap 6-510	Stars und Sternchen
19.48 **Wetter** 308-924-978	19.00 **heute** 65-336	mit Janine Steeger	18.30 **Sat.1 News** 26-930	18.55 **Scrubs** 49-065
19.55 **Börse** 8-312-862	19.20 **Wetter** 4-201-046	18.30 **Exclusiv** 60-862	18.50 **blitz** 3-172-201	Comedyserie, USA
	19.25 **WISO** 8-500-713	18.45 **RTL aktuell** 671-626	19.15 **Verliebt in Berlin**	2003 · Meine Schuld
	Magazin · Wohnen im	19.05 **Das Wetter** 4-208-959	Telenovela, D '05 474-626	19.25 **Galileo** 975-404
	Alter: Zuschüsse –	19.10 **Explosiv** 107-442	19.45 **K 11 – Kommissare**	Wissensmagazin
	„Betreutes Wohnen"	19.40 **GZSZ** 4-946-862	**im Einsatz** 643-779	Mod.: Aiman Abdallah
		Daily Soap, D 2005	Doku-Soap	

20.15 KRIMISERIE
Der Fahnder
Die Nachforschungen im Sui-
zidfall eines Freundes bringen
die Ärztin Katharina (Astrid M.
Fünderich, mit Martin Lindow)
in tödliche Gefahr

20.15 DRAMA
Wolfsburg
Laura (Nina Hoss) ahnt nicht.

20.15 GEWINNSHOW
Wer wird Millionär?

21.15 REALITY-TV
Frauenhelden –

21.10 KRIMISERIE
Numb3rs
Charlie (David Krumholtz l., mit

1 TV-Programm (Ausschnitt).

Medien haben einen Auftrag

Schon ein Blick in die Fernsehzeitschrift zeigt, welche unterschiedlichen Aufgaben Massenmedien in unserer Gesellschaft übernehmen. Von Spielfilmen über Tagesthemen bis zur Daily Soap reicht das Spektrum der täglichen Sendungen. Sie lassen sich vier Aufgabenbereichen zuordnen:

Informieren

In der Demokratie herrschen die Bürgerinnen und Bürger, indem sie Abgeordnete ins Parlament wählen, die ihrer Meinung nach die richtigen Entscheidungen treffen werden. Eine Demokratie kann nur funktionieren, wenn die Bürgerinnen und Bürger durch die Massenmedien regelmäßig und umfassend informiert werden. Politische Zusammenhänge müssen erklärt werden, damit Nicht-Fachleute – und das sind die meisten – sie verstehen. Erst dann können sie sich als Wähler, als Mitglieder einer Partei, eines Verbandes oder einer Bürgerinitiative eine Meinung bilden.

Kritisieren und kontrollieren

Man nennt die Medien manchmal die „vierte Gewalt" (neben Regierung, Parlament und Rechtsprechung; siehe S. 258). Sie haben in der Vergangenheit eine ganze Reihe von politischen Skandalen aufgedeckt: Regierungsbeschlüsse, die gegen die Verfassung verstießen,

Parteien, die unrechtmäßig Millionenbeträge einstrichen, usw. Massenmedien sind also auch Kontrollorgane der Politiker.

Unterhalten

„Zur Unterhaltung gehört, was gefällt", meinen viele. Und so werden Leser, Hörer und Zuschauer mit Unterhaltungsshows, Musik und Humor, Reise- und Sportberichten bedient. Es wird das gebracht, von dem die Verantwortlichen in den Medien glauben, dass es interessiert, amüsiert, begeistert, unterhält.

Bilden

Die Medien bieten auch Beiträge zu allgemein bildenden und kulturellen Themen an. Hierzu gehören Kunst, Musik, Literatur, Religion, Geschichte, Geografie, Naturwissenschaften, allgemeine Lebensfragen sowie Kulturen anderer Länder. Viele dieser Aspekte sind allerdings in Unterhaltung „verpackt" (sogenanntes Infotainment).

Der duale Rundfunk

Bis in die 1980er-Jahre wurde Rundfunk (Hörfunk und Fernsehen) in der Bundesrepublik Deutschland ausschließlich von den öffentlich-rechtlichen Veranstaltern ARD und ZDF angeboten. Neue Entwicklungen in der Kabel- und Satellitentechnologie eröffneten privaten Anbietern Möglichkeiten eigener Übertragun-

Aufgaben der Medien

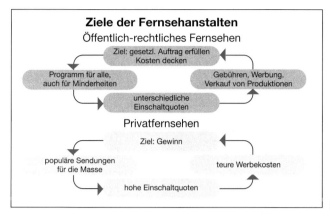

2 Sendeziele im Vergleich.

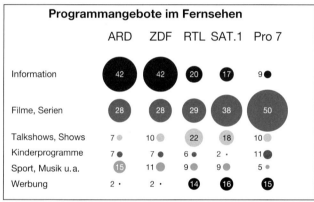

3 Programmangebot der führenden Fernsehsender.

gen. Das Gesetz lässt seit 1986 ein „duales" (zweigleisiges) System, also ein Nebeneinander von öffentlich-rechtlichen und privaten Anbietern zu.

Öffentlich-rechtliche Sender erfüllen einen gesetzlichen Auftrag. Sie decken die Grundversorgung der Bevölkerung mit Informationen, aber auch mit Kultur, Bildung und Unterhaltung. Dafür dürfen die Sender von den Hörern und Zuschauern Gebühren erheben. Kontrolliert werden die öffentlich-rechtlichen Sender durch die Rundfunkräte. Sie sollen eine ausgewogene Programmgestaltung sicherstellen, die die Interessen aller wichtigen gesellschaftlichen Gruppen berücksichtigt.

Werbung finanziert Fernsehen

Privatsender sind dagegen wie Wirtschaftsunternehmen aufgebaut. Sie dürfen ein Programm senden, das sich auf bestimmte Bereiche beschränkt (z. B. Sport oder Musik). Dafür haben sie keinen Anspruch auf Gebühren und müssen sich durch Werbung finanzieren. Dabei gilt: Je mehr Menschen eine Sendung einschalten, desto höher sind auch die Kosten für die Werbeminute und damit die Einnahmen des Senders.

Während ARD und ZDF von Montag bis Samstag nur vor 20 Uhr und maximal 20 Minuten am Tag Werbung ausstrahlen dürfen, kann bei den Privaten jederzeit geworben werden – bis zu 20 Prozent der Sendezeit dürfen aus Werbung bestehen.

1 *Ordnen Sie bekannte Fernsehsendungen den im Verfassertext genannten vier Aufgabenbereichen zu.*

2 *Nennen Sie TV- und Radiosender, die Sie kennen. Ordnen Sie diese nach öffentlich-rechtlich und privat.*

3 *Vergleichen Sie die Sendeziele von öffentlich-rechtlichen und privaten Sendeanstalten (Abb. 2).*

4 *Überlegen Sie, welche Folgen die unterschiedlichen Zielsetzungen von öffentlich-rechtlichen und privaten Sendeanstalten auf die Programmgestaltung haben (siehe Abb. 3).*

Wie informieren uns die Medien?

1 Großraumbüro der Nachrichtenagentur dpa (Deutsche Presse-Agentur).

Journalisten entscheiden, was wichtig ist

Als vor einigen Jahren in dem afrikanischen Land Sudan eine Hungersnot ausbrach, wurde in Zeitungen und Spendenaktionen darüber berichtet und zu Spenden aufgerufen. Viele Kinder konnten so vor dem Hungertod gerettet werden. Auch in anderen Regionen der Welt verhungern täglich Menschen oder erleiden ein anderes schreckliches Schicksal. Der Unterschied: Wenn die Massenmedien nicht darüber berichten, nimmt die Weltöffentlichkeit die Ereignisse nicht zur Kenntnis.

In keiner Zeitung oder Nachrichtensendung kann über alles berichtet werden, was in der Welt passiert. Niemand wäre zudem in der Lage, so viele Informationen aufzunehmen. Medien müssen also auswählen und Journalisten werden deswegen auch als Schleusenwärter oder „gate keeper" bezeichnet. Sie sieben, filtern, bearbeiten und machen Nachrichten. Das Grundprinzip der Auswahl ist dabei die Frage: Was interessiert die Leser, Hörer oder Zuschauer? Ein gängiges Auswahlschema ist das sogenannte GUN-Prinzip.

M1 G = Gesprächswert

Gesprächswert hat ein Ereignis, über das man spricht, diskutiert, sich ärgert oder sich freut. Beispiele sind
– Außergewöhnlichkeiten: „Hund beißt Mann" ist keine Meldung. „Mann beißt Hund" ist eine Meldung!
– Personenbezug: Über bekannte Personen wird häufiger berichtet. Joschka Fischer beim Jogging ist eine Nachricht; wenn der nur wenig bekannte Nachbar das Gleiche tut, interessiert das kaum jemand.
– „Schlechte Nachrichten sind gute Nachrichten." Je schlimmer ein Ereignis ist, desto eher wird darüber berichtet. Unfälle sind alltäglich und nur dann eine Nachricht, wenn es besonders viele Opfer oder im Ausland deutsche Opfer gegeben hat.
– Nähe, vor allem geografische Nähe: Was in der eigenen Stadt passiert, interessiert die meisten mehr als ein fernes Ereignis.

U = Unterhaltung

Ein Ereignis, … das verblüfft oder amüsiert, hat ebenfalls einen hohen Nachrichtenwert. Ausschlaggebend ist die Nähe zur eigenen Lebenssituation, den eigenen Wünschen und Sehnsüchten. Sogenannte Boulevardthemen, wie „sex and crime", verkaufen sich besonders gut und sind deshalb für Zeitungen wichtig, die in erster Linie am Kiosk verkauft werden.

N = Neuigkeit (oder Überraschung)

Der Rücktritt der Gesundheitsministerin hat einen höheren Nachrichtenwert als die wöchentliche Pressekonferenz des Verteidigungsministers.

1 *Beschreiben Sie den Weg vom Ereignis bis zum Konsumenten einer Nachricht. Welche Gefahren birgt die „Nachrichtenschleuse" (Abb. 2)?*

2 *Bringen Sie die Meldungen in der Randspalte rechts in eine Reihenfolge, wobei Sie an die erste Stelle diejenige Meldung setzen, die auf jeden Fall in die Zeitung muss, an die letzte Stelle*

Wer macht die Schlagzeile?

Täglich gibt es unendlich
viele Ereignisse und Neuigkeiten in Deutschland,
in Europa und in der Welt.

Nachrichtenagenturen

Nur ein Teil davon wird von Journalisten und Journalistinnen in Wort und Bild festgehalten. In den wichtigsten Städten und Ländern haben die Fernsehanstalten und großen Zeitungen eigene Mitarbeiter. Den größten Teil ihrer Informationen beziehen sie allerdings von den Nachrichtenagenturen. Diese stellen die erste Nachrichtenschleuse dar: So nimmt dpa täglich weit über 500 000 Wörter in Berichten entgegen und gibt knapp 100 000 an ihre Kunden weiter.

Redaktion – TV, Zeitung, Hörfunk

In der Redaktion einer Zeitung oder einer Fernsehanstalt sammeln sich auf diese Weise viele Berichte. In dieser zweiten Schleuse wird wieder gesichtet, ausgewählt und gekürzt, bis der passende Umfang (z. B. 15 Minuten Sendung oder zehn Zeitungsseiten) erreicht ist. Eine Redaktion kann also nur einen Bruchteil dessen weitergeben.

Eigene Auswahl

Der letzte Schleusenwärter ist der Leser oder Zuschauer selbst. Wie viel von dem, was er aufnimmt, nimmt er bewusst wahr, wie viel davon behält er?

Erinnerung

Innerhalb von 24 Stunden vergessen wir 80 Prozent von dem, was wir an einem Tag gelesen, gehört oder gesehen haben.

2 Die „Nachrichtenschleuse".

Schulleiter schlägt schwangere Mutter.

Mit 90 bei Nebel auf dem Bürgersteig.

Bischof verflucht Finanzminister.

3 So macht man Schlagzeilen.

Schlagzeilen
a. Fast ein Wunder: Jennifer brach sich zweimal das Genick – und überlebte
b. Ölpreise steigen drastisch
c. Weniger Lehrstellen in Baden-Württemberg
d. Vampir-Alarm in Moskau
e. Rechtschreibreform wird rückgängig gemacht
f. Auswirkungen des Klimawandels spürbar
g. Deutsche Ärzte warnen! Todesgrippe kommt
h. Brand in Gummifabrik – Giftwolke treibt auf Stuttgart zu
i. Verfassungsgericht entscheidet: Taschengeld ist Pflicht
j. Arbeitslosenzahlen in Hamburg steigen weiter
k. Hungersnot im Sahel – Tausende sterben
l. Wissenschaftler fordern 7-Tage-Woche für die Schule
m. Chinas Wirtschaft boomt
n. Stadtsparkasse überfallen! Bankräuber entkommt mit 5000 Euro
o. Karl-Heinz wird nicht versetzt
p. Teamchef: Wir werden Weltmeister!
q. Lauffen am Neckar: Besenwirtschaft brennt lichterloh

die Nachricht, auf die Ihrer Meinung nach verzichtet werden kann.
3 Begründen Sie für die Meldungen a, b, p und q, warum sie an dieser Stelle stehen. (Achtung: Hier gibt es kein eindeutiges Ergebnis, sondern nur unterschiedliche, begründete Entscheidungen.)
4 Überprüfen Sie das „GUN-Prinzip". Untersuchen Sie dazu Nachrichtensendungen unterschiedlicher Sender.

Zeitungen lesen

1 Tageszeitungen aus Baden-Württemberg vom 19. September 2005. Collage.

Das Besondere einer Zeitung

Noch immer sind Zeitungen eine unserer wichtigsten Informationsquellen. Wer ausführlich informiert sein will, Details und Hintergründe kennen lernen möchte, kommt an der Zeitung nicht vorbei. Außerdem findet man in der Zeitung Informationen, an die sonst nur schwer heranzukommen ist, z. B. zu lokalen oder regionalen Veranstaltungen, Vereinsnachrichten und Todesanzeigen. Viele Menschen leisten sich deshalb „ihre" Zeitung. Auch Zeitungen gehen mit der Zeit. Heute bestehen Printmedien, Radio- und Fernsehsender sowie Internet-Websites nebeneinander. Oft bietet die gleiche Marke ihr Angebot auch über mehrere Medien an. So verfügen alle Tageszeitungen über einen Internetauftritt, der neben der aktuellen Ausgabe auch ein Archiv und zahlreiche Zusatzangebote einschließt.

Presse- und Medienkonzentration

In der Bundesrepublik Deutschland sank die Zahl der selbstständigen Tageszeitungen seit den 1950er-Jahren von 225 auf rund 130 im Jahr 2000. Sie werden von einer kleinen Zahl wirtschaftlich starker Verlage hergestellt. 65 Prozent aller verkauften Zeitungen stammen von nur vier großen Konzernen: Bertelsmann, Springer, Burda und Bauer. Diese Mediengiganten besitzen auch hohe Marktanteile bei den privaten Fernsehsendern und damit eine große Machtfülle. Daraus können Gefahren entstehen: Einschränkung der Pressefreiheit, Abhängigkeiten von Werbekunden, politische Einflussnahme.

Zeitungsgattungen

- Tageszeitungen (lokale) berichten über Politik, Wirtschaft, Kultur und Sport. Sie behandeln viele regionale Themen.
- Tageszeitungen (überregionale / nationale) behandeln ausführlich Themen aus den Bereichen Politik, Wirtschaft, Kultur und Sport.
- Nachrichtenmagazine illustrieren lebendig geschriebene Berichte und Kommentare mit vielen Fotos.
- Boulevardzeitungen haben ihren Namen daher, dass sie nicht im Abonnement, sondern auf der Straße verkauft werden. Sie sind auffällig bunt gestaltet, werben mit großen Schlagzeilen und berichten über Skandale, Klatsch, Tragödien. Der Gefühlswert der Beiträge übertrifft deutlich den sachlichen Informationswert.
- Sonntagszeitungen erscheinen nur einmal in der Woche. Sie behandeln aktuelle Themen und Hintergründe.
- Wochenzeitungen schreiben aufgrund des wöchentlichen Erscheinens mehr zu den Hintergründen und ordnen aktuelle Themen in größere Zusammenhänge ein.

Zeitungen lesen

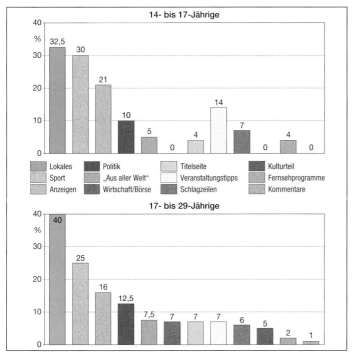

14- bis 17-Jährige

Lokales 32,5 · Sport 30 · Anzeigen 21 · Politik 10 · „Aus aller Welt" 5 · Wirtschaft/Börse 0 · Titelseite 4 · Veranstaltungstipps 14 · Schlagzeilen 7 · Kulturteil 0 · Fernsehprogramme 4 · Kommentare 0

Lokales | Politik | Titelseite | Kulturteil
Sport | „Aus aller Welt" | Veranstaltungstipps | Fernsehprogramme
Anzeigen | Wirtschaft/Börse | Schlagzeilen | Kommentare

17- bis 29-Jährige

40 · 25 · 16 · 12,5 · 7,5 · 7 · 7 · 7 · 6 · 5 · 2 · 1

2 Was lesen junge Leute in der Zeitung?

Zeitung für junge Leute

Zeitungen haben ihr Gesicht verändert. Unterschiedliche Altersgruppen sollen angesprochen werden, und so gibt es in einigen Zeitungen eine besondere Seite für die „Junge Szene". Hier berichten junge Leute für Gleichaltrige über Themen, welche die Interessengebiete Jugendlicher berücksichtigen.

ZiSch – Zeitung in der Schule

Fast alle Tageszeitungen bieten einen besonderen Service: Über mehrere Wochen werden Schulklassen kostenlos mit der aktuellen Tagesausgabe einer Zeitung versorgt. Im Rahmen von Projekten beschäftigen sich die Schülerinnen und Schüler intensiv mit der jeweiligen Zeitung und werden auch selbst als Journalisten tätig. Ihre Beiträge werden dann in der Zeitung veröffentlicht. Meist rundet ein Besuch im Pressehaus das Projekt ab.

Bei dem Projekt „Zeitung in der Schule" sollen die Schülerinnen und Schüler den Aufbau der Tageszeitung kennen lernen und Inhalte für sich entdecken und nutzen können. Begleitet wird das Projekt von der „Stiftung Lesen", die weitere Informationen und Unterrichtsmaterial zum Thema liefert.

1 Besorgen Sie sich zu jedem der im Text genannten Zeitungstypen ein Exemplar. Stellen Sie fest, wie die Zeitung aufgebaut ist.

2 Stellen Sie je einen Zeitungstyp in der Klasse vor und beurteilen Sie ihn nach folgenden Gesichtspunkten: Informationswert, Sachlichkeit, Unterhaltungswert.

3 In seriösen Zeitungen wird strikt unterschieden zwischen Nachrichten (sachliche Form der Information) und Artikeln, die bewerten, deuten, kritisieren oder persönliche Eindrücke wiedergeben. Finden Sie für diese Unterscheidung Beispiele.

4 Vergleichen Sie den Internetauftritt einer Zeitung mit der Printausgabe. Stellen Sie Unterschiede und Gemeinsamkeiten in einer Tabelle zusammen.

5 Werten Sie das Schaubild (Abb. 2) aus und vergleichen Sie mit Ihren eigenen Lesegewohnheiten.

6 Welche politische Bedeutung hat eine Medienkonzentration in der Hand weniger Unternehmen?

7 Informieren Sie sich über das Projekt ZiSch (Zeitung in der Schule). Besprechen Sie in der Klasse, ob Sie an diesem Projekt teilnehmen wollen.

Projektidee:
Ausstellung „Zeitung in der Schule"
Informieren Sie sich bei einer Tageszeitung über das Projekt ZiSch (Zeitung in der Schule) und über die Möglichkeiten zur Teilnahme an dem Projekt. Dokumentieren Sie Ihre Arbeit dabei in einer kleinen Ausstellung (z. B. Besuch der Redaktion, Vorbereitung der „eigenen" Seite, Auswahl der Themen für einen Artikel, Tipps für das Schreiben eines Artikels).

Stiftung Lesen,
Abt. Versand
Fischtorplatz 23
55116 Mainz

Die Macht der Medien

Massenmedien wie das Fernsehen oder auflagenstarke Zeitungen berichten nicht nur über das, was geschieht, sondern sie schaffen mit ihren Meldungen und Sendungen Wirklichkeit. Die Darstellung von Ereignissen in den Medien ist abhängig von der politischen Richtung, von wirtschaftlichen Überlegungen und von der persönlichen Meinung derjenigen, die Artikel schreiben, Zeitungen herausgeben oder Sendungen produzieren. Medien können z.B. durch wiederholtes Aufgreifen eines Themas bestimmen, was die Öffentlichkeit als wichtig empfindet. So setzen Medien selbst über ihre Berichterstattung neue Aufgaben für die Politiker. Medienkritiker behaupten zudem, dass der tägliche Kampf um Einschaltquoten oder Verkaufszahlen zu einem Sensationsjournalismus geführt habe, der die Wirklichkeit bedenkenlos manipuliert. Dazu gehören z.B. die bevorzugte Auswahl von Themen aus den Bereichen „Sex, Crime & Tragedy" und deren sensationsheischende, oft nicht den Tatsachen entsprechende Aufbereitung.

1 *Entschlüsseln Sie die Aussagen der Karikaturen.*

2 *Erklären Sie den Begriff „Sensationsjournalismus". Finden Sie dafür Beispiele in Zeitungen und Zeitschriften und gestalten Sie eine Collage.*

3 *Sie sind Chefredakteur/-in einer Zeitung und müssen entscheiden, ob Sie folgenden Bericht/ folgende Fotos zur Veröffentlichung freigeben:*

– *Ihr Reporter findet heraus: Die Frau eines bekannten Politikers darf in dem ortsansässigen Möbelhaus kostenfrei einkaufen.*

– *Ein Fußballstar auf Abwegen. Er ist frisch verliebt und erste Fotos von ihm und seiner Neuen werden von einer Agentur zur Veröffentlichung angeboten.*

Begründen Sie Ihre Entscheidung.

Zusammenfassung

Politische Mitwirkungsmöglichkeiten

Jugendliche haben viele Möglichkeiten, auf ihr schulisches Umfeld direkt Einfluss zu nehmen. Sie können in den Schulen dringende Anliegen und Wünsche über die Organe der Schülermitverwaltung an die Schulleitung herantragen und zusammen mit Lehrern und Eltern Entscheidungen über wichtige Angelegenheiten in ihrem Sinne beeinflussen.

Jugendliche können sich in zahlreichen Städten und Gemeinden an Jugendgemeinderatswahlen beteiligen und Ideen und Anregungen entwickeln, mit denen sich der Gemeinderat beschäftigen muss.

Gemeinden besitzen ein Selbstverwaltungsrecht und erfüllen eine Vielzahl staatlicher Pflichtaufgaben.

Das Land Baden-Württemberg

Die Bundesrepublik Deutschland ist ein demokratischer Bund von Staaten (Ländern) mit besonders geschützten Grund- und Menschenrechten. In der Demokratie übt das Volk seine Herrschaft über regelmäßige Wahlen zu den Parlamenten auf Bundes- und Länderebene aus.

Jedes Land in der Bundesrepublik Deutschland gilt als eigener Staat: Es hat eine eigene Verfassung, ein eigenes Parlament, eine eigene Landesregierung und einen Staats- bzw. Verfassungsgerichtshof. Das Land Baden-Württemberg kann einerseits in bestimmten Bereichen Gesetze verabschieden, die nur für Baden-Württemberg gelten, andererseits ist es gleichzeitig als Mitglied der Bundesrepublik durch die Gesetzgebungskompetenz des Bundes beschränkt.

Medien

Die Medien haben in einer demokratischen Gesellschaft die Aufgabe zu informieren, zu kritisieren, zu bilden und zu unterhalten. Das öffentlich-rechtliche Fernsehen spielt dabei eine wesentliche Rolle. Private Fernsehsender unterliegen keiner gesetzlichen Auflage, sie müssen sich allerdings auch selbst finanzieren. Das geschieht durch Werbespots, die während des laufenden Programms eingespielt werden.

Nur ein kleiner Teil der Ereignisse, die täglich in aller Welt passieren, wird von den Medien weitergegeben. Die Nachrichtenmenge ist so groß, dass Redakteure von Nachrichtenagenturen eine Auswahl treffen müssen, sie entscheiden, was wichtig ist.

Die Macht der Medien ist groß – im Informationszeitalter spielen Bilder eine bedeutende Rolle. Sie können Sachverhalte verdeutlichen, aber auch gezielt eingesetzt werden, um falsche Eindrücke zu erzeugen.

Jugendliche nehmen über den Jugendgemeinderat Einfluss.

Viele Länder – ein Bund

Das Land Baden-Württemberg ist eines der 16 Bundesländer.

Das Parlament

Der Landtag in Stuttgart ist das Parlament des Landes Baden-Württemberg.

Medien

Medien werden oft als die „vierte Gewalt" bezeichnet.

Namen und Begriffe

- ✓ Schülermitverwaltung
- ✓ Klassen- / Schülersprecher
- ✓ Jugendrat
- ✓ Gemeinderat
- ✓ Bürgermeister
- ✓ Kommunalwahlen
- ✓ Landtag
- ✓ Föderalismus
- ✓ Medien – „die vierte Gewalt"
- ✓ GUN-Prinzip
- ✓ „Nachrichtenschleuse"

Was wissen Sie noch?

1 Wie setzt sich die Schülermitverwaltung (SMV) zusammen?

2 Wer kann Jugendgemeinderat/-rätin werden und welche Aufgaben hat der Jugendgemeinderat?

3 Erklären Sie die Begriffe „kumulieren" und „panaschieren" im Zusammenhang mit den Kommunalwahlen.

4 Wann und wie wurde das Land Baden-Württemberg gegründet?

5 Nennen Sie die drei Möglichkeiten, einen Gesetzesvorschlag in das Parlament einzubringen.

6 Warum kann man die Medien in einer Demokratie auch als „vierte Gewalt" bezeichnen?

7 Nennen Sie die drei Komponenten des GUN-Prinzips.

8 Warum werden Journalisten auch als „Schleusenwärter" oder „gate keeper" bezeichnet?

Tipps zum Weiterlesen

Clive Gifford: Medien und Kommunikation. Von den Hieroglyphen bis zu den Technologien der Zukunft. Gerstenberg Verlag, Hildesheim 2000

Lutz Hachmeister: Grundlagen der Medienpolitik. Ein Handbuch. Hg. v. der Bundeszentrale für politische Bildung, Schriftenreihe Bd. 695. Bonn 2008

Werner Künzel/Werner Rellecke: Geschichte der deutschen Länder. Münster 2005

Sven Leunig: Die Regierungssysteme der deutschen Länder im Vergleich. Opladen 2007

Manfred G. Schmidt: Das politische System Deutschlands. Hg. v. der Bundeszentrale für politische Bildung, Schriftenreihe Bd. 600. Bonn 2007

Das SMV-Handbuch für Baden-Württemberg. Hg. v. Landesschülerbeirat Baden-Württemberg und Schülernachrichtendienst. Yaez Verlag, Stuttgart 2008

1 **Terroranschlag in Luxor/Ägypten.** Originalfoto von ap vom 17.9.1997.

DAS MASSAKER VON LUXOR

Blutspur des Grauens: Der Platz vor dem Tempel der Hatschepsut ist geräumt. Spuren des Massakers aber sind noch deutlich zu sehen.

Ein Land wie im Krieg

LUXOR – Der Tag nach dem

2 **Die digitale Nachbearbeitung macht aus der Wasserpfütze eine Blutlache.** Darstellung in der Schweizer Zeitung „Blick" vom 19.9.1997.

1 *Erklären Sie den Begriff „Sensationsjournalismus" mithilfe der Abbildungen 1 und 2.*

1	Zensur	A	Sie finanzieren sich allein aus Werbe-einnahmen.
2	Manipulation	B	Journalisten werden in der Bericht-erstattung nicht behindert. Artikel 5 des Grundgesetzes garantiert dies.
3	Printmedien	C	Die freie Meinungsäußerung wird unter-drückt oder behindert; dies ist in Deutschland verboten.
4	Privatsender	D	Die Fähigkeit, sich die Informationen aus Zeitung, Radio oder Fernsehen auswählen und beurteilen zu können, heißt ...
5	Pressefreiheit	E	Diese Sender finanzieren sich aus Rund-funkgebühren und Werbeeinnahmen.
6	Öffentlich-recht-liches Fernsehen	F	Sie werden gedruckt: Tageszeitungen, Wochenzeitungen, Illustrierte.
7	Medienkompetenz	G	Bewusste Verfälschung von Nachrichten oder Bildern.

2 *Ordnen Sie die passende Erklärung den einzelnen Begriffen zu.*

3 *Entschlüsseln Sie die Karikatur.*

4 *Der Medienwissenschaftler Norbert Bolz äußerte sich 2004 zu Talkrunden im Fernsehen: „In der Mediendemokratie ist das Parlament ein Auslaufmodell. Spielverderber ist derjenige, der Sachkenntnisse vermitteln will. Die meisten Gäste sind Profis genug, dies erst gar nicht zu versuchen." – Diskutieren Sie.*

Deutschland – Von der Teilung zur Einheit

1945

1949

1961

KONFERENZ
VON POTSDAM

GRÜNDUNG
DER BUNDESREPUBLIK
UND DER DDR

BAU DER MAUER
IN BERLIN

Am 3. Oktober 1990 war es so weit: Menschen aller Altersgruppen versammelten sich vor dem Reichstagsgebäude in Berlin, um die wiedergewonnene staatliche Einheit Deutschlands zu feiern. 45 Jahre waren seit dem Ende des Zweiten Weltkriegs vergangen – Jahre, in denen das Leben der Menschen in Deutschland intensiv vom Gegensatz zwischen Ost und West geprägt war. Lang erhofft und dann doch unerwartet war die DDR im Herbst 1989 zusammengebrochen. Innerhalb kurzer Zeit konnte die Einheit Deutschlands dann verwirklicht werden.

Wie es zur Trennung kam und wie sich die beiden unterschiedlichen politischen Systeme der Bundesrepublik und der DDR entwickelten, erfahren Sie in diesem Kapitel.

1969–1974   *1989*   *1990*

„NEUE OSTPOLITIK" DER BUNDESREGIERUNG   FALL DER MAUER   WIEDERVEREINIGUNG DER BEIDEN DEUTSCHEN STAATEN

Die Stunde Null

1 Churchill, Truman,
Stalin: Die Konferenz
von Potsdam. Foto,
1945.

Pläne der Alliierten vor Kriegsende

1 *Erarbeiten Sie mithilfe der Karte auf Seite 277, welche Veränderungen sich für Deutschland und Polen im Vergleich zu den Grenzen von 1937 ergeben haben.*

Während des Kriegs trafen die „Großen Drei" (der amerikanische Präsident Roosevelt, der sowjetische Diktator Stalin und der britische Premierminister Churchill) mehrmals zusammen. Im Februar 1945 beschlossen sie in Jalta am Schwarzen Meer u. a. Folgendes:
– Einteilung Deutschlands in vier Besatzungszonen,
– Einsetzung eines Alliierten Kontrollrates* unter Beteiligung Frankreichs,
– Erweiterung des polnischen Staatsgebietes nach Westen auf Kosten Deutschlands und Festlegung der neuen polnischen Ostgrenze,
– gemeinsame Verwaltung Berlins durch die USA, Sowjetunion, Großbritannien und Frankreich.

Die Konferenz von Potsdam

Nach dem Sieg über Deutschland errichteten die Sieger auf einem bereits um die Ostgebiete verkleinerten Staatsgebiet die vier Besatzungszonen. In ihnen bestimmte der jeweilige Oberbefehlshaber nach den Anweisungen seiner Regierung. Entscheidungen für ganz Deutschland konnten nur einstimmig im Alliierten Kontrollrat getroffen werden.

Auf einer Konferenz in Potsdam im Juli und August 1945 legten die „Großen Drei" (Truman ersetzte ab April 1945 den verstorbenen Roosevelt) weitere Punkte für ihre Politik in Deutschland fest. In vielen Punkten konnten sie sich nur noch mühsam auf Kompromisse einigen. Unter anderem wurde beschlossen,
– alle aktiv tätig gewesenen Nationalsozialisten aus den öffentlichen Ämtern und Führungspositionen in wichtigen Privatfirmen zu entfernen (Entnazifizierung),
– in ganz Deutschland alle demokratischen politischen Parteien zu erlauben,
– das Erziehungswesen nach demokratischen Grundsätzen zu gestalten,
– Deutschland trotz der Besatzungszonen als eine wirtschaftliche Einheit zu betrachten (die Besatzungszonen sollten sich gegenseitig unterstützen),
– dass jede Besatzungsmacht Entschädigungen für Kriegskosten aus ihrer Zone entnehmen konnte (und die Sowjetunion zusätzlich aus den westlichen Zonen bestimmte Güter erhielt),
– die endgültige Festlegung der Westgrenze Polens bis zu einer Friedenskonferenz zurückzustellen.

2 *Gestalten Sie ein Plakat mit Stichworten zum Thema: „Die Zukunft Deutschlands 1945".*

Besatzungsherrschaft

2 Die Aufteilung des Deutschen Reiches.

Map legend:
- ·–·–·– Staatsgrenzen 1937
- Deutsches Reich 1937
- Freie Stadt Danzig und Polen 1937
- Oder-Neiße-Linie
- Curzon-Linie
- Polen 1945
- Neue sowjetische Gebiete 1945
- Sowjetische Besatzungszone und sowjetischer Sektor von Berlin (westliche Grenze im April 1944 in London festgelegt)
- Britische Besatzungszone und britischer Sektor von Berlin (Grenzen im September 1944 in London festgelegt)
- Amerikanische Besatzungszone und amerikanischer Sektor von Berlin (Grenzen im September 1944 in London festgelegt)
- Französische Besatzungszone und französischer Sektor von Berlin (Grenzen im Juli 1945 in London festgelegt)

0   100   200 km

Besatzungszonen

Am 8./9. Mai 1945 war der Zweite Weltkrieg mit der Unterzeichnung der bedingungslosen Kapitulation durch die Spitze der deutschen Wehrmacht in Berlin auch offiziell zu Ende gegangen. Schon zuvor hatten in fast allen Gebieten Deutschlands die örtlichen Militärkommandanten der jeweiligen Truppen der Sowjetunion, Großbritanniens und der USA die tatsächliche Macht ausgeübt. Bereits vor Kriegsende war von den USA, der Sowjetunion und Großbritannien auf ihren Konferenzen in Teheran und Jalta die Aufteilung Deutschlands in vier Besatzungszonen unter Beteiligung Frankreichs beschlossen worden. Berlin sollte von allen vier Mächten gemeinsam verwaltet werden.

Verkleinerung Deutschlands

Ohne Absprache mit den übrigen Siegermächten übertrug die Sowjetunion die Verwaltung der von ihr besetzten deutschen Ostgebiete Deutschlands östlich der Oder und der Lausitzer Neiße bereits am 7./8. Mai 1945 an die provisorische polnische Regierung. Dies bedeutete – wie die gleichzeitige Eingliederung des nördlichen Ostpreußen mit Königsberg in die Sowjetunion – eine Verkleinerung des deutschen Gebietes, auch wenn eine endgültige Regelung einem zukünftigen Friedensvertrag mit Deutschland vorbehalten bleiben sollte.

Besatzungsherrschaft

In den vier Besatzungszonen regierten die Militärbefehlshaber nach den Anweisungen ihrer Regierungen, wobei sich in jeder Zone unterschiedliche Verfahrensweisen herausbildeten. In jeder Stadt oder jedem größeren Ort herrschte ein Militärkommandant, der die wichtigsten Fragen des Alltagslebens regelte und die Versorgung der Bevölkerung mit Strom, Wasser und Lebensmitteln sicherstellte. Brücken und Straßen mussten repariert, zerstörte oder stillgelegte Betriebe wieder in Gang gebracht werden. Am dringendsten war die Beschaffung von Wohnraum, vor allem auch für die aus den Ostgebieten vertriebenen Deutschen. Schließlich musste eine örtliche Verwaltung aufgebaut werden, die unter der Kontrolle der jeweiligen Besatzungsmacht lokale Fragen regelte. Dafür griffen die Besatzungsmächte auf deutsche Kräfte zurück, auch auf ehemalige Mitglieder der NSDAP.

3 Berichten Sie über den Beginn der Besatzungsherrschaft und ihre Probleme.

4 Erkundigen Sie sich bei älteren Mitbürgern nach dem Kriegsende in Ihrem Wohnort.

Museumstipp:
Das Haus der Geschichte der Bundesrepublik Deutschland in Bonn bietet mit seiner Dauerausstellung einen Überblick über die deutsche Geschichte seit 1945. Auf der Homepage können Sie sich informieren: www.hdg.de.

Der Beginn des Kalten Kriegs

1 Die Anti-Hitler-Koalition. Sowjetisches Plakat, 1944.

Sowjetische Einflusssicherung

Nach dem Ende des Zweiten Weltkriegs (siehe S. 232/233) verschlechterte sich schon 1945 das Verhältnis der Siegermächte so sehr, dass man von einem Kalten Krieg zu sprechen begann.

Im April 1945 erklärte Stalin hierzu:

Q1 … Dieser Krieg ist nicht wie in der Vergangenheit; wer immer ein Gebiet besetzt, der legt ihm auch sein eigenes gesellschaftliches System auf. Jeder führt sein eigenes System ein, soweit seine Armee vordringen kann. Es kann ja gar nicht anders sein …

In den von den Sowjets besetzten Gebieten Osteuropas unterstützte die Sowjetunion kommunistische Gruppen. Sie ließ antikommunistische Kräfte verhaften, um die schwache Unterstützung der Kommunisten durch die Bevölkerung zu verstärken. In Bulgarien wurden 2000 antikommunistische Führungskräfte ermordet, in Polen Gegner des Kommunismus verhaftet und in die UdSSR verschleppt. Aus allen besetzten Gebieten wurden große Mengen von Wirtschaftsgütern und Erntevorräten in die Sowjetunion abtransportiert, um die dortige Not zu lindern.

Entgegen den Vereinbarungen mit den Westmächten unterstützte die Sowjetunion die Ausdehnung des polnischen Gebietes auf Ostpreußen, Pommern und Schlesien bis zur Oder-Neiße-Linie im März 1945 durch eine kommunistische polnische Regierung. Auf ähnliche Weise versuchte sie in anderen osteuropäischen Staaten vollendete Tatsachen zu schaffen. Im Iran, in der Türkei und in Griechenland unterstützte die UdSSR kommunistische Gruppen, ebenso in Nordkorea und in der Mandschurei.

Vor dem Hintergrund dieser Politik der Sowjetunion schrieb der damalige amerikanische Botschafter in Moskau, Kennan, an den US-Präsidenten im Sommer 1945:

Q2 … Die Idee, Deutschland gemeinsam mit den Russen regieren zu wollen, ist ein Wahn. Ein ebensolcher Wahn ist es zu glauben, die Russen und wir könnten uns eines schönen Tages höflich zurückziehen und aus dem Vakuum werde ein gesundes und friedliches, stabiles und freundliches Deutschland steigen. Wir haben keine andere Wahl, als unseren Teil von Deutschland … zu einer Form von Unabhängigkeit zu führen … Besser ein zerstückeltes Deutschland, von dem wenigstens der westliche Teil als Prellbock für die Kräfte des Totalitarismus* wirkt, als ein geeintes Deutschland, das diese Kräfte wieder bis an die Nordsee vorlässt …

Der „Eiserne Vorhang"

Zur Politik der Sowjetunion sagte der ehemalige britische Premierminister Winston Churchill am 5. März 1946:

Q3 … Von Lübeck an der Ostsee bis nach Triest an der Adria hat sich ein Eiserner Vorhang über den Kontinent gesenkt. Dahinter liegen die Hauptstädte der vormaligen Staaten Zentral- und Osteuropas: Warschau, Berlin, Prag, Wien, Budapest, Belgrad, Bukarest und Sofia. Alle diese berühmten Städte und die umwohnende Bevölkerung befinden sich in der Sowjetsphäre … und unterstehen im hohen Maße der Kontrolle Moskaus. …

Totalitarismus*:
Staatsform, die aufgrund einer bestimmten Ideologie für sich in Anspruch nimmt, in alle Bereiche des menschlichen Zusammenlebens hineinregieren zu dürfen.

Der „Eiserne Vorhang"

2 **„The Rock".** Karikatur in der Zeitung „Daily Herald", 13. Februar 1945.

Die Kluft zwischen Ost und West vertieft sich durch Vorwürfe und Verdächtigungen. Karikatur, 1945.

1 Beschreiben Sie mit eigenen Worten die Politik der UdSSR nach 1945.
2 Untersuchen Sie mit Q2, welchen politischen Weg der amerikanische Botschafter seiner Regierung im Sommer 1945 empfiehlt.
3 Erklären Sie den Begriff „Eiserner Vorhang".

Die Politik der Eindämmung

Die USA antworteten auf das Vorgehen der UdSSR mit einer Politik der Eindämmung des kommunistischen Einflusses (sog. Containment-Politik*). Im Iran, in Griechenland und in der Türkei verhinderten sie durch massive Unterstützung westlicher Gruppen eine kommunistische Machtübernahme.

Vor dem Hintergrund der sich in China abzeichnenden Machtübernahme der Kommunisten und der Vorgänge in Europa erklärte Präsident Truman am 12. März 1947 vor dem US-Kongress:

Q4 … In einer Anzahl von Ländern waren den Völkern kürzlich gegen ihren Willen totalitäre Regimes aufgezwungen worden. … Und weiter muss ich feststellen, dass in einer Anzahl anderer Staaten ähnliche Entwicklungen stattgefunden haben.
Im gegenwärtigen Abschnitt der Weltgeschichte muss fast jede Nation ihre Wahl in Bezug auf ihre Lebensweise treffen. Nur allzu oft ist es keine freie Wahl.
Die eine Lebensweise gründet sich auf den Willen der Mehrheit und zeichnet sich durch freie Institutionen, freie Wahlen, Garantie der individuellen Freiheit, Rede- und Religionsfreiheit und Freiheit vor politischer Unterdrückung aus.
Die zweite Lebensweise gründet sich auf den Willen einer Minderheit, der der Mehrheit aufgezwungen wird. Terror und Unterdrückung, kontrollierte Presse und Rundfunk, fingierte* Wahlen und Unterdrückung persönlicher Freiheit sind ihre Kennzeichen. …
Ich glaube, dass wir den freien Völkern helfen müssen, sich ihr eigenes Geschick nach ihrer eigenen Art zu gestalten. … Wenn wir freien und unabhängigen Nationen helfen, ihre Freiheit zu bewahren, so werden wir damit die Prinzipien der Charta der Vereinten Nationen verwirklichen. …

4 Interpretieren Sie die Karikatur vom Februar 1945 (Abb. 2) und beschreiben Sie die Politik der Großmächte im Sommer 1945.
5 Geben Sie den Standpunkt der amerikanischen Politik 1947 (Q4) mit Ihren Worten wieder.

Containment*:
(engl. = Eindämmung) Englisch-amerikanische Bezeichnung für die Politik des westlichen Verteidigungsbündnisses.

fingiert*:
scheinbar, vorgetäuscht.

Sühne: die Nürnberger Prozesse

1 **Die Hauptangeklagten im Nürnberger Prozess 1945/46.** In den ersten Reihen die Verteidiger, dahinter in zwei Reihen die Angeklagten. Foto, 1946.

Exkursionstipp:
Schwurgerichtssaal 600 der Nürnberger Prozesse und Dokumentationszentrum Reichsparteitagsgelände (www.museen.nuern berg.de/dokuzent rum).

Internationaler Strafgerichtshof (Haager Kriegsverbrechertribunal):
Seit 1998 ahndet der in der niederländischen Stadt den Haag eingerichtete Gerichtshof Völkermord, Verbrechen gegen die Menschlichkeit und Kriegsverbrechen.
Vor 1998 wurde der Gerichtshof in Einzelfällen vom Sicherheitsrat der UN einberufen, z. B. nach den Balkankriegen 1991–1999.

Die Aufarbeitung der NS-Verbrechen

In den Richtlinien des Generalstabs der amerikanischen Streitkräfte an den Oberbefehlshaber der Besatzungstruppen in Deutschland vom 26. April 1945 hieß es unter anderem:

Q1 … Das Hauptziel der Alliierten ist es, Deutschland daran zu hindern, je wieder eine Bedrohung des Weltfriedens zu werden. Wichtige Schritte zur Erreichung dieses Ziels sind die Ausschaltung des Nazismus und des Militarismus in jeder Form, die sofortige Verhaftung der Kriegsverbrecher zum Zwecke der Bestrafung … und die Vorbereitung zu einem späteren Wiederaufbau des deutschen politischen Lebens auf demokratischer Grundlage. …

Alle Mitglieder der Nazipartei, die nicht nur nominell in der Partei tätig waren, alle, die den Nazismus oder Militarismus aktiv unterstützt haben, … sollen entfernt und ausgeschlossen werden aus öffentlichen Ämtern und aus wichtigen Stellungen in halbamtlichen und privaten Unternehmungen wie Organisationen des Bürgerstandes, des Wirtschaftslebens und der Arbeiterschaft, … Industrie, Handel, Landwirtschaft und Finanzen, Erziehung und Presse, Verlagsanstalten.

1 *Fassen Sie zusammen, mit welchen Mitteln die Amerikaner eine Demokratisierung der deutschen Bevölkerung erreichen wollten.*

Die Nürnberger Prozesse 1945/46

Mitglieder der Naziregierung, Führer der NSDAP und Befehlshaber der Wehrmacht wurden vor einen internationalen Gerichtshof in Nürnberg gestellt. Ihnen wurden Verbrechen gegen den Frieden und die Menschlichkeit vorgeworfen. Nach einjähriger Verhandlung verhängte das Gericht zwölf Todesurteile (z. B. über Hermann Göring), sieben Haftstrafen (drei lebenslange), sprach aber auch drei Angeklagte frei.

Es hat manche Kritik an der juristischen Rechtmäßigkeit dieser Verfahren gegeben, da es sich um ein einseitiges Gericht der Sieger über die Besiegten handelte und Kriegsverbrechen anderer ausgespart blieben. Sicher ist aber, dass die nationalsozialistischen Hauptverantwortlichen, soweit sie sich nicht durch Selbstmord ihrer Strafe entzogen, zur Rechenschaft gezogen wurden. Außerdem konnten in diesem Prozess die NS-Verbrechen in ihrem ganzen Ausmaß erstmalig einer breiten Öffentlichkeit sichtbar gemacht werden.

2 *Informieren Sie sich mithilfe des Internets über den Nürnberger Prozess. Berichten Sie vor der Klasse über den Prozess und seine Folgen.*

3 *Erkundigen Sie sich bei älteren Menschen (z. B. in einem Altenheim) nach deren Erfahrungen mit der Entnazifizierung in Ihrer Heimat. Nutzen Sie dazu die Arbeitsschritte auf S. 242.*

Hilfe: der Marshallplan

2 **Werbung für den Marshallplan im Westen.** Plakat, 1950.

Der Marshallplan

Um den wachsenden Einfluss der Kommunisten, besonders der Sowjetunion in Europa einzudämmen, verkündete der amerikanische Präsident Truman am 12. März 1947 ein umfangreiches Hilfsprogramm für alle Völker, die sich zu den westlichen Werten wie Freiheit und Demokratie bekannten oder bekennen wollten. Er sagte unter anderem:

Q2 … Ich bin der Ansicht, dass es die Politik der Vereinigten Staaten sein muss, die freien Völker zu unterstützen, die sich der Unterwerfung durch bewaffnete Minderheiten oder durch Druck von außen widersetzen. … Ich bin der Ansicht, dass unsere Hilfe in erster Linie in Form wirtschaftlicher und finanzieller Unterstützung gegeben werden sollte … Die Saat der totalitären Regime gedeiht in Elend und Mangel. … Sie wächst sich vollends aus, wenn in einem Volk die Hoffnung auf ein besseres Leben ganz erstirbt. …

Entsprechend den Vorgaben des Präsidenten verkündete US-Außenminister Marshall in einem Vortrag am 5. Juni 1947 ein Hilfsprogramm für den Wiederaufbau Europas (European Recovery Program), in das alle Länder einschließlich der UdSSR einbezogen sein sollten, wenn sie die Bedingungen des Programms annähmen. Marshall sagte hierzu:

Q3 … Die Wahrheit ist, dass die Bedürfnisse Europas für die nächsten drei oder vier Jahre an ausländischen Nahrungsmitteln und anderen lebenswichtigen Produkten, in der Hauptsache aus Amerika, um vieles größer sind, als die gegenwärtige Fähigkeit Europas, dafür zu bezahlen. Europa muss deshalb eine wesentliche zusätzliche Hilfe erhalten … Unsere Politik ist nicht gegen irgendein Land oder irgendeine Doktrin*, sondern gegen Hunger, Armut, Verzweiflung und Chaos gerichtet. Ihr Zweck soll es sein, die Weltwirtschaft wiederherzustellen, um das Entstehen politischer und sozialer Verhältnisse zu ermöglichen, unter welchen freie Institutionen existieren können …

Die amerikanische Hilfe bestand in langfristigen Krediten und der Lieferung von Investitionsgütern* und Lebensmitteln. Ihre Annahme setzte die Beibehaltung oder Wiederzulassung der freien Marktwirtschaft voraus. Nach der Rede Marshalls legten 16 europäische Länder einen Entwurf für ein Aufbauprogramm vor. Der Marshallplan hatte in den westeuropäischen Ländern günstige psychologische und wirtschaftliche Folgen. Er verstärkte hier den begonnenen Wiederaufbau und legte in Westdeutschland die Grundlage für das spätere „Wirtschaftswunder".

Die UdSSR untersagte den osteuropäischen Ländern und der Sowjetischen Besatzungszone Deutschlands die Teilnahme, weil sie im Marshallplan ein Mittel zur direkten Einflussnahme auf die Politik der Länder Osteuropas sah. Auch widersprach die Forderung nach Zulassung der freien Marktwirtschaft völlig den Vorstellungen der UdSSR.

4 *Erklären Sie, welche Ziele die USA mit dem Marshallplan verfolgten und warum die UdSSR den osteuropäischen Staaten die Teilnahme untersagte.*

5. Juni 1947:
Verkündung des Marshallplans.

Doktrin*:
Politischer Lehrsatz.

Investitionsgüter*:
Güter, die der Produktion dienen.

Zahlungen aus dem Marshallplan von 1948 bis 1952 (in Mrd. Dollar) an:

Großbritannien	3,6
Österreich	0,6
Frankreich	3,1
Griechenland	0,8
Italien	1,6
Belgien/Luxemburg	0,6
Niederlande	1,0
Verschiedene	1,8
Westzonen, Bundesrepublik Deutschland	1,5

und wurden weiter frei gehandelt. Die bisherige Rationierung vieler Produkte und die Preiskontrollen entfielen.

Der Bonner „Generalanzeiger" berichtete am 20. Juni 1958 zum 10. Jahrestag der Währungsreform:

Q1 ... Die DM erwirkte schnell das erwartete Wunder. Am Montag, dem 21. Juni, war Bonn wie verwandelt. Waren, die man jahrelang nicht gesehen hatte, erschienen in den Schaufenstern, vor allem Haushaltsartikel. Wer sich seit Jahren um einen Bezugsschein für einen Topf oder eine Pfanne bemüht hatte, sah mit Erstaunen, wie sich die begehrten Dinge nun in erstaunlicher Vielzahl präsentierten. Einer der ersten Artikel, die wieder auftauchten, waren übrigens Fahrradreifen. Sie fanden Stück für Stück um 7,50 DM reißenden Absatz. ...

1 *Beschreiben Sie mithilfe der Abbildung 1 und Q1 die Stimmung der westdeutschen Bevölkerung am Tag der Währungsreform.*

Luftbrückenhelfer entladen Mehlsäcke. Foto, 1948.

1 Verkauf ohne Marken. Mit der Einführung des neuen Geldes fiel das bisherige Markensystem weg. Foto, 1948.

Berlinkrise

Berlin wurde seit 1945 von den vier Siegermächten gemeinsam verwaltet. Die Stadt war in vier Teile geteilt, allerdings war nur der Ostsektor locker von den anderen Teilen getrennt.

Die Einführung der neuen DM in den Westteilen Berlins führte zu einer großen Krise zwischen der Sowjetunion und den Westmächten. Die Sowjetunion sperrte alle Zugangswege nach Westberlin, um auf diese Weise Druck auf die Westmächte auszuüben. Daraufhin versorgte die amerikanische Regierung Westberlin über eine Luftbrücke. Bis zum Ende der Blockade im Mai 1949 trafen täglich im Minutentakt Transportmaschinen (sogenannte Rosinenbomber) in Westberlin ein, die die Versorgung der Stadt sicherten.

2 *Befragen Sie ältere Menschen nach ihren Erinnerungen an die Berlinkrise und die Luftbrücke.*

3 *Erläutern Sie die unterschiedliche Entwicklung in West- und Ostdeutschland.*

*Das 1951 eingeweihte **Luftbrückendenkmal** am Flughafen Tempelhof in Berlin erinnert an die Leistungen und Opfer der Berliner Luftbrücke. Der Berliner Volksmund nennt es die „Hungerharke".*

Währungsreform in den Westzonen

Die Kluft zwischen den Siegermächten wurde in den Jahren von 1946 bis 1949 immer größer. Die Westmächte schlossen ihre Zonen eng zusammen. Der Hunger der Bevölkerung wurde durch amerikanische Lebensmittel gelindert. Der Wiederaufbau eines westlichen Wirtschaftssystems wurde mit Krediten unterstützt (Marshallplan). Diese Hilfen konnten für die Westzonen erst dann richtig wirksam werden, wenn auch das deutsche Geld wieder etwas wert war. Am 20. Juni 1948 (in Westberlin am 24. Juni) trat in den Westzonen eine Währungsreform in Kraft. Jeder Westdeutsche erhielt zunächst 40 DM und später noch einmal 20 DM („Kopfgeld"). Bargeld wurde im Verhältnis Reichsmark : Deutsche Mark = 10 : 1 umgetauscht. Sparguthaben in einem Verhältnis von ca. 15 : 1. Grundbesitz, Produktionsstätten und Aktien behielten ihren Wert

Vertiefte Trennung

Ostorientierung der Sowjetischen Besatzungszone (SBZ)

Während in den westlichen Besatzungszonen das Wirtschaftssystem und die demokratische Ordnung, ähnlich wie sie die Deutschen aus der Zeit der Weimarer Republik (1918–1933) kannten, weitergeführt wurden, kam es in der sowjetisch besetzten Ostzone zu großen politischen Veränderungen. Schrittweise führte die Sowjetunion ihr sozialistisches System ein. Bereits frühzeitig hatte sie in ihrer Besatzungszone Maßnahmen getroffen, die auf die Übernahme der sozialistischen Gesellschaftsordnung abzielten. Noch vor Kriegsende war eine Gruppe von deutschen Kommunisten unter der Leitung des früheren KPD-Reichstagsabgeordneten Walter Ulbricht in Moskau auf die Übernahme der Macht vorbereitet worden.

Der Verwaltungsaufbau und das Parteiensystem der SBZ wurden ab Mai 1945 nach sowjetischem Muster unter direkter Kontrolle der Sowjetunion umgestaltet. Um die SPD als eigene politische Partei auszuschalten, wurde sie 1946 mit der KPD zwangsweise zur Sozialistischen Einheitspartei Deutschlands (SED) vereinigt (Abb. 2). Ihre Politik wurde von Moskau aus kontrolliert und weitgehend bestimmt.

2 Wahlplakat der SED kurz nach der Zwangsvereinigung von SPD und KPD 1946.

Bodenreform in der SBZ

Die Kommunisten drängten schnell auf Änderungen der bisherigen Wirtschaftsordnung im Gegensatz zur Politik der Westmächte in deren Besatzungszonen.

Aus einer Verordnung der Provinz Sachsen vom 3. September 1945:

Q2 … Folgender Grundbesitz wird … unabhängig von der Größe der Wirtschaft enteignet:

a) der Grundbesitz der Kriegsverbrecher und Kriegsschuldigen …

b) der Grundbesitz …, der den Naziführern … sowie den führenden Personen des Hitlerstaates gehörte. …

… Gleichfalls wird der gesamte … Großgrundbesitz über 100 Hektar enteignet. …

Das enteignete Land wurde anschließend neu verteilt als privates, vererbbares Eigentum. An Ackerland erhielten 119 121 landlose Bauern und Landarbeiter im Durchschnitt 7,8 Hektar, 82 483 landarme Bauern 3,3 Hektar, 91 155 Umsiedler 8,4 Hektar. Auf einem Drittel des enteigneten Landes entstanden „Volkseigene Güter" (VEG).

Industriereform

Im Oktober 1945 führte ein Befehl der Sowjetischen Militärregierung zur Beschlagnahmung allen Eigentums des deutschen Staates, der NSDAP und der Wehrmacht. Einen Teil der schwerindustriellen Betriebe nahm die Sowjetunion in Besitz, den übrigen Teil stellte die Militärregierung der deutschen Verwaltung zur Verfügung. Insgesamt wurden acht Prozent der Industriebetriebe enteignet. Diese lieferten aber fast die Hälfte der gesamten Industrieproduktion.

Im Sommer 1946 wurde in Sachsen auf Initiative der SED ein Volksentscheid über die „Überführung der Betriebe von Kriegs- und Naziverbrechern in das Eigentum des Volkes" durchgeführt. 77 Prozent stimmten mit Ja, 16 Prozent mit Nein.

4 *Beschreiben Sie mithilfe von Q2 und des Textes die politischen und wirtschaftlichen Maßnahmen der Sowjetunion in der SBZ.*

Plakat zur Bodenreform in der SBZ, 1945.

Die Gründung zweier deutscher Staaten

Konrad Adenauer
(geb. 5. 1. 1876, gest.
19. 4. 1967) war von
1917 bis 1933 und
1945 Oberbürger-
meister von Köln so-
wie von 1920 bis
1933 Präsident des
preußischen Staats-
rates. Als Gegner der
Nationalsozialisten
kam er zweimal in
Haft. 1945 wurde
das ehemalige Mit-
glied der Zentrums-
partei Mitbegründer
der CDU. Von 1948
bis 1949 war er Prä-
sident des Parlamen-
tarischen Rates. Von
1949 bis 1963 am-
tierte er als erster
Bundeskanzler der
Bundesrepublik.

Bizone*:
Zusammenschluss
der brititschen und
amerikanischen Be-
satzungszone zum
1. 1. 1947.

Provisorium*:
Behelfsmäßige Über-
gangslösung.

1 Behelfsmäßiger Wegweiser zum Parlamenta-
rischen Rat, der eine Verfassung für den neuen
Weststaat erarbeiten sollte. Foto, 1948.

Der Weg zu zwei deutschen Staaten

1948 war deutlich geworden, dass die Siegermächte unvereinbare Konzepte für die Behandlung des besetzten Deutschlands und die
Durchsetzung ihrer Interessen hatten. Die
Berliner Blockade zeigte dann, dass die Alliierten ihre Interessen in Deutschland nicht ohne
ein gewisses Maß an Unterstützung durch die
Deutschen in den von ihnen besetzten Zonen
sichern konnten. Nun bekamen die politischen
Kräfte in Deutschland Zug um Zug freie Hand,
auch die staatliche Ordnung im Osten wie im
Westen selbst zu regeln – im Rahmen von Leit-
linien, die im Osten auf eine kommunistische,
im Westen auf eine marktwirtschaftlich-demo-
kratische Ordnung hinausliefen.

Die Londoner Außenministerkonferenz

Ende 1947 trafen die Außenminister der vier
Siegermächte zur 5. Deutschlandkonferenz in
London zusammen. In keinem der wichtigen
Punkte (Reparationen, Marshallplan, Bizone*,
Oder-Neiße-Frage, Frage der deutschen Einheit) konnten sich der sowjetische Außenminister und seine westlichen Kollegen näher
kommen. Am 15. Dezember wurde die Konferenz nach drei Wochen abgebrochen.

Ende Februar 1948 trafen sich in London Vertreter der drei Westmächte, Belgiens, der Niederlande und Luxemburgs. Sie bemühten sich
um ein gemeinsames Vorgehen in den westlichen Besatzungszonen.

Am 20. März 1948 verließ der sowjetische Vertreter den Alliierten Kontrollrat, wofür er folgende Begründung gab:

Q1 … Die offiziellen Vertreter der USA, Großbritanniens und Frankreichs haben auf der
Londoner Konferenz Deutschlandfragen er-
örtert und entschieden, die unmittelbar der
Kompetenz* des Kontrollrats unterliegen
und nur durch Viermächtebeschluss entschieden werden können. Die amerikanischen und
britischen Besatzungsbehörden wollen den
Kontrollrat nicht über die in London vorbereiteten Beschlüsse informieren. … Durch ihre
Handlungsweise haben diese drei Delegati-
onen wieder einmal bestätigt, dass der Kontrollrat als Organ der obersten Gewalt faktisch nicht mehr besteht. …

Die Londoner Beratungen zogen sich bis zum
Juni 1948 hin. Erst dann waren die Franzosen
bereit, ihre Zone der Bizone anzugliedern und
einen westlichen Teilstaat zu bilden.

Das Ergebnis der Londoner Beratungen wurde
den Ministerpräsidenten der Länder der Westzonen am 1. Juli 1948 in Frankfurt feierlich
mitgeteilt. Die Ministerpräsidenten wurden
ermächtigt, eine verfassunggebende Versammlung einzuberufen. Diese sollte eine
demokratische Verfassung für einen Weststaat
ausarbeiten.

Die Ministerpräsidentenkonferenz nahm dazu
am 10. Juli Stellung:

Q2 … Die Ministerpräsidenten glauben jedoch, dass … alles vermieden werden müsste, was dem zu schaffenden Gebilde den
Charakter eines Staates verleihen würde; sie
sind darum der Ansicht, dass … zum Ausdruck kommen müsste, dass es sich lediglich
um ein Provisorium* handelt. …

1 Fertigen Sie eine Übersicht mit den Ereignissen seit der Deutschlandkonferenz Ende 1947
an.

2 Nehmen Sie Stellung zur sowjetischen
Haltung, die in Q1 deutlich wird.

Die Gründung zweier deutscher Staaten

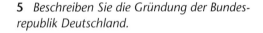

2 Bundespräsident Heuss überreicht Bundeskanzler Adenauer die Ernennungsurkunde. Foto, 20.9.1949.

3 *Erläutern Sie, welche Sorge hinter der Aussage in Q2 steht.*

4 *Beschreiben Sie die Wirkung, die Abbildung 1 auf Sie ausübt.*

Die Gründung der Bundesrepublik Deutschland

Am 1. September 1948 nahm die verfassunggebende Versammlung, der Parlamentarische Rat, seine Arbeit auf. Die Länderparlamente hatten 65 Abgeordnete bestimmt (CDU/CSU 27, SPD 27, FDP 5, KPD 2, Zentrum 2, DP* 2).

Nach längeren Beratungen verabschiedete der Parlamentarische Rat am 8. Mai 1949 eine Verfassung. Sie wurde „Grundgesetz" genannt, um den provisorischen Charakter zu betonen. Die drei Westalliierten genehmigten das Grundgesetz, die westdeutschen Landtage stimmten mit Ausnahme Bayerns zu. Am 23. Mai wurde das Grundgesetz verkündet. Dieser Tag wird heute als „Verfassungstag" gefeiert.

Am 14.8.1949 wurde der erste Deutsche Bundestag gewählt. CDU/CSU, FDP und DP bildeten eine Koalition*. Bundeskanzler wurde Konrad Adenauer (CDU). Zum ersten Bundespräsidenten wurde am 12.9.1949 Theodor Heuss (FDP) gewählt.

Damit war der neue Staat mit seinen aus freien Wahlen hervorgegangenen Organen funktionsfähig.

5 *Beschreiben Sie die Gründung der Bundesrepublik Deutschland.*

Die Gründung der Deutschen Demokratischen Republik (DDR)

Parallel zur Staatsgründung im Westen bereitete die SED die Gründung eines eigenen Staates nach dem Muster kommunistischer Volksdemokratien* vor. Die SED hatte nicht vor, ihre Vorherrschaft in der SBZ aufzugeben. Zunächst erarbeiteten von der SED einberufene Volkskongresse eine Verfassung. Die Mitglieder des III. Volkskongresses wurden im Mai 1949 gewählt, aber die Bevölkerung konnte nur mit Ja oder Nein für eine von der SED beherrschte Einheitsliste* stimmen. Der III. Volkskongress wählte einen Volksrat, der sich am 7.10.1949 zur Provisorischen Volkskammer der Deutschen Demokratischen Republik erklärte. Er setzte die Verfassung in Kraft und sprach sich für die Bildung einer provisorischen Regierung aus. Als Präsident der DDR wurde Wilhelm Pieck und als Ministerpräsident Otto Grotewohl, beide SED, gewählt. Die entscheidende politische Gewalt in der neu gegründeten DDR übte jedoch der Erste Sekretär des Zentralkomitees der SED, Walter Ulbricht, aus.

6 *Beschreiben Sie die wesentlichen Unterschiede bei der Gründung beider deutscher Staaten.*

23. Mai 1949:
Verkündung des Grundgesetzes und damit Gründung der Bundesrepublik Deutschland.

Volksdemokratie*:
Staatsform kommunistischer Länder, bei der die gesamte Staatsmacht in den Händen der Kommunistischen Partei liegt.

DP*:
Die konservative Deutsche Partei bestand von 1949 bis 1961.

Einheitsliste*:
Wahlliste, auf der mehrere Parteien genannt sind, die man nur insgesamt wählen oder ablehnen kann.

Koalition*:
Bündnis.

Wirtschaftliche Entwicklung im Westen

Stationen des Erfolgs
20 Jahre
Bundesrepublik Deutschland

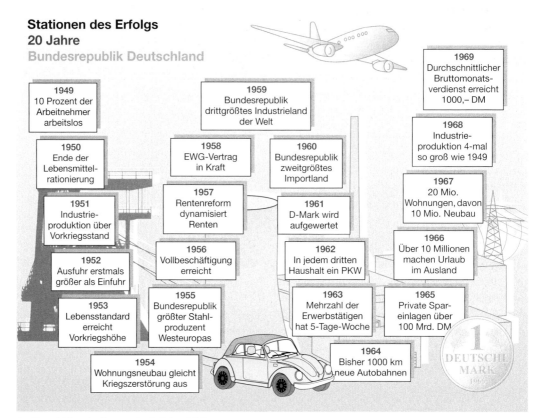

1949
10 Prozent der Arbeitnehmer arbeitslos

1950
Ende der Lebensmittel-rationierung

1951
Industrie-produktion über Vorkriegsstand

1952
Ausfuhr erstmals größer als Einfuhr

1953
Lebensstandard erreicht Vorkriegshöhe

1954
Wohnungsneubau gleicht Kriegszerstörung aus

1955
Bundesrepublik größter Stahl-produzent Westeuropas

1956
Vollbeschäftigung erreicht

1957
Rentenreform dynamisiert Renten

1958
EWG-Vertrag in Kraft

1959
Bundesrepublik drittgrößtes Industrieland der Welt

1960
Bundesrepublik zweitgrößtes Importland

1961
D-Mark wird aufgewertet

1962
In jedem dritten Haushalt ein PKW

1963
Mehrzahl der Erwerbstätigen hat 5-Tage-Woche

1964
Bisher 1000 km neue Autobahnen

1965
Private Spar-einlagen über 100 Mrd. DM

1966
Über 10 Millionen machen Urlaub im Ausland

1967
20 Mio. Wohnungen, davon 10 Mio. Neubau

1968
Industrie-produktion 4-mal so groß wie 1949

1969
Durchschnittlicher Bruttomonats-verdienst erreicht 1000,– DM

1 Das „Wirtschaftswunder". Schaubild.

Messerschmitt KR200

Mit dem steigenden Wohlstand nahmen private Motorisierung und Reiselust zu. Werbeplakat der Firma Messerschmitt, 1955.

2 Die 1950er-Jahre. Collage.

Wirtschaftliche Entwicklung im Westen

Der wirtschaftliche Aufschwung

1 Fragen Sie Ihre Großeltern und älteren Verwandten nach Erinnerungen an die Zeit der 1950er- und 1960er-Jahre.

2 Beschreiben Sie die wirtschaftliche Entwicklung der ersten zwanzig Jahre der Bundesrepublik mithilfe des Schaubilds und der Collage auf Seite 286.

In den 1950er-Jahren begann der wirtschaftliche Wiederaufstieg in Westdeutschland. Die mit westlicher Hilfe wieder aufgebauten oder neu errichteten Industrieunternehmen konnten billige und gute Waren für den Export, aber auch für das Inland produzieren. Nach den Jahren der Entbehrung seit 1945 kam es nun zu Konsumwellen: Der „Fresswelle" folgte die „Wohn- und Automobilwelle". Am Beginn der 1960er-Jahre folgte die „Reisewelle". Gestiegene Löhne und ein wachsender Anspruch auf Urlaubstage machten Ferien auch im Ausland möglich. Diesen sprunghaften wirtschaftlichen Aufschwung bezeichnete man allgemein als das deutsche „Wirtschaftswunder".

Das soziale Netz

Der wirtschaftliche Aufstieg im Rahmen der von der CDU/CSU und ihrem Wirtschaftsminister Ludwig Erhard verfolgten Politik einer „sozialen Marktwirtschaft" wurde begleitet von einem schrittweisen Ausbau des Sozialstaates. So kam es unter anderem zu einer Rentenreform 1957, die die Rentner am gestiegenen Einkommen teilhaben ließ.

Die Lohnfortzahlung* im Krankheitsfall, die Einführung eines Kindergeldes und die Ausbildungsförderung (BAföG) für Kinder einkommensschwacher Familien sind beispielhafte Vorhaben, mit denen das Netz des Sozialstaates immer enger geknüpft wurde.

Die Sozialpolitiker aller Parteien, die Vertreter der Gewerkschaften und der großen Kirchen konnten besonders vor Wahlen die Fragen der sozialen Gerechtigkeit und die Forderungen nach dem Ausbau des Sozialstaates mit Erfolg in die politische Debatte einbringen. Das letzte Resultat dieser Politik war die Einführung der Pflegeversicherung* 1995.

3 Bereiche der sozialen Sicherung 2006.

In der Regel werden die Kosten der sozialen Sicherung jeweils zur Hälfte durch die Arbeitgeber und Arbeitnehmer finanziert, in vielen Bereichen sind aber zusätzlich staatliche Zuschüsse nötig, um zum Beispiel in der Rentenversicherung die steigenden Kosten zu decken.

3 Berichten Sie über den schrittweisen Ausbau des Sozialstaates und seine Kosten (Abb. 3).

„Sozialpartner"

Durch ein verbessertes Betriebsverfassungsgesetz 1972 und ein Mitbestimmungsgesetz für Großunternehmen 1976 wurden die Mitwirkungsrechte der Arbeitnehmer in den Betrieben neu geordnet und wesentlich verbessert. Wegen ihrer Bedeutung für die sozialpolitische Entwicklung wurden Arbeitgeberverbände und Gewerkschaften auch „Sozialpartner" genannt. Bis heute handeln sie untereinander Löhne und Gehälter für Arbeiter und Angestellte aus.

Eine große Bedeutung hatte die Frage der wöchentlichen Arbeitszeit. In jahrzehntelangen Auseinandersetzungen gelang es den Gewerkschaften, zunächst die 40-Stunden-Woche und dann im Bereich der metallverarbeitenden Industrie eine wöchentliche Arbeitszeit von 35 Stunden durchzusetzen.

4 Erkundigen Sie sich nach den heutigen Problemen des Sozialversicherungssystems.

Ludwig Erhard (geb. 4.2.1897, gest. 5.5.1977), Mitglied der CDU, war von 1949 bis 1963 Bundeswirtschaftsminister und führte das Prinzip der „sozialen Marktwirtschaft" ein. Er gilt als Vater des „Wirtschaftswunders". 1963–1966 war Erhard als Nachfolger Adenauers Bundeskanzler.

*Lohnfortzahlungsgesetz *:* *Das Lohnfortzahlungsgesetz regelt die Auszahlung des Lohns an den Arbeitnehmer, auch wenn dieser krankheitsbedingt der Arbeit fernbleiben muss.*

*Pflegeversicherung *:* *Die Pflegeversicherung soll die Grundversorgung pflegebedürftiger Menschen sichern, die ansonsten auf Sozialhilfe bzw. Unterhalt durch Angehörige angewiesen wären.*

Wirtschaftliche Entwicklung in der DDR

Verteilung wichtiger Konsumgüter auf die Haushalte der DDR (in Klammern die Zahlen für die Bundesrepublik Deutschland 1978):

Pkw

0,2 %	1955
9 %	1966
15 %	1970
34 %	1978
(62 %)	

Fernseher

1 %	1955
54 %	1966
69 %	1970
87 %	1978
(94 %)	

Waschmaschine

0,5 %	1955
32 %	1966
53 %	1970
79 %	1978
(82 %)	

Kühlschrank

0,4 %	1955
31 %	1966
56 %	1970
99 %	1978
(98 %)	

Belastungen des Staatshaushalts der DDR:
Von je 100 DDR-Mark Kosten wurden durch staatliche Zuschüsse gedeckt: bei Nahrungsmitteln 46 Mark, Verkehrsleistungen 65 Mark, Wohnungsmieten 70 Mark.

Verschuldung der DDR gegenüber dem Ausland (in Mrd. DM):

1976	5
1980	30
1989	49

SIE HABEN SICH BEIDE EINE »1«,
DIE NOTE HÖCHSTER VOLLKOMMEN-
HEIT, VERDIENT. DER KLEINE KÜNSTLER
FÜR SEINE KREIDEZEICHNUNG UND
DER TRABANT 601 FÜR SEINE AUS-
GEREIFTE KONSTRUKTION.

EXPORTEUR:
TRANSPORTMASCHINEN EXPORT-IMPORT DEUTSCHER INNEN- UND AUSSENHANDEL, BERLIN W 8
DEUTSCHE DEMOKRATISCHE REPUBLIK

1 Werbung für den Trabant. Plakat, 1965.

Sozialistische Planwirtschaft

Schon in der sowjetisch besetzten Zone (SBZ) waren früh die Weichen für eine sozialistische Planwirtschaft nach sowjetischem Vorbild gestellt worden. An die Stelle des privaten Eigentums der Unternehmer trat das „gesellschaftliche Eigentum" der staatlich gelenkten Produktionsbetriebe (Genossenschaften) und des Staates. Jedem Betrieb wurde von zentralen staatlichen Planungsbehörden genau vorgeschrieben, was er zu produzieren hatte. Aufgrund der langfristig erstellten Planvorgaben reagierten die Betriebe nur sehr schwerfällig auf veränderte wirtschaftliche Forderungen. Organisatorische Mängel, unehrliche Berichterstattung oder Materialmangel führten dazu, dass diese Pläne nur selten eingehalten wurden.

Im Wettbewerb mit den anderen sozialistischen Staaten war es der DDR aber bis 1966 gelungen, zum zweitgrößten Industriestaat des Ostblocks nach der Sowjetunion aufzusteigen, hinsichtlich des Lebensstandards stand sie sogar an der Spitze. Die Bürger der DDR verglichen ihren Lebensstandard aber mit dem in der Bundesrepublik Deutschland. Ihr gegenüber wurde der Abstand immer größer.

Auch die Landwirtschaft wurde nach sowjetischem Vorbild umgestaltet. Schrittweise wurde die Bildung landwirtschaftlicher Produktionsgenossenschaften (LPG) vorangetrieben und der Privatbesitz an landwirtschaftlichen Gütern fast vollständig aufgehoben. Ab Mitte 1960 gab es in der DDR keine selbstständigen Bauern mehr. Die genossenschaftliche Produktion unter staatlicher Aufsicht führte aber nicht zu einer Produktivitätssteigerung. Nach einem dramatischen Rückgang der Produktionsmengen stabilisierte sich die DDR-Landwirtschaft erst am Ende der Sechzigerjahre, blieb aber weit hinter dem Produktivitätsfortschritt der westdeutschen Landwirtschaft zurück.

1 *Vergleichen Sie das Werbeplakat der DDR (Abb. 1) mit der Autowerbung, die Sie kennen.*
2 *Vergleichen Sie Kennziffern des Lebensstandards in der DDR und der Bundesrepublik (Randspalte).*

Wirtschaftlicher Rückstand

Nach 1970 wurde der große Wohnungsmangel durch riesige Wohnsiedlungen aus Fertigteilen (Plattenbauten) auf der grünen Wiese weitgehend beseitigt. Die Altbauten in den Innenstädten verfielen aber weiterhin.

Im Vergleich mit der Weltwirtschaft fiel die DDR immer stärker zurück. Um im Export eine West-Mark einzuhandeln, musste die DDR 1980 etwa 2,50 Ost-Mark aufwenden, 1989 aber 4,40 Ost-Mark. Deswegen fehlten ihr auch Mittel zur Erneuerung der Betriebe und Geld für Investitionen in den Umweltschutz. So produzierten viele DDR-Betriebe unter übergroßem Energieaufwand mit zerstörerischen Folgen für die Umwelt.

Mitte der Achtzigerjahre verschlechterte sich die wirtschaftliche Situation auch für die Bevölkerung spürbar und trug zur wachsenden Unzufriedenheit bei.

Der Arbeitsalltag

In der Verfassung der DDR war den Arbeitnehmern ein Arbeitsplatz garantiert, von den Betrieben waren sie nur schwer zu kündigen. Die hohe Personalbelegung der Betriebe, der mangelnde Lohnanreiz und der meist veraltete Maschinenpark führten zu einer niedrigen

Arbeitswelt in der DDR

Produktivität der DDR-Betriebe. Ein Historiker schreibt über die Zeit um 1960:

M1 ... Faktisch wurde nach der 5-Tage-Woche gearbeitet, die sich als „Gewohnheitsrecht" durchgesetzt hatte. In einigen Baubetrieben galt in der Praxis sogar die 4-Tage-Woche. Zum anderen hielten die Brigaden* die vorgeschriebene siebeneinhalbstündige Tagesarbeitszeit nicht ein: Einkäufe während der Arbeit, ein unpünktlicher Arbeitsbeginn und ein verfrühtes Arbeitsende gehörten zum Alltag, auf der Baustelle wie in den Produktionsbetrieben ... Die Brigaden versuchten, ihren eigenen Arbeitsrhythmus, ihr Arbeitstempo und die individuelle Gestaltung der Arbeitszeit durchzusetzen – das vorherrschende Handlungsmuster war dabei eine Mischung aus Meckern, Mitmachen und vor allem Verweigern.

Brigade*:
Form, in der die Menschen in den Betrieben organisiert waren.

3 *Welche Folgen für die DDR-Wirtschaft hatten die Planwirtschaft und die geringe Arbeitsmoral?*

3 So wie hier in einem Chemiewerk bei Bitterfeld rosteten in der DDR viele Produktionsanlagen vor sich hin.

Gleichberechtigung als offizielles Ziel

Ein erklärtes Ziel des Sozialismus war die Gleichberechtigung der Frau. Dieser Anspruch fand sich in der Verfassung, zahlreiche Gesetze zur Frauenförderung sollten die Vorgabe in die Praxis umsetzen. So galten beispielsweise für Mütter mit mehreren Kindern kürzere Arbeitszeiten. Ebenso konnten Mütter ihre Kinder bereits ganz früh in Kinderkrippen geben und so wieder berufstätig sein.

	BRD	DDR
1960	54%	67%
1965	54%	75%
1970	53%	81%
1975	51%	85%
1980	51%	85%

2 Weibliche Berufstätigkeit in Ost und West.

4 *Vergleichen Sie die Entwicklung weiblicher Berufstätigkeit in Ost und West. Nennen Sie Gründe für diese Entwicklung.*

Mit etwa 85 Prozent Berufstätigkeit galt die Emanzipation der Frau in der DDR als gelun-

gen. Trotzdem war der Alltag der Frauen oft voller Probleme. Eine moderne Darstellung berichtet über den „typischen" Arbeitstag einer berufstätigen Mutter:

M2 ... Um fünf Uhr morgens weckte sie die Kinder, machte sie für den Kindergarten oder die Schule fertig und brachte sie dorthin. Die Einrichtungen der Volksbildung hatten einen speziellen Frühhort eingerichtet, wo man die Kinder schon ab sechs Uhr abgeben konnte. Dann ging es mit einer ungeheizten und überfüllten Straßen- oder S-Bahn zur Arbeit. Nach Feierabend, also gegen 17 Uhr, holten die Mütter die übermüdeten und nervösen Kinder aus den „Einrichtungen" ab, erledigten auf dem Nachhauseweg die oft mit „Rennereien" und langem Anstehen verbundenen Einkäufe und hatten dann gerade noch Zeit für das Abendbrot. Nach dem „Sandmännchen"* steckten sie die Kinder ins Bett und erledigten die wichtigsten Arbeiten im Haushalt ...

„Gleiche Leistung – Gleicher Lohn". SED-Wahlplakat, 1954.

Das Sandmännchen* im Hubschrauber. Die Trickfigur des Deutschen Fernsehfunks (DFF) war in Ost und West gleichermaßen sehr beliebt.

5 *Vergleichen Sie das offizielle Ziel der Gleichberechtigung der Frau mit der Arbeitswirklichkeit.*

Jugend in der DDR

1 Fahnenappell vor der Lehrerin anlässlich der Einweihung einer Polytechnischen Oberschule in Ost-Berlin. Foto, 1987.

Freie Deutsche Jugend
Die FDJ begleitete Kinder und Jugendliche während ihrer Schulzeit und Lehre. Zugleich verstand sie sich als Nachwuchsorganisation für die SED. Bereits im Kindergarten wurden die Mädchen und Jungen auf diese Organisation vorbereitet.
Vom 1. bis 4. Schuljahr waren sie Mitglied der Jungen Pioniere, der Kinderorganisation der FDJ, anschließend vom 4. bis 7. Schuljahr bei den Thälmann-Pionieren. Jugendliche und junge Erwachsene zwischen 14 und 25 Jahren kamen dann in die eigentliche FDJ.
1979 waren 88 Prozent der Schüler Mitglieder bei den Pionierorganisationen, 70 Prozent der älteren Jugendlichen bei der FDJ.

Sozialistische Erziehung in der Schule

Die Schulen der DDR standen ganz im Zeichen der Erziehung zur sozialistischen Persönlichkeit. Aus jungen Menschen sollten „hervorragend ausgebildete Facharbeiter (…) und kluge Sozialisten mit den Eigenschaften revolutionärer Kämpfer" werden. So formulierte es Margot Honecker, seit 1963 Ministerin für Volksbildung.

Die Kinder wurden schon früh in staatliche Obhut genommen. Sozialistische Erziehung fand bereits in Kinderkrippen und -gärten statt. Bis zur zehnten Klasse gab es ein Einheitsschulsystem, das alle Schüler zu absolvieren hatten. Anschließend bestand die Möglichkeit, auf die „Erweiterte Oberschule" (EOS) zu wechseln und dort die Hochschulreife zu erlangen. Diese Möglichkeit stand allerdings nicht jedem Schüler mit guten Leistungen offen. Eine weiterführende Schule durfte nur besuchen, wer treu hinter den sozialistischen Ideen stand. Neben der Vorbereitung auf das Abitur wurde in drei Jahren eine Lehre absolviert, die mit dem Facharbeiterbrief abschloss. Die Schulen waren in der Regel Betrieben angeschlossen, zumeist mit Internat.

Jugend in einer geschlossenen Gesellschaft

Die SED sah seit Beginn ihrer Herrschaft in der Jugend einen wesentlichen Baustein zum Aufbau des Sozialismus. Die Jugendlichen waren, wie es z. B. im Jugendgesetz von 1974 hieß, „zu Staatsbürgern zu erziehen, die den Ideen des Sozialismus treu ergeben sind, den Sozialismus stärken und gegen alle Feinde zuverlässig schützen".

1946 war die Freie Deutsche Jugend (FDJ) gegründet worden. Als einziger zugelassener Jugendverband der DDR spielte sie an Schulen, Hochschulen, in Betrieben und in der Armee eine wichtige Rolle. Neben Ferien- und Freizeitangeboten organisierte die FDJ Treffen mit Jugendlichen aus anderen Städten und Ländern. Aufmärsche und Kampfdemonstrationen dienten der Mobilisierung und Motivation der Jugendlichen für die Ziele des Staates. 1987 waren etwa 87 Prozent der DDR-Jugendlichen Mitglied in der FDJ.

Aus einer Umfrage unter ostdeutschen Jugendlichen aus dem Jahr 1992 über die Gründe, warum sie Mitglied der FDJ waren:

Q1 1. Weil es für die schulische und berufliche Entwicklung nötig war — 76,0 %
2. Weil fast alle Mitglieder waren — 62,5 %
3. Weil ich keinen Ärger wollte — 59,9 %
4. Weil ich gern unter Gleichaltrigen war — 44,9 %
5. Weil hier eine interessante Freizeitgestaltung möglich war — 30,4 %
6. Weil die FDJ meine Interessen vertrat — 29,5 %
7. Weil interessante politische Diskussionen möglich waren — 20,6 %

1 *Fassen Sie zusammen, aus welchen Motiven Jugendliche der FDJ beigetreten sind.*

Die Stasi

Das Ministerium für Staatssicherheit

40 Jahre lang hat die SED das gesamte politische, wirtschaftliche und gesellschaftliche Leben in der DDR kontrolliert. Um ihren totalitären Machtanspruch durchzusetzen, schuf sie 1950 das Ministerium für Staatssicherheit (MfS). Die Geheimdienstorganisation galt als „Schwert und Schild" der Partei. Sie bereitete Terrorkampagnen und Schauprozesse mit fingierten Vorwürfen gegen Regimegegner und Andersdenkende vor. Wer sich – vor allem vor dem Mauerbau 1961 – ihrem Zugriff nicht durch Flucht entziehen konnte, hatte langjährige Haft, gesundheitsschädigende Zwangsarbeit oder den Tod zu fürchten.

Zuständiger Minister war seit 1957 Erich Mielke. Er ließ das Bespitzelungssystem in der gesamten DDR immer weiter ausbauen. Zuletzt arbeiteten 80000 fest angestellte und weit über 100000 inoffizielle Mitarbeiter (IM) als Spitzel für die Staatssicherheit. Stasi*-Spitzel unterwanderten Kirchen und Sportvereine, waren in Jugendverbänden, Krankenhäusern, Schulen und Betrieben tätig. In der Zentralen Personen-Datenbank wurden Angaben über ca. sechs Millionen DDR-Bürger gespeichert.

Zu den Aufgaben des MfS gehörten:
- frühzeitiges Erkennen von „Republikflucht"
- Einschleusen von Spionen in den Westen
- Überwachung westlicher Besucher, vor allem westlicher Journalisten
- Überwachung des Post- und Telefonverkehrs und
- Überwachung von DDR-Bürgern im In- und Ausland.

Prägten in den 1950er Jahren noch spektakuläre Entführungen und brutale Auftragsmorde die Arbeit des MfS, so schienen Terror- und Willküraktе nach 1961 nachzulassen. Dennoch waren Aufstieg im Beruf, die Zulassung zum Studium, die Ausstellung eines Gewerbescheins oder die Genehmigung von Auslandsreisen in der Regel nur mit Zustimmung des MfS möglich.

2 Erklären Sie, was sich die DDR-Führung unter „Staatssicherheit" vorgestellt hat.

3 Diskutieren Sie einzelne Folgen, die das Spitzelsystem für das Verhalten der DDR-Bürger haben musste.

2 Porzellanwandteller der SED-Bezirksleitung Gera zum 20. Jahrestag des Ministeriums für Staatssicherheit. Foto, 1970.

Regimegegner

Gerade in den frühen Jahren der DDR gab es auch aktiven Widerstand gegen das SED-Regime. Die SED beanspruchte auch in der Kulturpolitik, die Maßstäbe im sozialistischen Sinn zu setzen. Schriftstellerinnen und Schriftsteller mussten ihre Werke vor der Veröffentlichung genehmigen lassen. Die Publizierung abgelehnter Manuskripte im Westen führte zu harten Strafen, Veröffentlichungsverboten oder sogar zur Ausbürgerung aus der DDR.

Am bekanntesten wurde wohl der Fall des Liedermachers Wolf Biermann. Der enge Freund Robert Havemanns siedelte 1953 als überzeugter Sozialist von Hamburg nach Ost-Berlin über. Mit kritischen Liedern, in denen er die Schwächen des DDR-Systems anprangerte, zog er den Unwillen der SED auf sich. Als sich Biermann im November 1976 zu einer Konzerttournee in Westdeutschland aufhielt, wurde er aus der DDR ausgebürgert. Er durfte nicht mehr nach Hause zurückkehren. Die Bevölkerung in Ost und West reagierte empört. Die Proteste vieler Künstler, unter ihnen Manfred Krug, Nina Hagen und Armin Mueller-Stahl, blieben wirkungslos.

4 Überlegen Sie, wie sich das harte Vorgehen des Staates erklären lässt.

Stasi*:
Abkürzung für Staatssicherheitsdienst. Dies bezeichnete den Apparat der Geheimpolizei (MfS = Ministerium für Staatssicherheit).

Erich Mielke (1907–2000), seit 1925 Mitglied der KPD, baute ab 1948 die Stasi-Strukturen in der SBZ auf und leitete das MfS von 1957 bis 1990. Bis zu seinem Tod wurde Mielke mehrfach inhaftiert und 1993 zu sechs Jahren Gefängnis verurteilt. 1998 wurden alle gegen ihn laufenden Verfahren aus gesundheitlichen Gründen eingestellt.

Der Systemkritiker Robert Havemann und der Liedermacher Wolf Biermann.

Ost-West-Konflikt: ...

*Die Atombombe –
Waffe des Kalten
Kriegs*
*Die USA waren nach
dem Abwurf der
Atombomben über
Hiroshima und
Nagasaki (siehe
S. 233) zunächst die
einzige Nuklear-
macht der Welt. Die
UdSSR schloss aber
bis 1949 mit einer
eigenen Atombombe
zu den USA auf. Die
Rivalität des Kalten
Kriegs zwischen den
beiden Supermäch-
ten schlug sich in
einem ständig
schnelleren Rüs-
tungswettlauf nieder.
Beide Seiten hatten
am Ende des Kalten
Kriegs so viele Atom-
waffen, dass damit
sämtliche Länder der
Erde zwanzigfach
hätten vernichtet
werden können.*

1 „Hilfe, ich werde verfolgt". Karikatur von Horst Haitzinger, 1981.

Rüstungswettlauf

Am 4. April 1949 gründeten in Washington
die USA, Kanada und zehn westeuropäische
Staaten die NATO (North Atlantic Treaty Organization). Die USA reagierten damit auf die
erfolgreichen Atombombenversuche der Sowjets und auf die Revolution in China, mit der
die Kommunistische Partei unter Mao Zedong
an die Macht gekommen war. Als die Sowjetunion 1955 im Gegenzug mit sechs osteuropäischen Ländern und der DDR den Warschauer Pakt bildete, war dies der Beginn
eines jahrzehntelangen Wettrüstens zwischen
den beiden Machtblöcken. Aber nicht nur zu
diesem Zeitpunkt, sondern bis zum Ende des
Kalten Kriegs und der Auflösung des Warschauer Pakts 1991 bestimmten Spannung
und Misstrauen die Ost-West-Beziehungen.
Das zeigte sich am sogenannten Sputnik-
Schock 1957, als der erfolgreiche Start des
sowjetischen Satelliten „Sputnik I" das Vertrauen des Westens in seine technologische
Überlegenheit und militärische Sicherheit
gegenüber dem Osten schwer erschütterte.
Die Spannungen wurden aber auch in „Stell-
vertreterkriegen*" in Asien und Afrika bis in
die 1980er-Jahre hinein deutlich. Die Strate-

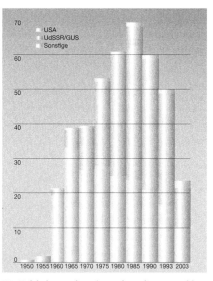

2 Zahl der weltweit vorhandenen nuklearen
Sprengköpfe in Tausend 1950–2003.

gien der beiden Bündnisse zielten darauf, im
Bereich der Atomwaffen ein nukleares Gleichgewicht zu schaffen.
1 *Setzen Sie sich kritisch mit der Aussage der
Karikatur (Abb. 1) auseinander. Ziehen Sie
auch das Säulendiagramm (Abb. 2) heran.*

Stellvertreterkrieg:
Kriegerischer Konflikt
unterhalb der Atom-
schwelle während
des Kalten Kriegs,
der, von den beiden
Supermächten USA
und Sowjetunion un-
ter Kontrolle gehal-
ten, zwischen kleinen
Mächten aus den
jeweiligen Lagern
geführt wurde.*

... NATO und Warschauer Pakt

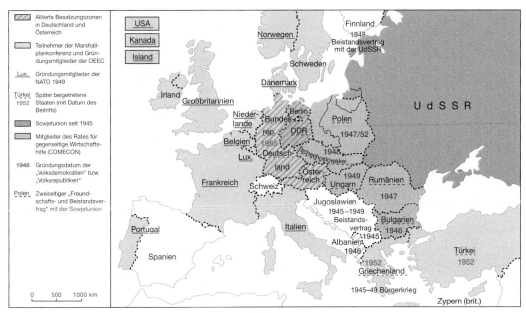

Legende
Alliierte Besatzungszonen in Deutschland und Österreich
Teilnehmer der Marshall-plankonferenz und Gründungsmitglieder der OEEC
Lux. Gründungsmitglieder der NATO 1949
Türkei 1952 Später beigetretene Staaten (mit Datum des Beitritts)
Sowjetunion seit 1945
Mitglieder des Rates für gegenseitige Wirtschaftshilfe (COMECON)
1948 Gründungsdatum der „Volksdemokratien" bzw. „Volksrepubliken"
Polen Zweiseitiger „Freundschafts- und Beistandsvertrag" mit der Sowjetunion

3 Blockbildung in Europa nach dem Zweiten Weltkrieg.

Der Nordatlantikpakt

Der Bündnisvertrag der NATO-Staaten von 1949 besitzt bis heute Gültigkeit. Die Unterzeichner betonten ihren Wunsch nach weltweitem Frieden, zeigten sich aber auch entschlossen, die demokratischen Grundrechte sowie das kulturelle Erbe und den Wohlstand ihrer Länder gemeinsam zu verteidigen.

Im Vertrag verpflichteten sie sich, den Frieden in der Welt nicht zu gefährden und internationale Konflikte mit gewaltlosen Mitteln zu lösen. Um die einzelnen Mitgliedstaaten gegen Angriffe schützen zu können, wollten sie einzeln, aber auch gemeinsam ihre militärische Stärke so ausbauen, dass die nationale Sicherheit wie auch die der Bündnispartner gewährleistet ist.

Falls einer der Staaten angegriffen werden sollte, unterstützen ihn die anderen, „um die Sicherheit des nordatlantischen Gebietes wiederherzustellen und aufrechtzuerhalten". Dieser sog. Bündnisfall* wurde z. B. nach den Terroranschlägen vom 11. September 2001 in den USA ausgerufen.

Der Warschauer Pakt

Der „Vertrag über Freundschaft, Zusammenarbeit und gegenseitigen Beistand" wurde am 15. Mai 1955 zwischen der Sowjetunion und den meisten osteuropäischen Staaten geschlossen. Er wurde aber – im Gegensatz zur NATO – durch gegenseitige Freundschafts- und Beistandspakte der einzelnen Mitgliedstaaten ergänzt.

Die Unterzeichner versicherten, dass sie zum Weltfrieden beitragen und Streitfragen auf diplomatischem Weg klären würden. Sie erklärten sich zu internationaler Zusammenarbeit im Sinne der Friedenssicherung bereit. Wenn eines der Mitglieder angegriffen würde, so verpflichteten sich alle anderen, diesem beizustehen. Die Staaten des Warschauer Pakts beschickten aus ihren nationalen Streitkräften ein gemeinsames Kommando. Darüber hinaus war vereinbart, alle Maßnahmen zu unterstützen, die das Bündnis stark genug machten, „die friedliche Arbeit ihrer Völker zu sichern".

Nach dem Ende des Kalten Kriegs wurde der Warschauer Pakt 1991 aufgelöst.

2 Diskutieren Sie in der Klasse: Wem dienten NATO und Warschauer Pakt mehr – der Abschreckung oder der Verteidigung? Nutzen Sie die Informationen auf dieser Doppelseite.

3 Recherchieren Sie mithilfe eines Lexikons oder des Internets, um welche Organisationen es sich bei den Abkürzungen OEEC und COMECON handelt (siehe Abb. 3). Stellen Sie diese in einem Kurzreferat vor.

*Als Folge des **Bündnisfalls*** hat die NATO den Kampf gegen den internationalen Terrorismus aufgenommen. Mit dem Einsatz in Afghanistan sollten die Stützpunkte und Ausbildungslager der Terroristen zerstört werden.*

Geschlossene Grenzen und Mauerbau

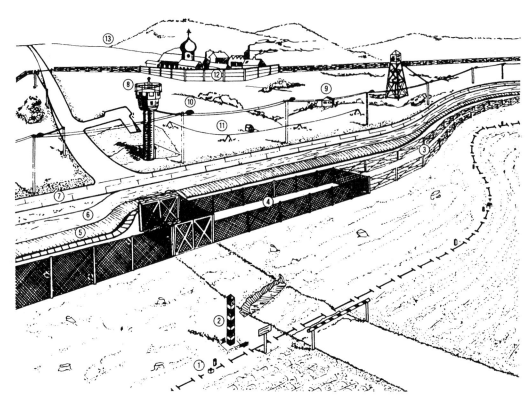

1 Die innerdeutsche Grenze schematisch dargestellt. ① Eigentlicher Grenzverlauf; ② DDR-Markierungs-
säule; ③ Stacheldraht, zweireihig; ④ Metallgitterzaun (mit Selbstschussanlage bis 1984); ⑤ Spurensicherungs-
streifen (6 m breit); ⑥ Kolonnenweg; ⑦ Kfz-Sperrgraben; ⑧ betonierter Beobachtungsturm; ⑨ Betonbeobach-
tungsbunker; ⑩ Lautsprecher und Lichtanlagen; ⑪ Hundelaufanlage; ⑫ Betonsperrmauer/Sichtblende;
⑬ Sperrgebiet (15 km tief). Zeichnung.

*Gedenkkreuz an der
Berliner Mauer.*

Die DDR schottet sich ab

Gleich nach ihrer Gründung 1949 hatte die
DDR die meisten Verkehrswege zur Bundesrepublik Deutschland unterbrochen. Gesperrt
wurden u. a. die Autobahn zwischen Hof und
Chemnitz, 29 Bundesstraßen, 126 Landstra-
ßen und 35 Eisenbahnstrecken. Nur nachts
konnte man noch auf Schleichwegen die
Grenze überschreiten. 1952 wurde das anders.

Ein Augenzeuge berichtete von einer Einwoh-
nerversammlung eines Dorfes unmittelbar an
der Grenze:

Q1 … Überall im Versammlungssaal verteilt
saßen ortsfremde Männer in Ledermänteln.
Ein Vertreter der SED-Kreisleitung eröffnete
die Versammlung. Er sprach von der Aufrüstung Westdeutschlands und der dadurch entstandenen drohenden Kriegsgefahr. In den
letzten Wochen seien Grenzposten, sogar Zi-

vilisten und Kinder von Westdeutschland aus
beschossen worden. Zum Schutze der Bevölkerung müsse nun die Grenze abgeriegelt
werden. – Nur wenige hatten den Mut und
verurteilten in der Diskussion die angekündig-
ten Maßnahmen. …

1 *Wie wurde die Abriegelung der innerdeutschen Grenze begründet (Q1)?*
2 *Schildern Sie Ihren Eindruck, den Sie von den
DDR-Grenzanlagen haben (Abb. 1).*

Mauerbau am 13. August 1961

Bis 1961 konnten jedoch insgesamt rund
2,6 Millionen Menschen (1/9 der Gesamtbe-
völkerung) aus der DDR fliehen. Die Ursachen
für die Flucht waren unterschiedlich: Viele
wollten nicht weiter in Unfreiheit unter der
Diktatur der SED leben, andere erhofften sich
im „goldenen Westen" einen gut bezahlten

Geschlossene Grenzen und Mauerbau

2 **Der Bau der Mauer in Berlin.** Foto, Mai 1962.

3 **Innerdeutsche Grenze mit Metallgitterzaun.** Foto, 1986.

Arbeitsplatz und Wohlstand. In Ostberlin fehlten 45 000 Arbeitskräfte. 53 000 Ostberliner fuhren jeden Tag zur Arbeit nach Westberlin, da sie mit ihrem Lohn in D-Mark praktisch dreimal so viel verdienten wie im Osten.

Im Sommer 1961 hatte sich die Lage aus der Sicht der DDR-Führung dramatisch zugespitzt. Teile der Ernte blieben auf den Feldern, da Arbeitskräfte fehlten. Auf dem Land war die medizinische Versorgung stark gefährdet. Am 13. August schloss die DDR auch die Grenze in Berlin vollkommen ab, sie baute dazu eine Mauer zwischen West- und Ostberlin.

Der Mauerbau löste bei vielen Menschen in der DDR einen Schock aus, jetzt fühlten sie sich endgültig eingeschlossen. Reisen waren für DDR-Bürger nur noch in sozialistische Staaten nach umständlichen Anträgen möglich. Nach dem Bau der Mauer starben zahlreiche Menschen bei dem Versuch, die DDR zu verlassen, da die Soldaten der DDR die Anweisung hatten, sofort auf jeden Flüchtling zu schießen. Erst Mitte der Achtzigerjahre wurde der Schießbefehl auf Drängen der Bundesregierung eingeschränkt.

Auswirkungen des Mauerbaus auf die Menschen

Joachim Gauck, bis 1989 Pfarrer in Rostock und Mitglied der Bürgerrechtsbewegung* der DDR, schrieb 1991:

Q2 … Mit dem Bau der Mauer wurde gleichsam die Leibeigenschaft zur Staatsdoktrin erhoben, denn von da an konnte nur derjenige diesem System noch entgehen, der bereit war, sein eigenes Leben aufs Spiel zu setzen. … Die Vorstellung der SED, im Besitz der absoluten Wahrheit zu sein, ihr Anspruch auf die absolute Macht bestimmten von nun an das Leben der DDR-Bürger buchstäblich von der Wiege bis zur Bahre. … In dieser Situation wirkte die Angst gleichsam als ein Signalsystem, das ein unauffälliges Alltagsleben durch Anpassung gewährleistete. Sie wurde für mehrere Generationen zum ständigen Ratgeber, ja geradezu zum Motor, der vieles in Gang setzte: Angst bewirkte Anpassung oder sogar Überanpassung. … Sehr selten bewirkte die Angst auch Protest. …

Bürgerrechtsbewegung*:
Eine Gruppe von Menschen, die sich für die Wahrung der individuellen Freiheitsrechte einsetzt.

3 *Erläutern Sie mithilfe von Q2 und der Abbildungen die Folgen des Mauerbaus für die Menschen in Deutschland.*

Neue Ostpolitik der Regierung Brandt/Scheel

Willy Brandt
(geb. 18.12.1913,
gest. 8.10.1992)
hatte bereits als
Jugendlicher Wider-
stand gegen die
Nationalsozialisten
geleistet und war
auch auf der Flucht
vor ihnen 1933 bis
1945 in der Emigra-
tion für die norwe-
gische Widerstands-
bewegung tätig,
bevor er 1947 nach
Deutschland zurück-
kehrte. Als Mitglied
der SPD stieg er
politisch auf und war
von 1957 bis 1966
Regierender Bürger-
meister von Berlin
sowie seit 1964
Parteivorsitzender,
1961 und 1964
Kanzlerkandidat der
SPD und von 1966
bis 1969 deutscher
Außenminister in der
Großen Koalition.
1969 wurde er
Bundeskanzler und
erhielt 1971 den Frie-
densnobelpreis für
seine europäische
Versöhnungspolitik.
1974 trat er wegen
einer Spionage-Affäre
im Bundeskanzler-
amt zurück, blieb
aber bis zu seinem
Tod einer der führen-
den Politiker seiner
Partei.

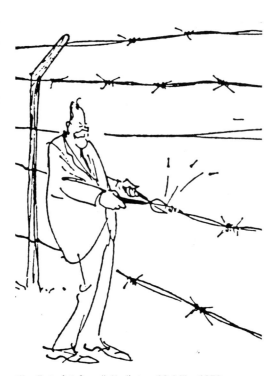

1 „Entschärfung". Karikatur, 18. März 1970.

Internationale Entspannungspolitik

Der Mauerbau in Berlin führte 1961 zu einer Verschärfung des Ost-West-Konflikts. Ermutigt durch ihren „Erfolg" in Berlin, versuchte die Sowjetunion, das globale Kräfteverhältnis zu ihren Gunsten zu verändern.

Im Herbst 1962 wurden auf Kuba mithilfe sowjetischer Ingenieure Raketenabschussrampen errichtet. Die Kubakrise veranlasste Ost und West zum Nachdenken, wie der Frieden angesichts der gegenseitigen Bedrohung mit der atomaren Vernichtung weltweit erhalten werde könnte.

Neue Ostpolitik: „Wandel durch Annäherung"

Im Rahmen dieser Entwicklungen verfolgte die 1969 aus SPD und FDP gebildete Bundesregierung unter Bundeskanzler Willy Brandt und Außenminister Walter Scheel (FDP) eine „neue Ostpolitik", die das bisher gespannte Verhältnis zwischen der Sowjetunion und der Bundesrepublik und zwischen den beiden deutschen Staaten verändern sollte.

Bereits am 15. Juli 1963 hielt Egon Bahr, der spätere enge Mitarbeiter des Bundeskanzlers

Willy Brandt, eine Rede über die Chancen der deutschen Wiedervereinigung:

Q1 … Die Voraussetzungen zur Wiedervereinigung sind nur mit der Sowjetunion zu schaffen. Sie sind nicht in Ostberlin zu bekommen, nicht gegen die Sowjetunion, nicht ohne sie. … Die Wiedervereinigung ist ein außenpolitisches Problem. … Die amerikanische Strategie des Friedens lässt sich auch durch die Formel definieren, dass die kommunistische Herrschaft nicht beseitigt, sondern verändert werden soll. …

Die Umsetzung dieses Vorschlags wurde aber erst nach dem Ende des Vietnamkriegs 1975 möglich, der noch einmal zu einem großen Ost-West-Konflikt geführt hatte.

1 Erläutern Sie das Ziel der „neuen Ostpolitik" (Q1).

Der Moskauer Vertrag

Die neue Regierung aus SPD und FDP trat sofort in Verhandlungen mit Moskau ein. Auch in der Sowjetunion gab es Bedenken gegenüber der neuen deutschen Politik.

Der Generalsekretär der KPdSU, Breschnew, erklärte gegenüber dem späteren Generalsekretär der SED, Erich Honecker:

Q2 … Es darf zu keinem Prozess der Annäherung zwischen der BRD und der DDR kommen. …

Nach langwierigen Verhandlungen kam 1970 der Vertrag von Moskau zustande. Im Vertrag mit der Sowjetunion heißt es in Artikel 3:

Q3 … Die Bundesrepublik Deutschland und die Union der Sozialistischen Sowjetrepubliken (stimmen) in der Erkenntnis überein, dass der Friede in Europa nur erhalten werden kann, wenn niemand die gegenwärtigen Grenzen antastet. …

Sie betrachten heute und künftig die Grenzen aller Staaten in Europa als unverletzlich … einschließlich der Oder-Neiße-Linie … und der Grenze zwischen der Bundesrepublik Deutschland und der Deutschen Demokratischen Republik. …

2 Nennen Sie die Zielsetzung des Moskauer Vertrags.

Neue Ostpolitik der Regierung Brandt/Scheel

2 Bundeskanzler Brandt vor dem Mahnmal im ehemaligen Warschauer Getto. Foto, 1970.

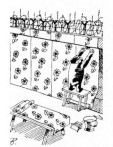

„Menschliche Erleichterungen". Karikatur zur Ostpolitik, 1973.

Der Warschauer Vertrag

Noch im Dezember desselben Jahres wurde auch ein Vertrag mit der Volksrepublik Polen abgeschlossen:

Q4 … Die Bundesrepublik Deutschland und die Volksrepublik Polen, in der Erwägung, dass mehr als 25 Jahre seit Ende des Zweiten Weltkriegs vergangen sind, dessen erstes Opfer Polen wurde und der über die Völker Europas schweres Leid gebracht hat; … in dem Bewusstsein, dass die Unverletzlichkeit der Grenzen … eine grundlegende Bedingung für den Frieden ist, sind wie folgt übereingekommen: …

… (2) Sie bekräftigen die Unverletzlichkeit ihrer bestehenden Grenzen jetzt und in der Zukunft.

(3) Sie erklären, dass sie gegeneinander keinerlei Gebietsansprüche haben und solche auch in Zukunft nicht erheben werden. …

3 *Erarbeiten Sie, worin sich dieser Vertrag von dem Moskauer Vertrag unterscheidet.*

4 *Führen Sie aus, was mit dem ersten Absatz von Q4 gemeint ist.*

Der Grundlagenvertrag

Parallel zu den Ostverträgen einigten sich die ehemaligen Besatzungsmächte über ein Berlinabkommen, das 1971 unterzeichnet wurde. Darin garantierte die UdSSR den ungehinderten Verkehr zwischen Westberlin und der Bundesrepublik Deutschland. Schließlich regelte die sozialliberale Koalition auch die Beziehungen zur DDR vertraglich.

Im Grundlagenvertrag mit der DDR hieß es 1972:

Q5 … Artikel 1: Die Bundesrepublik Deutschland und die Deutsche Demokratische Republik entwickeln normale gutnachbarliche Beziehungen auf der Grundlage der Gleichberechtigung. …

Artikel 6: … Sie respektieren die Unabhängigkeit und Selbstständigkeit jedes der beiden Staaten in seinen inneren und äußeren Angelegenheiten. …

5 *Nennen Sie die wichtigsten Punkte von Q4 und Q5.*

6 *Fassen Sie zusammen, was das „Neue" an der Ostpolitik der Regierung Brandt war.*

August 1970: *Moskauer Vertrag.*

Dezember 1970: *Warschauer Vertrag.*

21.6.1973: *Grundlagenvertrag mit der DDR.*

Zwischen Stagnation* und Reformen: ...

Stagnation*:
Stillstand einer
Entwicklung.

1 Ein Lenin-Denkmal in Ungarn wird abmontiert.
Foto, 1989.

Integrität*:
Unbescholtenheit,
moralische Verläss-
lichkeit. Hier: Un-
verletzlichkeit.

Lenin (1870–1924):
Anführer der rus-
sischen Revolution
1917, Vorsitzender
des Rates der Volks-
kommissare.

Prinzipien*:
Grundsätze.

Neue Außenpolitik seit 1985
In seinen Begegnungen mit den amerikanischen Präsidenten Reagan und Bush war es dem sowjetischen Generalsekretär Gorbatschow seit 1985 gelungen, westliches Misstrauen gegenüber der UdSSR abzubauen. Skeptisch betrachtete man aber noch, wie sich die Sowjetunion zukünftig gegenüber ihren „Satellitenstaaten" im Ostblock verhalten würde.
Dazu erklärte Gorbatschow 1987:
Q1 ... Wichtigste Rahmenbedingung der politischen Beziehungen zwischen den sozialistischen Staaten muss die absolute Unabhängigkeit dieser Staaten sein. ... Die Unabhängigkeit jeder Partei, ihr souveränes Recht, über die Probleme des betreffenden Landes zu entscheiden ..., sind Prinzipien*, die über jede Diskussion erhaben sind. ...

Bei einem Treffen mit Bundeskanzler Kohl in Bonn im Juni 1989 bekräftigte Gorbatschow seine schon früher abgegebenen Erklärungen zur Politik der sozialistischen Staaten:
Q2 ... Das Recht aller Völker und Staaten, ihr Schicksal frei zu bestimmen und ihre Beziehungen zueinander auf der Grundlage des Völkerrechts souverän zu gestalten, muss sichergestellt werden. ... Bauelemente des Europa des Friedens und der Zusammenarbeit müssen sein: die uneingeschränkte Achtung der Integrität* und der Sicherheit jedes Staates. Jeder hat das Recht, das eigene politische und soziale System frei zu wählen. ...

1 Erarbeiten Sie das grundsätzlich Neue der sowjetischen Politik unter Gorbatschow (Q1, Q2).

1989 – das Jahr der Reformen
Die Reformen des sowjetischen Generalsekretärs Gorbatschow in der UdSSR ermutigten auch Reformer in den osteuropäischen Ländern. Wie in der Sowjetunion wurden Forderungen nach Demokratisierung laut. Den immer drängender werdenden Wirtschaftsproblemen wollte man mit einer Öffnung zum westlichen System der Marktwirtschaft begegnen. 1989 wurde auf diese Weise zum Jahr der politischen Veränderung in Osteuropa. Vor allem Polen, die Tschechoslowakei und Ungarn leiteten Reformen ein. Allerdings verlief der Prozess in den einzelnen Ländern unterschiedlich.

Die polnische Entwicklung als Vorbild
1980 wurde die unabhängige Gewerkschaft „Solidarność" unter Führung von Lech Walesa gegründet. Ihr gelang es, wirtschaftliche Verbesserungen und eine freiere Politik durchzusetzen. Im Dezember 1981 beendete das polnische Militär durch einen Staatsstreich diese freiheitlichere Phase. Solidarność wurde verboten und über Polen das Kriegsrecht verhängt. Die sich stetig verschlechternde Wirtschaftslage zwang die regierenden Kommunisten, unter Vermittlung der Kirche im Jahr 1989 doch mit der weiterhin verbotenen Gewerkschaft Solidarność zu verhandeln.

... Umbruch in Osteuropa

2 **Arbeiterführer Walesa bei Streiks in Danzig.** Foto, 1981.

Erich Honecker (geb. 25.8.1912, gest. 29.5.1994), gelernter Dachdecker und seit 1929 Mitglied der KPD, saß unter den Nationalsozialisten von 1937 bis 1945 in Haft. Er baute nach dem Krieg seit 1946 die FDJ (kommunistischer Jugendverband) auf und stieg in der politischen Hierarchie der DDR kontinuierlich auf. Seit 1971 Generalsekretär der SED und seit 1976 Vorsitzender des DDR-Staatsrates, wurde er 1989 aller Ämter enthoben und ging 1990 ins Exil nach Chile. Hier erlag er 1994 einem Krebsleiden.

Ergebnisse der Verhandlungen waren:
- die Wiederzulassung der Solidarność,
- die Einführung demokratischer Freiheiten,
- die Umgestaltung der Planwirtschaft und
- die Abhaltung freier Wahlen.

Die als Zeichen der Gleichberechtigung der Teilnehmer an einem runden Tisch durchgeführten Verhandlungen wurden zum Symbol und Ausgangspunkt aller Veränderungen im Ostblock im Jahr 1989. Die Sowjetunion verhinderte diesen Wandel im Rahmen der neuen Politik Michail Gorbatschows nicht.

In den ersten freien Wahlen Polens nach 1945 errangen die Kandidaten der Solidarność im Juni 1989 einen großen Erfolg. Einer ihrer Führer, Tadeusz Mazowiecki, wurde im August zum ersten nichtkommunistischen Ministerpräsidenten Polens ernannt. Im Dezember 1991 wurde Lech Walesa in freien Wahlen zum Staatspräsidenten Polens gewählt. Mit dieser Wahl und den Wahlen zum polnischen Parlament im Jahr 1993 war die wichtigste Phase der friedlichen Umwandlung der polnischen Gesellschaft in eine demokratische Gesellschaft abgeschlossen.

2 *Erläutern Sie, warum der „runde Tisch" zum Modell einer friedlichen Konfliktlösung wurde.*

DDR: Abgrenzung nach Ost und West

Auf die Vorgänge in Polen reagierte die DDR-Führung schon im Herbst 1980 mit der Aufhebung des freien Reiseverkehrs zwischen Polen und der DDR. Die Einreise von Polen in die DDR wurde durch eine Visumpflicht reglementiert. Die SED fürchtete das Überschwappen der „antisozialistischen Pläne und Machenschaften" aus Polen auf das Gebiet der DDR.

Bürgerrechtler der DDR, die sich mit der polnischen Gewerkschaftsbewegung „Solidarność" anlässlich der Ausrufung des Kriegsrechts 1981 solidarisierten, wurden von der Stasi verfolgt. Der Apparat des Ministeriums für Staatssicherheit wurde massiv ausgebaut. Auch gegenüber der Entwicklung in der Sowjetunion ging die DDR-Führung unter Erich Honecker nach dem Amtsantritt von Generalsekretär Gorbatschow auf Distanz, sie lehnte eine Übernahme der Politik von „Glasnost*" und „Perestroika*" für die DDR strikt ab.

Honecker forderte für die DDR einen Sozialismus eigener Art. Reformen hielt die SED-Führung für gefährlich. Der Parteiideologe Kurt Hager meinte 1987 in einem Interview mit der Zeitschrift „Stern", man müsse doch nicht seine Wohnung neu tapezieren, nur weil es der Nachbar tue.

3 *Erläutern Sie, warum sich die Staatsführung der DDR so viel weniger reformbereit zeigte als die Polens.*

Glasnost*: (russ.) Politische Offenheit.

Perestroika*: (russ.) Umbau, Umbildung des politischen und wirtschaftlichen Systems.

Die friedliche Revolution

1 Überfülltes Botschaftsgelände in Prag. Foto, 29. September 1989.

2 Ankunft der Sonderzüge mit DDR-Flüchtlingen aus Prag im bayerischen Hof. Foto, 5. Oktober 1989.

*Karikatur aus der „taz" zur **Fluchtbewegung**, September 1989. Man sprach von einer „Abstimmung mit den Füßen".*

__Hans-Dietrich Genscher__ (geb. 21. 3. 1927), FDP, 1952 aus der DDR in die Bundesrepublik übergesiedelt, amtierte von 1974 bis 1992 als Außenminister der BRD.

Massenflucht aus der DDR

1 *Überlegen Sie anhand der Abbildungen 1 und 2, was in den Menschen vorgegangen sein mag.*

Über lange Jahre war die Unzufriedenheit der DDR-Bürger stetig gestiegen. Zuletzt schienen sich auch die Hoffnungen auf Reformen nach dem Vorbild der Sowjetunion unter Gorbatschow zu zerschlagen (vgl. S. 298). Nach den Kommunalwahlen am 7. Mai 1989 ließ die DDR-Führung 98,85 Prozent Zustimmung zur Einheitsliste als angebliches Ergebnis bekannt geben. Doch diesmal nahmen die Oppositionellen die Fälschung nicht hin, sondern forderten Untersuchungen und die Bestrafung der Verantwortlichen. Von nun an rissen die Proteste nicht mehr ab.

In Leipzig bildeten sich nach den traditionellen Montagsgebeten in der Nikolaikirche allwöchentlich Demonstrationen, die von der Volkspolizei zunächst eingekesselt wurden. Seit Anfang September forderten die Demonstranten auf Transparenten beispielsweise Reisefreiheit. Die Volkspolizei vermied unter den Augen der internationalen Messebesucher ein härteres Durchgreifen.

Ungarn hatte im Mai 1989 im Zuge des Reformkurses die Zäune an der Grenze zu Österreich abgebaut. Viele DDR-Bürger hielten sich damals als Touristen in Ungarn auf. Am 10. September reisten etwa 10000 von ihnen ungehindert durch Österreich in die Bundesrepublik. Andere besetzten die bundesdeutschen Botschaften in Prag, Warschau und Budapest. In der Prager Botschaft lebten zeitweise über 6000 Menschen unter katastrophalen Bedingungen. Ende September durften die Flüchtlinge in Prag und Warschau die Botschaften in Richtung Bundesrepublik verlassen. Mehr als die Hälfte der Flüchtlinge waren junge Leute zwischen 18 und 30 Jahren. Als Gründe für ihre Ausreise gaben sie an:

– fehlende Meinungsfreiheit und fehlende Reisemöglichkeiten (74 %),
– den Wunsch, das Leben nach eigenen Vorstellungen zu gestalten (72 %),
– fehlende Zukunftsaussichten (69 %),
– die ständige Kontrolle durch den Staat (65 %) und
– die schlechte Versorgungslage (56 %).

Bundesaußenminister Genscher hatte mit der DDR-Führung die Ausreisemodalitäten ausgehandelt. Sie sahen vor, dass die Flüchtlinge in Sonderzügen über das Gebiet der DDR gefahren wurden, um die Erteilung der Ausreiseerlaubnis als freiwilligen Akt der DDR-Führung erscheinen zu lassen. Als die Züge durch Dresden fuhren, bildeten sich dort jedoch

Der 40. Jahrestag der DDR

3 Die Militärparade zum 40. Jahrestag der DDR auf der Berliner Karl-Marx-Allee. Foto, 7. Oktober 1989.

4 Michail Gorbatschow und Erich Honecker tauschen beim Empfang den traditionellen „Bruderkuss" aus. Foto, 6. Oktober 1989.

spontane Kundgebungen von DDR-Bürgern, die ebenfalls die Ausreiseerlaubnis forderten. Es wurde deutlich, dass der DDR-Führung diese Bewegung allmählich über den Kopf wuchs.

2 *Erläutern Sie die Fluchtgründe der DDR-Bürgerinnen und -Bürger.*

Der 40. Jahrestag der DDR

Die DDR-Führung und der gesamte offizielle Propagandaapparat waren unterdessen mit ganz anderen Dingen beschäftigt: Der 7. Oktober 1989 sollte als 40. Jahrestag der Gründung der DDR in feierlicher Weise begangen werden. Zufriedenheit, Zustimmung und Zukunftsbegeisterung der Bevölkerung wurden in allmählicher Steigerung in den offiziellen Medien vorgeführt, bis das Jubiläum in einem mehrtägigen Festprogramm in Ostberlin seinen Höhepunkt finden sollte. Die offizielle Berichterstattung ignorierte alle oppositionellen oder kritischen Stimmen und wirkte schließlich angesichts der Fluchtbewegung vollkommen irreal. Einziger offizieller Kommentar: Man könne im Grunde froh sein, die Flüchtlinge loszuwerden. Man trauere ihnen keine Träne nach. Das steigerte die Erbitterung der Opposition noch.

Berlin, 7. Oktober 1989

Die Feierlichkeiten nahmen zunächst ungestört ihren Verlauf. Mit Pomp, Fahnenschmuck und Marschmusik huldigte die Armee der Staatsführung. Auch die FDJ demonstrierte zu abendlicher Stunde mit einem Fackelzug die vorgesehene Begeisterung.

Wirklich begeistert empfangen wurde aber der sowjetische Reformer und Ehrengast Michail Gorbatschow. Die Rufe „Gorbi, hilf uns!" beantwortete er zunächst mit Hinweisen auf die Entscheidungsfreiheit der souveränen DDR. Von Journalisten auf die Entwicklung in der DDR befragt, sagte er dann aber sinngemäß: „Wer zu spät kommt, den bestraft das Leben." In den vorangegangenen Jahrzehnten hatte die Sowjetunion alle echten Reformversuche im Ostblock direkt oder indirekt unterdrückt. Die Durchsetzung der Reformforderungen war mit Gorbatschows Worten zu einer inneren Angelegenheit der DDR geworden, in die sich die Sowjetunion jedenfalls nicht einmischen würde. Bereits am Abend des 7. Oktober und am folgenden Tag kam es in Ostberlin zu größeren Demonstrationen, die man von staatlicher Seite brutal auseinandertreiben ließ.

3 *Fassen Sie die Entwicklung in der DDR bis zum 7. Oktober stichpunktartig zusammen.*

Der 7. Oktober 1989 war Erich Honeckers letzter offizieller Auftritt als Partei- und Regierungschef.

Montagsdemonstrationen

1   **Montagsdemonstration in Leipzig.** Foto, 9. Oktober 1989.

Demonstration in Wismar. Foto, 7. November 1989.

Eine Revolution?

1 *Schildern Sie die Stimmung, die das Foto in der Randspalte und die Abbildung 1 vermitteln.*

Die Demonstrationen in Ostberlin am 7. und 8. Oktober waren auseinandergetrieben worden. Auch in Leipzig war es am 2. Oktober zu brutalen Schlagstockeinsätzen gegen Demonstranten gekommen. Doch jeder wusste: Am 9. Oktober würde in Leipzig die nächste Montagsdemonstration stattfinden. Die Staatsführung hatte die Stadt durch Volkspolizei und Militär mit Panzerfahrzeugen umstellen lassen. In den Krankenhäusern der Stadt wurden Zusatzpersonal und Blutkonserven bereitgestellt. Wollte die Staatsführung die Demonstration niederwalzen lassen? Gewandhauskapellmeister Kurt Masur, der Kabarettist Bernd-Lutz Lange und Pfarrer Dr. Peter Zimmermann genossen in Leipzig hohes Ansehen. Sie verhandelten fieberhaft mit drei SED-Bezirkssekretären, um das Schlimmste abzuwenden. Schließlich formulierten sie einen gemeinsamen Aufruf zur Gewaltlosigkeit, der in kurzen Abständen immer wieder über die Lautsprecher des Stadtfunks verbreitet wurde. Doch niemand wusste, welchen Erfolg ihre Bemühungen haben würden. Um 18 Uhr endete das Friedensgebet in der Nikolaikirche. Die Teilnehmer verließen die Kirche, brennende Kerzen in den Händen. Draußen wurden sie von beklemmender Stille empfangen, nur der Glockenschlag hallte durch den trüben Abend. Doch schweigend hatten sich Tausende eingefunden. Auf dem Augustusplatz – damals Karl-Marx-Platz – wuchs der Zug auf mindestens 70 000 Menschen an. Die meisten von ihnen hatten noch nie an einer ungenehmigten Demonstration teilgenommen. Nun setzten sie sich über die Furcht für Leib und Leben hinweg. Beim Zug über den Ring um die Innenstadt ertönten Sprechchöre: „Wir sind das Volk!", „Keine Gewalt!"

Das befürchtete Blutbad blieb schließlich aus. Von nun an „gehörte" Leipzig den Demonstranten, die sich Montag für Montag in größerer Zahl zusammenfanden. Und auch in anderen Städten der DDR, zum Beispiel in Potsdam, fanden sich nun – wie schon in Ostberlin und Dresden – regelmäßig Demonstranten zusammen, um gewaltlos ihre Forderungen vorzutragen.

2 *Können Sie sich vorstellen, unter ähnlichen Bedingungen für politische Forderungen einzutreten?*

3 *Entsprechen die Ereignisse des Herbstes 1989 der Definition einer „Revolution"?*

Der Fall der Mauer

2 In der Nacht vom 9. auf den 10. November 1989 an einem Grenzübergang in Berlin. Foto, 1989.

9. November 1989: Fall der Berliner Mauer.

Die Bewegung geht weiter

Seit September entstanden die ersten Organisationen der Opposition: Neues Forum, Demokratischer Aufbruch, Demokratie jetzt. Auch die Neugründung der SPD fand in diesen Tagen statt. Am 18. Oktober verlor Honecker seine Ämter, Egon Krenz übernahm die Nachfolge. Die SED schaffte es jedoch nicht, mit der Oppositionsbewegung Schritt zu halten. Am 9. November 1989 erfüllte sich im allgemeinen Durcheinander die bisher wichtigste Forderung der Demonstranten: Die Ausreise in die Bundesrepublik und Westberlin wurde freigegeben.

Ein Journalist hat die Ereignisse in der Nacht des 9. November 1989 am Berliner Grenzübergang Friedrichstraße, dem Checkpoint Charlie, miterlebt:

Q1 ... Knapp 5000 mögen es sein, die jetzt am Checkpoint versammelt sind. Sektkorken knallen. Bald, heißt es, wird die Grenze geöffnet.

Das passiert kurz nach Mitternacht. Die ersten DDRler kommen zu Fuß, viele sind verwirrt, sagen: „Hoffentlich kann ich auch wieder zurück." Die große Metalltür ist immer noch zu. ... Rechts neben dem großen Tor befindet sich ein Gatter. ... Hier hindurch drängen sie in den Westen, bejubelt von der wartenden Menge. Sie werden umarmt und mit Sekt übergossen. ... Wir versuchen, zum Brandenburger Tor zu kommen ... Es ist etwa 3 Uhr. Das Brandenburger Tor ist grell erleuchtet – von den Scheinwerfern der TV-Teams. ... Auf der Mauerbrüstung stehen die Leute bereits dicht an dicht. ... „Das Geilste von allem war", schreit jemand im roten Skianorak neben uns, „wie wir vorhin durchs Brandenburger Tor jeloofen sind – ick hab det Ding sogar anjefasst." ... Inzwischen sind unbewaffnete Grenzsoldaten aufmarschiert. ... Verunsichert, aber mit guten Worten versuchen sie, die Heruntergekletterten zurückzuhalten. ...

Egon Krenz (geb. 19. 3. 1937) amtierte vom 18. Oktober bis 3. Dezember 1989 als Honeckers Nachfolger im Amt des Generalsekretärs der SED.

4 Beschreiben Sie die Stimmung und nehmen Sie dazu aus heutiger Sicht Stellung.

3 Karikatur, 1989.

DEN SOZIALISMUS IN SEINEM LAUF HÄLT WEDER OCHS NOCH ESEL AUF!

WIR DENKEN GAR NICHT DRAN

Am Grenzübergang Gudow der A 24. Foto, 12. November 1989.

303

Weg zur Einheit – die Währungsunion

Staatsvertrag
BR Deutschland – DDR
Die wichtigsten Vertragsinhalte

Währungsunion
- DM einzige Währung
- Deutsche Bundesbank alleinige Zentralbank
- Umtauschkurse Mark der DDR zu DM:
  - 1:1 für Löhne und Gehälter, Renten, Mieten, Pachten, Stipendien
  - 1:1 für Guthaben von natürlichen Personen bis zu bestimmten Höchstgrenzen
  - 2:1 für alle übrigen Forderungen und Verbindlichkeiten

Wirtschaftsunion
Die DDR schafft die Voraussetzungen für die soziale Marktwirtschaft:
- Privateigentum
- Freie Preisbildung
- Wettbewerb
- Gewerbefreiheit
- Freier Verkehr von Waren, Kapital, Arbeit
- Ein mit der sozialen Marktwirtschaft verträgliches Steuer-, Finanz- und Haushaltswesen

Sozialunion
Die DDR schafft Einrichtungen entsprechend denen in der BR Deutschland:
- Rentenversicherung
- Krankenversicherung
- Arbeitslosenversicherung
- Unfallversicherung
- Sozialhilfe

Die DDR schafft und gewährleistet nach dem Vorbild der BR Deutschland:
- Tarifautonomie
- Koalitionsfreiheit
- Streikrecht
- Mitbestimmung
- Betriebsverfassung
- Kündigungsschutz

Die BR Deutschland gewährt für die Anschubfinanzierung der Sozialsysteme Mittel aus dem Bundeshaushalt und für den Haushaltsausgleich der DDR Finanzzuweisungen aus dem „Sonderfonds Deutsche Einheit" in Höhe von 115 Mrd. DM.

1 Staatsvertrag zwischen BRD und DDR.

Neue Nutzung:
Ein als Wochenendhaus ausgebauter ehemaliger Wachtturm an der ehemaligen innerdeutschen Grenze bei Dömitz.

1. Juli 1990:
Inkrafttreten des deutsch-deutschen Staatsvertrages über eine Währungs-, Wirtschafts- und Sozialunion.

Wirtschafts-, Währungs-, Sozialunion

Mit der Öffnung der Grenzen trat den DDR-Bürgern der Kontrast in der Lebensqualität zwischen Westen und Osten in aller Deutlichkeit vor Augen. Hilfe erhofften sie sich von einer schnellen Einführung der freien Marktwirtschaft.

In Leipzig riefen sie auf ihren Demonstrationen: „Kommt die D-Mark, bleiben wir, kommt sie nicht, gehn wir zu ihr!"

Es entstand die politische Sorge, eine fortgesetzte Abwanderung aus der DDR werde das soziale und ökonomische Netz der Bundesrepublik sprengen. Zur Abhilfe schlug die Bundesregierung vor, eine Wirtschafts-, Währungs- und Sozialunion zu schaffen, die auch in der DDR die D-Mark einführen sollte und in vielen Bereichen das soziale System der Bundesrepublik auf die DDR übertrug. Der am 18. Mai 1990 unterzeichnete Vertrag trat am 1. Juli 1990 in Kraft. Am selben Tag wurden alle Grenzkontrollen zwischen der DDR und der Bundesrepublik Deutschland aufgehoben.

1 *Überlegen Sie, was die Menschen meinten, als sie riefen: „Wir kommen zur DM."*

2 *Beschreiben Sie mithilfe der Übersicht die Auswirkungen der Wirtschafts-, Währungs- und Sozialunion in der DDR.*

Wirtschaftliche Folgen der Vereinigung

Viele, die sich von der Wirtschafts- und Währungsunion eine schnelle Verbesserung ihrer Situation erhofft hatten, wurden enttäuscht. Vor allem die westdeutsche Wirtschaft scheute sich zunächst, in großem Maße in der DDR zu investieren. Das lag vor allem an den zumeist ungeklärten Eigentumsverhältnissen. So existierten zum Beispiel keine vollständigen, aktuellen Grundbuchverzeichnisse. Ganz unsicher war auch, inwiefern ehemalige DDR-Bürger, die jetzt im Westen lebten, Ansprüche auf früheren Grundbesitz in der DDR erheben konnten. Die ostdeutsche Wirtschaft litt außerdem unter dem starken Rückgang des Handels mit den osteuropäischen Ländern. Nach der Einführung der D-Mark in der DDR waren die Produkte der DDR für diese Länder zu teuer geworden. Verstärkt wurde die Negativentwicklung durch das Kaufverhalten vieler DDR-Bürger. Sie zogen auch bei gleicher Qualität westliche Produkte vor, da sie das Vertrauen in die eigene Produktion verloren hatten. Das führte zu verstärkten Absatzschwierigkeiten der DDR-Betriebe und in der Folge zu Entlassungen von Arbeitnehmern.

3 *Stellen Sie die wirtschaftlichen Folgen der Vereinigung in einer Liste zusammen.*

4 *Begründen Sie die steigende Arbeitslosigkeit in der ehemaligen DDR.*

Die Vereinigung der beiden deutschen Staaten

2 Seit Dezember 1989 war die deutsche Einheit das zentrale Thema der Demonstrationen in der DDR.

3 „Ich werd verrückt, die Wiedervereinigung steht vor der Tür!" Karikatur von H. Haitzinger, 1989.

Die Vereinigung

Seit dem Frühjahr 1990 hatte das Parlament der DDR, die Volkskammer, mit einigen Reformgesetzen den Übergang zu einer rechtsstaatlichen Ordnung in der DDR vorbereitet und eine Anpassung an die Verhältnisse der Bundesrepublik eingeleitet.

So wurden u. a. auch fünf neue Länder gebildet: Sachsen, Sachsen-Anhalt, Thüringen, Mecklenburg-Vorpommern und Brandenburg. Westberlin und Ostberlin sollten nach der Vereinigung das Land Berlin bilden.

Am 23. August 1990 beschloss die Volkskammer den Beitritt der DDR zur Bundesrepublik. Er sollte am 3. Oktober wirksam werden. Die ersten gesamtdeutschen Wahlen wurden auf den 2. Dezember 1990 festgelegt. Das genaue Verfahren der Einigung regelte der Einigungsvertrag, der am 6. September 1990 von den Regierungen der Bundesrepublik und der DDR unterschrieben wurde und den am 20. September die Volkskammer und der Bundestag billigten.

5 *Erläutern Sie die Karikatur (Abb. 3). Entwickeln Sie einen Dialog zwischen dem Paar.*

Tag der Deutschen Einheit

Am 3. Oktober 1990 wurde die Einigung vollzogen. In Berlin wurde der Tag mit einem feierlichen Festakt und dem Hissen der Bundesfahne gefeiert.

In allen Städten Deutschlands feierten die Menschen die wiedergewonnene Einheit als die Erfüllung einer lang gehegten Hoffnung. Der 3. Oktober löste als neuer „Tag der Deutschen Einheit" den bisherigen 17. Juni ab, der an den Volksaufstand in der DDR von 1953 erinnert hatte.

6 *Erkundigen Sie sich bei Ihren Eltern und Nachbarn, ob sie und wie sie die Wiedervereinigung gefeiert haben.*

Wahlen in den neuen Bundesländern

Am 14. Oktober 1990 fanden die ersten Wahlen in den neuen Bundesländern statt. Mit der Wahl und der Bildung einer neuen Landesregierung begann in jedem der neuen Bundesländer der Aufbau einer demokratischen Staatsordnung. Der neue Landtag des vereinigten Berlin wurde am 2. Dezember zusammen mit dem ersten gesamtdeutschen Bundestag gewählt.

3. Oktober 1990: Tag der Deutschen Einheit.

1 Diskutieren Sie aktuelle Probleme der deutschen Einheit. Analysieren Sie dazu zunächst die Karikaturen.

Zusammenfassung

Gründung zweier deutscher Staaten

Die Zuspitzung des Gegensatzes zwischen den ehemaligen Weltkriegsalliierten USA und UdSSR führte zu einer weltpolitischen Blockbildung. Beide Seiten bereiteten die Bildung deutscher Teilstaaten vor: der Westen durch Zusammenschluss der drei Westzonen und politische und wirtschaftliche Maßnahmen wie die Währungsreform, der Osten durch die politische und wirtschaftliche Abschirmung der SBZ. Nach der Berlin-Blockade 1948/49, dem ersten Höhepunkt des Kalten Kriegs, kam es dann zur Gründung zweier deutscher Staaten.

1949

Zwei deutsche Staaten werden gegründet.

Einbindung der deutschen Staaten in die Blöcke

Sowohl die Bundesrepublik als auch die DDR konnten wirtschaftlich und politisch zunächst nur in der engen Anbindung an die jeweilige Supermacht, USA bzw. UdSSR, bestehen. Die Einbindung in die gegnerischen Blöcke wurde besonders in der Zugehörigkeit zu den konkurrierenden Wirtschafts- und Militärbündnissen deutlich. In der Bundesrepublik führte die Westbindung wirtschaftlich zum „Wirtschaftswunder". Die DDR versuchte 1961 durch den Mauerbau, die Flucht ihrer Bevölkerung zu stoppen.

13. August 1961

Die DDR versucht mit dem Mauerbau, die Flucht in den Westen zu verhindern.

Auf dem Weg zur Einheit

Die neue Ostpolitik der 1969 gewählten Bundesregierung aus SPD und FDP leitete die Aussöhnung mit den Staaten des Ostblocks ein. Miteinander statt gegeneinander war das Ziel dieser Politik, das mit Verträgen mit der Sowjetunion, Polen und der DDR gesichert wurde. Der Umbruch im Osten nach 1985 führte auch in der DDR zu einer Stärkung der Opposition.

9./10. November 1989

An einem Berliner Grenzübergang wird die Mauer geöffnet.

Fall der Mauer und deutsche Einheit

Die DDR hielt trotz einer dramatischen Flüchtlingswelle am alten System des Kalten Kriegs fest. Die Montagsdemonstrationen in Leipzig 1989 wurden zum deutlichsten Ausdruck eines friedlichen Protests gegen das Regime. In der Nacht vom 9. zum 10. November 1989 fiel die Mauer. Nach entsprechenden Verhandlungen mit den ehemaligen Kriegsalliierten und den europäischen Nachbarn konnte am 3. Oktober 1990 die deutsche Vereinigung vollzogen werden.

Das Zusammenwachsen beider deutscher Staaten gestaltete sich schwieriger, als es sich viele Menschen 1990 gedacht hatten.

3. Oktober 1990

Mit dem Inkrafttreten der Einigungsverträge werden die zwei deutschen Staaten vereinigt.

Namen und Begriffe

- ✓ Besatzungszonen
- ✓ Entnazifizierung
- ✓ Marshallplan
- ✓ soziale Marktwirtschaft
- ✓ zentrale Planwirtschaft
- ✓ NATO, Warschauer Pakt
- ✓ Mauerbau 1961
- ✓ Grundlagenvertrag
- ✓ Reformen in Osteuropa
- ✓ Montagsdemonstrationen
- ✓ Fall der Mauer
- ✓ 3. Oktober 1990

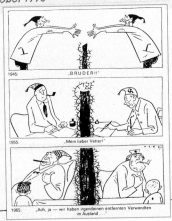

Was wissen Sie noch?

1 Erläutern Sie die Beschlüsse der Konferenz von Potsdam.
2 Nennen Sie wichtige Stationen des politischen Neubeginns in den Westzonen und in der Ostzone.
3 Wozu diente und was bewirkte der Marshallplan?
4 Was bedeutete der Mauerbau 1961 für die Menschen in der DDR?
5 Erläutern Sie den Begriff „Wandel durch Annäherung".
6 Welche Veränderungen gab es in der Sowjetunion seit 1985 und was bewirkten sie?
7 Beschreiben Sie die Tätigkeit der Stasi. Was wollte sie erreichen?
8 Fassen Sie den Prozess der Wiedervereinigung der beiden deutschen Staaten mit eigenen Worten zusammen.

Tipps zum Weiterlesen

Peter Abraham / Margareta Gorschenek: Wahnsinn. Geschichten vom Umbruch in der DDR. Ravensburger, Ravensburg 1992

Peter Bender: Deutschlands Wiederkehr. Eine ungeteilte Nachkriegsgeschichte 1945–1990. Hg. v. der Bundeszentrale für politische Bildung, Schriftenreihe Bd. 698. Bonn 2008

Thomas Brussig: Am kürzeren Ende der Sonnenallee. Fischer, Frankfurt / M. 2001

Klaus Kordon: Ein Trümmersommer. Beltz & Gelberg, Weinheim / Basel 2006

Waltraud Lewin: Mauersegler. Ein Haus in Berlin – 1989. Ravensburger, Ravensburg 2002

Eckhard Mieder: Die Geschichte Deutschlands nach 1945. Campus, Frankfurt / M. 2002

Edgar Wolfrum: Die geglückte Demokratie. Geschichte der Bundesrepublik Deutschland von ihren Anfängen bis zur Gegenwart. Hg. v. der Bundeszentrale für politische Bildung, Schriftenreihe Bd. 641. Bonn 2007

1 Schreiben Sie anhand der Bilder einen Lexikonartikel zur friedlichen Revolution in der DDR und zur Wiedervereinigung der beiden deutschen Staaten.

2 Entwerfen Sie eine Collage zu den Folgen der deutschen Einheit.

Europa als Schicksalsgemeinschaft

1951/52   1957   1967

MONTANUNION | EUROPÄISCHE WIRT-SCHAFTSGEMEIN-SCHAFT (EWG) | EUROPÄISCHE GEMEINSCHAFT (EG)

Weltweit sind Erzeugnisse aus Europa gefragt. Doch bei dem, was aus europäischen Ländern in die übrige Welt geht, sollten wir nicht nur an Waren denken. Auch viele Ideen aus Bereichen wie Kunst, Kultur, Sprache, Gesellschaft oder Politik sind überall auf der Erde anerkannt und haben Anregungen geliefert oder Veränderungen ausgelöst – im guten Sinn wie leider auch mitunter im schlechten.

Die Einigung Europas und die damit verbundene Sicherung des Friedens in Europa ist das Thema dieses Kapitels.

1993　　　1999　　　2004　　　Seit 2005

EUROPÄISCHER BINNENMARKT

EINFÜHRUNG DES EURO

BEITRITT ZEHN NEUER LÄNDER

BEITRITTSVER-HANDLUNGEN DER TÜRKEI MIT DER EU

Sehnsucht nach Europa

1 **Verbrennung von Grenzpfählen an der deutsch-französischen Grenze.** Foto, 1950.

Auf dem Weg zu einem einigen Europa

Der Zweite Weltkrieg (1939–1945) und seine Folgen weckten besonders bei jungen Leuten Kräfte, sich für eine Überwindung der Grenzen in Europa einzusetzen, um einen erneuten Krieg zu vermeiden.

Am 7. August 1950 trafen sich 300 Studenten aus acht Ländern an der deutsch-französischen Grenze bei St. Germannshof und Weißenburg.

Darüber hieß es in einer Reportage eines Nachrichtenmagazins vom 10. August 1950:

Q1 … Der französische Zöllner Rene Rieffel im Zollhaus von Weiler-Weißenburg an der elsässisch-pfälzischen Grenze schwankte zwischen Bestürzung und Entzücken: Am Sonntagnachmittag, kurz vor 17 Uhr, fiel ihm die 23-jährige Berner Studentin Jeanette Luthi ohnmächtig in die Arme. Er kümmerte sich um sie. Erst später merkte er, dass Jeanettes schwache Stunde als Ablenkungsmanöver nur Punkt 1 des strategischen Planes der von Westen anrückenden jungen Grenzschrankenstürmer war. Draußen riss unterdessen die erste Stoßgruppe der Europa-Einheits-Verfechter die französischen Grenzpfähle und -schranken aus. Auf der deutschen Seite geschah zur gleichen Minute etwas Ähnliches. … „Zum ersten Mal in der Geschichte marschieren Europäer nicht an die Grenze, um sich gegenseitig zu töten, sondern um die Beseitigung der Grenzen zu verlangen", stand in der Europa-Proklamation der 300 grenzstürmerischen Studenten von hüben und drüben. … Europäisches Parlament, europäische Regierung und europäische Kennkarten wurden gefordert …

1 *Erläutern Sie anhand der Abbildung 1 und der Reportage (Q1) die Forderungen der Studenten nach einem „Europa ohne Grenzen".*

Einiges Europa – eine alte Forderung

Die Studenten knüpften an Bestrebungen an, die durch den Zweiten Weltkrieg und die Herrschaft des Nationalsozialismus verhindert worden waren.

Die Paneuropäische Union* – bereits 1923 mit dem Ziel gegründet, einen neuen Krieg zu verhindern und einen europäischen Staatenbund* zu schaffen – erließ im September 1939 den folgenden, damals unbeachteten Aufruf:

Q2 … An alle Europäer! Die unaussprechlichen Opfer dieses grausamen Krieges fordern die Errichtung eines Dauerfriedens, der künftige Kriege zwischen Europäern unmöglich machen soll. … (Es gibt) nur eine einzige Lösung … zur Sicherung einer langen Epoche des Friedens, des Wohlstandes und der Freiheit: die Vereinigten Staaten von Europa! Dieser

Sehnsucht nach Europa

2 Das Europäische Parlament in Straßburg.

Internettipp:
www.europarl.de

Bund soll zur Sicherung folgender Ziele errichtet werden:

1. Europäische Solidarität in der Außen- und Militärpolitik, der Wirtschaft und der Währung. …
3. Alle europäischen Staaten verpflichten sich, … die Menschenrechte sowie die Gleichberechtigung ihrer nationalen und religiösen Minderheiten zu achten. …
4. Friedliche Schlichtung aller Konflikte, die zwischen europäischen Staaten entstehen können, durch einen Gerichtshof …
6. Abbau der Binnenzölle, die den europäischen Markt zugrunde richten … In dieser tragischen Schicksalsstunde der Menschheit appellieren wir an Sie alle: Kämpft für die Europäische Föderation! EUROPÄER, rettet EUROPA! …

2 *Welche Motive für die europäische Einheit zeigen sich im Aufruf von 1939 (Q2)?*

Widerstand fordert vereintes Europa

Vertreter der wichtigsten Widerstandsbewegungen Frankreichs gründeten im Juni 1944 ein „Französisches Komitee für die europäische Föderation". In seiner Erklärung hieß es:
Q3 … Es ist unmöglich, ein blühendes, demokratisches und friedliches Europa wieder aufzubauen, wenn es bei der zusammengewürfelten Existenz nationaler Staaten bleibt, die durch politische und durch Zollgrenzen getrennt sind.

Europa kann sich nur dann in Richtung auf wirtschaftlichen Fortschritt, Demokratie und Frieden entwickeln, wenn die Nationalstaaten sich zusammenschließen und einem europäischen Bundesstaat* folgende Zuständigkeiten überantworten: die wirtschaftliche und handelspolitische Organisation Europas, das alleinige Recht zu bewaffneten Streitkräften und zur Intervention gegen jeden Versuch der Wiederherstellung autoritärer Regime, die Leitung der auswärtigen Angelegenheiten, die Verwaltung der Kolonialgebiete, die noch nicht bis zur Unabhängigkeit herangereift sind, die Schaffung einer europäischen Staatsangehörigkeit, die neben die nationale Staatsangehörigkeit träte. Die europäische Bundesregierung muss das Ergebnis nicht einer Wahl durch die Nationalstaaten, sondern einer demokratischen und direkten Bestimmung durch die Völker Europas sein. …

Bundesstaat*:
Verbindung mehrerer Staaten, die wichtige Zuständigkeiten an eine gemeinsame Bundesregierung abtreten (vgl. S. 256/257).

3 *Schreiben Sie aus Q2 und Q3 die wichtigsten Forderungen auf und prüfen Sie, welche von ihnen heute verwirklicht sind.*

Schritte zur Versöhnung

1 Werbung für Europa. Plakat, 1955.

Deutsch-französische Annäherung
In einer Rede kurz nach dem Ende des Zweiten Weltkriegs sagte der ehemalige britische Premierminister Winston Churchill am 19. September 1946 in Zürich:

Q1 … Ich spreche jetzt etwas aus, das Sie in Erstaunen setzen wird. Der erste Schritt bei der Neuordnung der europäischen Familie muss eine Partnerschaft zwischen Frankreich und Deutschland sein. Nur auf diese Weise kann Frankreich die moralische Führung Europas wieder erlangen. Es gibt kein Wiederaufleben Europas ohne ein geistig großes Frankreich und ein geistig großes Deutschland. …

1 *Untersuchen Sie, wie Churchill ein Zusammengehen Frankreichs und Deutschlands begründet.*

Der Schumanplan – die Montanunion
Der Außenminister Frankreichs, Robert Schuman, verkündete am 9. Mai 1950 einen Vorschlag der französischen Regierung:

Q2 … Europa lässt sich nicht mit einem Schlage herstellen und auch nicht durch eine einfache Zusammenfassung: Es wird durch konkrete Tatsachen entstehen, die zunächst eine Solidarität der Tat schaffen. Die Vereinigung der europäischen Nationen erfordert, dass der jahrhundertealte Gegensatz zwischen Frankreich und Deutschland ausgelöscht wird. Das begonnene Werk muss in erster Linie Deutschland und Frankreich erfassen. … Die französische Regierung schlägt vor, die Gesamtheit der französisch-deutschen Kohle- und Stahlproduktion unter eine gemeinsame oberste Aufsichtsbehörde … zu stellen, in einer Organisation, die den anderen europäischen Ländern zum Beitritt offensteht. … Die Solidarität der Produktion … wird bekunden, dass jeder Krieg zwischen Frankreich und Deutschland nicht nur undenkbar, sondern materiell unmöglich ist. …

Der Berater des deutschen Bundeskanzlers Konrad Adenauer, H. Schäffer, notierte am 3. Juni 1950 in seinem Tagebuch:

Q3 … Der Bundeskanzler erklärt, … dass aus politischen Gründen der Gegensatz zwischen Deutschland und Frankreich beseitigt werden müsste, um eine Festigung Europas zu erreichen, die gegenüber der Gefahr von Osten unbedingt notwendig sei. … Aus dieser tiefen Überzeugung von der unbedingten Notwendigkeit einer Einigung Deutschlands und Frankreichs heraus habe er den Schumanplan von Herzen begrüßt. …

Die Europäische Verteidigungsgemeinschaft
Nachdem der Koreakrieg (1950–53) den Ost-West-Konflikt weiter verschärft hatte, drängten vor allem die USA und Großbritannien auf eine Beteiligung der Bundesrepublik an der Verteidigung Europas. Der Vertrag über eine Europäische Verteidigungsgemeinschaft (EVG), verbunden mit einer Europäischen Politischen Gemeinschaft (EPG) als einem „politischen Dach", scheiterte jedoch 1954 im französischen Parlament am Misstrauen gegenüber einer Wiederbewaffnung Deutschlands. Außerdem wollten die Gegner des Vertrages die französische Verfügungsgewalt über ihre

18. April 1951:
Gründung der Europäischen Gemeinschaft für Kohle und Stahl (EGKS oder Montanunion).

314

Schritte zur Versöhnung

Streitkräfte nicht aufgeben. Die Sicherheitslücke wurde jedoch dadurch beseitigt, dass die Bundesrepublik der NATO beitrat und eine Armee, die Bundeswehr, aufstellte. Der Versuch einer politischen Einigung Westeuropas war jedoch gescheitert.

2 *Inwieweit verhinderten nationale Interessen eine politische Einigung Westeuropas?*

3 *Stellen Sie anhand des Plakats (Abb. 1) fest, mit welcher Zielrichtung 1955 für Europa geworben wurde.*

Die Europäische Wirtschaftsgemeinschaft

Das Scheitern einer politischen Einigung bewirkte verstärkte Bemühungen der Montanunion-Staaten, die Zusammenarbeit auf wirtschaftlichem Gebiet intensiv voranzutreiben. Robert Schuman und Konrad Adenauer spielten dabei eine führende Rolle.

Am 25. März 1957 wurde in Rom der Vertrag über eine Europäische Wirtschaftsgemeinschaft (EWG) unterzeichnet. Die sechs Staaten der Montanunion waren ihre Gründungsmitglieder. Am selben Tag unterschrieben die EWG-Länder einen Vertrag über die Europäische Atomgemeinschaft (EURATOM). Andere europäische Länder, die sich Großbritannien folgend gegen einen Beitritt entschieden hatten, schlossen sich 1960 zu einer Freihandelszone, der EFTA, zusammen.

4 *Untersuchen Sie, welche wirtschaftliche und politische Entwicklung erkennbar wird.*

Deutsch-französischer Freundschaftsvertrag 1963

Die Einbindung der Bundesrepublik in das westliche Bündnis mit den USA wurde begleitet von einer immer engeren Kooperation Deutschlands mit Frankreich, so wie es Churchill bereits 1946 vorausgesagt hatte. Der französische Staatspräsident Charles de Gaulle und der deutsche Bundeskanzler Konrad Adenauer vertieften seit 1958 die Zusammenarbeit beider Staaten. 1963 wurde ein deutsch-französischer Staatsvertrag abgeschlossen, der regelmäßige Beratungen beider Regierungen vorsah. Diese besonderen Beziehungen zwischen Deutschland und Frankreich haben sich bis heute bewährt. Trotz aller unterschiedlichen politischen Ziele bildete die deutsch-

2 Begegnung in Reims. In der Kathedrale von Reims (Frankreich) trafen sich der damalige französische Staatspräsident Charles de Gaulle und der damalige deutsche Bundeskanzler Konrad Adenauer zu einem Versöhnungsgottesdienst. Der Zeichner zeigt die beiden vor der Kirche, vom Himmel schauen der preußische König Friedrich II., Napoleon und Bismarck zu. Karikatur, 1962.

Unterzeichnung der Römischen Verträge am 25. März 1957 und Gründung der Europäischen Wirtschaftsgemeinschaft (EWG).

französische Zusammenarbeit die Basis der Integrationspolitik innerhalb und außerhalb der Europäischen Union (EU).

Kernstück der deutsch-französischen Freundschaft wurden das deutsch-französische Jugendwerk und die Städtepartnerschaften zwischen den kleinen sowie großen Gemeinden in Frankreich und Deutschland. Der regelmäßige Schüleraustausch und die Begegnungen zwischen Deutschen und Franzosen im Rahmen der Städtepartnerschaften ermöglichten es, dass innerhalb von dreißig Jahren alte Vorurteile auf beiden Seiten abgebaut werden konnten. Ein festes Band von Beziehungen zwischen Deutschen und Franzosen, zwischen deutschen und französischen Vereinen, Universitäten und Schulen und die Zusammenarbeit deutscher und französischer Soldaten im Eurokorps sowie die Verflechtung der Industrien beider Länder sollten sicherstellen, dass die deutsch-französische Freundschaft eine kriegerische Auseinandersetzung beider Staaten für immer verhindert.

5 *Erkundigen Sie sich nach einer deutsch-französischen Städtepartnerschaft Ihrer Gemeinde und verfolgen Sie ihre Geschichte in Gesprächen mit Gemeindevertretern.*

1988 erschien zum 25-jährigen Bestehen der deutsch-französischen Zusammenarbeit eine gemeinsame Briefmarke in beiden Staaten.

Internettipp:
www.dfjw.org

Wirtschaftliche und politische Einheit

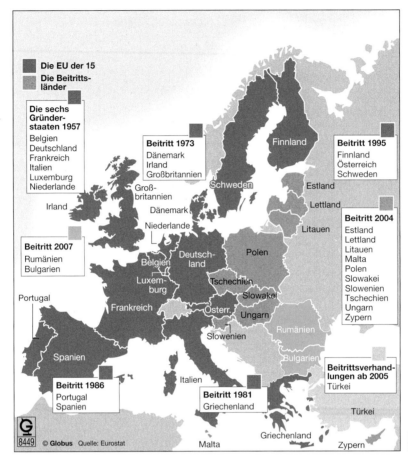

Die sechs Gründer-
staaten 1957
Belgien
Deutschland
Frankreich
Italien
Luxemburg
Niederlande

Beitritt 1973
Dänemark
Irland
Großbritannien

Beitritt 1995
Finnland
Österreich
Schweden

Beitritt 2004
Estland
Lettland
Litauen
Malta
Polen
Slowakei
Slowenien
Tschechien
Ungarn
Zypern

Beitritt 2007
Rumänien
Bulgarien

Beitritt 1986
Portugal
Spanien

Beitritt 1981
Griechenland

Beitrittsverhand-
lungen ab 2005
Türkei

Die EU der 15
Die Beitritts-
länder

© Globus   Quelle: Eurostat

1 Der Ausbau der
Europäischen Union.

Von der EWG über die EG zur EU

1 *Beschreiben Sie anhand des Schaubildes 1 die Erweiterung der EU und vermuten Sie, welche Gründe die Beitrittsländer und -kandidaten zum Aufnahmewunsch in die EU bewogen haben könnten.*

Im Jahr 1967 wurden die drei europäischen Zusammenschlüsse Montanunion, EWG und EURATOM zur Europäischen Gemeinschaft (EG) vereint. 1968 wurde die Zollunion innerhalb der EG-Staaten verwirklicht. Bis 1971 steigerte sich die Kaufkraft* der EG-Bürger um 74 Prozent. In Großbritannien, das noch nicht der EG angehörte, betrug die Steigerungsrate 31 Prozent. Auch in anderen Bereichen der Wirtschaft und der sozialen Sicherung verlief die Entwicklung günstig. Im Laufe der Siebziger- und Achtzigerjahre schlossen sich deshalb immer mehr Staaten der Gemeinschaft an.

2 *Überprüfen Sie Ihre Überlegungen zu Aufgabe 1 und stellen Sie fest, ob es einen Zusammenhang zwischen der wirtschaftlichen Entwicklung in der EG und dem Beitrittswunsch Großbritanniens gibt.*

Wege zur Einheit

Der Prozess der europäischen Einigung verlief stockend, aber kontinuierlich. Lange Zeit waren die wirtschaftlichen Interessen der Mitgliedsländer der Motor der Einigung. Durch den Vertrag von Maastricht 1991 wurde die EU auch zu einer politischen Union:

– Der einheitliche Binnenmarkt brachte 1993 den Fortfall der Zölle im EU-Raum.
– Ihm folgte mit dem Schengener Abkommen der Wegfall der Passkontrollen in den meisten EU-Mitgliedsländern.
– Die schrittweise Einführung des Euro als Buchgeld 1999 (vgl. S. 318) und als allgemeines Zahlungsmittel in zwölf der 15 EU-

Kaufkraft*:
Bezeichnung für die Warenmenge, die man für eine bestimmte Geldsumme kaufen kann.

316

Wirtschaftliche und politische Einheit

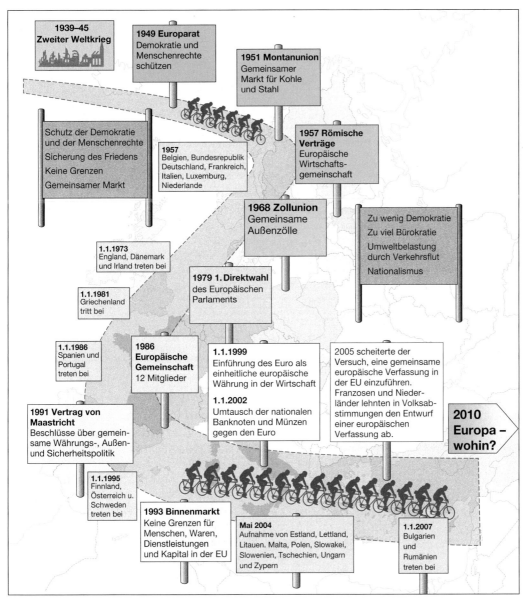

1939–45 Zweiter Weltkrieg

1949 Europarat
Demokratie und Menschenrechte schützen

1951 Montanunion
Gemeinsamer Markt für Kohle und Stahl

Schutz der Demokratie und der Menschenrechte

Sicherung des Friedens

Keine Grenzen

Gemeinsamer Markt

1957
Belgien, Bundesrepublik Deutschland, Frankreich, Italien, Luxemburg, Niederlande

1957 Römische Verträge
Europäische Wirtschaftsgemeinschaft

1968 Zollunion
Gemeinsame Außenzölle

Zu wenig Demokratie

Zu viel Bürokratie

Umweltbelastung durch Verkehrsflut

Nationalismus

1.1.1973
England, Dänemark und Irland treten bei

1979 1. Direktwahl
des Europäischen Parlaments

1.1.1981
Griechenland tritt bei

1.1.1986
Spanien und Portugal treten bei

1986 Europäische Gemeinschaft
12 Mitglieder

1.1.1999
Einführung des Euro als einheitliche europäische Währung in der Wirtschaft

1.1.2002
Umtausch der nationalen Banknoten und Münzen gegen den Euro

2005 scheiterte der Versuch, eine gemeinsame europäische Verfassung in der EU einzuführen. Franzosen und Niederländer lehnten in Volksabstimmungen den Entwurf einer europäischen Verfassung ab.

1991 Vertrag von Maastricht
Beschlüsse über gemeinsame Währungs-, Außen- und Sicherheitspolitik

1.1.1995
Finnland, Österreich u. Schweden treten bei

2010 Europa – wohin?

1993 Binnenmarkt
Keine Grenzen für Menschen, Waren, Dienstleistungen und Kapital in der EU

Mai 2004
Aufnahme von Estland, Lettland, Litauen. Malta, Polen, Slowakei, Slowenien, Tschechien, Ungarn und Zypern

1.1.2007
Bulgarien und Rumänien treten bei

2 Stationen der europäischen Einigung.

Staaten am 1.1.2002 machte die wirtschaftliche und politische Einigung im Alltag sichtbar.
- Das Europäische Parlament, seit 1979 alle fünf Jahre direkt gewählt, gewann immer mehr Mitspracherechte bei der Gesetzgebung der EU. Seine parlamentarische Kontrollfunktion wurde wirksam ausgebaut.
- Die Aufnahme von zehn weiteren Staaten Ost- und Südeuropas wurde beschlossen.

- Die Einführung einer gemeinsamen europäischen Verfassung für alle 25 Mitgliedstaaten scheiterte 2005 in Volksabstimmungen in Frankreich und den Niederlanden.
- Ein EU-Reformvertrag von Ende 2007 sieht einen auf zweieinhalb Jahre ernannten Ratspräsidenten und einen Hohen Repräsentanten für die Außenpolitik vor. Er tritt 2009 in Kraft.

3 Beschreiben Sie mithilfe des Schaubildes 2 den Weg der europäischen Einigung.

2007: Vertrag von Lissabon
Der Reformvertrag ersetzt die gescheiterte EU-Verfassung mit dem Ziel, die EU mit 27 Mitgliedern handlungsfähig zu erhalten.

Der Euro – die neue EU-Währung

„... nur noch einige tausend Tage".
Karikatur von Horst Haitzinger, 1993.

Der starke Euro
Wert des Euro in US-Dollar
Referenzkurs der EZB

4. Jan. 1999
1,1789 $

13. Dez. 2004
1,3268 $

26. Okt. 2000
0,8252 $

Quelle: EZB (Europäische Zentralbank)
© Globus 9649

1 Der Wechselkurs des Euro zum Dollar Januar 1999 bis Juli 2004.

Der Euro – eine Währung für fast alle

Nach langen Vorbereitungen wurde zum 1. Januar 1999 in zwölf Ländern der EU der Euro als offizielle Währung zunächst für den bargeldlosen Geschäftsverkehr (Buchgeld) eingeführt. In Belgien, Deutschland, Griechenland, Finnland, Frankreich, Holland, Irland, Italien, Luxemburg, Österreich, Portugal und Spanien gilt der Euro. Dänemark, Großbritannien und Schweden wollten zunächst die neue Währung nicht einführen. Firmen und Banken im

„Euro-Land" (den genannten zwölf Staaten) rechnen seit dieser Zeit im Geschäftsverkehr untereinander in Euro ab. Dadurch entfiel das Umrechnen in die Wechselkurse der bisherigen Währungen, aber es fielen auch die mit diesen Wechselgeschäften verbundenen Kosten weg. Ähnlich wie die USA ist „Euro-Land" seit 1999 ein großer Binnenmarkt mit einer einheitlichen Währung.

Geldumtausch 1. 1. 2002

In der Silvesternacht 2001/02 wurde auch das bisherige nationale Bargeld (z.B. DM, Lira, Franc) in den 12 Ländern der EU durch den Euro abgelöst. In den großen Städten Europas wurde die Einführung des Euro noch in der Nacht begeistert gefeiert, ab Mitternacht drängten sich die Menschen an den Bankschaltern, um das neue Geld zu erhalten. Zur großen Überraschung aller Verantwortlichen gestaltete sich der Umtausch der bisherigen nationalen Währungen in den Euro problemlos. Besonders ältere Menschen trauern aber auch Jahre später noch der DM nach und rechnen Preise immer noch in DM um. Manche lasten die Teuerung der letzten Jahre dem Euro an, die starken Schwankungen des Außenwertes des Euro gegenüber dem Dollar lösten ebenfalls Besorgnisse aus. Insgesamt schätzen Fachleute die Einführung des Euro aber positiv ein und sehen darin einen wichtigen Schritt zu einem einheitlichen Europa. Zuletzt wurde der Euro in Slowenien (2007) sowie auf Malta und Zypern (2008) eingeführt. Die Slowakei möchte 2009 nachziehen. Weitere osteuropäische Staaten wollen 2010 folgen.

1 *Fragen Sie Ihre Eltern und Verwandten, wie sie den Umtausch der DM in Euro empfunden haben.*

2 *Untersuchen Sie mit dem Schaubild 2, ob die Umstellung von DM auf Euro zu Preissteigerungen geführt hat.*

Die D-Mark.
Deutschlands Zahlungsmittel von 1948 bis zum Ende des Jahres 2001.

Euro – (k)ein Teuro
Anstieg der Verbraucherpreise in Deutschland

	die letzten zweieinhalb Jahre der DM (Juni 1999 bis Dez. 2001)	die ersten zweieinhalb Jahre des Euro (Dez. 2001 bis Juni 2004)
insgesamt	+4,3 %	+3,3 %
Nahrungsmittel z.B.	+3,0	+1,1
Marmelade, Honig, Süßwaren	+1,8	+6,1
Brot und Getreideerzeugnisse	+4,5	+2,4
alkoholfreie Getränke	-1,0	-1,7
Molkereiprodukte und Eier	+6,6	-1,9
Fleisch(waren)	+9,2	-2,9
Alkoholische Getränke	+1,0	+3,6
Tabakwaren	+6,7	+29,2
Gesundheitspflege	+1,9	+20,1
Dienstleistungen z.B.		
Eintrittskarte Fußballspiel	+7,2	+14,9
Autowäsche	+3,9	+6,4
Pkw-Wartung, -Reparatur	+4,5	+6,2
Änderungsschneiderarbeit	+2,9	+4,9
Kinokarte	+5,5	+4,6
Restaurants, Cafés	+3,7	+4,1
Friseur	+4,6	+3,9
Chem. Reinigung	+2,9	+3,8

Quelle: Stat. Bundesamt
© Globus 9378

Euro-Banknoten.
Gesetzliches Zahlungsmittel in den Ländern der „Euro-Zone" seit 1. Januar 2002.

2 Preissteigerungen 1999–2001 bzw. 2001–2004 im Vergleich.

Symbole der EU

3 **Die Flagge der EU: das blau-gelbe Sternenbanner.** 1985 beschlossen die Mitgliedsländer, die Flagge, die der Europarat bereits 1955 angenommen hatte, auch für ihre Organe als offizielles Symbol zu verwenden.

Die Symbole der Europäischen Union sind mit den Hoheitszeichen und Symbolen einzelner Nationalstaaten vergleichbar. Sie sollen die Politik der Europäischen Union als Gemeinschaft von Nationalstaaten widerspiegeln.

Die Flagge

Die offizielle Flagge der EU zeigt zwölf kreisförmig angeordnete fünfzackige goldene Sterne auf blauem Grund, deren eine Zacke jeweils nach oben weist. Sie ist ein Symbol für die Einheit und in einem weiteren Sinne für die Identität Europas. Der Kreis der goldenen Sterne steht für die Solidarität und Harmonie zwischen den europäischen Völkern. Die Zahl der Sterne hat nichts mit der Anzahl der Mitgliedstaaten zu tun. Die Zahl Zwölf steht im Abendland traditionell für Vollkommenheit und Einheit. Die Flagge bleibt daher auch bei künftigen Erweiterungen der Union unverändert.

Die Hymne

Seit 1986 gilt der letzte Satz der 9. Sinfonie von Ludwig van Beethoven als offizielle Hymne der Europäischen Union. Beethoven vertonte dabei die „Ode an die Freude" von Friedrich Schiller.

Ohne Worte, in der universalen Sprache der Musik, ist die Hymne Ausdruck für die Wertegemeinschaft Europa, also für die gemeinsamen Ideale der Freiheit, Demokratie, Gleichheit und Menschenrechte.

Der Europatag

Der 9. Mai wird in der gesamten Union als Europatag gefeiert. Er ist ein Gegenstück zu den Nationalfeiertagen der einzelnen Mitgliedstaaten. Das Datum erinnert an die Schuman-Erklärung vom 9. Mai 1950 (siehe S. 314), die als „Geburtsurkunde" der heutigen Europäischen Union gilt.

Beim Mailänder Rat 1985 wurde beschlossen, zur Erinnerung an die Rede Schumans jährlich den Europatag der Europäischen Union zu begehen. An diesem finden nun zahlreiche Veranstaltungen und Festlichkeiten statt.

Das Europamotto

Das Europamotto, der offizielle Leitspruch für die Europäische Union, ist der lateinische Spruch „in varietate concordia" (auf deutsch: in Vielfalt geeint). Er soll die gemeinsame, aber national unterschiedliche europäische Identität zum Ausdruck bringen.

In der Präambel zum EU-Verfassungsentwurf wird darauf verwiesen, dass ein Europa, welches „in Vielfalt geeint" ist, die besten Möglichkeiten bietet, „unter Wahrung der Rechte des Einzelnen und im Bewusstsein ihrer Verantwortung gegenüber künftigen Generationen und der Erde dieses große Unterfangen fortzusetzen, das einen Raum eröffnet, in dem sich die Hoffnung der Menschen entfalten kann."

3 *Was macht Ihrer Meinung nach das Gemeinsame der Bewohner Europas heute aus?*

Zeichen europäischer Gemeinsamkeit
Gemeinsam ist allen Völkern, die sich zu Europa zählen, dass ihre Kultur durch die christliche Religion und durch das antike Erbe, vor allem durch das römische Recht geprägt sind. Sichtbares Zeichen der Gemeinsamkeit der christlichen Europäer sind die in ganz Europa in ähnlichen Baustilen errichteten großen Gotteshäuser. Diese neuen Kathedralen im „gotischen" Stil (siehe S. 82) zeichneten sich durch ihre Höhe, ihre schlanken Bauelemente und durch die dem Himmel zulaufenden Spitzbögen aus.

Projekt: Aufnahme der Türkei in die EU

1 Die Debatte um den Beginn der Verhandlungen über eine Aufnahme der Türkei in die EU löste große Emotionen aus. Befürworter in Ankara feiern die Beitrittsverhandlungen. Foto, Dezember 2005.

Soll die Türkei Mitglied der EU werden?

Seit dem Herbst 2005 verhandelt die EU mit der Türkei über eine Aufnahme des Landes in die Europäische Union, die etwa 2015 nach erfolgreichen Verhandlungen erfolgen könnte. Dieses Vorhaben ist in Deutschland sehr umstritten. Im Bundestagswahlkampf 2005 spaltete dieses Thema fast das Land. Die einen befürworteten die Aufnahme, da sie von allen Regierungen in den letzten Jahrzehnten der Türkei versprochen worden war und weil dieses große Land in vielfältiger Weise längst mit Deutschland und der EU verbunden ist. Die anderen wollen der Türkei keine Vollmitgliedschaft in der EU zugestehen und schlagen deswegen nur eine besondere Partnerschaft vor. Sie verweisen auf die unterschiedlichen Kulturen und unterschiedlichen religiösen Anschauungen.

Die Türkei selbst besteht auf der Einlösung der von der EU und den Mitgliedsländern gegebenen Versprechen. Sie hat erhebliche Anstrengungen unternommen, um sich für eine Mitgliedschaft in der EU vorzubereiten.

Projekt: Aufnahme der Türkei in die EU

Wenn man zu der Frage der Aufnahme der Türkei in die EU begründet Stellung nehmen will, muss man zunächst viel über das Land wissen.

Deswegen sollen Sie in einem Projekt zunächst zu wichtigen Fragen Informationen sammeln und diese zusammen bewerten. Am Ende der Projektarbeit können Sie dann Ihre Meinung zu der Frage der Aufnahme der Türkei in die EU finden und begründen.

Auf den drei Seiten 322–324 finden Sie zu wichtigen Fragen jeweils einen Text zum Einstieg und Hinweise für die weitere Arbeit in Büchereien, mit Zeitungen und im Internet (siehe S. 324).

Leitfragen formulieren

Wichtig ist, dass Sie für Ihr gewähltes Teilthema eine Leitfrage auswählen, mit der Sie die Stoffmassen reduzieren können und gleichzeitig eine Struktur für Ihre Präsentation erhalten. Eine solche Leitfrage könnte lauten: Was muss sich in der Türkei in Bezug auf unser Thema bis zu einer Aufnahme verändern und wie würde sich eine Aufnahme der Türkei in die EU in der Türkei bzw. in der EU auswirken?

Sie können Ihre Arbeit durch Interviews mit türkischen Mitschülerinnen und Mitschülern oder deren Eltern und Verwandten ergänzen. Zunächst können Sie aber nachlesen, wie man in einem Projekt arbeitet (siehe nächste Seite).

1 Vorbereitung des Themas und Aufteilung der Arbeit in der Gruppe.

Intensives Arbeiten: Projekt

Bei einem Projekt arbeitet eine Arbeitsgruppe selbstständig an einem Problem mit unterschiedlichen Fragestellungen. Jede Schülerin und jeder Schüler ordnet sich im Projekt den Fragen zu, die ihr/ihm besonders liegen. Projekte benötigen längere und intensivere Arbeitsphasen. Am Ende eines Projekts steht als Ergebnis ein Produkt, das Sie gemeinsam in eigener Verantwortung erstellt haben. Der folgende Leitfaden hilft Ihnen bei der Durchführung.

1. Vorbereitung

▨ Themen sammeln:
– Was könnte untersucht werden? Welcher Einzelaspekt interessiert Sie besonders?
– Ziel und Thema des Projekts: Auf welches Thema kann sich die Gruppe festlegen, sodass alle engagiert mitarbeiten?
▨ Zeitplan des Projekts bestimmen: Projekte dauern mindestens eine, zumeist zwei bis drei Wochen. Erstellen Sie vor Beginn des Projekts einen genauen Arbeitsplan, um die Arbeit besser überschauen zu können.

▨ Vorstellung der Arbeitsergebnisse: Machen Sie sich vor Beginn des Projekts Gedanken, wie Sie Ihre Arbeitsergebnisse präsentieren wollen. Sie können z. B. eine Wandzeitung erstellen, eine Dokumentation anfertigen oder eine Ausstellung organisieren, um auch anderen Schülerinnen und Schülern Ihre Ergebnisse vorzustellen.

2. Durchführung

▨ Arbeitsgruppen einteilen:
Legen Sie fest, wer mit wem arbeitet, und verteilen Sie die Arbeit auf die einzelnen Gruppen. Auch innerhalb der Arbeitsgruppen sollten Sie genau klären, wer wofür verantwortlich ist, sodass es immer einen Ansprechpartner für die einzelnen Aufgabenstellungen gibt.
▨ Material besorgen:
Material finden Sie in Tageszeitungen, Illustrierten, im Internet und Büchern. Vielleicht können Sie auch Videoaufzeichnungen auswerten oder im Rahmen Ihrer Präsentation Ausschnitte daraus vorstellen.

▨ Arbeitsergebnisse überprüfen:
Zwischendurch sollten Sie sich immer wieder in der ganzen Klasse zusammensetzen und Ihre Zwischenergebnisse vorstellen. Verständnisfragen und Nachfragen anderer Schülerinnen und Schüler, die das Gruppenthema nicht bearbeiten, helfen Ihnen, Schwachpunkte der Arbeit zu erkennen. Diese Kritik innerhalb der Arbeitsphase ist sehr wichtig, weil dadurch das von der einzelnen Gruppe zu verantwortende Arbeitsergebnis immer wieder hinterfragt wird und verbessert werden kann.

3. Vorstellung der Ergebnisse

▨ Präsentation:
Teilprojekte in Gruppen erarbeiten, das Gesamtprojekt präsentieren alle gemeinsam – so lässt sich diese letzte Phase zusammenfassen.
▨ Ankündigung:
Wenn Ihre Arbeitsergebnisse für die Öffentlichkeit interessant sind, bewerben sie Ihre Präsentation: Laden Sie Eltern und Freunde ein, informieren Sie die Presse usw.

2 Diskussion über die Zwischenergebnisse.

Projekt: Aufnahme der Türkei in die EU

1 Die Polizei geht am 6. März gegen eine Frauendemonstration anlässlich des Frauentags vor. Foto, 2005.

Der türkische Ministerpräsident Tayyip Erdogan spricht vor der Versammlung des Europarates. Foto, Juni 2006.

Politisches System der Türkei

Die Türkei ist seit 1923 eine Demokratie und sieht sich selber als Nachfolgestaat des Osmanischen Reiches. Der Staatsgründer Kemal Atatürk strebte eine Gesellschaftsordnung nach westlichem Vorbild an, mit strikter Trennung von Religion und Staat. Das Militär bekam in dem neuen Staat eine vorherrschende Rolle, die bis heute andauert.

Circa 90 Prozent der 72 Millionen Einwohner sind Türken, 9 Prozent sind Kurden. Türkisch ist die einzig zugelassene Amtssprache. Bei den letzten Parlamentswahlen im Jahr 2007 gewann die gemäßigte islamische „Partei für Gerechtigkeit und Entwicklung" (AKP) 341 von 550 Parlamentssitzen. Ministerpräsident ist seit 2003 Recep Tayyip Erdogan.

Zur Vorbereitung der Aufnahme in die EU hat das Land umfangreiche Reformen im Bereich der Justiz und Wirtschaft beschlossen. Für viele Beobachter ist die Türkei der europäischste Staat Vorderasiens.

Menschenrechte

Trotz einschlägiger Vorschriften in der Verfassung und in den Gesetzen der Türkei kommt es in der Praxis des türkischen Alltags immer wieder zu Verletzungen der allgemeinen Menschenrechte. Der Europäische Gerichtshof für Menschenrechte verurteilte 2005 die Türkei wegen unzureichender Ermittlungen im Falle der Ermordung einer regierungskritischen Journalistin. Das brutale Vorgehen der Polizei am 6. März 2005 gegen eine nicht angemeldete Demonstration anlässlich des Internatio-

Sultan-Ahmet-Moschee in Istanbul. 99 Prozent der Türken sind Muslime. Foto, 2006.

nalen Frauentags löste einen energischen Protest der EU aus, die gegen die Behandlung der demonstrierenden Frauen protestierte. Noch immer gibt es Berichte, dass in der Türkei von Polizei und Militär gefoltert wird.

Der damalige Vorsitzende der Fraktion der Europäischen Volkspartei (EVP-ED) im Europäischen Parlament, Hans-Gert Pöttering (CDU), erklärte 2004: „Es besteht noch erheblicher Handlungsbedarf bei Menschenrechten und grundsätzlichen Freiheiten."

Rolle der Religion

99 Prozent der Türken sind Muslime, daneben gibt es eine jüdische und christliche Minderheit. Die Muslime sind zu etwa 70 Prozent Sunniten, 15 bis 20 Prozent sind Aleviten. Die vom Staatsgründer verfügte strikte Trennung von Staat und Religion gilt besonders im Militär und in den staatlichen Behörden. Seit den 80er-Jahren weicht diese Trennung aber immer stärker auf, z. B. gibt es verpflichtenden Religionsunterricht in den Schulen für alle Schüler im Sinne des sunnitischen Islam. Der Wahlsieg der AKP 2002 hat eine gemäßigte islamische Partei zur stärksten Kraft im Parlament gemacht. Deutlich wird der Konflikt zwischen der staatlichen Regel der Trennung von Politik und Religion am Kopftuchstreit. Das seit 1930 geltende Verbot, an Schulen und Universitäten ein Kopftuch zu tragen, wurde 2005 aufgeweicht. Die nach der Verfassung gegebene Religionsfreiheit besteht faktisch für Juden und Christen nicht, sie erleiden zahlreiche Benachteiligungen im Alltag.

Projekt: Aufnahme der Türkei in die EU

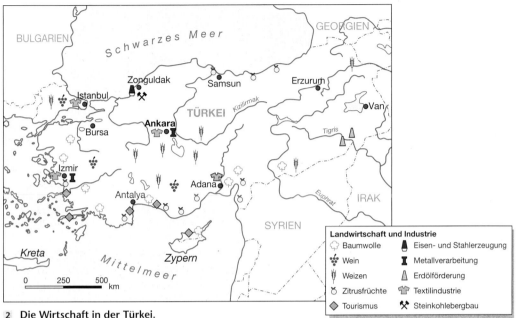

2 Die Wirtschaft in der Türkei.

Legende — Landwirtschaft und Industrie:
- Baumwolle
- Wein
- Weizen
- Zitrusfrüchte
- Tourismus
- Eisen- und Stahlerzeugung
- Metallverarbeitung
- Erdölförderung
- Textilindustrie
- Steinkohlebergbau

Frauen in der Türkei: Tradition und Moderne. Eine Frau in traditioneller Kleidung mit Kopftuch, die andere bekleidet mit einem modernen Hosenanzug und offenen Haaren.

patriarchalisch*: von Männern beherrscht.

Situation der Frauen

Nach dem Gesetz sind die türkischen Frauen seit 1926 vollkommen gleichberechtigt, Wahlrecht haben sie seit 1934. Die Lebenssituationen unterscheiden sich aber sehr: Auf dem Land gilt die Frau immer noch als billige Arbeitskraft und ist in eine patriarchalische* Ordnung eingebunden. In den Städten verfügen viele Frauen über eine gute Ausbildung und können ein relativ selbstbestimmtes Leben führen.

Viele Türkinnen leben in einem Rollenkonflikt: Einerseits ermöglicht die Modernisierung und Industrialisierung ein modernes emanzipiertes Leben und andererseits wächst durch die Islamisierung die Erwartung, dass Frauen sich auf Ehe, Mutterrolle und Haushalt beschränken. So sagte eine in der Wirtschaft erfolgreiche Frau auf die Frage, warum sie wieder ein Kopftuch trägt: „Das hat mein Mann entschieden. Er hat gesagt: Wenn du möchtest, kannst du gerne ein Kopftuch tragen."

Wirtschaft

Die türkische Wirtschaft befindet sich in einer Boomphase. Das Bruttoinlandsprodukt stieg 2005 um 8,9 %, die Inflationsrate sank von 25,5 % (2003) auf 9,8 %. Die Arbeitslosigkeit lag 2004 bei 10,3 %.

Die Erwerbstätigen sind zu 33,2 % in der Landwirtschaft, zu 23,8 % in der Industrie und zu 43 % im Dienstleistungssektor beschäftigt. Kennzahlen des Außenhandels 2004:

- Import (Wert: 62,8 Mrd. US-Dollar): u.a. 15 % Brennstoff, 13 % Maschinen, 11 % Kfz, 6 % Elektrotechnik.
- Import aus der EU: 47 %.
- Export (Wert: 97,2 Mrd. US-Dollar): u.a. 28 % Textilien, 13 % Kfz, 10 % Eisen und Stahl, 5 % Gemüse und Früchte.
- Export in die EU: 55 %.

In einer Reportage der „Süddeutschen Zeitung" über die Stadt Kayseri in Anatolien hieß es im Juni 2006:

M1 … Der Boom von Kayseri ist eigentlich das Wunder von Hacilar. Eben noch ein armes Bauerndorf. Heute anatolischer Tiger. Mehr als drei Viertel der türkischen Möbelproduktion und jeder hundertste Meter Jeansstoff weltweit kommen aus Kayseri. … Arslans Firma Ipek ist eine der bekanntesten Möbelfirmen der Türkei. Er beschäftigt 1500 Angestellte, exportiert nach Frankreich und Dänemark, erwartet dieses Jahr einen Umsatz von 150 Millionen Dollar. Und sagt: „Ich versuche, meine Pflicht Gott gegenüber zu erfüllen. Das tue ich, wenn ich meine Arbeit gut erledige."…

1 **Kurden-Proteste in Istanbul.** Foto, 2006.

Kurden

Seit der Gründung der Türkei im Jahr 1923 wurde die relativ große Minderheit der Kurden (ca. 12 Millionen in der Türkei) unterdrückt und verfolgt. Die junge türkische Republik wollte die Existenz von Minderheiten in dem neuen Staat nicht anerkennen und verbot deren Sprache und Kultur.

Nach der Beendigung bewaffneter Aufstandsversuche und terroristischer Aktivitäten durch die marxistisch orientierte Kurdische Arbeiterpartei (PKK) wurde im Zuge der Annäherung an die EU den Kurden der Gebrauch der eigenen Sprache in Rundfunk und Fernsehen gestattet. Eine friedliche Lösung der Kurdenfrage bleibt ein Hauptproblem türkischer Politik.

Völkermord an Armeniern

Der Schriftsteller Orhan Pamuk erklärte in einem Zeitungsbeitrag 2005:

M1 ... Ich habe im Februar dieses Jahres gegenüber einer Schweizer Zeitung gesagt, in der Türkei seien eine Million Armenier und dreißigtausend Kurden umgebracht worden, und darüber geklagt, dass diese Themen in meinem Land tabu sind. Gemeint war damit, was im Osmanischen Reich 1915 den Armeniern widerfahren ist. Unter seriösen Historikern herrscht weltweit Einigkeit darüber, dass im Ersten Weltkrieg ein großer Teil der armenischen Bevölkerung unter dem Vorwand, dem Osmanischen Reich in den Rücken gefallen zu sein, deportiert wurde und unterwegs zu Tode kam. Von offizieller Seite wird in der Türkei behauptet, die Zahl der Toten liege weit niedriger, es habe sich ferner nicht um einen systematischen Völkermord gehandelt und außerdem seien während des Krieges auch zahlreiche Muslime von armenischer Hand getötet worden. Im September dieses Jahres kam es auf Betreiben von drei angesehenen Istanbuler Universitäten zu einer Fachtagung, auf der erstmals von der offiziellen Version abweichende Meinungen zu diesem Thema öffentlich diskutiert werden konnten. ... Bis dahin hatte jedoch jeder, der mit einschlägigen Äußerungen auffiel, mit einem Gerichtsverfahren und mit Haft zu rechnen. ...

Materialhinweise:

– Auf den Web-Seiten der Parteien finden Sie mit dem Suchwort „EU-Beitritt der Türkei" Stellungnahmen der Parteien (Beispiele: *www.cdu.de, www.spd.de*).
– Auf den Web-Seiten der Bundesregierung finden Sie mit dem Suchwort „EU-Beitritt der Türkei" Stellungnahmen der Bundesregierung (*www.bundesregierung.de*).
– Informationen der Bundeszentrale für politische Bildung: *www.bpb.de/themen* (*Link: Europa → Türkei und EU*)
   Informationen zur politischen Bildung, Heft 277: Türkei (2002)
– Bücher:
   Udo Steinbach: Die Türkei im 20. Jahrhundert. Bergisch Gladbach 1996
   K. Kreiser / Ch. K. Neumann: Kleine Geschichte der Türkei. Stuttgart 2005
   Türkei. Unsichere Zukunft ohne Menschenrechte. Bonn 1996
   Jürgen Gottschlich: Die Türkei auf dem Weg nach Europa. Berlin 2004
   Länderbericht Türkei. Darmstadt 1998
   Rolf Hosfeld: „Operation Nemesis". Die Türkei, Deutschland und der Völkermord an den Armeniern. Köln 2005

Orhan Pamuk
Der bedeutende türkische Schriftsteller (geb. 7. Juni 1952) bekam 2005 den Friedenspreis des Deutschen Buchhandels und 2006 den Literaturnobelpreis. Er engagiert sich in seinem Land für Menschenrechte und den EU-Beitritt. Für seine Äußerungen über den Völkermord an den Armeniern wurde er vor türkischen Gerichten zweimal angeklagt, aber jeweils freigesprochen. Foto, 2005.

Zusammenfassung

Wiedervereinigtes Europa

Nach dem Zweiten Weltkrieg (1939–45) wünschten sich viele Menschen ein friedliches Leben in einem vereinigten Europa. Der Kalte Krieg (1947–89) teilte zunächst Europa in einen westlichen und einen östlichen Teil, der durch eine kaum überwindbare Grenze getrennt war. Unterschiedliche politische Systeme – im Westen frei gewählte Demokratien, die sich an den USA orientierten, im Osten sozialistische Einparteienherrschaften unter der Kontrolle der Sowjetunion – verhinderten das Miteinander der Menschen in Ost und West.

Von der EWG zur EU

Im Westen führte die Gründung einer Europäischen Wirtschaftsgemeinschaft (EWG) durch sechs Staaten ab 1957 zu einer immer engeren, zunächst wirtschaftlichen Zusammenarbeit, die in der EU der 15 Staaten 1995 mündete. Ein gemeinsamer Binnenmarkt, eine gemeinsame Währung, eine bessere Zusammenarbeit im Bereich der Außenpolitik und der Justiz vertiefte die Beziehungen der Länder Westeuropas. Nach dem Zusammenbruch der Sowjetunion 1989 und der Auflösung des sozialistischen Ostblocks strebten die neuen Staaten Osteuropas die Aufnahme in die EU an. 2004 wurden zehn Staaten Ost- und Südosteuropas in die EU aufgenommen.

Die EU der 27

Der 2009 in Kraft tretende EU-Reformvertrag von Lissabon soll mit neuen Verfahrensregeln die Entscheidungen in Brüssel beschleunigen und durchsichtig machen. Die „Bürgerferne" der Organe der EU hat mit dazu beigetragen, dass bei den Europawahlen 2004 nur etwa 45 Prozent der Wahlberechtigten wählten. Den anderen Wahlberechtigten war offenkundig nicht bewusst geworden, dass die Organe der EU (Europäisches Parlament, Kommission, Ministerrat) mit ihrer europäischen Gesetzgebung bereits etwa die Hälfte aller nationalen Gesetze beeinflussen.

Die Zukunft der EU

Die neue EU der 27 Staaten steht vor großen Problemen: Sie muss ihre Institutionen reformieren und sich auf gemeinsame Grundlagen einigen. Vor allem muss die EU als europäische Wirtschaftsmacht eine gemeinsame Außen- und Verteidigungspolitik formulieren und innerhalb der EU für den sozialen Ausgleich zwischen den ärmeren und reicheren Regionen sorgen.

1945

Friedenssehnsucht in Europa nach dem Zweiten Weltkrieg

1957

Die Gründung der EWG bringt den Einigungsprozess in Gang.

2008

Zur EU gehören 27 europäische Staaten.

2009

Der Reformvertrag von Lissabon tritt in Kraft.

Namen und Begriffe

✓ Deutsch-französischer Freundschaftsvertrag
✓ Römische Verträge
✓ EWG
✓ EG
✓ EU
✓ Erweiterung der EU
✓ Symbole der EU
✓ Einführung des Euro
✓ Vertrag von Lissabon

Was wissen Sie noch?

1 Warum entstand im Zweiten Weltkrieg die Sehnsucht nach einem geeinten friedvollen Europa?

2 Erklären Sie, warum die Zusammenlegung der französischen und der deutschen Kohle- und Stahlproduktion (Schumanplan) eine Voraussetzung für den dauerhaften Frieden zwischen Frankreich und Deutschland war.

3 Welche Staaten gründeten 1957 in Rom die EWG?

4 Nennen Sie wichtige Stationen des Zusammenwachsens der Europäischen Union.

5 Erläutern Sie, was der Binnenmarkt und die Einführung einer gemeinsamen Währung (Euro) für die Wirtschaft der EU-Staaten bedeutete.

6 Was versteht man unter der Erweiterung der EU?

Tipps zum Weiterlesen

Jacques Le Goff: Die Geschichte Europas. Beltz & Gelberg, Weinheim/Basel 2002

Tony Judt: Die Geschichte Europas seit dem Zweiten Weltkrieg. Hg. v. der Bundeszentrale für politische Bildung, Schriftenreihe Bd. 548. Bonn 2006

Manfred Mai: Europäische Geschichte. Hanser, München 2007 (auch als Lizenzausgabe der Bundeszentrale für politische Bildung, Bonn 2007)

1 Das Europa der 27.

1 *Übertragen Sie die Karte (Europa der 27) in die Geschichtsmappe und schraffieren Sie die Staaten, die 1957 zu den Gründungsmitgliedern der EWG gehörten.*

2 *Kennzeichnen Sie die Staaten, die bis 2004 beigetreten sind, mit waagerechten Strichen.*

3 *Kennzeichnen Sie mit einer anderen Farbe die Staaten, in denen der Euro als gemeinsame Währung gilt.*

4 *Färben Sie Staaten mit einer weiteren Farbe ein, die den Beitritt zur EU anstreben.*

5 *Schreiben Sie mithilfe der Begriffe einen kurzen Lexikonartikel zur Geschichte der europäischen Einigung seit 1945.*

Zweiter Weltkrieg	*Widerstandsbewegung*	*Sehnsucht nach Frieden*
Montanunion	*Römische Verträge 1957*	*Deutsch-französische Freundschaft*
Binnenmarkt/Euro	*Erweiterung der EU in Schritten*	*EU der 27*

6 *Prüfen Sie folgende Sätze auf ihre Richtigkeit:*
a) Seit es den Euro gibt, kann man in 15 EU-Staaten ganz leicht die Preise vergleichen.
b) Wenn man nach Großbritannien fährt, braucht man kein Geld mehr umzutauschen.
c) Die Einführung des Euro hat der deutschen Wirtschaft große Vorteile gebracht, weil die Kosten für den Umtausch der Währungen in vielen EU-Staaten weggefallen sind.
d) Da wir nicht in andere Länder fahren, betrifft uns die Umstellung auf den Euro nicht.
e) Viele Geschäftsleute haben seit der Einführung des Euro ihre Preise kräftig erhöht.

Lösung: richtig: a, c, e

Lexikon

Absolutismus Bezeichnung für die Epoche vom 17. bis zum 18. Jahrhundert, in der Ludwig XIV. (König von Frankreich) und seine Regierungsform in Europa als Vorbild galten. Der Monarch besaß die uneingeschränkte Herrschaftsgewalt. Er regierte losgelöst von den Gesetzen und forderte von allen Untertanen unbedingten Gehorsam.

Adlige Die Edlen – Angehörige einer in der Gesellschaft hervorgehobenen Gruppe, eines Standes, ausgestattet mit erblichen Vorrechten. Adliger konnte man von Geburt aus sein (Geburtsadel); Adliger konnte man aber auch werden, indem man im Dienst des Königs tätig war (Amts- oder Dienstadel).

Agora bezeichnet den Markt(platz) der antiken griechischen Stadt. Die Agora war der Mittelpunkt der Stadt, geschmückt mit Statuen und oft von Säulenhallen umgeben. Auf diesem Platz trieb man Handel und hielt (Gerichts-)Versammlungen und Abstimmungen ab.

Akropolis (griechisch = die Hochstadt, Oberstadt). In den griechischen Städten die Burganlage, in der sich häufig auch der Tempel der Stadtgottheit befand.

Alliierte und assoziierte Regierungen Die im Ersten Weltkrieg gegen das Deutsche Reich verbündeten (alliierten und assoziierten) 27 Siegerstaaten.

Alliierter Kontrollrat Das von den vier Siegermächten gebildete Organ zur Ausübung der obersten Gewalt im besiegten Deutschland mit Sitz in Berlin. Mitglieder waren die Militärgouverneure der vier Besatzungszonen. Nach dem Auszug des sowjetischen Vertreters stellte der Kontrollrat seine Tätigkeit 1948 ein.

Antike (lat. antiquus = alt). Bezeichnung für die alte, griechische und römische Geschichte von etwa 1000 v. bis 500 n. Chr.

Antisemitismus Feindschaft gegenüber Juden. Der Begriff bezieht sich darauf, dass sich die Juden in ihrer geschichtlichen Abstammung von semitischen Stämmen des Nahen Ostens herleiten. Das Hebräische gehört zur semitischen Sprachgruppe.

Appeasement-Politik (engl. appeasement = Beschwichtigung): Der Begriff bezeichnet die englische Beschwichtigungspolitik gegenüber Hitler, wie sie vor allem im Münchner Abkommen 1938 zum Ausdruck kam, in dem dem Deutschen Reich ohne Mitsprache der Tschechen das Sudetenland zugeschlagen wurde, um einen drohenden Krieg abzuwenden.

Arbeiter- und Soldatenräte In den Fabriken von Arbeitern und in den Kasernen von Soldaten gewählte Vertretungen, die in der Novemberrevolution 1918 die bisherige Obrigkeit ersetzen sollen.

Archäologie Die Altertumswissenschaft, die durch Ausgrabungen und Bodenfunde alte Kulturen erforscht. Viele Funde werden zufällig entdeckt, z.B. bei Bauarbeiten, und dann von Archäologen sorgfältig ausgegraben. Die Auswertung der Funde erfolgt im Labor.

Aufklärung Reformbewegung, die im 18. Jahrhundert aus der Kritik am Absolutismus entstand und in fast allen Lebensbereichen zu neuen Ideen und Denkweisen führte. Die Aufklärer richteten sich gegen die uneingeschränkte Macht des Königs. Sie traten ein für Meinungsfreiheit, für Toleranz gegenüber anderen Religionen und ein von Vernunft geprägtes Handeln.

Auschwitzlüge Der Versuch, den Völkermord an den europäischen Juden zu leugnen, ist das Herzstück der rechtsextremen Propaganda zur Rehabilitierung des Nationalsozialismus und der von ihm vertretenen Ideologie. Er steht als Tatbestand der Volksverhetzung unter Strafe.

autoritäres Regime hier: Eine autoritäre Herrschaftsform zeichnet sich dadurch aus, dass sie die Möglichkeiten demokratischer Mitwirkung stark einschränkt und die Presse- und Informationsfreiheit begrenzt.

Basilika Bei den Römern Markt- und Gerichtshalle. Später wurde diese Bauform auch für Kirchen verwendet. Die Basilika ist rechteckig und mehrschiffig; am Mittelschiff befindet sich eine Vorhalle (Apsis).

Bauernbefreiung Seit dem Ende des 18. Jahrhunderts wurden in vielen Ländern Europas nach und nach Gesetze erlassen, durch die die Bauern ihre persönliche Freiheit erhielten und ihren Grundherren keine Abgaben und Frondienste mehr leisten mussten. In Frankreich war die Bauernbefreiung ein Ergebnis der Revolution von 1789. In Preußen wurde sie Anfang des 19. Jahrhunderts erlassen.

Besatzungsstatut Die Grundregelung des Besatzungsrechts im Gebiet der Bundesrepublik Deutschland, die am 21.9.1949 von den drei Westalliierten in Kraft gesetzt wurde und Vorrang vor dem Grundgesetz hatte.

Bizone Zusammenschluss der britischen und amerikanischen Besatzungszone zum 1.1.1947.

Bibel (griech. biblia = Bücher). Die Heilige Schrift; gegliedert in das Alte und das Neue Testament.

Biedermeier Bezeichnung für den bürgerlichen Lebensstil zwischen 1815 und 1848. Enttäuscht von der Wiederherstellung der alten Ordnung, die die Bürger aus der Politik verdrängte, zogen sich die Menschen ins Privatleben zurück, um hier Erfüllung zu finden. Benannt

Lexikon

wurde dieser Lebensstil nach einem schwäbischen Lehrer, der in Gedichten die Geborgenheit des häuslichen Glücks pries.

Bistum Verwaltungsbezirk der katholischen Kirche, der von einem Bischof geleitet wird.

Blitzkrieg Bezeichnung für einen extrem schnellen und erfolgreichen Angriffskrieg.

Bodenreform Nach erfolgter Enteignung von Großgrundbesitzern und Großbauern verteilten staatliche Behörden Boden an Kleinbauern und Landarbeiter zur eigenen Nutzung. Später folgte die Kollektivierung.

Bourgeoisie Reiches Bürgertum.

Boykott Maßnahme zur Isolation von Personen und Institutionen, z.B. Warenboykott: die Nichteinfuhr oder der Nichtkauf bestimmter Waren aus bestimmten Ländern.

Bürgerrechtsbewegung Eine Gruppe von Menschen, die sich für die Wahrung der individuellen Freiheitsrechte einsetzt.

Bundesstaat Verbindung mehrerer Staaten, die wichtige Zuständigkeiten an eine gemeinsame Bundesregierung abgeben.

CDU Christlich Demokratische Union: 1945 gegründet und in allen Besatzungszonen zugelassen. In Deutschland neben der SPD eine der beiden großen Volksparteien (in Bayern die Schwesterpartei CSU, Christlich Soziale Union). In der DDR war sie als sogenannte Blockpartei den politischen Vorgaben der SED verpflichtet. 1990 wieder Zusammenführung von Ost- und West-CDU.

Code Civil/Code Napoléon (frz.; = bürgerliches Gesetzbuch). Begriff für das Gesetzbuch, mit dem Napoleon – daher auch Code Napoléon – Frankreich ein einheitliches

bürgerliches Recht gab, das Errungenschaften der Französischen Revolution festhielt. Nach seinem Vorbild wurden politische Freiheit und Gleichheit vor dem Gesetz in vielen europäischen Staaten gesichert.

Dekret Beschluss, Verordnung

Deportation Gewaltsame und zwangsweise Verschleppung, Verbannung.

Deutscher Bund 1815 schlossen sich 35 deutsche Einzelstaaten und vier freie Städte im Deutschen Bund zusammen.

Diktator Der Begriff ist im Allgemeinen negativ besetzt und meint einen mit allen Macht- und Gewaltmitteln regierenden Alleinherrscher.

Dritter Stand Er bildete zur Zeit des Absolutismus die Mehrzahl der Bevölkerung: Bauern, Kleinbürger, Großbürger. Vor allem die Bauern litten unter großen Lasten: Verbrauchssteuern, Kirchenzehnt, hohe Abgaben an Grundherren und Staat.

Dynastie Familie, die über Generationen hinweg die Herrscher eines Territoriums oder eines Reiches stellt.

Edikt Amtlicher Erlass bzw. Anordnung von Kaisern oder Königen.

Einsatzgruppen Mobile Einheiten der SS. Sie folgten im Zweiten Weltkrieg den Truppen der Wehrmacht. Sie töteten meist durch Massenerschießungen, später mithilfe mobiler Gaswagen, angebliche politische Gegner und „rassisch" Unerwünschte wie Juden, Sinti und Roma und Behinderte.

Emanzipation Befreiung aus einem Zustand der Abhängigkeit mit dem Ziel einer gesellschaftlichen Gleichstellung: In Bezug auf Frauen ist

damit die rechtliche und gesellschaftliche Gleichsetzung der Frau mit dem Mann gemeint.

Entkolonialisierung Befreiung von kolonialer Herrschaft.

Enzyklopädie Ein Nachschlagewerk, das französische Gelehrte im 18. Jahrhundert herausgaben. Das gesammelte Wissen der Menschheit sollte hier umfassend dargestellt werden.

Euthanasie (griech.; = leichter Tod): In der Medizin bezeichnet der Begriff die bewusste Herbeiführung des Todes von unheilbar Kranken durch Beendigung künstlich lebensverlängernder Maßnahmen oder durch die Eingabe von Narkotika, um Todkranken ein qualvolles Sterben zu ersparen. Im Nationalsozialismus sollte der Begriff die Tatsache der Ermordung zahlreicher geistig und körperlich behinderter Menschen verschleiern.

Evangelisch/Evangelium Für Luthers Anhänger waren nicht der Papst und die Konzilien verpflichtend, sondern allein das Wort Christi in der Heiligen Schrift, dem Evangelium. Die Anhänger Luthers bezeichnete man daher als Evangelische.

Exekutive Die ausführende der drei Staatsgewalten (vgl. Judikative und Legislative). In einer Demokratie sind dies die frei vom Volk gewählte Regierung und ihre zahlreichen Ausführungsorgane wie die Polizei oder die verschiedenen Ämter.

Fabrik (lat. fabrica = Werkstätte). Großbetrieb mit oft mehreren hundert Arbeitern und Arbeiterinnen und maschineller Fertigung von Erzeugnissen. Der Aufstieg der Fabriken begann mit der Industrialisierung zunächst in England. Die ehemaligen Heimarbeiter mussten sich nun als Lohnarbeiter bei den Fabrikbesitzern andienen.

Lexikon

FDP Freie Demokratische Partei: 1948 gegründete liberale Partei; über Jahrzehnte neben den beiden Volksparteien CDU und SPD die einzige bedeutsame politische Kraft in der Bundesrepublik Deutschland.

Forum Markt- und Versammlungsplatz in einer römischen Stadt.

Franken Westgermanischer Stamm zur Zeit Chlodwigs. In seiner Blütezeit ansässig in dem Gebiet des Rheins bis an die Küste des Atlantischen Ozeans.

Freikorps Soldaten der ehemaligen kaiserlichen Armee, die sich nach der Revolution 1918 freiwillig in einer Art Privatarmee organisierten und meist konservative bis antidemokratische Positionen vertraten.

Freischärler Eigenständig handelnde Kampftruppen, die nicht unter Armeebefehl stehen, z. B. Partisanen und Widerstandskämpfer.

Frondienst (althochdeutsch: fron = Herr). Dienste, die hörige Bauern ihrem Grundherrn unentgeltlich leisten mussten, wie z. B. säen, ernten, pflügen.

Gaskrieg Im Ersten Weltkrieg kam erstmals Giftgas zum Einsatz (Chlorgas, Senfgas). Das deutsche Heer hatte diese Waffe zuvor schon in der afrikanischen Kolonie Deutsch-Südwestafrika (dem heutigen Namibia) im Kampf gegen die aufständischen Hereros „getestet".

Gau Oberster Parteibezirk in der Parteistruktur der NSDAP, mit einem Gauleiter an der Spitze.

Generalstände Die Versammlung der Vertreter der drei Stände von ganz Frankreich seit dem Beginn des 14. Jahrhunderts. Die Generalstände hatten vor allem das Recht der Steuerbewilligung. Die Finanzkrise des absolutistischen Staates bewog Ludwig XVI. dazu, die Ständeversammlung einzuberufen. Aus der Revolution der Abgeordneten des dritten Standes entwickelte sich die Französische Revolution.

Germanien (lat. Germania). Das von den Germanen bewohnte Land teilte sich in zwei von den Römern besetzte Gebiete: Germania inferior und superior sowie in Germania libera oder magna, den viel größeren freien Teil. Beide Gebiete waren durch den Limes voneinander getrennt.

Gestapo Die Geheime Staatspolizei („Ge-Sta-Po"). 1933 von Hermann Göring und Heinrich Himmler geschaffen, diente sie als politische Polizei zur rücksichtslosen Unterdrückung aller Gegner des Nationalsozialismus. Dabei bediente sie sich u. a. der Folter, der Einweisungen in KZs und politischer Morde.

Getto Abgesondertes Wohngebiet einer bestimmten Bevölkerungsgruppe, vor allem der Juden.

Gewaltenteilung Eine in der Zeit der Aufklärung entwickelte Lehre. Ihr zufolge hat der Staat drei Hauptaufgaben: Gesetzgebung, Rechtsprechung und vollziehende Gewalt. Diese Aufgaben haben drei voneinander klar getrennte Einrichtungen wahrzunehmen: das Parlament, die Gerichte sowie die Regierung und Verwaltung. Die Gewaltenteilung ist eine Antwort auf den Absolutismus.

Gewerkschaften Mitte des 19. Jahrhunderts gründeten Arbeiter Organisationen, die bessere Arbeitsbedingungen und Löhne anstrebten. Wichtigstes Druckmittel der Gewerkschaften war der Streik, d. h. die zeitweilige Niederlegung der Arbeit.

Glasnost (russ.) Transparenz, Informationsfreiheit und politische Offenheit. Schlagwort der Politik M. Gorbatschows 1985–1991 in der Sowjetunion. Siehe auch Perestroika.

Gleichschaltung Das von den Nationalsozialisten verfolgte Ziel des Abbaus und schließlich der Beseitigung der Eigenständigkeit der Länder, Organisationen und Organe.

Goldene Zwanziger Bezeichnet in Deutschland den Zeitabschnitt von 1924 bis 1929. Vor dem Hintergrund eines wirtschaftlichen Aufschwungs kam es zu zahlreichen Veränderungen in Gesellschaft und Kultur.

Gotik Sie folgt im 13. Jahrhundert auf die Romanik und endet zu Beginn des 16. Jahrhunderts. In der Gotik streben die Kirchen in die Höhe, die Pfeiler werden zu Bündelpfeilern und die Fenster haben einen Spitzbogen.

Gottesgnadentum Als Herrscher „von Gottes Gnaden", als von Gott eingesetzte und nur ihm verantwortliche Herrscher rechtfertigen die Könige und Fürsten ihren absoluten Herrschaftsanspruch.

Große Koalition Regierungsbündnis von zwei oder mehr Parteien aus verschiedenen Lagern des politischen Spektrums.

Grundgesetz Die Verfassung der Bundesrepublik Deutschland. Der Tag der Verkündung des Grundgesetzes (23. Mai 1949) gilt als Gründungstag der BRD.

Grundherr / Grundherrschaft Der Eigentümer des Bodens übte zugleich die Herrschaft über jene Bauern aus, die auf seinem Grund wohnten und ihn bearbeiteten.

Hanse Kaufleute aus verschiedenen Städten, die sich zu ihrem Schutz ab dem 12. Jahrhundert zu Fahrtengenossenschaften zusammenschlossen.

Heiliges Römisches Reich Bezeichnung für das Deutsche Reich seit der Kaiserkrönung Ottos I. 962 in Rom.

Lexikon

Hierarchie (griech.; = „heilige Herrschaft"). Eine Rangfolge oder stufenmäßige Ordnung, in der Befehle von oben nach unten gegeben und von der nächstniedrigen Stufe ausgeführt werden müssen.

Hitlergruß Die offizielle Grußgeste der Nationalsozialisten war der ausgestreckt erhobene rechte Arm.

Humanismus Geistige Bewegung, die sich während der Renaissance von Italien aus in ganz Europa verbreitete. Die Humanisten waren überzeugt, dass die Menschen durch das Studium der antiken Vorbilder vollkommener würden.

Imperialismus (lat. imperium = Befehl, Herrschaft; sinngemäß auch: das Reich): Bezeichnung für das Streben von Großmächten nach wirtschaftlicher, politischer und militärischer Vorherrschaft.

Industrielle Revolution Umwälzung der Arbeitswelt und der Gesellschaft durch verbreitete Anwendung von Maschinen, die menschliche und tierische Kräfte in großem Ausmaß ersetzten (z. B. Dampfmaschine, später Verbrennungs- und Elektromotor). Die industrielle Revolution begann im 18. Jahrhundert in England und breitete sich im 19. Jahrhundert auf dem Kontinent und in den USA aus. Sie änderte die Gesellschaftsstruktur tiefgreifend.

Inflation Schrittweise Entwertung des Geldes.

Invasion Eindringen militärischer Einheiten in ein fremdes Land.

Investitionen Langfristige Kapitalanlage in gewinnbringende Güter. Investitionen sind für die Modernisierung und Instandhaltung der Produktionsanlagen unverzichtbar.

Islam Im 7. Jahrhundert vom Propheten Mohammed gegründete Weltreligion.

Jakobiner Ein politischer Klub während der Französischen Revolution, dessen Mitglieder sich erstmals im ehemaligen Pariser Kloster St. Jacob trafen. Nach der Abspaltung der gemäßigten Gruppe der Girondisten wurde der Name nur noch für radikale Republikaner verwendet.

Judikative richterliche Gewalt im Staat (vgl. Exekutive und Legislative).

Kaiser Herrschertitel für einen „König der Könige". Das Wort leitet sich ab vom Ehrentitel „Caesar" der römischen Kaiser der Antike.

Kapital Vermögen, das im Wirtschaftsprozess eingesetzt wird, damit es sich möglichst schnell und stark vermehrt. Unterschieden wird zwischen Geldkapital und Produktivkapital (Maschinen, Produktionsstätten).

Kapitalismus Wirtschaftsordnung, innerhalb derer sich die Industrialisierung in Europa und Nordamerika vollzog. In dieser Ordnung befinden sich die Produktionsmittel in den Händen von Privatbesitzern, der Kapitalisten und Unternehmer. Diese treffen wirtschaftliche Entscheidungen, z. B. Investitionen, in Hinblick auf den Markt und die zu erwirtschaftenden Gewinne. Den Eigentümern von Produktionsmitteln bzw. Kapital stehen die Lohnarbeiter gegenüber.

Kapitulation Aufgabe aller Kriegshandlungen einer Truppe in aussichtsloser Lage.

Karolinger Name eines fränkischen Herrschergeschlechts. Bis zur Mitte des 8. Jahrhunderts konnten sie ihre Macht ausbauen und verdrängten schließlich die Merowinger vom Königsthron.

Karolingisches Reich Reich, das nach dem karolingischen Adelsgeschlecht Karls des Großen benannt wurde. Es entstand aus dem Fränkischen Reich.

Kastell Kleines, befestigtes Truppenlager der Römer, hauptsächlich am Limes zur Grenzsicherung eingerichtet.

Kaufkraft Bezeichnung für die Warenmenge, die man für eine bestimmte Geldsumme kaufen kann.

Kirchenbann Durch den Kirchenbann wurde eine Person aus der Kirche ausgeschlossen. Einem Gebannten war es z. B. verboten, eine Kirche zu betreten, und er konnte auch nicht kirchlich bestattet werden. Kein Christ durfte mit einem Gebannten sprechen, Geschäfte betreiben usw. Nach auferlegter Buße konnte der Kirchenbann wieder aufgehoben werden.

Klasse Bezeichnung für die Angehörigen einer gesellschaftlichen Gruppe mit gleichen wirtschaftlichen Verhältnissen, insbesondere in Bezug auf den Besitz von Produktionsmitteln (Fabriken, Maschinen etc.). Siehe auch Proletariat.

Klassengesellschaft Gesellschaft mit verschiedenen sozialen Gruppen (Klassen), in der jeweils eine Klasse die Macht über die anderen ausübt.

Knappe Siehe Page.

Koalition Bündnis.

Kollaboration Gegen die Interessen des eigenen Landes gerichtete Zusammenarbeit mit dem Feind.

kollektivieren Zusammenschluss von Bauern (oder Arbeitern) zu Produktionsgenossenschaften, in denen gemeinsam und unter Aufsicht des Staates gewirtschaftet wurde.

Kolonien / Kolonialismus Die Eroberung zumeist überseeischer Gebiete durch militärisch überlegene Staaten (vor allem Europas) seit dem Ende des 15. Jahrhunderts bezeichnet man als Kolonialismus. Die Kolonialmächte errichteten in den unterworfenen Ländern Handelsstützpunkte und Siedlungskolonien. Sie verfolgten vor allem wirtschaftliche und militärische Ziele.

Kommunismus (lat. communis = gemeinsam). Im 19. Jahrhundert von Karl Marx und Friedrich Engels entwickelte Idee einer neuen Gesellschaftsordnung, in der nach der Diktatur des Proletariats die klassenlose Gesellschaft erreicht werden soll. Des Weiteren soll es keinen Privatbesitz an Produktionsmitteln und keine Ausbeutung von Schwächeren mehr geben.

Konstitutionelle Monarchie (lat. constitutio = Verfassung). Regierungsform, in der die absolutistische Gewalt des Monarchen durch eine Verfassung begrenzt wird, z.B. durch die Beteiligung einer Volksvertretung an der Gesetzgebung, die Unabhängigkeit des Richterstands oder die Garantie von politischen Grundrechten.

Koreakrieg (1950–1953) Krieg zwischen Nord- und Südkorea unter Beteiligung von China auf der einen Seite und den USA im Auftrag der UNO auf der anderen Seite. Das westlich orientierte Südkorea war vom kommunistischen Nordkorea angegriffen worden. Daraufhin stellte der Weltsicherheitsrat ein Mandat für den Einsatz von UN-Truppen aus.

KPD Kommunistische Partei Deutschlands (1918 gegründet): Zusammenschluss aus dem Spartakusbund und den „Internationalen Kommunisten Deutschlands", für sozialistische Rätedemokratie, gegen Parlamentarismus, für Weltrevolution nach sowjetischem Vorbild; unter den Nationalsozialisten 1933 verboten, bestand sie im Untergrund und im Ausland, vor allem in der Sowjetunion, weiter. Nach dem Zweiten Weltkrieg 1945 in ganz Deutschland wiedergegründet, aber in der SBZ besonders gefördert

(„Gruppe Ulbricht"); hier 1946 Zwangsvereinigung mit der Ost-SPD zur SED. In der Bundesrepublik wurde die KPD 1956 als verfassungswidrig verboten. 1968/69 bildete sich als Nachfolgepartei die DKP (Deutsche Kommunistische Partei), die jedoch weitgehend bedeutungslos blieb.

Kreuzzüge Von der Kirche im Mittelalter geförderte Kriegszüge gegen Andersgläubige. Es gab zwischen 1096 und 1270 insgesamt sieben Kreuzzüge.

Legislative Die gesetzgebende der drei Staatsgewalten (vgl. Judikative und Exekutive). In einer Demokratie ist dies das frei vom Volk gewählte Parlament.

Lehen (= Geliehenes). Im Mittelalter das Nutzungsrecht an einer Sache (Grundbesitz, Rechte, Ämter); es wird vom Eigentümer (Lehnsherrn) an einen Lehnsmann übertragen. Der Lehnsmann verspricht dem Lehnsherrn dafür die Treue und bestimmte Leistungen.

Leibeigener Bauer, der in völliger Abhängigkeit von seinem Herrn lebte. Der Leibeigene durfte ohne Genehmigung des Lehnsherrn weder wegziehen noch heiraten.

Limes (lat.; = Grenzweg). Grenzbefestigung der Römer mit Wällen, Gräben, Wachttürmen und Kastellen.

Mandat (lat. mandare = übergeben, anvertrauen). Ein Mandat ist ein mit institutionellen Kompetenzen verbundener Auftrag durch den staatlichen Souverän, in der Demokratie also der durch allgemeine Wahlen errungene Parlamentssitz.

Marktwirtschaft Wirtschaftssystem, das auf Angebot und Nachfrage von Waren basiert und deren Grundlage

die privatwirtschaftliche Produktion ist.

Menschenrechte Unantastbare und unveräußerliche Freiheiten und Rechte jedes Menschen gegenüber den Mitmenschen und dem Staat. Dazu gehören das Recht auf Leben, auf freie Entfaltung der Persönlichkeit und das Recht auf Eigentum. Nach dem Vorbild der „Unabhängigkeitserklärung der Vereinigten Staaten" (1776) verkündete die französische Nationalversammlung 1789 die „Erklärung der Menschen- und Bürgerrechte". Die Menschenrechte wurden seit dem 19. Jahrhundert in viele moderne Verfassungen aufgenommen (z.B. in das Grundgesetz der BRD).

Merowinger Name einer fränkischen Adelsfamilie, abgeleitet von „Merowech", der einer Sage nach ihr Vorfahre war.

Metöken (griech.; = Mitbewohner). Bewohner Athens, die vor allem in Handwerk und Handel tätig waren. Obwohl sie keine Sklaven waren, durften sie nicht an der Volksversammlung teilnehmen oder Land besitzen.

Militarismus Bezeichnet den Zustand einer Gesellschaft, in der das öffentliche und private Leben durch militärische Werte und Grundsätze beherrscht und durchdrungen sind. Kennzeichnend sind z.B. das Denken in den Kategorien von Befehl und Gehorsam, die Bejahung von Kampf und Krieg als Notwendigkeit. Militarismus steht im Widerspruch zu vielen Grundsätzen demokratischer Systeme (Diskussion, Kompromiss, Freiheit).

Minnesang/Minnesänger Minne ist das mittelalterliche Wort für Liebe. Im Minnesang wurde die Liebe zur adligen Frau durch Troubadoure besungen. Die Künstler verbanden die Dichtung mit musikalischem Können.

Lexikon

Misstrauensvotum Der Bundestag kann dem Bundeskanzler mit konstruktiver Mehrheit (51 %) das Misstrauen aussprechen, indem das Parlament einen neuen Bundeskanzler wählt.

Mittelalter Die Zeit zwischen Altertum und Neuzeit. Sie beginnt mit der Auflösung des Römischen Reiches (4. Jh.) und endet mit den Entdeckungen (um 1500).

Mobilmachung Maßnahmen, durch die die Streitkräfte des Landes für den Kriegseinsatz bereitgestellt werden, z. B. durch die Einberufung aller Wehrpflichtigen.

Nation (lat. natio = Stamm, Volk). Menschen gleicher Sprache oder gleicher Staatsangehörigkeit.

Nationalbewusstsein Im 19. Jahrhundert aufkommendes Denken, das für die Angehörigen einer Nation einen gemeinsamen Staat forderte.

Nationalismus Übersteigerte Hochschätzung des eigenen Volkes / der eigenen Nation, oft unter Geringschätzung anderer Völker. Seit dem 19. Jahrhundert führte der Nationalismus zu vielen Kriegen.

Nationalversammlung Eine verfassunggebende Versammlung von Abgeordneten, die die ganze Nation repräsentiert.

Nazi-Pathos (griech. pathos = Ergriffenheit, Leidenschaft): Die Inszenierungen von Nazikundgebungen u. Ä. zielten darauf ab, die Teilnehmer in erregte Begeisterung zu versetzen und ihnen die „Größe" des Moments einzuprägen.

Neutralität Unparteilichkeit.

Neuzeit Die dem Mittelalter folgende Epoche. Sie beginnt etwa mit der Zeit der Entdeckungen (um 1500).

NSDAP Nationalsozialistische Deutsche Arbeiterpartei: 1919/20 gegründet, radikal nationalistisch, antisemitisch, gegen Demokratie und Republik. Im „Dritten Reich" von 1933 bis 1945 die einzige zugelassene Partei („Staatspartei").

Opposition Widerstand der öffentlichen Meinung oder bestimmter Parteien und Gruppen gegen die Regierung.

Oströmisches Reich (auch Byzantinisches Reich). Aus dem östlichen Teil des Römischen Reiches entstandenes Reich. Seine Blütezeit war im 6. Jahrhundert. Es endete 1453 mit der Eroberung durch die Osmanen.

Page / Knappe Ein Page war ein Junge von vornehmer, adliger Herkunft, der an einem Fürstenhof erzogen wurde. Mit Eintritt in das 14. Lebensjahr wurde aus dem Pagen ein Knappe. Damit begann die letzte Phase der Ausbildung zum Ritter als direkter Begleiter seines Lehrmeisters.

Papst (lat. papa = Vater). Oberhaupt der katholischen Kirche.

Partisanen Widerstandskämpfer, die außerhalb der regulären Streitkräfte gegen den eingedrungenen Feind kämpfen.

Passiver Widerstand Unter Verzicht auf Gewaltanwendung oder direkte Gegenmaßnahmen (aktiver Widerstand) besteht der passive Widerstand vor allem in Gehorsamsverweigerung, also der absichtlichen Nichterfüllung von Vorgaben und Anordnungen.

Patrizier Wohlhabender Bürger einer Stadt mit besonderen Vorrechten bei der Stadtregierung.

Pazifismus Die grundsätzliche Ablehnung des Krieges aus ethischen oder religiösen Gründen.

Perestroika (russ.) Umbau, Umbildung des politischen und wirtschaftlichen Systems in der Sowjetunion nach 1985. Siehe auch Glasnost.

Pimpf Die Angehörigen der jüngsten Jugendgruppe der Nationalsozialisten wurden Pimpfe genannt.

Planwirtschaft Wirtschaftsordnung, in der durch zentrale Planungsbehörden Pläne für die gesamte Volkswirtschaft erarbeitet werden, die festlegen, wie viel in welcher Zeit produziert wird. Ab 1928 gab es Fünfjahrespläne in der Sowjetunion.

Plebejer (lat. plebs = Menge, Masse). Freie Bauern, Handwerker, Händler und Kaufleute in Rom, die nicht zum römischen Adel gehörten.

Pogrom Ausschreitungen und gewaltsame Verfolgung aus religiösen oder in Vorurteilen begründeten Absichten.

Polis (griech.; = Burg, Stadt; Mehrzahl: Poleis). Bezeichnung für die im alten Griechenland selbstständigen Stadtstaaten, z. B. Athen, Sparta, Korinth. Die Einwohner einer Polis verstanden sich als Gemeinschaft. Sie waren stolz auf ihre politische Selbstständigkeit und achteten darauf, wirtschaftlich unabhängig zu bleiben.

Präambel Einleitung oder feierliche Vorrede.

Präventivkrieg Militärischer Angriff, der einem tatsächlichen oder angeblichen Angriff des Gegners zuvorkommen soll.

Privilegien Sonderrechte, Vorrechte für einzelne Personen oder Gruppen (Adel, Geistliche o. Ä.), z. B. brauchten die Adligen vor der Französischen Revolution keine Steuern zu bezahlen.

Produktionsmittel Güter, mit denen produziert werden kann (Maschinen, Fabriken). Die Sozialisten forderten die Aufhebung des Privateigentums an Produktionsmitteln (siehe Sozialismus).

Lexikon

Proletariat (lat. proles = Nachkomme, Sprössling): Bezeichnet im alten Rom die Landlosen und Lohnabhängigen, welche aber nicht versklavt waren. Mit dem Begriff Proletariat werden seit der industriellen Revolution alle Arbeiter bezeichnet, die allein vom Verkauf ihrer Arbeitskraft leben.

Propaganda Werbung für politische Ideen und Zwecke unter massivem Einsatz von Massenmedien aller Art.

Protektorat Ein unter Schutzherrschaft stehendes Gebiet. Der Begriff ist in der Geschichte nicht selten zur Beschönigung der Machtausweitung von Staaten auf international umstrittene Territorien verwendet worden. Um sich von dieser negativen Bedeutungsebene abzusetzen, wird deshalb mittlerweile gerne einfach von „Schutzzonen" gesprochen, wenn beispielsweise die UNO oder die NATO Protektorate in Krisenregionen einrichten.

Protestanten Seit dem Reichstag von Speyer im Jahr 1525 wurden die Anhänger Luthers auch als Protestanten bezeichnet. Unter dem Vorsitz des Kaisers wurde in Speyer beschlossen, gegen die Reformation energisch vorzugehen. Dagegen „protestierten" fünf Landesherren und 14 Reichsstädte.

Provinz Alle Besitzungen des römischen Staates außerhalb der Halbinsel Italien hießen Provinzen.

Provisorium Behelfsmäßige Übergangslösung.

Putsch (schweiz.; = Stoß): Plötzlicher politischer Umsturz.

Rabbiner Jüdischer Gesetzes- und Religionslehrer, gleichzeitig Bezeichnung für einen jüdischen Geistlichen oder Prediger.

Rassismus Man spricht von Rassismus, wenn bestimmte körperliche Merkmale von Menschen (z. B. die Hautfarbe) mit bestimmten Eigenschaften (z. B. geistige Fähigkeiten) gekoppelt werden und damit eine Bewertung (z. B. die Einschätzung des eigenen Volkes als grundsätzlich höherwertig gegenüber anderen Völkern) verbunden ist.

Rat der Volksbeauftragten Die 1918/19 amtierende provisorische Regierung aus Mitgliedern der SPD und USPD.

Reformation (lat.; = Umgestaltung). Die von Martin Luther ausgelöste kritische Auseinandersetzung mit der katholischen Kirche. Sie führte zur Auflösung der religiösen Einheit des Abendlandes.

Regime Begriff für ein in der Regel negativ bewertetes, weil unterdrückerisches Herrschaftssystem.

„Reichskristallnacht" Von den Nationalsozialisten benutzte Bezeichnung für die von ihnen inszenierten Pogrome gegen die deutschen Juden in der Nacht vom 9. auf den 10. November 1938.

Renaissance (ital. rinascita = Wiedergeburt). Begriff für die Wiederentdeckung der Antike durch Gelehrte, Künstler und Architekten.

Reparationen Entschädigungszahlungen eines besiegten Staates an die Siegermächte. Nach dem Ersten und Zweiten Weltkrieg sollte Deutschland mit solchen Reparationszahlungen für die durch seine Aggression verursachten Zerstörungen und Kosten aufkommen.

Republik (lat. res publica = die öffentliche Sache). Begriff für eine Staatsform mit einer gewählten Regierung, in der das Volk oder ein Teil des Volkes die Macht ausübt.

Revolution Der meist gewaltsame Umsturz einer bestehenden politischen und gesellschaftlichen Ordnung.

Romanik Mittelalterliche Stilepoche vom 10. bis zum 13. Jahrhundert. Sie übernahm die römische Bauweise wie Rundbögen, Gewölbe und Säulen.

Romantik Von Deutschland ausgehende geistige Bewegung in der Zeit von 1790 bis 1830. Im Zentrum der romantischen Malerei, Literatur und Musik stand die Flucht aus der Wirklichkeit in eine Welt des Gefühls und der Fantasie, die Natur und die Rückbesinnung auf die Vergangenheit.

SA „Sturmabteilung" der NSDAP. Die SA war eine Einsatztruppe für Straßenkämpfe und Aufmärsche.

Sabotage Vorgang zur Verhinderung oder Beeinträchtigung eines Ereignisses oder Produktionsablaufs durch Zerstörung oder passiven Widerstand.

Salon Gesellschafts-, Empfangszimmer. Vom 17. bis 19. Jahrhundert regelmäßige Zusammenkunft von Künstlern, Schriftstellern und Gelehrten im Salon einer Dame der Gesellschaft.

Senat (lat. senex = Greis). Ältestenrat, eigentliches Regierungsorgan in der römischen Republik.

Sicherheitsrat Organ der UNO zur Beilegung von Konflikten zwischen den Staaten der Welt.

Sinti und Roma Sammelbezeichnung für weltweit verbreitete Minderheitsgruppen, deren kulturelle Zusammengehörigkeit vor allem in ihrer Sprache, dem Romani, begründet liegt. Die Sinti bilden dabei die mitteleuropäische Gruppe, die Roma entstammen im Wesentlichen dem außerdeutschen Sprachraum. Unter den Nationalsozialisten von Beginn an verfolgt, war das Zentrum des späteren Völkermords an den Sinti und Roma vor allem das KZ Auschwitz.

Slawen Völkergruppe, die ursprünglich aus der Gegend nord-

Lexikon

östlich des Karpatengebirges kam. Im 5. und 6. Jahrhundert wanderten die Slawen nach Südosteuropa und nach Westen bis an die Elbe.

Solidarität Das Eintreten füreinander; Zusammengehörigkeitsgefühl.

Solidarność Die vom sozialistischen Staat der Volksrepublik Polen unabhängige Gewerkschaft wurde 1980 von Arbeitern der Danziger Werft gegründet. Sie wuchs wegen ihrer kritischen Einstellung zum Staat und ihres öffentlichen Eintretens für die Bürgerrechte schnell zu einer Massenbewegung an. Daher wurde sie 1981 auch wieder verboten. Sie arbeitete jedoch im Untergrund weiter und trug zum Fall des sozialistischen Regimes in Polen bei.

Souverän (frz.; = eigenständiger und unumschränkter Herrscher): Vom Souverän geht die Macht im Staat aus. In einer Monarchie ist dies der König, in einer Demokratie das Volk.

Souveränität Als politischer Begriff: die politische Unabhängigkeit eines Staates.

Soziale Frage Bezeichnung für die Notlage und die ungelösten sozialen Probleme der Arbeiterschaft im 19. Jahrhundert, die mit der Industrialisierung entstanden waren. Dazu zählten z.B. das Wohnungselend, unzumutbare Arbeitsbedingungen, die Kinderarbeit, Verelendung aufgrund niedriger Löhne und hoher Arbeitslosigkeit.

Sozialisierung Überführung des Privateigentums in den Allgemeinbesitz des Volkes.

Sozialismus (lat. socius = Bundesgenosse; gemeinsam). Der Sozialismus entwickelte sich während der Industrialisierung im 19. Jahrhundert. Die Sozialisten forderten eine gerechte Verteilung der materiellen Güter und eine Gesellschaftsordnung, die nicht vom Profitstreben des Einzelnen, sondern vom Wohl des Ganzen geprägt sein sollte. Um den Gegensatz zwischen Arm und Reich aufzuheben, forderten die Sozialisten, das Privateigentum an den Produktionsmitteln aufzuheben. Um die Ziele des Sozialismus zu erreichen, entstanden zwei Richtungen: eine revolutionäre (Marx) und eine reformistische (SPD).

Spartakusbund Von der SPD abgespaltene linksextreme Gruppe um Karl Liebknecht und Rosa Luxemburg.

SPD Sozialdemokratische Partei Deutschlands: Nachdem sich der 1863 in Leipzig gegründete Allgemeine Deutsche Arbeiterverein (ADAV) und die 1869 in Eisenach gegründete Sozialdemokratische Arbeiterpartei 1875 in Gotha zur Sozialistischen Arbeiterpartei (SAP) zusammengeschlossen hatten, wurde die Partei nach ersten Wahlerfolgen (1877: 9,1% der Stimmen) unter Bismarck 1878 durch das „Sozialistengesetz" verboten. Nach dessen Aufhebung 1890 wurde die Sozialdemokratische Partei (SPD) gegründet. Bereits 1912 stellte sie mit 34,8% die stärkste Reichstagsfraktion. 1914 stimmte diese geschlossen für die Kriegskredite und damit die Kriegspolitik der Regierung. Im Verlauf des Ersten Weltkriegs wurden die innerparteilichen Differenzen immer größer: 1915 spaltete sich der Spartakusbund ab und 1917 zerfiel die SPD in USPD und MSPD, die sich erst 1922 wieder zusammenschlossen. Nach schweren politischen Verlusten in den Jahren der Weltwirtschaftskrise blieb die SPD bis 1930 die stärkste politische Kraft in der Weimarer Republik. 1933 lehnte sie als einzige Reichstagsfraktion das Ermächtigungsgesetz ab und wurde drei Monate später von der nationalsozialistischen Staatsführung verboten. Bereits im Sommer und Herbst 1945 formierte sich die SPD in allen Besatzungszonen neu, wurde aber in der SBZ bereits 1946 mit der KPD zur SED zwangsvereinigt. In der Bundesrepublik entwickelte sie sich neben der CDU zu einer der beiden Volksparteien.

SS Abkürzung für „Schutzstaffel". Kampfverband der NSDAP und ab 1934 Hauptträger des nationalsozialistischen Terrors nach innen und außen. Die SS dominierte die Gestapo, leitete die KZs und führte den „Rassenkampf". Die „Waffen-SS" kämpfte im Krieg auch im Rahmen des Heeres, war aber kein Teil der Wehrmacht.

Staatenbund Lockere Verbindung von selbstständigen Staaten, die einzelnen Staaten regeln ihre Angelegenheiten selbst.

Staatsreligion Eine Staatsreligion gilt als offizielle Religion eines Staates. Dies kann bedeuten, dass andere Religionen benachteiligt werden.

Stadtrecht Besondere Rechte einer Stadt, z.B. sich eine Mauer zu bauen, Münzen zu prägen oder sich selbst zu verwalten.

Stand Ein Stand umfasste im Mittelalter und in der frühen Neuzeit Menschen gleicher sozialer Herkunft. Die Geburt entschied darüber, zu welchem Stand man gehörte. So bildeten die Geistlichen den ersten Stand, die Adligen den zweiten Stand, die Bauern den dritten Stand. Mit dem Entstehen der Städte bildeten die Bürger einen neuen Stand über den Bauern.

Stasi Abkürzung für den DDR-Staatssicherheitsdienst. Dies bezeichnete den Apparat der Geheimpolizei des MfS (Ministerium für Staatssicherheit).

Stellvertreterkrieg Kriegerischer Konflikt unterhalb der Atomschwelle während des Kalten Krieges, der, von den beiden Supermächten USA und Sowjetunion unter Kontrolle

Lexikon

gehalten, zwischen kleinen Mächten aus den jeweiligen Lagern geführt wurde.

Stellungskrieg Ein verlustreicher, aber ergebnisloser Kampf zwischen den gegnerischen Grabenstellungen, wie er im Ersten Weltkrieg vor allem bei Verdun stattfand.

Sudetenland Ehemaliges deutsches Siedlungsgebiet in der heutigen Tschechischen Republik. 1938 von Hitler zwangsweise in das Reichsgebiet eingegliedert, wurden die dort lebenden Deutschen nach dem Zweiten Weltkrieg fast vollständig vertrieben.

Terror Verbreitung von Angst und Schrecken durch gewalttätige Aktionen.

Thermen Römische Badeanstalten mit Kalt- und Warmwasserbad, mit offenem Hof für Sport und Spiel, Massage- und Ruheräumen, manchmal auch mit Bibliotheken.

Totalitarismus (lat. totus = ganz, gänzlich). Staatsform, die aufgrund einer bestimmten Ideologie für sich in Anspruch nimmt, in alle Bereiche des menschlichen Zusammenlebens hineinregieren zu dürfen.

Tribut Leistungen, die von den Römern unterworfene Völker bzw. Provinzen in Form von Naturalien oder Geld zu erbringen hatten.

UNO (engl. United Nations Organization = Organisation der Vereinten Nationen): 1945 gegründete Weltorganisation zur Sicherung des Weltfriedens, zum Schutz der Menschenrechte und zur Einhaltung des Völkerrechts. Derzeit sind 192 Staaten Mitglied der UN.

Vasall (keltisch = Knecht). Bezeichnung für einen Lehnsmann, der von einem Lehnsherrn abhängig ist. Es wird unterschieden zwischen Kron- und Untervasallen.

Verfassung Rechtsgrundsätze über die Staatsform, den Umfang und die Grenzen der Staatsgewalt, die Aufgaben und die Rechte der Staatsorgane sowie die Rechte und Pflichten der Bürger.

Vetorecht Das Vetorecht (lat. veto = ich erhebe Einspruch) ist das festgelegte Recht eines einzelnen Angehörigen einer Institution, einen Beschluss zu verhindern, auch wenn alle anderen Mitglieder dafür sind.

Völkerbund Die erste internationale Organisation zur Sicherung des Weltfriedens. Sie bestand von 1920 bis 1946.

Völkerwanderung Wanderzüge germanischer Völker im 3.–6. Jahrhundert. Bedroht von Hunger, schlechtem Klima und feindlichen Eindringlingen, wurden viele Stämme gezwungen, ihre Siedlungsräume zu verlassen.

Volksbegehren Das Recht einer Mindestzahl stimmberechtigter Bürger, einem Landesparlament einen Gesetzentwurf vorzulegen.

Volksdemokratie Staatsform kommunistischer Länder, bei der die gesamte Staatsmacht in den Händen der kommunistischen Partei liegt.

Volksentscheid Rechtlich bindende Volksabstimmung.

Volksversammlung Versammlung der männlichen Bürger in Athen. Sie entschied über Krieg und Frieden, beschloss Gesetze und wählte Beamte.

Währungsreform Neuordnung eines Währungssystems, das in eine Krise geraten ist.

Wahl, Wahlrecht Recht des Volkes, in regelmäßigen Abständen durch die Wahl von Abgeordneten an der staatlichen Herrschaftsausübung teilzunehmen und diese zu kontrollieren. Der Kampf um die Ausweitung des Wahlrechts auf alle erwachsenen Bürger, unabhängig von Geschlecht, Rasse oder Einkommen, bestimmte das 19. Jahrhundert, da das Wahlrecht meist an eine bestimmte Steuerleistung gebunden und auf die Männer beschränkt war. Das Frauenwahlrecht wurde in Deutschland erst 1919 eingeführt.

Wannsee-Konferenz Die am Großen Wannsee 1942 in Berlin von Vertretern verschiedener Amtsstellen abgehaltene Konferenz plante die konkrete Organisation des Völkermords an den Juden.

Warschauer Pakt Von 1955 bis 1991 der militärische Beistandspakt der Ostblockstaaten unter der Führung der Sowjetunion.

Zehnt Regelmäßige Abgabe der Bauern an die Grundherren. Ursprünglich musste ein Zehntel des landwirtschaftlichen Ertrages (Getreide, Vieh, Wein, Früchte) abgegeben werden.

Zensur Behördliche Prüfung und Verbot von Druckschriften und sonstigen Veröffentlichungen.

Zentrum Partei, die im Wesentlichen die Interessen der Katholiken vertrat.

Zigeuner Diese Benennung der Sinti und Roma ist zwar im deutschen Sprachraum weit verbreitet, wird aber von den Angehörigen dieser Volksgruppen als diskriminierend abgelehnt und sollte daher unterbleiben.

Zünfte Zusammenschlüsse von Handwerkern einer Berufsrichtung in den mittelalterlichen Städten. Es galt der Zunftzwang, d. h. kein Meister durfte ohne Mitgliedschaft in einer Zunft seinen Beruf ausüben. Die Zünfte kümmerten sich auch um private Belange ihrer Mitglieder.

Register / Verzeichnis der Worterklärungen *

Register/ Verzeichnis der Worterklärungen *

Register/ Verzeichnis der Worterklärungen *

Register/Verzeichnis der Worterklärungen *

Register/ Verzeichnis der Worterklärungen *

Quellenverzeichnis

Textquellen

S. 20: Gustav Adolf Süß / Wolfgang Bickel / Ludwig Petry (Hg.): Curriculum Geschichte, Altertum 1. Diesterweg, Frankfurt / M. o. J. – **S. 21:** Ludwig Drees: Olympia. Kohlhammer, Stuttgart 1967, S. 68 (Isokrates) – **S. 22/23:** Plutarch. Artemis, Zürich / Stuttgart 1954, eingel. und übers. von Konrat Ziegler, S. 146 ff. – **S. 23:** Karl Wilhelm Weeber: Smog über Attika. Umweltverhalten im Altertum. Artemis, Zürich / München 1990, S. 20 f. – **S. 24/25:** Jostein Gaarder: Sofies Welt. Roman über die Geschichte der Philosophie, übers. von Gabriele Haefs. Hanser, München / Wien 1993, S. 96 – **S. 25:** Hippokrates. Fünf auserlesene Schriften. Zürich / Stuttgart 1955, S. 162 – **S. 34:** Zit. nach: Geschichte in Quellen, Bd. 1, bearb. von Walter Arend. BSV, München 1970, S. 527 – **S. 35:** Zit. nach: Geschichte in Quellen, Bd. 1, a. a. O., S. 535 – **S. 36:** Zit. nach: Geschichte in Quellen, Bd. 1, a. a. O., S. 599; zit. nach: Juvenal: Satiren III., übers. von Joachim Adamietz. Artemis, Zürich 1993, S. 55 – **S. 38/39:** Zit. nach: Geschichte in Quellen, Bd. 1, a. a. O., S. 647 – **S. 40:** Zit. nach: Geschichte in Quellen, Bd. 1, a. a. O., S. 598 – **S. 44/45:** Zit. nach: H. Gutschera / J. Thierfelder: Brennpunkte der Kirchengeschichte. Paderborn 1976, S. 24, 88 – **S. 46:** Zit. nach: Geschichte in Quellen, Bd. 1, a. a. O., S. 699 – **S. 52:** Zit. nach: Geschichte in Quellen, Bd. 2, bearb. von Wolfgang Lautemann. BSV, München 1975, o. S. – **S. 53:** Zit. nach: Johannes Bühler: Das Frankenreich. Insel, Frankfurt / M. 1923, S. 415 f. – **S. 54:** Johannes Bühler, a. a. O., S. 393 f. – **S. 56:** Reinhold Rau (Hg.): Quellen zur karolingischen Reichsgeschichte. WBG, Darmstadt 1968, S. 179 f. – **S. 57:** Zit. nach: Geschichte in Quellen, Bd. 2, a. a. O. – **S. 59:** Zit. nach: Fischer Weltgeschichte, Bd. 27, bearb. von Sigrid Metken. S. Fischer, Frankfurt / M. 1965, S. 27; Günther Franz: Der Bauernstand im Mittelalter. WBG, Darmstadt 1967, S. 135 f. – **S. 63:** Pierre Miquel: So lebten sie zur Zeit der Ritter und Burgen 1250–1350. Tessloff, Hamburg 1979 – **S. 64:** Thomas Perry Thornton: Höfische Tischzuchten, Bd. 4. Erich Schmidt Verlag, Berlin 1957, S. 38 ff. – **S. 66:** W. F. Schuerl: Burgen und Städte des Mittelalters. Wiesbaden 1968, S. 102 f. – **S. 68:** Heinrich Pleticha: Ritter, Burgen und Turniere. Arena, Würzburg 1963, S. 32 ff. – **S. 70:** Heinrich Pleticha, a. a. O. – **S. 72:** Heinrich Pleticha, a. a. O. – **S. 73:** F. Keutgen (Hg.): Urkunden zur städtischen Verfassungsgeschichte. Scientia, Berlin 1965, S. 133 – **S. 76/77:** W. Kleinknecht / H. Krieger: Materialen für den Geschichtsunterricht in mittleren Klassen, Bd. 2: Altertum. Frankfurt / M. 1982, S. 309 – **S. 78:** J. Wiedemann (Hg.): Regensburger Urkundenbuch, UV 1912 – **S. 81:** Philippe Dollinger: Die Hanse, übers. von Marga und Hans Krabusch. Kröner, Stuttgart 1981, S. 526 – **S. 84:** Gottfried Guggenbühl / Otto Weiß (Hg.): Quellen zur allgemeinen Geschichte, Bd. 2. Schulthess, Zürich 1954, S. 58 – **S. 92:** Jostein Gaarder: Sofies Welt, a. a. O., S. 93 – **S. 93:** Anna Maria Brizio: Leonardos Worte. Belser, Stuttgart 1985, S. 133 f. – **S. 94:** Eberhard Schmitt (Hg.): Dokumente zur Geschichte der Europäischen Expansion, Bd. 2. C. H. Beck, München 1984, S. 113 – **S. 95:** Christoph Kolumbus: Das Bordbuch 1492, übers. von Robert Grün. Erdmann, Tübingen 1978, S. 86 – **S. 98:** Hans Kühner (Hg.): Neues Papstlexikon. S. Fischer, Frankfurt / M. 1973, S. 43 f. – **S. 99/100:** Heinrich Fausel (Hg.): Martin Luther. Siebenstern 1967, S. 188, 191; Helmar Junghans / Franz Lau (Hg.): Die Reformation in Augenzeugenberichten. Rauch, Düsseldorf o. J., S. 43 – **S. 102:** Helmar Junghans / Franz Lau (Hg.), a. a. O., S. 269 ff. – **S. 103:** Zit. nach: Geschichte in Quellen, Bd. 3, a. a. O., S. 144 f.; Karin Bornkamm (Hg.): Martin Luther. Ausgewählte Werke, Bd. 4. Insel, Frankfurt / M. 1982, S. 133 ff. – **S. 110/111:** Karl-Heinrich Peter (Hg.): Briefe zur Weltgeschichte. Klett-Cotta, J. G. Cotta'sche Buchhandlung Nachf., 1961, S. 202 – **S. 111:** Geschichte in Quellen, Bd. 3., bearb. von Fritz Dickmann. BSV, München 1969, S. 429 f. – **S. 114/115:** Staatsverfassungen, bearb. von Günther Franz. Oldenbourg, München o. J.; Wolfgang Hug (Hg.): Quellenlesebuch, Bd. 2. Bildungshaus Schulbuchverlage, Braunschweig 1981, S. 136; Charles Louis Montesquieu: Vom Geist der Gesetze, übers. von Ernst Forsthoff. Mohr / Siebeck, Tübingen 1950 – **S. 115:** Zit. nach: Geschichte in Quellen, Bd. 1, S. 447 f. – **S. 116:** Zit. nach: Hartmut Wasser: Die USA – der unbekannte Partner. Paderborn 1983 – **S. 117:** Paul Lauter (Hg.): The Health Anthology of American Literature, Bd. 1, Boston 1998, S. 905 (eigene Übersetzung) – **S. 118:** Zit. nach: Fritz Hartung: Die Entwicklung der Menschen- und Bürgerrechte von 1776 bis zur Gegenwart. Vandenhoeck & Ruprecht, Göttingen 1972, S. 145 ff.; www.amnesty.de (RS) – **S. 121:** Pierre Beuamarchais: Ein toller Tag oder Figaros Hochzeit. Ullstein Buchverlage, München 1864, S. 109 – **S. 123:** Walter Markov (Hg.): Revolution im Zeugenstand,

Bd. 2. Reclam, Leipzig 1984, S. 71 – **S. 125:** Irmgard und Paul Hartig (Hg.): Die Französische Revolution. Klett, Stuttgart 1989, S. 42 – **S. 128:** Zit. nach: Geschichte in Quellen, Bd. 4, bearb. von Wolfgang Lautemann. BSV, München 1980, S. 195 – **S. 133:** Zit. nach: Philipp Jakob Siebenpfeiffer: Der deutsche Mai. Neustadt 1832, S. 10 – **S. 134:** Hans Jessen (Hg.): Die deutsche Revolution in Augenzeugenberichten. Rauch, Düsseldorf 1972, S. 40 – **S. 135:** Walter Grab (Hg.): Die Revolution von 1848. Nymphenburger, München 1979, S. 59 – **S. 136:** Zit. nach: L. Gatt (Hg.): Frankfurt am Main 1200. Traditionen und Perspektiven einer Stadt. Sigmaringen 1994, S. 222 (leicht bearb.) – **S. 137:** Lothar Gall (Hg.): 1848 – Aufbruch zur Freiheit. Nicolai'sche Verlagsbuchhandlung, Berlin 1997, S. 327 – **S. 144:** Friedrich Engels: Die Lage der arbeitenden Klasse in England, in: Karl Marx / Friedrich Engels: Werke, Band 2, S. 225–506, Dietz Verlag, Berlin / DDR 1972 – **S. 146:** Herbert Pönicke (Hg.): Die wirtschaftliche und soziale Entwicklung in Europa. Bildungshaus Schulbuchverlage, Braunschweig 1969, S. 31 – **S. 147:** Wolfgang Venohr / Friedrich Kabermann (Hg.): Brennpunkt der deutschen Geschichte. Philo & Philo Fine Arts, 1977, S. 238; Hermann Heinz Wille: Sternstunden der Technik. Dornier Gruppe, Stuttgart 1986, S. 96 – **S. 150:** Zit. nach: Preußen-Chronik eines deutschen Staates: www.preussen-chronik.de (1826: Alfred Krupp) – **S. 152:** Zit. nach: Christel Jungmann: Das System Krupp. Der Patriarch und seine Arbeiter, in: www.dradio.de, Beitrag v. 26. 11. 2003 – **S. 153:** Ernst Abbe: Gesammelte Abhandlungen. 1906, S. 74 – **S. 154:** Heidi Rosenbaum (Hg.): Formen der Familie. Suhrkamp, Frankfurt / M. 1981, S. 408 f. – **S. 156:** Hermann de Buhr / Michael Regenbrecht (Hg.): Industrielle Revolution und Industriegesellschaft. Hirschgraben, Frankfurt / M. 1983, S. 51 – **S. 157:** Joseph E. Jörg (Hg.): Geschichte der sozialpolitischen Parteien. Herder, Freiburg 1966, S. 213 – **S. 159:** Dieter Bradtke: Die industrielle Revolution in Deutschland. Klett, Stuttgart 1984, S. 323 f. – **S. 164:** Wolfgang Emmerich (Hg.): Proletarische Lebensläufe, Bd. 1. Rowohlt, Reinbek 1974, S. 311 f. – **S. 170:** Gerhard A. Ritter (Hg.): Historisches Lesebuch 2. S. Fischer, Frankfurt / M. 1966, S. 300 f. – **S. 171:** Artikel in „Usambara Post", entn. aus: Ludwig Helbig (Hg.): Arbeitsheft Imperialismus. Beltz & Gelberg, Weinheim / Basel 1977, S. 31; Artikel von Wolfgang Bickel, in: Praxis Geschichte, 30. 11. 1990 – **S. 172:** Zit. nach: Praxis Geschichte, Heft 1/1992, S. 68 f. – **S. 173:** Horst Drechsler: Südwestafrika unter deutscher Kolonialherrschaft. Akademie Verlag, Berlin o. J., S. 160 – **S. 174:** Axel Kuhn (Hg.): Deutsche Parlamentsdebatten, Bd. 1. S. Fischer, Frankfurt / M. 1969, S. 191 f. – **S. 175:** Zit. nach: Propyläen-Weltgeschichte, Bd. 9. Berlin 1960, S. 46 – **S. 176:** Ernst Johann (Hg.): Innenansicht eines Krieges. dtv, München 1972, S. 16; Susanne Miller / Heinrich Potthoff: Kleine Geschichte der SPD. Dietz Nachf., Bonn 1980, o. S. – **S. 179:** J. Mihaly: Da gibt's ein Wiedersehen. Kriegstagebuch eines Mädchens 1914–1918. München 1964, S. 216 – **S. 180:** Geschichte in Quellen, Bd. 6, bearb. von Günter Schönbrunn. BSV, München 1978, S. 52 f.; Erich Angermann (Hg.): Der Aufstieg der Vereinigten Staaten von Amerika. Klett, Stuttgart 1980, S. 77 – **S. 181:** Herbert Michaelis / Ernst Schraepler (Hg.): Ursachen und Folgen. Vom deutschen Zusammenbruch 1918 und 1945 bis zur staatlichen Neuordnung Deutschlands in der Gegenwart, Bd. 2. Dokumenten Verlag, Berlin o. J., S. 325 – **S. 189:** Herbert Michaelis / Ernst Schraepler (Hg.), a. a O., S. 572 f. – **S. 191:** Die Verfassung des Deutschen Reiches. Reichsdruckerei, o. O. 1924, S. 7 – **S. 192:** Herbert Michaelis / Ernst Schraepler (Hg.), a. a. O., S. 405 – **S. 204/205:** Adolf Hitler: Mein Kampf. – **S. 206:** Melita Maschmann: Fazit – kein Rechtfertigungsversuch. DVA, Stuttgart 1963; Wolfgang Michalka (Hg.): Das Dritte Reich, Bd. 1. dtv, München 1985 – **S. 207:** Herbert Michaelis / Ernst Schraepler (Hg.): Ursachen und Folgen, Bd. 9. Berlin 1966, S. 38 – **S. 209:** Wolfgang Michalka (Hg.), a. a. O. – **S. 212:** Das Dritte Reich. Daten, Bilder, Dokumente. Directmedia Publishing, Berlin 2001 – **S. 213:** Max Domarus: Hitler. Reden und Proklamationen, Bd. 1. Arena, Würzburg 1962, S. 52 – **S. 214:** Wolfgang Benz: Enzyklopädie des Nationalsozialismus. Directmedia Publishing, Berlin 1999, S. 688 – **S. 218:** Gerhard Moss: Ein Augenzeuge. GEW LVB, Hamburg 1978, S. 22 f. – **S. 221:** Leon Poliakov / Josef Wulf (Hg.): Das Dritte Reich und die Juden. Arani, Berlin 1961, S. 70 ff. – **S. 222:** Kurt Gerstein. Kriegserlebnis niedergeschrieben 4. 5. 1945, in: Walther Holger (Hg.): Der Nationalsozialismus. S. Fischer, Frankfurt / M. 1957 – **S. 225:** Walther Hofer: Der Nationalsozialismus. S. Fischer, Frankfurt / M. 1982 – **S. 228:** Kurt Huber: Flugblatt, in: Walter Hofer (Hg.), a. a. O. – **S. 230:** Wolfgang Benz: Geschichte für morgen 10. C. H. Beck, München

Quellenverzeichnis

1998 – **S. 233**: Geschichte in Quellen, Bd. 6, bearb. von Günter Schönbrunn. BSV, München 1979 – **S. 245**: www.jugendrat-stuttgart.de – **S. 258/259**: Zit. nach: Menschen, Märkte, Räume. Arbeitsbuch für den Fächerverbund Erdkunde-Wirtschaftskunde, Realschule Baden-Württemberg. Cornelsen, Berlin 2006, S. 140 – **S. 278**: Milovan Djilas: Gespräche mit Stalin, übers. von Hermann Junius. S. Fischer, Frankfurt/M. 1962, S. 146; George F. Kennan: Memoiren eines Diplomaten, übers. von Heidi v. Alten, Bd. 1. S. Fischer, Frankfurt/M. 1971, S. 264 f.; Elmar Krautkrämer: Die Vereinigten Staaten von Amerika (Rede von Winston Churchill in Fulton, Missouri). Diesterweg, Frankfurt/M. 1971, S. 254 – **S. 279**: Europa-Archiv 2/1947, S. 820 – **S. 280**: Helga Grebing/Peter Pozorski/Rainer Schulze: Politik und Gesellschaft, Teil B (Direktive JCS 1067). Metzler & Poeschel, Stuttgart 1980 – **S. 281**: Zit. nach: Geschichte in Quellen, Bd. 7, bearb. v. Helmut Krause u. Karl-Heinz Reif. BSV, München 1980, S. 370 f. – **S. 282**: Zit. nach: Bonner Generalanzeiger, 20.06.1958 – **S. 283**: Zit. nach: Geschichte in Quellen, Bd. 6, a. a. O. – **S. 284**: Zit. nach: Potsdamer Abkommen. Staatsbibliothek, Berlin 1970, S. 103; Theo Stammen: Einigkeit und Recht und Freiheit. dtv, München 1965, S. 181 – **S. 289**: Rüdiger Soldt: Zum Beispiel „Schwarze Pumpe". Arbeitsbrigaden in der DDR, in: Geschichte und Gesellschaft, 24/1998, S. 104, 107; Stefan Wolle: Die heile Welt der Diktatur. Alltag und Herrschaft in der DDR 1971–1989. Berlin 1998 – **S. 290**: Zit. nach: Praxis Geschichte, 3/2000, S. 26 – **S. 294**: Eckart Thurich/Hans Endlich: Zweimal Deutschland. Diesterweg, Frankfurt/M. 1973, S. 206 – **S. 295**: Joachim Gauck: Die Stasiakten. Das unheimliche Erbe der DDR. Rowohlt, Reinbek 1991, S. 45 f. – **S. 296**: Zit. nach: Geschichte in Quellen, Bd. 7, a. a. O., S. 563 f. – **S. 297**: Zit. nach: Michael Ludwig: Polen und die deutsche Frage. Europa Union, Bonn 1991, S. 278 – **S. 298**: Michail Gorbatschow: Perestroika. Die zweite Russische Revolution, übers. von Gabriele Burkhardt. Droemer, München 1987; zit. nach: Michail Gorbatschow, in: Bulletin Nr. 61 vom 15.06.1989, übers. von Redaktion PR & Info, Amt B, Regierung, Bundespresseamt, Bonn 1989, S. 542, – **S. 303**: Tilman Müller/Ludwig Rauch: „Jetzt machen wir das Tor auf", in: Stern, Nr. 41/1989, S. 37 f. – **S. 312**: Zit. nach: Der Spiegel, 10.08.1950; Richard Coudenhove-Kalergi: Eine Idee erobert Europa. Desch, Wien 1958, S. 232 – **S. 313**: Walter Lipgens: Europa-Föderationspläne der Widerstandsbewegungen 1940–1945. Oldenbourg, München 1968, S. 244 ff. – **S. 314**: Zit. nach: Winston Churchill, in: Europa, Dokumente, Bd. 1. Oldenbourg, München 1962, S. 114 f.; zit. nach: Robert Schuman, in: Europa, Dokumente Bd. 2, Oldenbourg, München 1962, S. 680; zit. nach: Hans Schäffer, in: Vierteljahreshefte zur Zeitgeschichte, 20. Jg., Heft 2, Oldenbourg, München 1972, S. 192 – **S. 323**: Zit. nach: Süddeutsche Zeitung, Juni 2006 – **S. 324**: Orhan Pamuk, übers. von Gerhard Meier, in: FAZ, Nr. 292 vom 15.12.2005, S. 33.

Bildquellen

AEG Firmenarchiv, Frankfurt/M.: S. 151.3 (Wdh. 167c)
Amsel, Helmut, Mönchengladbach: S. 242.1
Antikensammlung, Basel: S. 20.1–2
Archiv der sozialen Demokratie, Bonn: S. 160.1 (Wdh. 165d), 160.RSa, 160.RSb
Archiv für Kunst und Geschichte/akg-images, Berlin: S. 4 (Wdh. 30/31), 5 (Wdh. 108/109), 6 (Wdh. 168/169, 185a), 12.2, 13.4, 14.1, 20.3, 22.RSb, 29a, 35.3, 37.2, 37.3, 47c, 48, 53.2 (Wdh. 87a), 58.1, 64.1, 69.2, 69.3, 69.RSb, 77.2, 78.1, 80.1, 84.1 (Wdh. 87d), 93.2, 93.3, 93.RSb, 95.2 (Wdh. 105b), 99.2 (Wdh. 105c), 100.1, 101.2, 101.RSa, 107a (Mona Lisa), 110.1 (Wdh. 112, 139a), 111.2, 111.RSa, 124.1, 132.1, 133.2, 135.2, 138.4, 139c, 140b, 141.2, 153.2 (picture-alliance), 155.2 (Wdh. 165c), 164.1, 164.2, 165b, 166a, 173.2, 180.1, 188.RS, 189.RS, 190.RS, 193.2, 193.3, 200a, 200b, 206.1 (Wdh. 235a), 208.1, 209.2, 209.RSa, 215.RSa, 223.2, 224.RS, 226.RS, 227.2, 227.RSa, 227.RSb, 229.RSa, 229.RSc, 231.RS (picture alliance), 213.RSa, 213.RSb, 234.1, 235c, 235d, 282.RSa, 282.RSb, 284.1 (Wdh. 307a), 284.RS, 287.RS, 295.2 (Wdh. 307b), 295.3, 299.RS, 301.RS, 303.RSa, 308b, 325a, 325b
Artothek, Weilheim/Nr. 15367: S. 141a
Assoziated Press/ap: S. 273.1
Bavaria, München: S. 11.RSa (Hiroshi Higuchi)
Bergbaumuseum Bochum: S. 12.3
Bernert, Claudia u. Wilhelm, Kaisheim: S. 246.1, 247.1

Bibliothek der Friedrich-Ebert-Stiftung, Bonn: S. 197.3
Bibliothek für Zeitgeschichte in der Württembergischen Landesbibliothek, Stuttgart: S. 185b
Bibliothèque Nationale, Paris: S. 57.2
Bildarchiv Bruckmann, München: S. 92.1 (Wdh. 105a)
Bildarchiv Foto Marburg: S. 73.RS
Bildarchiv Heinz Bergschicker, Berlin: S. 207.2, 208.RS, 212.1
Bildarchiv Werner Otto, Oberhausen: S. 5 (Wdh. 90/91), 73.3
Bildarchiv Preußischer Kulturbesitz/bpk, Berlin: S. 5 (Wdh. 142/143), 22.RSa (Wdh. 28), 32.RS (Wdh. 49a), 34.RS, 35.RSa, 35.RSb, 103.2 (Wdh. 105d), 121.2, 147.2, 148.1, 153.3, 156.1, 157.3, 162.1, 162.2, 163.RS, 184a, 185c, 196.RSa (Wdh. 199c), 196.RSb, 212.RSb, 218.1, 219.RSa, 222.1, 227.RSc, 228.1, 231.2, 231.3, 232.2, 237, 278.1, 289.RSa
BLICK (Schweizer Zeitung): S. 273.2
British Library, London: S. 28.1, 113.2
Bürgermeisteramt Sulz/Neckar: S. 70.1
Bundesarchiv Koblenz: S. 213.2, 283.2, 302.RS
CCC, Pfaffenhofen: S. 273 u.l. (© Gerd Glück), 292.1, 301.RSb (© Horst Haitzinger), 305.3 (© Horst Haitzinger), 306.1 (© Nel), 306.3 (© Jürgen Tomicek), 306.4 (© Rainer Schwalme), 306.5 (© Walter Hanel), 315.2 (Wdh. 326b), 318.RS (© Horst Haitzinger)
Cesa, Diaarchiv GmbH, Cölbe: S. 83.5
CLAN-Verlag Reinfeld (© VG Bild-Kunst, Bonn): S. 6 (Wdh. 202/203)
Cliché Bibliothèque nationale de France, Paris: S. 127.5
Corel Library: S. 51d
Cornelsen-Archiv, Berlin: S. 138.3, 177.RS, 182.1, 182.2, 184c, 200c, 250.RSa, 288.1, 294.1, 313.2
Daimler Chrysler Classic, Konzernarchiv, Stuttgart: S. 149.4, 149.6
DB-Museum, Nürnberg: S. 149.5, 167a
Deutsches Historisches Museum, Berlin: S. 65.3, 159.2, 159.3 (Wdh. 166b), 183a, 212.RSa, 215.RSb, 229.2, 229.RSb, 289.RSb, 291.2
Deutsches Museum, München: S. 314.1
Dietz Verlag, Berlin: S. 137.2
DIZ/SV Bilderdienst, München: S. 6 (Wdh. 186/187), 176.1, 176.2, 178.1, 179.2, 183c, 181.2, 190.1, 199b, 207.RS, 214.1, 218.2, 222.RS, 228.RSa, 228.RSb, 250.RSb, 250.RSc, 276.1, 280.1, 282.1, 286.2 re, 290.1
Dokumentationszentrum Oberer Kuhberg e. V., Ulm: S. 217.2
dpa, Berlin: S. 51a
dpa, Frankfurt/M.: S. 24.1, 119.2, 119.3, 136.RS, 232.1, 266.1 (Wdh. 271d), 291.RSb, 296.RS, 297.2 (Wdh. 309a), 298.1, 299.2, 300.1, 300.RSb, 309d, 312.1 (Wdh. 326a)
Ehapa Verlag, Berlin: S. 34.1
Focus, Hamburg: S. 305.1
Freie Ritterschaft Baden: S. 71.2
Galas, Elisabeth, Köln: S. 267.2
Geiges, L., Staufen: S. 70.2
Germanisches Nationalmuseum, Nürnberg: S. 102.1, 104.1
Getty Images, München: S. 25.2, 306.2, 325d
Giraudon, Paris: S. 74.1, 74.2, 75.3, 75.4, 114.1 (Wdh. 139b), 123.2, 125.2, 127.3 (Wdh. 141.1), 127.4, 129.2
Globus Infografik, Hamburg: S. 118.1, 163.4, 287.3, 318.1, 318.2
Grohmann, G., München: S. 33.RSb
Hammel, Matthias, Berlin: S. 253.2
Hammerschmitt, Barbara, Stuttgart: S. 150.1
Haus der Geschichte, Bonn: S. 286.RS
Heinemann Educational, Oxford: S. 144.1, 145.2, 165a
Historia Photo, Hamburg: S. 79.2
Historisches Archiv der Friedrich Krupp AG, Essen: S. 157.2
Historisches Museum, Frankfurt/M.: S. 139d, 213.RSb
Informationsdienst gegen Rechtsextremismus, Berlin: S. 204.1
Institut für Realienkunde des Mittelalters und der frühen Neuzeit, Krems/Donau: S. 4 (Wdh. 50/51)
Jürgens Ost- und Europaphoto, Berlin: S. 25.3, 302.1 (Wdh. 309b)
Kandula, Architektur-Bilderservice: S. 4 (Wdh. 16/17)
Katholische Nachrichtenagentur, Frankfurt/M.: S. 184b
Kern, Timm, Reutlingen: S. 243.2

Quellenverzeichnis

Keystone Pressedienst, Hamburg: S. 215.2, 233.3
Klett Verlag, Stuttgart: S. 183a
Kunsthistorisches Institut der Universität Bonn: S. 151.2
Laif, Agentur für Photos und Reportagen, Köln: S. 107b
Landeshauptstadt Stuttgart: S. 245.3 (Wdh. 271a)
Landesmedienzentrum Baden-Württemberg, Stuttgart: S. 15.2, 244.1, 254.1
(Sven Grenzemann), 254.2 (Andreas Kaier), 255.1 (Andreas Kaier)
Landesmuseum für Technik und Arbeit, Mannheim: S. 149.2, 149.3, 149.7,
167b
Lechner, G., Göttweig: S. 61.2
Lerch-Hennig, Ilse, Tübingen: S. 15.3
Limesmuseum, Aalen: S. 40.1, 41.3
Mairie de Paris: S. 126.1, 127.2
Mester / CCC, www.c5.net: S. 257.3, 258.1, 270.1
Müller, Karl-Heinz, Gleichen: S. 98.1
Museum für deutsche Geschichte, Berlin: S. 124.RS (Wdh. 140a)
Museum für Hamburgische Geschichte, Hamburg: S. 172.RS,
Museum of Fine Arts, Boston: S. 28.2
Muzeum Archidiecezjalne Sztuki Religijnej, Lublin: S. 158.1
Neanderthalmuseum, Mettmann: S. 106
Niedersächsische Landeszentrale für politische Bildung, Hannover: S. 296.1
Niggemeyer Fotofachlabor, Bochum: S. 213.RSa
Nopper, Bernhard, Grenzach-Wyhlen: S. 248.1, 249.3
NS-Dokumentationszentrum, Köln: S. 216.1 (E 749), 219.3
Österreichische Nationalbibliothek, Wien: S. 58.2, 62.1
picture alliance / dpa, Frankfurt / M.: S. 4 (Wdh. 8/9), 7 (Wdh. 274/275, 307d,
309c), 28.3 (Nr. 428843, Kay Nietfeld), 248.2, 258.RS, 289.3, 303.2 (Wdh.
307c, 309e), 320.1 (dpaweb), 322.1, 322.RSa, 322.RSb (dpa-web), 323.RS,
324.1, 324.RS
Pierpont Morgan Library, New York: S. 65.2
Presse- und Informationsamt der Bundesregierung: S. 267.3
Quill, Martina, Esslingen: S. 96
Rheinisches Landesmuseum, Karlsruhe: S. 45.2
Ruhrguide onlinemagazin: (www.ruhrguide.de): S. 89
Schulz, Thomas: S. 3
Seefahrtsmuseum, Genua (G. Costa / A. Stradella): S. 95.RS
Spiegel-Verlag: S. 259.RS
Staatliche Antikensammlung, München: S. 27a, 29b
Stadt Tübingen: S. 77.3
Stadtarchiv Baden-Baden: S. 220.1, 220.2
Stadtarchiv Freiburg: S. 210.1
Stadtarchiv Karlsruhe: S. 211.2
Stadtarchiv Mannheim: S. 250.1, 250.2
Stadtarchiv Schwarzenbek: S. 303.RSb (Foto: Werner Urban)
Stadtarchiv Tübingen: S. 216.1
Stadtarchiv Würzburg: S. 76.1
Stadtgeschichtliches Museum, Leipzig, Fotothek: S. 178.RS
Stadtmuseum Tübingen: S. 78.RS
Stehle, Karl, München: S. 175.2
Stöckle, Wilhelm, Filderstadt: S. 171.2 (Wdh. 183b)
Stuttgarter Zeitung: S. 268.1
Sven, Simon, Essen: S. 301.3 (Wdh. 308a)
SVT-Bild / Das Fotoarchiv: S. 195.1
Tessloff Verlag, Nürnberg: S. 63, 66.1
The Bridgeman Art Library, London: S. 120.1
Thüringisches Landesamt für Denkmalpflege, Weimar: S. 12.1
Ullsteinbild, Berlin: S. 28.4, 85.2, 86.1 (Himsel / intro), 107c, 119.4, 150.RS,
154.1, 173.3, 179.3, 189.2 (Wdh. 199a), 189.3, 190.2, 191.RS, 229.RSd,
236b, 252.1, 257.4 (ddp, Wdh. 271c), 285.2, 291.RSa, 300.2, 301.4
Universitätsbibliothek Ruprecht-Karls-Universität Heidelberg: S. 67.2
Verkehrsbüro der Stadt Ulm: S. 82.1
Verlag Philipp von Zabern, Mainz: S. 21.RS
Völker, Johannes, Geesthacht: S. 304.RS
Weber, H., Köln: S. 213.3
Westfälisches Museum für Archäologie, Herne: S. 46.RS
Westfälisches Museum für Naturkunde: S. 11.RSb

Wikipedia: S. 51b, 272a–c, 319.1
Wunderlich, Hans: S. 20 (Illustrationen)
Yale University Gallery, New Haven: S. 116.1
Zeiss, Carl, Firmenarchiv, Jena: S. 157.RSa

Übernahmen aus Publikationen:
S. 42/43 entn. aus: Am Rande des Imperiums. Der Limes – Grenze Roms zu
den Barbaren. Hg. v. Württembergischen Landesmuseum, Stuttgart 2002,
S. 85, 94, 120, 206, 221, 228 (mit freundlicher Genehmigung durch Herrn
Ulrich Sauerborn/Limes-Museum, Aalen)
S. 77.RSa/b (Wdh. 89a) entn. aus: Nachum T. Gidal: Die Juden in Deutschland
von der Römerzeit bis zur Weimarer Republik. Könemann, Köln 1997, S. 30,
53
S. 194.RS, 197.2, 198.1–4, 199d, 205.3, 212.RSc, 281.2 entn. aus: Friedrich
Arnold (Hg.): Anschläge. Deutsche Plakate 1900–1970. Verlag Langewie-
sche-Brandt, Ebenhausen b. München
S. 283.RS entn. aus: Dieter Zimmer: Auferstanden aus Ruinen. DVA, Stuttgart
o. J.

Umschlag: mauritius images (Hubertus Blume)

Zeichnungen, Karten, Grafiken:
Becker, K., Oberursel; Binder, T., Magdeburg; Borell, C., Berlin; Galas, E.,
Köln; Langkafel, Skip, Berlin; Müller, A., Hamburg; Teßmer, M., Hamburg;
Warnatsch, S., Berlin

Nicht in allen Fällen war es uns möglich, die Rechteinhaber der Abbildungen
ausfindig zu machen. Berechtigte Ansprüche werden selbstverständlich im
Rahmen der üblichen Vereinbarungen abgegolten.

© 2005 Cornelsen

Die Staaten der Welt heute